LEARN iT

프로그래밍 입문을 위한

C 언어의 정석

조용주, 임좌상 지음

길벗 캠퍼스

조용주(Cho, Yongjoo) | ycho@smu.ac.kr

미국 일리노이주립대학(어바나-샴페인) 컴퓨터과학과에서 학사, 일리노이주립대학(시카고) 전기, 전자 및 컴퓨터과학과에서 석사, 컴퓨터과학과에서 박사학위를 취득하였다. 2004년부터 상명대학교 융합공과대학 SW융합학부 컴퓨터과학전공에서 재직 중이며 다양한 프로그래밍 교과목, 프로그래밍 언어론, 디자인 패턴 등을 가르치고 있다. 저서로는 『프로그래밍 입문을 위한 파이썬의 정석』 조용주, 임좌상(길벗캠퍼스 2023)이 있다.

임좌상(Lim, Joa-Sang) | jslim@smu.ac.kr

호주 뉴사우스웨일즈대학 정보시스템학과에서 박사학위를 취득하고, 1997년부터 상명대학교 융합공과대학 지능 · 데이터융합학부 휴먼지능정보공학전공에서 자바, 빅데이터, 소프트웨어 설계 과목 등을 가르치고 있다. 1991년부터 3년간 호주 뉴사우스웨일즈대학에서 Associate Lecturer로 정보시스템, COBOL을 가르쳤고, 1994년부터 3년간 삼성 SDS에서 컨설팅 및 금융개발팀에서 근무했다. 이후에 금융감독원, 대법원 호적정보, LG카드 신승인, 코오롱 종합상사, 신용보증기금, 서울보증재단, 대우 자동차 판매, 한국외환은행, 삼성화재, 삼성할부, 삼성생명, 효성물산 등 기업정보시스템을 Java, C++로 개발하는 프로젝트에 참여했다. 저서로는 『프로그래밍 입문을 위한 파이썬의 정석』 조용주, 임좌상(길벗캠퍼스 2023)이 있다.

프로그래밍 입문을 위한

C 언어의 정석

초판 1쇄 발행 • 2024년 6월 28일 | **지은이** • 조용주, 임좌상 | **발행인** • 이종원 | **발행처** • (주)도서출판 길벗 | **브랜드** • 길벗캠퍼스
출판사 등록일 • 1990년 12월 24일 | **주소** • 서울시 마포구 월드컵로 10길 56(서교동) | **대표 전화** • 02)332-0931 | **팩스** • 02)323-0586
홈페이지 • www.gilbut.co.kr | **이메일** • gilbut@gilbut.co.kr | **책임편집** • 신유진(backdoosan@gilbut.co.kr) | **디자인** • 강은경
제작 • 이준호, 손일순 | **베타테스터** • 곽다인, 박세진, 채예원
영업마케팅 및 교재 문의 • 박성용(psy1010@gilbut.co.kr) | **영업관리** • 김명자 | **독자지원** • 윤정아
전산편집 • 앤미디어 | **CTP 출력 및 인쇄** • 정민 | **제본** • 정민

길벗캠퍼스는 (주)도서출판 길벗의 IT대학교재 출판 브랜드입니다.

ISBN 979-11-407-1397-4 93000(길벗 도서번호 060107)
정가 34,000원

왜 C 언어를 배워야 할까?

C는 1970년대 초반에 개발되어 지금까지도 널리 사용되는 프로그래밍 언어이다. 50년이 넘는 시간 동안 C 언어가 꾸준히 사용되는 이유는 무엇일까?

C 언어는 고급 프로그래밍 언어의 사용성과 강력한 저수준의 메모리 조작을 허용해서 일반 사용자용 응용 프로그램뿐만 아니라 운영체제 같은 시스템 소프트웨어도 개발할 수 있으며, 하드웨어를 다루는 임베디드 시스템 개발에도 사용된다.

C 언어는 작고 가벼워서 쉽게 배울 수 있고, 다양한 플랫폼에서 사용할 수 있다. 메모리가 적고 속도가 느린 프로세서를 가진 임베디드 시스템뿐만 아니라 최신의 컴퓨터까지, 대부분 무료 또는 상용의 C 언어 컴파일러를 제공하여 C 프로그램을 개발하고 실행할 수 있다.

C 언어는 최근 많이 사용되는 C++, 자바, C#과 같은 언어에 많은 영향을 주었다. 이 언어들은 C 언어의 많은 문법을 차용하고 있어, C 언어를 이해하면 다른 언어를 배우는 것이 더욱 쉬워진다.

C는 50여 년이 지난 지금에도 중요하고 유용한 언어이고, 컴퓨터 시스템을 온전히 이해하는데 필요한 언어이다.

이 책의 특징

이 책은 저자가 오랜 기간 컴퓨터 관련 전공 학생들을 가르치면서, "이렇게 C 언어를 가르쳐야 효과적"이라고 믿는 경험이 녹아 들어있다. 뿐만 아니라, "C 언어를 제대로 사용하려면 이 정도 내용은 알아야 한다"라고 믿는 내용을 풀어쓴 책이다.

다음은 이 책의 특징을 간략하게 정리한 것이다.

- C 언어에서 필요한 내용은 모두 포함한다. C 언어 책을 한 권만 가지고 있어야 한다면, 이 책이면 충분하다 싶을 정도로 C 언어에 대한 모든 내용을 포함하려고 노력했다.

- 주제에 대한 설명은 자세하면서도 쉽게 설명하려고 노력했다. 초보자를 대상으로 기본 개념을 설명하면서도, 동시에 전문 용어나 개념을 사용하여 고급 개념을 소개하고 있다.
- 많은 예제를 활용해서 설명한다. 개념을 설명한 후, 간단한 예제들을 이용해서 코드로 작성하는 것을 보인다.
- 온라인으로 제공하는 실습 문제 1은 난이도 있는 응용 문제를 해결하는 과정을 차근차근 단계별로 설명한다.
- 실습 문제 1과 비슷한 유형의 실습 문제 2를 제공해서 학생들이 스스로 실습해 볼 수 있도록 한다.
- 단순한 지식을 검증할 수 있는 OX 문제뿐만 아니라, 간단한 기초부터 응용까지 다양한 수준의 연습 문제를 제공한다.

저자 일동

C 언어의 정석은 좀 더 심화된 내용이나 추가로 학습하면 좋은 내용들을 온라인 PDF로 구성하였습니다. 책 본문과 온라인 PDF는 다음과 같이 구분하여 제공됩니다.

기본 학습 종이책	심화 학습 PDF
1장~9장 10장 1~9절 11장 1~4절	10장 10~12절 11장 5절 12장 13장 실습 문제 부록

책에서 제공하는 소스 코드 파일과 온라인 PDF는 길벗 홈페이지를 통해 제공됩니다. 길벗 출판사 홈페이지(www.gilbut.co.kr) 검색란에 'C 언어의 정석'을 검색 → 해당 도서 자료실의 '학습자료' 항목 → 파일을 다운받습니다.

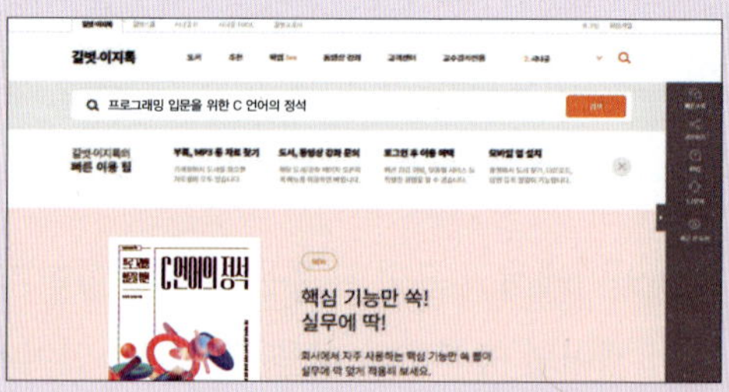

• PDF로 표시되어 있는 부분은 온라인으로 제공됩니다.

6장 | 함수

7장 | 배열

8장 | 포인터 1

9장 | 문자열, 포인터 2

10장 | 구조체, 공용체

11장 | C 프로그램의 메모리 구조와 동적 메모리 할당

12장 | 파일 입출력 PDF

13장 | 모듈화 프로그래밍과 전처리기 PDF

3장 | 실습 문제 PDF

4장 | 실습 문제 PDF

5장 | 실습 문제 PDF

6장 | 실습 문제 PDF

7장 | 실습 문제 PDF

8장 | 실습 문제 PDF

9장 | 실습 문제 PDF

10장 | 실습 문제 PDF

11장 | 실습 문제 PDF

12장 | 실습 문제 PDF

13장 | 실습 문제 PDF

- 실습 문제 1은 각 장에서 배운 내용을 응용하는 문제를 해결하는 방법으로 자세히 설명합니다.
- 실습 문제 2는 스스로 해결하는 방법으로 진행됩니다.

C 프로그래밍 과목은 컴퓨터 관련 학과에서 신입생을 대상으로 열리는 것이 대부분이다. 저자의 의견으로 1학기에 본서의 내용 전체를 다루는 것은 어렵다. 따라서 2개 학기로 나누어서 강의하는 것을 권장한다.

C 프로그래밍 교과목에 1학기만 배정된 경우, 교재 내용에서 C 언어에서 자주 사용하지 않는 부분 또는 난이도 있는 부분을 제외하고 강의할 수 있다. 온라인으로 제공하는 실습 문제 등은 과제로 활용할 것을 권장한다.

강의 계획서는 15주 수업, 중간고사와 기말고사가 8주와 15주에 있는 것으로 가정하고 작성하였다.

1안(1학기만 강의할 때의 강의 계획서)

주차별	챕터	세부 절	설명
1주차	1,2장	부록 2 1.1~1.9	프로그래밍 환경 설치 C 프로그램 작성 및 실행
2주차	2장	2.1~2.7	자료형, 변수, 상수, printf() 함수
3주차	3장	3.1~3.4	전처리기, 연산자, 표준 입출력 함수(다른 표준 입출력 함수)
4주차	4장	4.1~4.6	조건문, 중첩 조건문, 조건 연산자, switch 문
5주차	5장	5.1~5.5	반복문, break, continue
6주차	6장	6.1~6.7	함수, 메모리 구조, 재귀호출(매크로 함수 제외)
7주차	7장	7.1~7.3	배열, 1차원 배열, 함수와 배열(다차원 배열 제외)
8주차	중간고사		
9주차	8장	8.1~8.6, 8.8	포인터, 포인터와 배열, 함수와 포인터, 상수 포인터(함수 포인터 제외)
10주차	9장	9.1~9.4, 9.8	문자열, 문자열과 포인터, 문자열 입출력, 문자열 함수 (메모리 관련 함수, 포인터 배열, 포인터의 포인터, 명령행 인자 등 제외)
11주차	10장	10.1~10.8	구조체, 구조체와 포인터, 구조체 배열, 중첩 구조체 (시간 관련 함수, 공용체, 비트 필드 제외)
12주차	11장	11.1~11.3	메모리 구조 및 동적 할당(리스트 제외)
13주차	12장	12.1~12.2, 12.4	파일과 스트림, 텍스트 파일 입출력, 리디렉션 (임의 접근, 기타 파일 관련 함수 제외)
14주차	13장	13.1	분할 컴파일(전처리기 내용 제외)
15주차	기말고사		

부록 2는 온라인 제공 내용 중 설치 부분

2안(2학기를 강의할 때의 강의 계획서)

C 프로그래밍 교과목에 2학기가 배정된 경우, 1학기는 진도를 좀 늦추고, 실습 문제를 수업 시간에 진행하는 것을 권장한다. 2학기에는 처음 몇 주간 1학기에 학습했던 내용을 복습한 후, 나머지 내용을 학습한다.

- **1학기**

주차별	챕터	세부 절	설명
1주차	1,2장	부록 2 1.1~1.9	프로그래밍 환경 설치 C 프로그램 작성 및 실행
2주차	2장	2.1~2.6	자료형, 변수, 상수, printf() 함수
3주차	2, 3장	2.7~2.8 3.1~3.2	심볼릭 상수, 열거형, 전처리기, 연산자
4주차	3장	3.3~3.4 3장 실습 문제 1, 2	표준 입출력 함수, 다른 표준 입출력 함수, 실습 문제
5주차	4장	4.1~4.6	조건문, 중첩 조건문, 조건 연산자, switch 문
6주차	4, 5장	4장 실습 문제 1, 2 5.1~5.4	조건문 실습 문제 반복문
7주차	5, 6장	5.5 5장 실습 문제 1, 2 6.1~6.3	break, continue, 반복문 실습 문제 함수 정의, 변수의 유효 범위와 생존 기간
8주차	중간고사		
9주차	6장	6.4~6.8 6장 실습 문제 1, 2	함수 선언, 재귀 호출, 매크로 함수, 실습 문제
10주차	7장	7.1~7.3	배열, 1차원 배열, 함수와 배열
11주차	7, 8장	7.4~7.5 7장 실습 문제 1, 2 8.1~8.2	다차원 배열, 실습 문제 포인터 자료형과 변수
12주차	8장	8.3~8.8 8장 실습 문제 1, 2	포인터 연산, 포인터와 배열, 함수와 포인터, 상수 포인터, 함수 포인터, 실습 문제
13주차	9장	9.1~9.5	문자열, 문자열과 포인터, 문자열 입출력, 문자열 배열
14주차	9장	9.6~9.11 9장 실습 문제 1, 2	메모리/문자열 관련 함수, 명령행 인자, 실습 문제
15주차	기말고사		

부록 2는 온라인 제공 내용 중 설치 부분

• 2학기(1~3주의 복습 부분을 빼고, 후반부에 연습 문제 등으로 실습 가능)

주차별	챕터	세부 절	설명
1주차	2장	2.1~2.8	자료형, 변수, 상수, printf() 함수 복습
2주차	3, 4장	3.3~3.4 4.1~4.6	입출력 함수, 조건문 복습 중첩 조건문, switch 문 복습
3주차	5, 6장	5.1~5.5 6.1~6.8	반복문, 함수 복습
4주차	7, 8장	7.2~7.5 8.1~8.8	배열, 포인터 복습
5주차	9장	9.1~9.11	문자열, 포인터 2 복습
6주차	10장	10.1~10.8	구조체, 구조체와 포인터, 구조체 배열, 중첩 구조체
7주차	10장	10.10~10.12 10장 실습 문제 1, 2	시간 관련 함수, 공용체, 비트 필드, 실습 문제
8주차	중간고사		
9주차	11장	11.1~11.3	메모리 구조, 동적 할당
10주차	11장	11.4 11장 실습 문제 1, 2	리스트, 실습 문제
11주차	12장	12.1~12.3	파일 입출력, 임의 접근
12주차	12장	12.4~12.5 12장 실습 문제 1, 2	리디렉션, 기타 파일 함수, 실습 문제
13주차	13장	13.1	모듈화 프로그래밍
14주차	13장	13.2~13.3 13장 실습 문제 1, 2	조건부 컴파일, 기타 전처리기 기능, 실습 문제
15주차	기말고사		

실습 문제 1, 2는 온라인 제공

1장

첫 번째 C 프로그램 작성 및 실행

학 습 목 표

- C 프로그램을 작성하기 전에 프로그램을 실행시키는데 필요한 하드웨어와 소프트웨어에 대해서 알아본다.
- 프로그래밍 과정을 생각해 본다.
- 첫 번째 C 언어 프로그램을 작성하고 분석한다.
- C 언어 프로그래밍 도구(윈도우/맥용 통합 개발환경)를 설치하고 사용법을 익힌다.
- 터미널 환경에서 컴파일하는 방법을 알아본다.

1.1 컴퓨터 하드웨어

C 프로그램을 실행하려면 컴퓨터 하드웨어와 그 위에서 실행을 도와주는 운영체제가 필요하다.

그림 1-1은 흔히 볼 수 있는 데스크톱 컴퓨터(Desktop Computer)다. 디스플레이, 키보드, 마우스 같은 입력 장치들이 연결되어 프로그램을 실행한다.

그림 1-1 데스크톱 컴퓨터

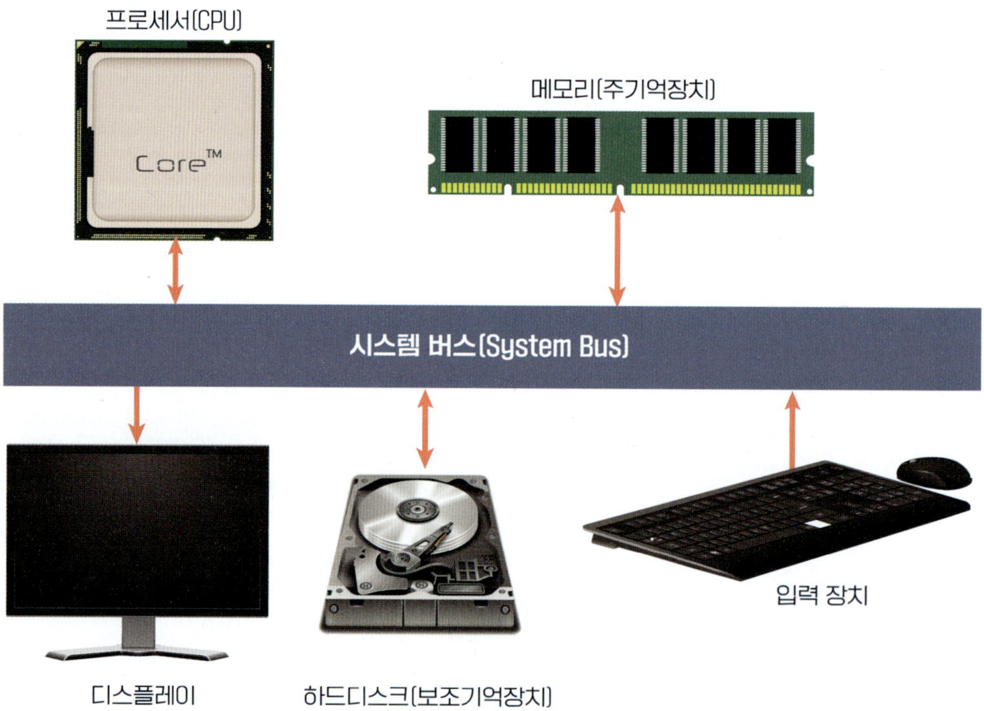

그림 1-2 컴퓨터 하드웨어 시스템 구조

그림 1-2는 컴퓨터의 내부 구조를 보인다. 프로세서, 메모리, 보조기억장치 등이 시스템 버스를 통해서 서로 연결된다.

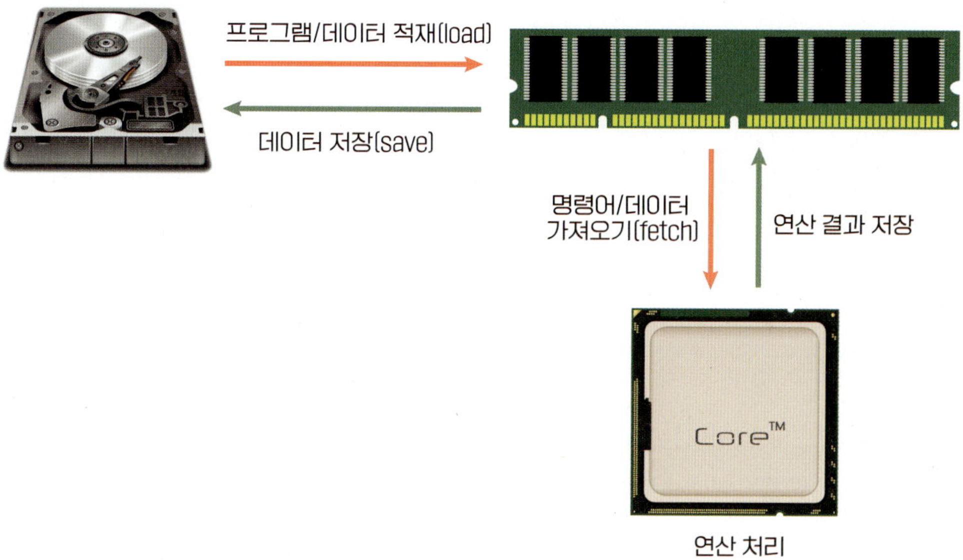

그림 1-3 프로세서에서 프로그램 실행

❶ 프로세서(CPU)

프로세서(Processor)라고 불리는 CPU는 프로그램을 실행시키면서 연산을 담당할 뿐만 아니라 컴퓨터에 연결된 모든 장치들에게 일을 시키고 결과를 확인하는 등 전반적인 컴퓨팅 작업을 제어한다.

프로세서에는 레지스터(Register)라고 불리는 아주 작은 양의 메모리들이 있다. 레지스터들은 산술 연산 등을 할 때 임시 값이나 결괏값을 저장하거나, 현재 실행하는 코드나 메모리 주소 등을 저장한다.

❷ 메모리(주기억장치)

메모리는 프로그래밍에서 중요한 부분이므로 조금 더 자세히 알아보자.

컴퓨터는 디지털 시스템으로 0 또는 1의 이진수만 이해할 수 있다. 따라서 메모리나 보조기억장치에 저장되는 모든 코드와 데이터는 0과 1 형태로 저장된다. 0과 1을 표현하는 최소 단위를 '비트(bit)'라고 하고, 이 비트 8개를 묶어서 '바이트(byte)'라고 한다.

메모리는 그림 1-4와 같이 바이트 단위의 메모지들이 나열되어 있다고 생각하면 된다. 각 바이트 단위의 메모지에는 정수로 된 연속적인 주소가 적혀있고, 보통 메모리 주소는 0부터 시작한다고 가정한다. 이 메모지들은 특별해서 기록하고 덮어쓰는 것이 자유롭다.

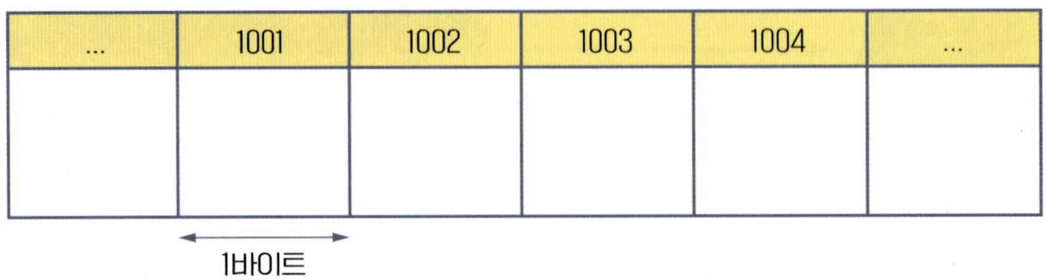

그림 1-4 메모리

프로그램의 코드나 데이터는 모두 메모리에 기록된다. 프로세서는 메모리에 있는 코드를 읽고 분석해서 실행하며(연산 처리) 필요에 따라 메모리에 있는 데이터를 사용한다. 이 또한 필요하다면 메모리에 실행 결과를 저장하고, 이를 다음 연산에 사용하기도 하며, 보조기억장치 등에 저장하기도 한다.

메모리는 일반적으로 컴퓨터 전원이 종료되면 내용이 사라지는 휘발성 기억 장치이다. 따라서 프로그램을 실행시키면서 일시적인 결과 등을 기록하는 정도로는 충분하지만, 프로그램 등을 저장하는데 사용할 수는 없다.

❸ 하드디스크(보조기억장치)

프로그램들은 컴퓨터가 종료되어도 기록이 보존되는 보조기억장치에 저장되어 있다가, 실행 시 메모리에 적재된다. 대표적인 보조기억장치로는 하드디스크 외에 SSD(Solid State Drive), CD-ROM 또는 DVD-ROM과 같은 ODD(Optical Disk Drive), USB 메모리 등이 포함된다.

❹ 시스템 버스

시스템 버스는 프로세서나 메모리라는 장소를 연결하는 도로라고 볼 수 있다. 도로가 있어야 차량과 사람이 이동할 수 있는 것처럼 시스템 버스는 프로세서와 메모리, 메모리와 다른 보조기억장치 또는 입력 장치들을 연결해서 데이터를 주고 받는 이동 통로라고 보면 된다. 모든 데이터는 이 시스템 버스를 통해서 이동한다.

PROGRAMMING

1.2 운영체제

운영체제(Operating System)는 하드웨어와 사용자 프로그램 사이에 위치한 소프트웨어다. 프로세서, 메모리, 입출력 장치 같은 하드웨어를 관리하고 사용자가 컴퓨터를 쉽게 사용하도록 도와준다. 운영체제는 프로그램을 메모리에 적재하고 실행시키고, 보조기억장치에 파일이나 디렉토리 등을 생성하고 관리한다.

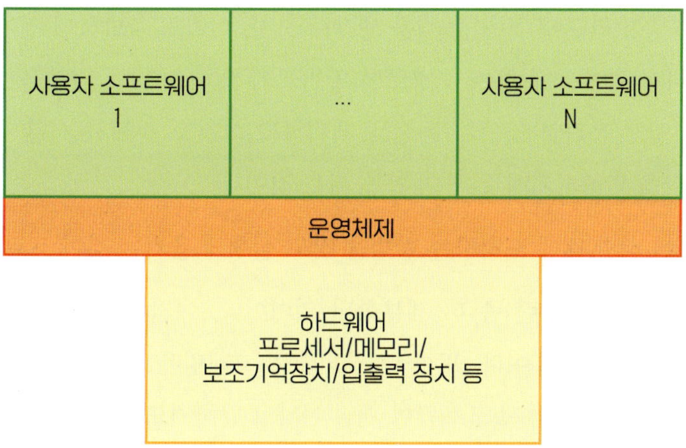

그림 1-5 운영체제와 하드웨어, 사용자 프로그램 간의 관계

대표적인 컴퓨터 운영체제는 윈도우(Windows), 맥 OS(MacOS), 리눅스(Linux), 다양한 형태의 유닉스(Unix) 등이 있고, 휴대폰 운영체제는 안드로이드(Android)와 iOS가 있다. 특히 유닉스는 1970년대 초반에 나온 이후 윈도우, 맥 OS, 리눅스 같은 운영체제에 영향을 주었다. 맥 OS, iOS나 리눅스는 실제 유닉스를 기본으로 사용하고 있어, 비슷한 형태라고 생각할 수 있다.

PROGRAMMING

1.3 프로그래밍이란?

프로그래밍이란 '문제를 해결'하는 것이다. 문제를 해결한다는 것이 단순하게 답을 제시한다는 것은 아니다. 포괄적으로 '문제 해결을 위해 계획을 세우고, 해결 방안을 마련하고 진행하는 과정'을 의미한다. 그런 의미에서 우리는 일상생활에서 무수히 많은 문제를 해결하기 위해 프로그래밍하고 있다.

문제라고 해서 어렵고 복잡한 것을 얘기하는 것은 아니다. 사소하고 간단할 수도 있다. 예를 들어, 신입생이 학교에 처음 갈 때를 생각해 보자. 아마도 출발하기 전에 차는 어떻게 타야 하고, 어디서 갈아타야 하는지 경로를 알아보기 위해 인터넷 검색을 할 것이다. 그리고 본인이 어떻게 움직일 것인지 동선을 계획하고 그것도 정해진 시간 내에 도착해야 한다는 요구사항을 만족시키기 위해 계획을 세울 것이다.

이와 같이 학교에 시간 내에 도착하는 방법을 찾고 실행에 옮기는 것이 프로그래밍이다.

단, 책에서의 프로그래밍이란 좀 더 세분화된 의미이다. 여기서 말하는 프로그래밍이란 '컴퓨터를 이용한 문제 해결'이다. 또한, 컴퓨터 프로그래밍은 컴퓨터에서 동작하는 소프트웨어를 만든다는 의미에서 '소프트웨어 개발'이라고 말하기도 한다.

PROGRAMMING

1.4 프로그래밍 과정

프로그래밍은 다음과 같이 세분화된 작업으로 나누어진다.

- 문제 해석과 요구사항 분석
- 프로그램 설계
- 코딩
- 검수(테스트)

세분화된 작업 단계를 하나씩 살펴보자.

❶ 문제 해석과 요구사항 분석

문제를 분석해서 무엇을 해야 하는지 파악한다. 사용자로부터 받아야 하는 입력 내용이 무엇이고, 무엇을 처리할 것이며, 결과가 무엇이고 어떻게 출력할지 결정한다.

예를 들어, 서울-부산 여행을 문제로 생각하고 프로그래밍을 통해 해결한다고 가정하자. 이 문제는 단순히 서울-부산 간 이동이 문제는 아닐 것이다. 한 걸음 더 정확한 분석이 필요하다. 이동만 하면 되는 건지 알아야 하고, 정확한 출발지와 도착지가 있다면 경로도 파악해야 한다.

문제에 대한 답을 출력하는 방법도 다양하다. 이동 경로를 단계별로 작성해서 글로 나타내거나 지도와 그림을 제시할 수도 있다.

이렇게 문제를 분석하면 요구사항이 정확하게 드러난다. 그 밖에도 비용을 최소화할 것인지, 아니면 비용이 들더라도 가장 빠르게 도착할 것인지에 대한 여부 등을 결정할 수 있다.

❷ 프로그램 설계

문제 해결 방법을 계획하고 구성한다. 요구사항에 맞춰 어떤 방법을 선택할 것인지 결정한다. 문제를 해결하는 방법을 알고리즘(Algorithm)이라고 한다.

예를 들어, 비용보다는 시간을 우선시하여 서울 집–부산 호텔을 이동한다고 하자. 집에서 공항까지의 이동하는 시간, 비행기 수속 및 탑승 시간, 비행기 운행 시간, 부산 공항에서 호텔까지 이동하는 시간 등을 고려하고, 비슷하게 KTX 또는 고속버스로 이동하는 데 걸리는 시간을 계산한다. 그다음 가장 적합한 방법을 찾는다.

출발 시간대도 영향을 미칠 수 있다. 출퇴근 시간과 겹친다면, 버스 전용 차로를 이용할 수 있는지 변수가 될 수 있다. 여러 가지 경우를 고려해서 문제의 해결 방법을 찾아야 한다.

알고리즘을 설계하는 방법은 다음과 같이 여러 가지가 있을 수 있다.

- 순서도를 이용해서 어떻게 문제를 해결할지 순서대로 다이어그램(Diagram)을 그린다.
- 사람의 언어와 유사한 코드로 작업과 그 순서를 표현한 의사 코드(Pseudo Code)로 표현한다.
- 말하듯이 문제의 해결 과정을 정리해서 나열한다.

❸ 코딩

정해진 문제 해결 방법을 컴퓨터가 이해할 수 있는 언어로 표현한다.

컴퓨터는 0과 1로 조합된 이진수의 기계어(Machine Language)를 이해하지만, 사람이 직접 코딩하기에는 거의 불가능하다. 따라서 사람이 다루기 쉽고 이해하기 쉬운 고급 프로그래밍 언어(High–level Programming Language)를 이용해서 코드를 작성하고 있다. 고급 프로그래밍 언어는 C 언어 외에도 Python, C++, Java, C# 등 다양한 언어가 있다.

❹ 검수(테스트)

제대로 동작하는지 확인하는 과정이다. 생각했던 결과가 제대로 나오는지 확인한다. 제대로 동작하지 않으면, 설계 또는 코딩 과정으로 되돌아가 수정해야 한다. 이렇게 검수–설계–코딩 또는 검수–코딩 과정을 반복하면서 프로그램을 완성시킨다.

프로그래밍 또는 소프트웨어 개발은 이러한 여러 단계로 나누어지고, 한 번에 완성될 수 있지만 보통 반복적으로 실행되기도 한다.

1.5 PROGRAMMING

프로그래밍 언어

프로그래밍 언어는 사람이 컴퓨터와 의사소통을 하기 위한 수단이다. 컴퓨터의 프로세서는 자기만의 독자적인 기계어를 사용한다. 프로세서가 달라지면 기계어가 달라져서 의사소통이 불가능한 경우가 많다. 예를 들면, 애플 아이폰과 삼성 갤럭시의 프로세서가 다르고, 두 기기의 기계어가 달라 서로 의사소통이 불가능한 것과 같다.

코드 1-1은 인텔 32비트 CPU의 기계어로 작성된 1 + 2 + 3 + … + 100의 합을 구해서 반환하는 코드를 16진수 바이트 형태로 보인 것이다.

코드 1-1 합을 구해서 반환하는 코드의 기계어

```
55 48 89 e5 48 83 ec 10 c7 45 fc 00 00 00 00 c7 45 f8 00 00 00 00 eb 0a 8b 45 f8
01 45 fc 83 45 f8 01 83 7d f8 64 7e f0 8b 45 fc 48 83 c4 10 5d c3
```

이렇게 숫자로만 된 코드를 작성하는 것은 당연히 어렵다. 수십 개 이상의 숫자로 된 명령 코드와 사용 방법을 기억해야 하기 때문이다.

기계어의 대안으로 만들어진 것이 어셈블리(Assembly) 언어로, 이진수로 구성된 기계어 명령 코드를 사람이 좀 더 기억하기 쉬운 니모닉(Mnemonic)이라 불리는 영문 약자 형태로 대응시켰다. 숫자로 된 명령어를 기억하는 것보다 프로그래밍하기 쉽지만, 여전히 컴퓨터에 가까운 저수준(low-level) 프로그래밍 언어였다. 또한, 기계어와 마찬가지로 어셈블리 언어도 프로세서마다 달라 시스템이 변경되면 새로 배워야 하는 문제가 있었다.

코드 1-2 어셈블리 코드

```
movl   $0x0,-0x4(%rbp)
movl   $0x0,-0x8(%rbp)
jmp    22 <sum+0x22>
```

```
mov    -0x8(%rbp),%eax
add    %eax,-0x4(%rbp)
addl   $0x1,-0x8(%rbp)
cmpl   $0x64,-0x8(%rbp)
jle    18 <sum+0x18>
ret
```

고급 프로그래밍 언어는 사람들이 쉽게 배우고 사용할 수 있도록 만든 언어들이다. 어셈블리 언어의 니모닉보다 사람이 이해하기 쉬운 단어들과 문법으로 구성되고 사람이 사용하는 일반 언어에 비해 문법 체계가 단순해서 쉽게 학습할 수 있다. 대부분의 고급 프로그래밍 언어들은 프로세서가 달라져도 동일한 사용법을 제공해서 다양한 컴퓨터에서 사용하는 프로그램을 작성할 수 있다.

코드 1-3은 고급 프로그래밍 언어 중 한 가지인 C 언어로 작성한 1부터 100까지 정수의 합을 구해서 반환하는 함수이다. 코드를 이해할 필요는 없지만, **코드 1-1**과 비교하면 확실히 이해하기 쉬워 보인다.

코드 1-3 **C 언어로 작성한 합을 구하는 코드**

```c
int sum(void)
{
    int sum = 0;
    for (int i = 0; i <= 100; i++) {
        sum += i;
    }
    return sum;
}
```

컴퓨터는 고급 프로그래밍 언어를 이해하지 못한다. 따라서 컴퓨터가 고급 프로그래밍 언어를 해석해서 실행할 수 있도록 해야 하는데 어떤 형태가 되는지에 따라 컴파일 언어와 인터프리터 언어로 구분한다.

❶ 컴파일 언어

일반적으로 C 언어는 컴파일(compile) 과정을 통해 기계어로 직접 번역되고 실행된다. 한 언어를 다른 언어로 변환하는 소프트웨어를 컴파일러(Compiler)라고 부른다. 컴파일러는 코드 전체를 컴파일해서 기계어로 변환하고, 운영체제에서 실행할 수 있는 프로그램으로 만들어진다. 사용자는 운영체제를 이용해서 프로그램을 실행하고 결과를 확인한다.

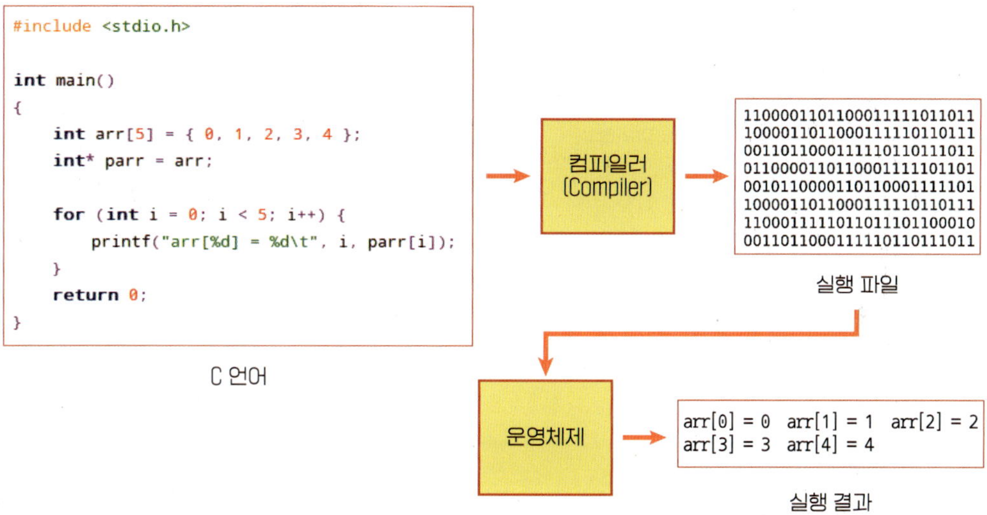

그림 1-6 컴파일 언어가 실행되는 과정

❷ 인터프리터 언어

인터프리터 언어는 실시간으로 한 문장씩 통역(Interpret)해서 실행한다. 이 과정은 실시간 통역과 비슷해서 한 사람이 한 문장 정도를 이야기하면 통역사가 중간에서 바로 다른 언어로 변경하여 이야기하는 것과 비슷하다. 파이썬(Python) 언어가 대표적인 인터프리터 언어이다.

```python
import math

temp = float(input("온도를 입력하세요: "))
wind = float(input("풍속을 m/s단위로 입력하세요: "))
v = 3.6 * wind
Twc = 13.12 + 0.6215 * temp - 11.37 * (v ** 0.16) + 0.3965 * temp * (v ** 0.16)
print("Twc =", Twc)
print("floor(Twc) =", math.floor(Twc))
print("round(Twc) =", round(Twc))
```

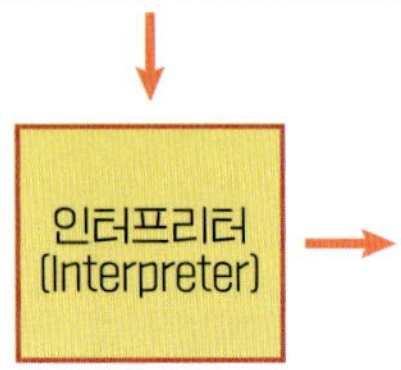


```
온도를 입력하세요: 10
풍속을 m/s단위로 입력하세요: 10
Twc = 6.196872778842536
floor(Twc) = 6
round(Twc) = 6
```

실행 결과

그림 1-7 인터프리터 언어가 실행되는 과정

1.6 PROGRAMMING

C 언어

1950년대에 포트란(Fortran)이나 리스프(Lisp) 같은 초기 고급 프로그래밍 언어가 만들어진 이후에 수많은 고급 프로그래밍 언어들이 서로 간에 영향을 받으면서 개발되었고 개선되었다.

C 언어는 시스템 프로그램에서부터 일반 응용 프로그램까지 개발할 수 있는 범용 프로그래밍 언어이다. C 언어는 작고, 배우기 쉽고, 이식성이 높은 언어이다.

C 언어는 처음 만들어진 이후 약 50여 년간 사용되고 있는 언어이다. 그만큼 축적된 정보와 코드도 많고 사용하는 사람도 많다. 또한, C++나 Objective-C 언어, Java, C# 등 다양한 언어 개발에 영향을 미쳤다.

C 언어의 탄생

C 언어는 미국의 전화 회사였던 AT&T의 벨 연구소의 데니스 리치(Dennis Ritchie)가 유닉스라는 운영체제와 프로그램들을 개발하기 위해 만든 언어였다. 유닉스의 초기 버전은 어셈블리어로 만들어져서 컴퓨터 시스템이 바뀔 때마다 새로 모든 코드를 작성해야 했다. 컴퓨터를 사용하는데 운영체제 외에 다양한 프로그램들이 필요하다. 이러한 프로그램들을 모두 어셈블리어로 구현하는 것은 어렵다. 컴퓨터 시스템이 바뀌어도 기존 코드를 최대한 재사용할 수 있는 고급 프로그래밍 언어가 필요했고, 이때 만들어진 것이 C 언어이고, 어셈블리어로 만들어졌던 유닉스 운영체제와 시스템 프로그램들은 C 언어로 다시 구현되었다(중간에 B 언어라고 만들어진 것도 있었으나, 자세한 설명은 생략한다).

이러한 탄생 배경 때문에 C 언어는 사람이 사용하기 쉬운 고수준(high-level)의 범용(general-purpose) 프로그래밍 언어이기도 하면서, 메모리 같은 하드웨어를 직접 다룰 수 있는 저수준(low-level) 기능을 함께 포함하는 언어가 되었다.

C 언어는 유닉스 운영체제가 회사나 학교 등에 소스 코드와 함께 보급될 때 운영체제의 주력 언어로 함께 제공되었다. 미국 캘리포니아 대학 버클리 캠퍼스는 유닉스 코드를 수정해서 BSD 유닉스로 배포하였고, 많은 대학, 연구기관, 회사 등이 자신만의 유닉스 운영체제 개발을 하게 된다. 유닉스와 BSD 유닉스의 성공과 더불어 C 언어를 사용하는 사람들은 더 많아질 수 밖에 없었고, 그러면서 시스템 프로그래밍 언어의 주축으로 자리 잡았다.

ANSI C

유닉스를 여러 회사에서 채택하고, BSD 유닉스 등이 보급되면서 다양한 유닉스 운영체제가 난립하는 상황이 만들어졌다. 또한, 유닉스와 밀접한 관계에 있던 C 언어도 조금씩 달라지게 되었다. 특히 초기 C 언어는 언어의 문법을 제대로 설명하는 문서가 따로 존재하지 않고 브라이언 커니핸(Brian W. Kernighan)과 데니스 리치(Dennis M. Ritcheie)가 1978년 발행한『The C Programming Language』책에 설명된 내용이 전부였다. 이때의 C 언어를 두 사람이 집필한 책에 기초한다는 의미로 'K&R C'라고 부른다.

책이 언어를 명확하게 설명하지 않으니 C 언어 컴파일러를 만드는 사람들이 자기 나름대로 구현하는 부분들이 생기고 따라서 조금씩 다른 C 컴파일러가 만들어졌다.

그래서 미국 표준화 기구(American National Standards Institute, ANSI)에서 80년대 초반부터는 C 언어 표준화 작업을 시작하게 되고, 88년 말에 ANSI C 혹은 C89라고 부르는 C 언어의 표준을 만들어서 발표하며, 1990년에 ANSI C를 국제 표준화 기구 ISO(International Organization for Standardization) 표준으로 채택하였다.

ANSI C는 C 언어의 문법을 좀 더 명확하고 시스템에 영향을 받지 않게 변경하여 표준 라이브러리(Standard Library)를 정의했다. 표준 라이브러리란 코드를 작성하면서 자주 사용할 코드들을 미리 만들어서 제공하는 것을 의미한다. 표준 라이브러리가 정의됨으로써 라이브러리에 있는 것들만 사용한다면 시스템이 달라져도 동일한 C 코드를 사용할 수 있다는 것이 ANSI C의 중요한 특징 중 한 가지이다. 그래서 ANSI C는 Standard C라고 부르기도 한다. 이 책에서는 표준 라이브러리를 'C 표준 라이브러리', '표준 C 라이브러리(Standard C Library)'라는 두 용어로 혼용해서 사용한다.

C99와 이후 버전

1980년대에 객체 지향 프로그래밍이라는 소프트웨어 개발 방법으로 프로그래밍 트렌드가 바뀌면서 C++ 언어가 개발되었다. C++ 언어는 초기에 C 언어의 모든 기능을 포함하면서 객체 지향 프로그래밍 방법을 사용할 수 있는 기능들이 추가되었다.

이후에 C++는 지속적으로 발전했지만, C는 제자리에 멈춰 있는 듯했다가 1999년에 C 언어의 새로운 표준안이 만들어졌고, 이를 C99라고 부른다. C99의 많은 부분은 C++ 언어에서 영향을 받았지만, 참(true)과 거짓(false)을 나타내는 `_Bool` 자료형이나 복소수(complex) 자료형이 추가되는 등 C++와는 다르게 변화한 부분이 있다. C99와 대비해서 ANSI C를 C89 또는 C90이라고 부르기 시작했다. 여기서는 ANSI C 또는 C89라고 부른다. 이후 C 언어는 계속 개선되면서 C11과 C18 등이 출시되었다.

그림 1-8은 C89, C99, C++의 관계를 보인다.

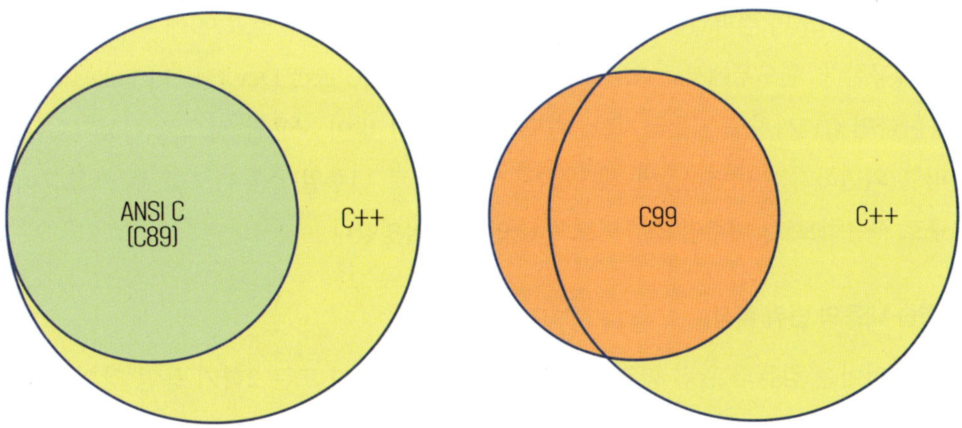

그림 1-8 C89, C99, C++의 상관관계

C 언어의 영향을 받은 언어

C++는 벨 연구소에서 뱐 스트라우스트럽(Bjarne Stroustrup)이 C 언어에 객체 지향 언어의 특성을 붙여 만들었다. 그림 1-8에서 본 것처럼 C++는 ANSI C를 포함하였고, 더 나은 C 언어라고 불리기도 했다. 그러나 C99부터는 서로 다른 길을 가고 있다.

자바와 C# 언어도 객체 지향 언어들이라서 C보다는 C++에서 영향을 받았다고 하는 편이 정확하다. 하지만 기본적인 변수, 조건문 반복문, 함수 개념 등이 거의 C 언어와 비슷하기 때문에 C++, Java, C# 등을 C 언어 계열 언어라고 부르기도 한다.

이 책에서 다루는 C 언어

이 책에서는 C89와 C99 사이에 있는 'C 언어'를 설명한다. 이렇게 약간 이상한 형태의 C 언어를 사용하는 이유는 다음과 같다.

❶ 마이크로소프트 사의 비주얼 스튜디오(Visual Studio)가 지원하지 않음

가장 큰 이유다. 윈도우에서 개발하면서 가장 많이 사용하는 비주얼 스튜디오(Visual Studio)의 C 컴파일러는 C99를 제대로 지원하지 않는다. 마이크로소프트는 C++에 집중하면서 최신 기술을 비교적 빨리 지원하지만, C 언어는 등한시하고 있다.

비주얼 스튜디오의 컴파일러는 기본적으로 ANSI C를 지원하면서, C99에 추가된 일부 기능을 제공한다. 윈도우에서도 오픈 소스 컴파일러인 GNU gcc, Dev C++나 Pelles C 등을 사용한다면 C17까지도 지원하지만, 윈도우에서 가장 많이 사용할 것으로 예상되는 컴파일러를 외면하기는 어렵다. 이 책에서는 기본적으로 비주얼 스튜디오를 주 프로그래밍 도구로 사용하므로, 비주얼 스튜디오의 C 언어를 설명한다.

❷ 학습 내용의 범위 확장

보통 C 언어는 컴퓨터 관련 학과 1학년을 대상으로 1학기 또는 2학기 동안 강의를 진행한다. 경험상 기존 C 언어의 내용만으로도 이 정도 기간에 C 언어를 제대로 학습하는 것은 쉽지 않다. 특히 프로그래밍 경험이 없는 학생들을 대상으로 C 언어의 문법만 강의하는 것이 아니라 프로그래밍 개념까지 학습하게 하려면, C99에 추가된 많은 내용을 다루는 것보다 많이 사용되는 기본에 충실한 것이 좋다고 생각한다.

C 언어의 특징과 장단점

C 언어는 다음에 보인 것처럼 여러 가지 장단점을 가지고 있다.

C 언어의 장점

❶ **저수준 언어** : C 언어는 고수준 언어이지만, 저수준 언어에 가까운 기능을 제공한다. 직접 메모리를 조작하고 이를 통해 하드웨어를 제어할 수 있다.

❷ **간결한 문법** : C 언어의 문법은 상대적으로 간단하고 간결하다. 언어를 배우기 쉽고 이해하기 쉽다.

❸ **이식성** : 이식성(Portability)이 높다. 다른 컴퓨터 시스템에서 코드를 수정하지 않고 사용할 수 있다. C 언어의 이식성이 높다는 것은 하드웨어 종속적인 기능을 최소화하고 표준 라이브러리와 표준화된 문법을 사용할 때를 말하는 것이다.

❹ **성능** : 하드웨어와 밀접한 관련이 있고 저수준 작업이 수행 가능해서 실행 속도가 빠르고 메모리 효율성이 높다. 성능이 중요한 프로그램에서 유용하다.

❺ **강력한 메모리 조작 기능** : 포인터를 이용해서 메모리를 직접 조작할 수 있는 기능을 제공한다. 하드웨어 등을 직접 다뤄야 할 때 유용하다.

❻ **다양한 라이브러리** : 표준 라이브러리와 다양한 서드파티(Third-party) 라이브러리가 존재한다. 이들을 이용해서 개발자들이 필요한 기능을 빠르게 구현 가능하다.

C 언어의 단점

❶ **낮은 추상화** : C 언어는 최근에 만들어진 고급 언어들에 있는 많은 고급 기능들이 빠진다. 예를 들어, 문자열을 자료형으로 취급한다거나 리스트 같은 자료구조 등이 C 언어에는 없다. 이런 것들을 직접 다뤄야 하므로 개발 시간이 더 걸릴 수 있다.

❷ **메모리 관리 오류** : 메모리 관리를 프로그래머가 직접 하므로 효율적이지만, 반대로 프로그래머가 제대로 하지 못하면 오류 발생 가능성이 높다.

❸ **보안 취약성** : 메모리 조작을 직접할 수 있는 부분이 보안에 취약할 수 있다.

❹ **코드 가독성** : 다른 언어에 비해 직접 포인터를 사용해서 메모리 조작하는 것들은 가독성을 떨어뜨릴 수 있다.

C 언어의 특징이자 장점으로 설명되는 이식성은 C 언어가 처음 나왔을 때는 장점이었다. 지금은 거의 컴퓨터 시스템에 영향을 받지 않고 실행시킬 수 있는 언어들이 많지만, C 언어처럼 저수준을 지원하면서 이식성이 높은 언어는 많지 않다.

PROGRAMMING

1.7 첫 번째 C 언어 프로그램 작성

C 언어 프로그램을 작성하기 전에 먼저 이해해야 하는 개념들이 있다. 명령문(statement), 코드 블록(code block), 띄어쓰기 및 들여쓰기 그리고 주석(comment)에 대해서 알아보자.

명령문

명령문은 구문이라고 부르기도 하며 프로그램의 실행 단위다. C 언어 프로그램을 실행한다는 것은 명령문들을 순차적으로 실행하는 것이다. C 언어에는 대입문, 조건문, 반복문처럼 ~문 형태로 끝나는 용어들이 존재하는데 이 용어들은 명령문의 종류를 나타낸다.

코드 작성하는 것을 글 쓰는 것에 비유해 보자. 글은 문장들이 연결되어 만들어지고 비슷하게 C 프로그램은 명령문들이 연결되어 완성된다. 일반적인 글의 문장은 보통 마침표(.)로 분리되지만, C 언어 명령문은 세미콜론(;)으로 분리되거나 코드 블록으로 구성된다. C 코드에서 세미콜론은 한 개의 명령문이 끝났다는 것을 의미한다. 코드 블록은 0개 이상의 명령문을 포함하며 코드 블록 자체가 한 개의 명령문으로 취급된다.

코드 1-4는 명령문의 예시다. 지금은 이 코드들이 어떤 의미를 나타내는지 이해하지 않아도 되며, 명령문이 어떻게 세미콜론으로 분리되는지만 살펴보며 이해한다.

코드 1-4

```
int n = 0;
if (n > 0)
    n -= 1;
printf("n = %d\n", n);
;
```

코드를 이해하려 하지 말고, 1줄, 2~3줄, 4줄, 5줄이 각각 다른 명령문이라는 정도만 보자. 5줄은 빈 명령문(empty statement)이다. 빈 명령문은 아무것도 실행되지 않지만, 문법적으로 명령문을 요구되는 곳에 사용할 수 있다. 또한, 빈 명령문은 자주 사용되는 코드는 아니며 조건문이나 반복문에서 볼 수 있다.

코드 블록

코드 블록(또는 블록)은 중괄호({ }) 사이에 0줄 이상의 명령문을 넣은 것이다. 코드 블록에 있는 명령문들은 한 개씩 순차적으로 실행된다.

빈 명령문처럼 명령문이 없는 빈 코드 블록(empty code block)을 구현하는 것도 가능하다. 즉, "{}" 형태로 코드 블록을 만드는 것인데, 실행될 코드가 없다는 점에서 문법적으로 명령문 또는 코드 블록이 요구되는 곳에서 사용된다. 코드 블록은 한 개의 명령문으로 취급하므로, 코드 블록 안에 또 다른 코드 블록을 포함할 수 있다. **코드 1-5**는 코드 블록의 예시다.

코드 1-5

```
int func()
{
    int n = 0;
    if (n > 0) {
        n -= 1;
    }
    printf("n = %d\n", n);

    {
        int n = 0;
        {
            printf("n = %d\n", n);
        }
    }
    if (n > 0) {}
}
```

2~16줄, 4~6줄, 9~14줄, 11~13줄은 각각 코드 블록이고, 15줄는 조건문(if로 시작하는 명령문)의 일부로 코드 블록이 사용된 것이다. 코드 블록 안에 또 다른 코드 블록이 있으면 중괄호 {와 }는 매치(match)가 되지 않은 가장 가까운 상대와 연결된다. 즉, 13줄의 닫는 중괄호(})는 가장 가까이 있으면서 아직 매치되지 않은 11줄의 여는 중괄호와 연결되고, 14줄은 비슷하게 중괄호는 아직 연결되지 않은 가장 가까운 9줄의 중괄호와 연결된다.

C 언어는 2~16줄처럼 함수를 만들 때 코드 블록을 사용한다. 4~6줄, 15줄처럼 if 키워드와 함께 사용되기도 한다(지금은 함수나 if의 의미는 몰라도 된다).

일반적인 사용법은 아니지만, C 언어에서는 9~14줄처럼 명령문을 사용해야 하는 코드 영역에 코드 블록을 만드는 것이 가능하다. 이러한 방법은 자주 사용하지 않지만, 가능하다는 것은 기억해 두자.

일반 명령문과는 다르게 코드 블록은 세미콜론을 붙이지 않는다. 닫는 중괄호(})만으로 충분하다. **코드 1-6**처럼 닫는 중괄호(}) 다음에 세미콜론이 있다면, 컴파일러는 코드 블록과 빈 명령문으로 구성된 두 개의 명령문으로 취급한다.

코드 1-6

```
1  if (n > 0) {
2      printf("n = %d\n", n);
3  };
```

1줄부터 3줄의 }까지 1개의 명령문으로 처리되고, ;는 빈 명령문으로 따로 취급

띄어쓰기와 들여쓰기

글을 쓸 때 읽기 쉽게 이해하기 위해 문장과 문단을 나누는 것처럼 코드도 읽기 쉽게 작성해야 한다(가독성을 높인다). 여기서는 코드를 작성할 때의 띄어쓰기와 들여쓰기에 대해서 알아본다.

띄어쓰기

글을 쓸 때 띄어쓰기하는 것처럼 코드에서도 단어를 띄어 쓴다. 코드의 단어는 '식별자(identifier)'와 '키워드(keyword)'로 나뉜다.

식별자는 프로그래머가 코드에서 사용하기 위해 붙이는 이름이다. C 코드를 작성할 때 여러 가지 목적으로 프로그래머가 이름을 짓는 경우가 있는데, 이들을 식별자라고 부른다.

키워드는 C 언어에서 사용하려고 미리 지정한 단어들이다. 글을 쓸 때 마침표나 물음표, 느낌표 등을 사용하듯이 코드에서도 다양한 특수 기호(문자)들을 사용한다. 단어와 달리 특수 기호들은 띄어쓰기하지 않아도 된다. 하지만 코드를 읽기 쉽게 가독성을 높이기 위해 일반적으로 띄어 쓴다.

C 언어에서 띄어쓰기를 어떻게 해야 한다는 규칙은 없다. 다른 사람들과 함께 코딩한다면 규칙(coding style)을 정하고 따라야 하는 경우가 있지만, 그렇지 않다면, 본인만의 코딩 규칙을 만들면 된다.

코드 1-7

```
int a;
```

코드 1-7은 코드에서 띄어쓰기한 것이다. int는 키워드고 a는 식별자다. 세미콜론(;)은 명령문의 끝을 의미한다. int와 a는 다른 단어들이므로 띄어쓰기했다.

띄어쓰기는 한 칸 이상만 있으면 된다. `int a;`와 `int      a    ;`는 동일한 코드이다. 심지어 줄을 바꿔서 작성해도 동일하다. 즉, **코드 1-8**은 **코드 1-7**과 동일한 코드이다.

코드 1-8

```
int
a    ;
```

다음과 같이 앞서 살펴본 **코드 1-6**을 띄어쓰기 없이 한 줄에 붙여도 동일하게 실행된다. 따옴표 안에 있는 문자열만 동일하게 띄어쓰기했고, 나머지 코드는 모두 붙여서 작성했다.

```
if(n>0){printf("n = %d\n",n);};
```

줄을 바꿔 쓰는 것도 필요하다. 글을 쓸 때 문단과 문단을 한 줄씩 떼는 것처럼 적절하게 코드 뭉치들 사이에 빈 줄을 넣는 것도 좋다.

● 들여쓰기

들여쓰기란 앞줄에서 일정한 칸의 수만큼 안쪽으로 띈 것을 나타낸다. 들여쓰기는 일부 명령문들과 코드 블록에서 사용한다.

들여쓰기도 미리 정해진 규칙은 없고, 코드에 영향을 미치지 않는다. 이 책에서는 코드를 읽기 쉽게 공백 네 칸을 사용한다.

코드 1-9는 들여쓰기의 예시다. 코드에 대해서 이해하는 것은 나중으로 미루고, 어떻게 들여쓰기를 하고 있는지만 살펴본다.

코드 1-9

```
if (n > 0)
    n -= 1;

if (n > 0) {
    n -= 1;
}

int f()
{
    int n;
    n = 2 * 3;
}
```

들여쓰기 된 부분

코드 1-10

```
if (n > 0) n -= 1;
if (n > 0) { n -= 1; }
int f() { int n; n = 2 * 3; }
```

짧은 코드는 줄을 바꾸지 않고 붙여쓰는 경우도 있음

오류는 발생하지 않지만, 코드의 가독성이 떨어짐
줄을 바꿔 사용하는 편이 좋음

주석

코드에 주석을 붙이는 것도 잊지 말아야 한다. 주석은 코드에 붙이는 설명이고 코드가 컴파일되기 전에 제거된다. 따라서 코드 어느 부분에 위치하던 또 몇 줄을 쓰던 문제되지 않는다.

● 주석문을 사용하는 예시

다음은 주석문을 사용하는 몇 가지 예시다. 이런 경우 외에도 코드에 영향을 미치지 않는다면, 프로그래머가 원하는 대로 주석을 활용해도 된다.

- 작성자나 버전 정보를 보인다. 버전 정보는 프로그램 개발 단계를 나타내는 기호로 주로 숫자 조합을 사용한다.
- 문제 해결 방법(알고리즘)을 설명한다.
- 프로그래머가 코드를 작성하면서 해야 할 일이나 수정해야 할 내용을 작성한다.
- 다른 사람과 협업하는 경우 다른 사람에게 코드를 어떻게 사용해야 하는지 설명을 붙이기도 한다.

● 주석을 붙이는 방법

C 언어에서 주석을 붙이는 방법은 두 가지가 있다.

- //로 시작
- /*와 */ 사이에 주석 내용 추가

❶ //로 시작

주석을 //로 붙이는 경우, "//"부터 그 줄이 끝날 때까지(줄이 바뀌기 전까지) 컴파일되지 않는다. **코드 1-11**의 첫 번째 줄은 일부 코드 작성(세미콜론까지) 후에, 주석을 붙였다. 두 번째 줄은 처음부터 주석 처리되어 아예 컴파일되지 않는다.

코드 1-11

```
1    int a = 3;      // 주석 시작. 변수 a를 생성하고 3을 저장
2    // int b = 4;
```

❷ /*와 */ 사이에 주석 내용 추가

/*와 */ 사이에 주석을 추가하는 경우, 코드 중간에 위치할 수도 있고 여러 줄에 걸쳐서 작성할 수도 있다. **코드 1-12**는 여러 경우의 주석 예를 보인다. 두 번째 줄에는 /*5*/라고

되어 있는 부분만 생략되고 나머지 코드는 컴파일된다.

코드 1-12

```
/* 한 줄로 만드는 주석 */
int a = /*5*/ 3;
/* 여러 줄로 만들어진
주석 */
```

주석에서 조심할 것은 /* */ 사이에는 또 다른 /* */형태의 주석을 넣을 수 없다는 것이다. 그림 1-9에서 (1)은 주석문이 시작됨을 알린다. (2)는 또 다른 주석문이 시작되는 것이 아니라, 주석 내용의 일부로 취급된다. (1)에서 시작된 주석은 (3)에서 끝나고, (4)는 시작되지 않은 주석의 끝 부분으로 인식되어 컴파일할 때 오류를 발생시킨다.

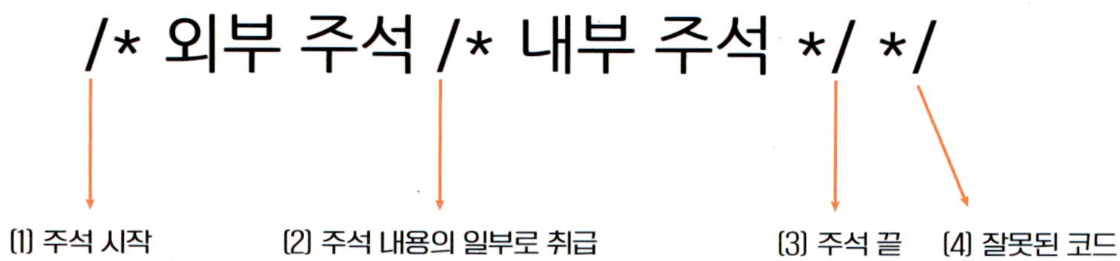

그림 1-9 주석문을 잘못 사용한 예

/* */ 사이에 //를 넣는 것은 문제되지 않는다. 주석 내용의 일부로 //가 있는 것으로 본다.

최소한의 C 코드

코드 1-13은 C 언어로 작성하는 프로그램의 최소 코드이다. C 언어로 코드를 작성하려면 무조건 **코드 1-13** 형태의 코드가 필요하다. 이 코드를 줄 단위로 분석해 보자.

코드 1-13

```
int main(void)
{
    /* 실행할 코드 */
```

```
4        return 0;
5    }
```

- 1줄 : int main(void)
  - main() 함수를 정의하는 코드이다.
  - 함수는 C 언어에서 특정 작업을 처리하는 코드를 묶어서 한 개의 뭉치로 취급하는 기능이다(함수는 〈6장〉에서 자세히 설명).
  - main() 함수는 운영체제가 C 언어로 작성한 프로그램에서 실행하는 부분이다. C 언어 프로그램은 main() 함수에 있는 코드를 순차적으로 실행한 후 더 이상 실행시킬 코드가 없을 때 종료한다.
  - int는 main() 함수의 결괏값으로 정수(integer)가 반환된다는 뜻이다. int는 정수를 나타내는 C 언어의 용어(〈2장〉에서 자세히 설명)다.
  - 괄호 안의 void는 함수에 전달되는 입력이 없다는 뜻(〈6장〉에서 자세히 설명)이다. 지금은 C 언어 코드를 작성할 때 항상 int main(void) 형태로 작성하는 것으로 기억한다.
- 2줄 : {
  - main() 함수가 시작됨을 알리는 기호이다. 함수를 구성하는 코드 블록의 시작을 나타낸다.
- 3줄 : /* 실행할 코드 */
  - 함수 코드를 넣을 부분을 나타낸다. 이 부분의 코드가 순차적으로 실행된 후 프로그램이 종료된다.
- 4줄 : return 0;
  - return은 함수 내부에 있는 코드 실행을 종료하면서 함수의 결괏값을 반환하는 명령이다. return 0은 함수의 결괏값으로 정수 0을 반환한다는 의미이다.
  - return도 한 개의 명령문을 만드는 키워드이므로 세미콜론(;)으로 마무리한다.
  - main() 함수의 반환 값(결괏값)은 프로그램을 실행시키는 운영체제로 반환된다. 운영체제는 main() 함수의 결괏값을 프로그램이 제대로 실행되었는지 확인하는 목적으로 사용한다.
- 5줄 : }
  - 2줄에서 시작된 코드 블록의 끝을 나타낸다.

그림 1-10은 프로그램이 실행되는 과정이다. 운영체제가 프로그램을 실행시키면 C 언어의 main() 함수가 실행된다. main() 함수 안에 있는 코드가 순차적으로 모두 실행되면 마지막 return 코드에 의해서 0이 운영체제에 반환된다. 앞서 설명한 것처럼 main() 함수의 반환 값은 프로그램 실행이 제대로 종료되었는지 확인하는 목적으로 사용되고, 0은 실행 중에 오류 없이 정상적으로 프로그램이 종료했다는 것을 나타낸다. 실행 중에 오류가 발생하면 0이 아닌 값을 반환하는 것이 일반적이다.

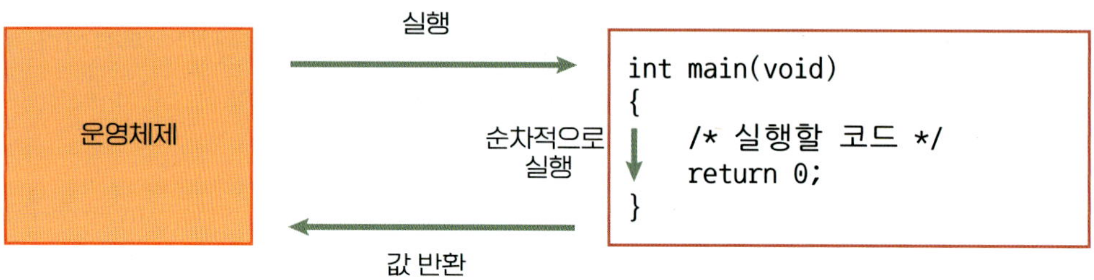

그림 1-10 운영체제에서 C 프로그램 실행

첫 번째 C 코드 작성

코드 1-14는 화면에 "My first C program"이라는 문자열을 출력하는 C 코드로, 아주 간단한 프로그램이다.

프로그래밍 언어로 작성된 코드를 소스 코드(source code)라고 부르고, C 언어의 소스 코드는 확장자로 ".c"를 붙인다. 4~5줄, 7~8줄은 **코드 1-13**과 같다. 달라진 부분만 살펴보자.

코드 1-14 **First.c**

```
1   /* 첫 번째 C 언어 프로그램 */
2   #include <stdio.h>
3
4   int main(void)
5   {
6       printf("My first C program"); // 문자열 출력하는 printf() 함수 호출
7       return 0;
8   }
```

첫 번째 프로그램이니까 코드를 줄 단위로 분석해 보자.

- 1줄 : 주석 작성
- 2줄 : #include <stdio.h>는 전처리(preprocessing) 코드
  - C 코드는 컴파일 전에 전처리 과정을 거친다.
  - 전처리 과정은 소스 코드에 있는 전처리기 명령들을 처리한 후 새로운 C 코드를 임시로 생성해서 컴파일러로 전달한다.
  - #include는 전처리기(preprocessor)의 명령어로 컴파일 전에 헤더 파일(header file) 중 한 개인 stdio.h 파일의 내용을 코드에 삽입하라는 의미이다. 헤더 파일은 C 언어가 제공하는 다양한 함수들의 사용법과 함수를 사용하는데, 필요한 자료들을 포함하는 파일이다.
  - stdio.h는 입출력(input/output) 함수 관련 정보를 담고 있는 파일로, printf() 함수의 사용법을 포함한다. 컴파일러는 이 정보를 이용해서 6줄에서 printf() 함수가 제대로 사용되는지 확인한다.
  - 함수의 사용법(함수 원형 지정)을 컴파일러에 알리는 것은 〈6장〉에서 설명한다.
  - 헤더 파일 구현 방법은 〈13장〉에서 설명한다.
- 6줄 : printf("My first C program");
  - printf() 함수는 괄호 안에 주어진 문자열의 내용을 화면에 출력한다.
  - printf()는 C 언어의 표준 라이브러리(standard library)에 포함된 함수이다.
  - 함수를 사용할 때 호출한다고 한다.

PROGRAMMING

1.8 프로그래밍 개발 환경 구축

코드를 살펴봤으니 C 프로그램을 입력하고 실행하려면 C 프로그래밍에 필요한 도구들을 설치해야 한다. 먼저 C 프로그래밍 과정을 살펴보고 프로그래밍 도구를 설치(부록 2)한다.

C 프로그래밍 과정

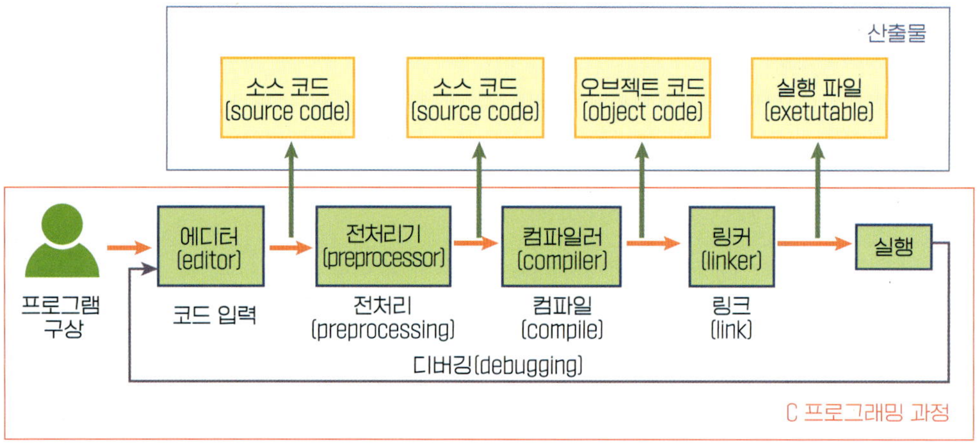

그림 1-11 C 프로그래밍 과정

❶ 코드 입력

텍스트 에디터(text editor)를 이용해서 코드를 입력하고 파일로 저장한다. 윈도우의 메모장 같은 에디터를 이용할 수 있지만, 프로그래밍 전문 에디터를 사용하는 것이 좋다.

프로그래밍 전문 에디터는 코드를 작성할 때 도움을 주는 자동 완성과 코드를 다양한 색으로 표시해서 제대로 작성했는지 쉽게 파악할 수 있는 구문 강조(code highlight) 기능 등이 제공되어 개발 효율성을 증가시킨다.

❷ 전처리(preprocessing)

C 언어 소스 코드에는 **코드 1-14**의 2줄처럼 '#' 기호로 시작하는 코드가 있다. '#' 기호로 시작하는 코드는 전처리기(preprocessor)에 의해서 처리되고, C 언어 컴파일러가 이해할 수 있는 순수한 C 코드가 생성된다.

컴파일러에 따라 전처리기를 C 컴파일러의 일부로 포함하기도 하고, 아예 다른 프로그램으로 분리해서 실행하기도 한다. 전처리된 C 코드는 자동으로 C 컴파일러에게 전달되므로 어떤 경우던 프로그래머들은 상관없다.

❸ 컴파일(compile)

전처리가 끝난 후 생성되는 C 코드는 컴파일러로 전달되어 컴파일하게 되고 결과물은 오브젝트 코드(object code)라 불리는 중간 단계의 파일에 저장된다. 오브젝트 코드는 기계어 또는 기계어와 비슷한 이진 코드(binary code)로 구성된다. 일반적으로 오브젝트 파일은 확장자로 '.obj' 또는 '.o'를 사용한다.

❹ 링크(link)

컴파일러가 생성하는 오브젝트 코드는 주어진 소스 코드를 이진화시킨 내용만 포함한다. **코드 1-14**에는 표준 라이브러리 함수인 `printf()`가 사용된다. **코드 1-14**를 컴파일해서 생성되는 오브젝트 코드에는 `printf()` 함수를 사용하는 코드만 포함되고, `printf()` 함수가 구현된 코드는 없다.

`printf()` 함수 같은 C 언어의 표준 라이브러리 함수들은 이미 컴파일된 오브젝트 파일로 제공된다. 이렇게 미리 컴파일된 함수들을 묶어 한 개의 큰 파일로 만든 것을 라이브러리(library) 파일이라고 부른다. 링크 과정은 소스 코드로부터 컴파일된 오브젝트 파일과 기존에 컴파일된 상태로 제공되는 파일들(예 : C 표준 라이브러리의 함수들)을 합쳐서 실행 파일을 생성한다.

❺ 실행(execution) 및 검수(test)

실행 파일을 실행시키고 제대로 동작하는지 확인한다. 만약 제대로 동작하지 않으면 디버그 과정 등을 통해 문제를 해결한다.

❻ 디버그(debug)

프로그램이 완성되면 실행시켜 제대로 결과가 나오는지 확인한다. 만약 제대로 동작하지 않는다면 문제가 되는 부분을 찾아야 하고, 코드를 다시 수정해서 컴파일하고 링크시킨다. 코드가 제대로 동작할 때까지 이 과정을 반복하는데 이를 디버깅(debugging)한다고 한다.

인터랙티브 디버거(debugger)라는 도구는 프로그래머가 코드를 실행시키는 과정을 살펴보면서 문제가 어디에 있는지 손쉽게 찾을 수 있도록 도와주는 프로그램이다. 디버거를 사용하면 프로그램 실행을 중간에 멈추고 변숫값을 확인하거나 원하는 코드를 한 줄씩 실행시키며 어떤 일이 일어나는지 확인하는 것 등이 가능하다.

통합 개발 환경

C 프로그래밍 도구를 설치한다는 것은 전처리기, 컴파일러, 링커, 디버거 등을 설치하는 것을 의미한다.

통합 개발 환경(Integrated Development Environment)이란 에디터, 컴파일러, 링커, 디버거 등을 한 개의 프로그램에 집약시킨 것이다. 통합 개발 환경은 프로그래머가 한 개의 프로그램에서 코드를 작성하고 실행시켜보고 실시간 디버깅까지 할 수 있도록 만든 프로그램이다.

C 언어를 위한 대표적인 통합 개발 환경으로 Code::Blocks(www.codeblocks.org/), CLion(www.jetbrains.com/clion), 마이크로소프트 사의 비주얼 스튜디오(visualstudio.microsoft.com/), Dev C++(www.embarcadero.com/free-tools/dev-cpp) 등이 있다.

표 1-1 통합 개발 환경 비교

통합 개발 환경	지원 플랫폼(운영체제)	비용
Code::Blocks	윈도우, 맥 OS, 리눅스	무료
CLion	윈도우, 맥 OS, 리눅스	상용
비주얼 스튜디오	윈도우	무료/상용
Dev C++	윈도우	무료

개발 도구 설치

부록 2에서는 마이크로소프트 사의 윈도우와 맥 운영체제에서 C 프로그래밍에 필요한 프로그램들을 설치하는 것을 설명한다.

윈도우에서는 오픈 소스 컴파일러인 GCC 계열 컴파일러와 마이크로소프트 사의 비주얼 스튜디오(Visual Studio)를, 맥 운영체제에서는 엑스코드(Xcode)를 설치한다. 그리고 두 개의 운영체제에서 C 프로그램을 컴파일하는 것을 보인다.

경험상 윈도우에서 C 프로그래밍을 한다면 절대적으로 비주얼 스튜디오를 사용할 것을 권장한다. 특히 코드 파일이 많아지면 비주얼 스튜디오를 사용하는 것이 생산성을 높일 수 있다.

하지만 이 책에 있는 예제 정도를 컴파일한다거나 파일 한 개로 구성되는 정도의 C 프로그램을 작성한다면, 비주얼 스튜디오에서 프로젝트를 생성하는 것이 번거로울 수 있다. 간단한 코드라면 커맨드 라인 컴파일러나 비주얼 스튜디오 코드와 GCC 계열 컴파일러를 사용하는 것이 빠를 수 있다.

경험상 맥의 엑스코드는 C 프로그래밍할 때 그다지 편한 개발 환경은 아니다. 간단한 코드라면 윈도우와 비슷하게 커맨드 라인 컴파일러나 비주얼 스튜디오 코드를 사용하는 것을 권한다. 파일의 양이 많아진다면 다른 통합 개발 환경을 알아보거나 엑스코드를 사용한다.

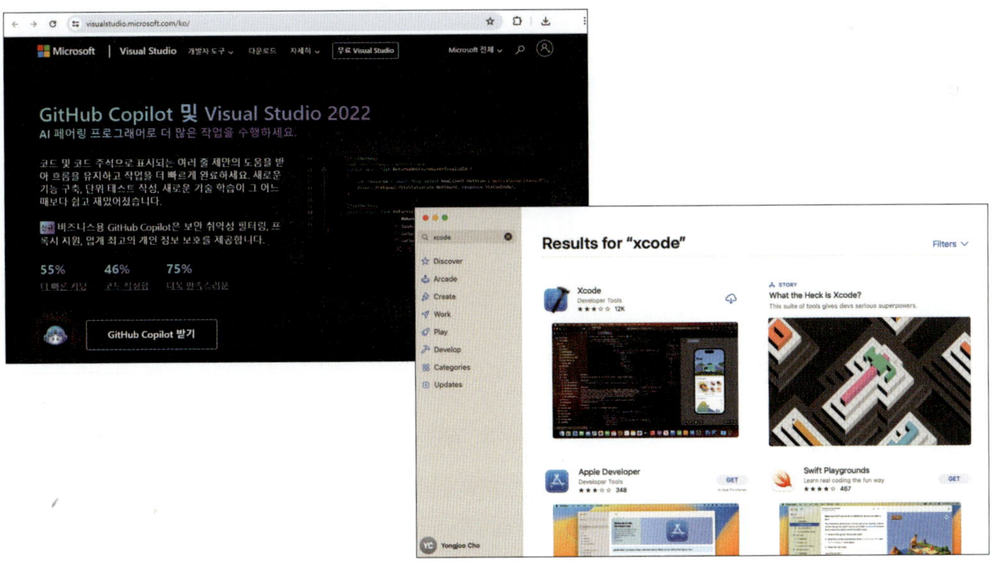

그림 1-12 비주얼 스튜디오(좌)/엑스코드(우)

1.9 연습 문제

01 컴퓨터 하드웨어 중에서 프로세서에 대해서 간략하게 설명하시오.

02 컴퓨터 하드웨어 중에서 메모리에 대해서 간략하게 설명하시오.

03 운영체제는 프로그램을 메모리에 적재하고 프로세서를 이용해서 실행시킨다(OX로 답하시오).

04 1999년에 C 언어의 새로운 표준안이 만들어졌고, 이를 C99 또는 ANSI C라고 부른다(OX로 답하시오).

05 10진수 250을 16진수로 표현하면 얼마인지 구하시오.

06 일상생활에서 프로그래밍한다고 할 수 있는 예를 들어 한 가지만 답하시오.

07 프로그래밍 단계에 대해서 간략하게 설명하시오.

08 분석-설계-코딩-검수의 프로그래밍 단계는 한 번만 실행하면 프로그램을 완성할 수 있다(OX로 답하시오).

09 다음 코드는 컴파일 또는 링크 오류 중 어떤 것이 발생할지 그리고 왜 오류가 발생하는지 설명하시오.

```
int main(void)
{
    printf("오류 발생하는 코드);
    return 0;
}
```

10 C 프로그래밍 과정에서 링커라는 프로그램이 하는 일이 무엇인지 설명하시오.

11 C 코드에서 #include 〈stdio.h〉가 하는 일을 설명하시오.

12 stdio.h는 어떤 파일인지 인터넷 검색 등을 통해서 알아보고, 간략하게 정리하시오.

13 gcc를 사용하면 컴파일과 링크를 거쳐 실행 파일을 만들어 낸다. gcc와 통합 개발 환경의 차이점을 간략하게 설명하시오.

14 컴파일러 언어와 인터프리터 언어의 차이점을 설명하시오.

15 C 언어는 인터프리터 언어이다(OX로 답하시오).

16 주석은 코드에 붙이는 설명이고 코드와 함께 컴파일된다. 따라서 주석이 어느 정도의 양을 차지하던 문제가 되지 않는다(OX로 답하시오).

17 C 언어의 주석은 /*와 */사이에 넣고, //로 시작하지 않는다(OX로 답하시오).

18 stdio.h는 입출력(input/output) 함수 관련 정보를 담고 있는 파일이다(OX로 답하시오).

19 표준 라이브러리란 C 언어 공식 문서에서 정의된 함수들이다. C 언어 컴파일러라면 무조건 이 함수들을 포함해야 한다(OX로 답하시오).

20 프로젝트는 한 개의 실행 파일을 만드는 데 필요한 파일들을 관리하기 쉽게 모아놓은 것이다(OX로 답하시오).

21 코드에 없는 함수가 사용되었을 때 발생하는 오류는 링크 오류이다(OX로 답하시오).

22 컴파일하면서 오류나 경고가 발생할 수 있다. 오류는 컴파일이 중단되지만, 모든 경고는 무시해도 된다(OX로 답하시오).

23 본인 이름과 주소를 다른 줄에 출력하는 프로그램을 작성하시오.

24 터미널에서 first.c를 컴파일해서 실행하시오.

2장

자료형, 변수, 상수, printf() 함수

학 습 목 표

- 자료형의 개념을 파악하고, C 언어에서 제공하는 기본 자료형을 알아본다.
- 변수의 개념과 용도를 파악하고, 대입문, 변수의 초기화 등을 학습한다.
- 화면에 값을 출력하는 printf( ) 함수의 사용법을 익힌다.
- typedef를 이용해서 기존 자료형에 새로운 이름을 붙이는 방법을 알아본다.
- 상수와 열거형의 사용법을 살펴본다.

2.1

자료형

자료형(data type)이란 프로그래밍을 하면서 다루는 값의 종류를 나타낸다. C 언어는 여러 가지의 기본 자료형(primitive type)과 이들 기본 자료형을 모아서 한 개의 자료형으로 취급할 수 있는 사용자 정의 자료형(user-defined type)을 제공한다.

자료형의 필요성

컴퓨터는 값을 0과 1의 이진수로 표현한다. 하지만 사람은 이진수로 말하거나 기억하는 것은 결코 쉽지 않다.

쉬운 산술 연산을 생각해 보자. 사람이 사용하는 십진법의 정수 10을 이진수로 변경하면 1010(0xA)이다. 5252557의 이진수는 010100000010010111001101(0x5025CD)이다. 이들은 저장할 때 각각 1바이트, 3바이트의 메모리가 필요하다. 값이 커질수록 당연히 더 많은 바이트 공간이 필요하다.

소수점이 있는 값은 어떻게 할까? 정수 부분을 이진수로 저장하는 것은 확실한데, 소수점 이하 숫자는 어떻게 할까? 다행히 부동 소수점(floating point) 숫자를 변환하는 표준 방법이 있어 이를 따른다. 소수점을 기준으로 정수와 소수점 이하 부분을 별도로 나누어 이진수로 변환한 후 연결한다. 소수점을 기준으로 정수, 그 아랫부분을 별도로 나누어서 이진수로 변환한 후 연결한다.

10.5를 이진수로 변환해 보자. 10의 이진수 1010과 .5의 .1(십진수의 소수점은 2를 곱해서 계산된 수의 정수 부분을 취한다)을 연결해서 1010.1이 된다. 1010.1을 단순히 비트로만 생각하면 5개, 즉 1바이트 공간이면 충분하다.

우리가 사용하는 문자들은 어떻게 표현할까? 영어, 한글, 다른 외국어는 어떻게 이진수 형태로 저장할까? 문자들도 표준화된 변환 및 저장 방법들이 있고, 프로그래밍 언어들은 이러한 방법을 채택해서 사용한다.

그럼 저장하는 방법이 있으니 문제가 없을까?

반대로 메모리에 있는 값을 사용하는 것을 생각해 보자. 그림 2-1처럼 메모리에 값이 저장되어 있다고 하자. 그림에서는 편의상 바이트 단위의 16진수로 표현했다. 메모리에 있는 값이 정수, 소수점이 있는 값, 또는 문자인지 어떻게 구별할 수 있을까?

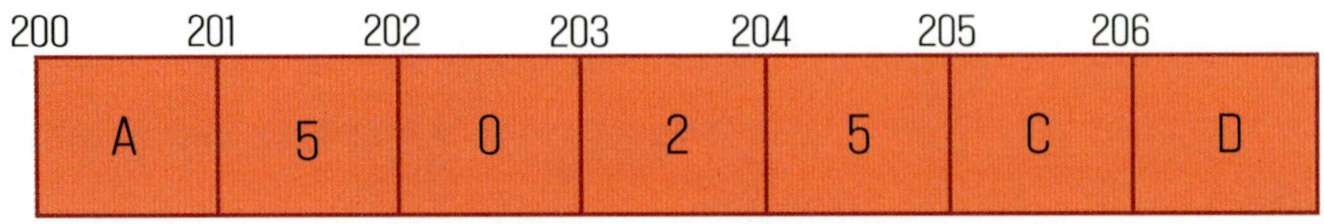

그림 2-1 메모리 값에 저장되어 있는 문자

값이 정수라는 것을 판별하더라도 메모리에 있는 값을 0xA, 0x5처럼 한 바이트씩 사용할지, 0xA5025CD인지, 아니면 0xA와 0x5025CD인지 어떻게 알 수 있을까?

이러한 문제 때문에 C 언어는 자료형(data type)을 정의한다. 자료형이 있으면 메모리에 어떻게 값을 저장할지, 어떻게 값을 사용할 수 있는지 등이 정해진다. 반대로 메모리에 있는 값을 읽을 때도 몇 바이트에 해당되는 내용을 사용할지 자료형을 통해서 파악한다.

자료형의 의미와 목적

프로그래밍 언어에서 자료형의 의미와 목적은 다음과 같다.

- 자료형은 값의 종류, 메모리 저장 공간 크기, 데이터의 표현 범위를 결정한다. C 언어는 기본적으로 정수, 실수, 문자 등을 구별할 수 있도록 자료형을 정의한다. 그 밖에 새로운 자료형을 만들어 내는 사용자 정의 자료형(user-defined data type)도 있다.

C 언어의 자료형은 값이 저장될 메모리 공간의 크기를 결정짓는다. 그 크기를 C 언어에서 결정한 것도 있고, 컴파일러를 구현하면서 결정하도록 한 것도 있다. 어느 쪽이든 C 언어 코드가 컴파일될 때 자료형들은 각각 정해진 크기의 메모리 공간을 사용한다.

값의 표현 범위가 자료형이 사용하는 메모리 공간의 크기에 따라 정해진다. 특히 숫자형으로 분류되는 자료형들은 메모리 공간의 크기에 따라 세분화되기도 한다. 예를 들어, C 언어는 정수를 표현하는 자료형이 여러 개 있다.

- 메모리 사용과 실행 시간 최적화가 가능하다. 이렇게 다양한 종류의 자료형을 제공하는 것은 데이터의 표현 범위에 따라 적합한 자료형을 선택할 수 있음을 의미한다. 데이터의 표현 범위에 따라 메모리 공간의 크기가 달라지고, 이는 프로그램의 크기, 실행 속도 등에 영향을 미친다. C 언어는 프로그래머가 선택하기에 따라 메모리 공간 또는 실행 시간의 최적화가 가능한 언어이다.
- 자료형은 값에 적용 가능한 연산과 결괏값의 종류를 결정한다. 예를 들어, 나머지 연산은 정수에만 적용할 수 있다. 정수와 정수의 덧셈은 정수 결괏값을 생성하고, 정수와 실수의 덧셈은 실수로 결과가 나타난다.

컴퓨터에서 문자 처리

문자형을 알아보기 전에 컴퓨터가 어떻게 문자를 처리하는지부터 알아보자.

- 사용자 → 컴퓨터로 입력할 때, 컴퓨터는 문자를 이진수로 변환한다.
- 역으로 컴퓨터 → 사용자로 출력할 때, 메모리나 다른 저장 매체에 있는 이진수 값은 문자 형태로 변환된다.

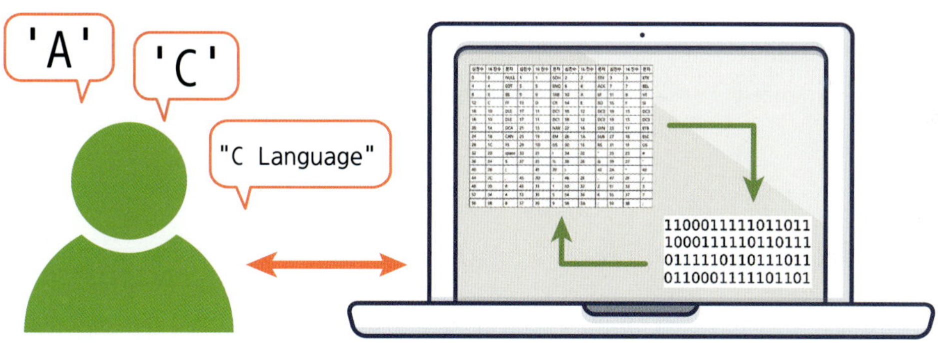

그림 2-2 사용자와 컴퓨터의 입력/출력

이렇게 문자 ↔ 이진수 변환을 위해 컴퓨터 프로그램은 문자표를 사용한다. 문자표란 각 문자와 그에 대응되는 숫자 값을 나열한 것이다.

● 아스키 문자표

컴퓨터에서 사용하는 문자표는 다양하다. 미국에서 사용하기 위해 오래전에 만들었던 문자표, 국가마다 자국어를 표현하기 위한 문자표, 다국적 기업들이 모여 전 세계 언어를 표현할 수 있도록 만든 문자표도 있다.

C 언어는 컴파일러를 구현하는 사람들이 어떤 문자표를 사용할 것인지 정하도록 하는데, 대부분 아스키(American Standard Code for Information Interchange, ASCII) 문자표를 채택하고 있다.

아스키 문자표는 1960년대 미국에서 만들었다. 초기 코드표는 화면에 보이지 않는 제어 문자, 영문 대문자/소문자, 0~9까지의 숫자, ','(콤마)', '.(온점)', ';(세미콜론)', '?(물음표)' 같은 특수 문자들을 포함해서 128글자(7bit)를 표현할 수 있었고, 나중에는 도형 문자, 유럽 문자 등이 포함되어 256글자(8bit)까지 표현할 수 있는 확장 아스키 문자표가 만들어졌다.

다음 표 2-1은 아스키 문자표의 일부다(전체는 부록 1을 참조).

표 2-1 아스키 문자표의 일부

십진수	이진수	문자	십진수	이진수	문자	십진수	이진수	문자
60	00111100	〈	61	00111101	=	62	00111110	〉
63	00111111	?	64	01000000	@	65	01000001	A
66	01000010	B	67	01000011	C	68	01000100	D
69	01000101	E	70	01000110	F	71	01000111	G

상수의 개념과 표현 방법

상수(constant)란 코드가 실행되면서 변경되지 않는 값이다. 예를 들어, 성적을 계산하는 경우를 보자. 중간고사, 기말고사, 과제의 비율을 35, 40, 25%로 정하고 변경하지 않는다면 상수가 된다.

상수는 이름 없는 '리터럴 상수(literal constant)'와 이름 있는 '심볼릭 상수(symbolic constant)'로 분류한다. 여기서는 먼저 리터럴 상수를 알아보고 심볼릭 상수는 이 장의 후반부에서 설명한다.

● 리터럴 상수

리터럴 상수는 리터럴이라고도 하며, 정수, 실수, 문자, 문자열 상수가 포함된다. 또한, 코드에 직접 작성하는 숫자, 문자, 문자열 등이 리터럴 상수이다.

● 정수 상수 표현 방법

C 코드에서 정수는 10진수, 16진수, 8진수, 2진수로 표현할 수 있다. 어떤 진수를 사용하더라도 컴퓨터는 2진수로 저장한다. 코드에서 다양한 진수의 정수 표현 방법은 프로그래머의 편의를 위해 제공한다. 정수를 사용하면서 '+' 또는 '−' 부호를 붙여 각각 양수 또는 음수를 표현할 수 있다. 부호 없이 표현하면 양수이다.

- 10진수(decimal number)는 수학의 정수 표현 방법과 동일하다.
  - 예시 : +82, 82, −82, 0, 2829302392
- 16진수(hexadecimal number)는 정수 앞에 '0x' 또는 '0X'를 따옴표 없이 붙인다.
  - 예시 : +0x10(10진수로 16), −0x10(10진수로 −16), −0xFFFF(10진수로 −65535)
- 8진수(octal number)는 정수 앞에 숫자 0을 붙인다.
  - 예시 : 010(10진수로 8), −010(10진수로 −8), 01000(10진수로 512)
- 2진수(binary number)는 정수 앞에 '0b' 또는 '0B'를 붙인다.
  - 예시 : 0b10(10진수로 2), −010(10진수로 −2), −0B111100000000(10진수로 −3840)

☑ 잠깐만요 16진수

C 코드를 작성하면서 정수는 주로 10진수 또는 16진수로 표기한다. 상대적으로 2진수 또는 8진수는 많이 사용하지 않는다. 10진수는 사람에게 가장 편한 표현 방법이다. 하지만 컴퓨터는 2진수를 주로 사용하므로 4개의 2진수(비트)를 묶어 16진수를 사용하기도 한다. 따라서 16진수 표현과 2진수 ↔ 16진수의 변환에 대해 익숙해지는 편이 좋다.

● 실수 상수 표현 방법

실수란 소수점이 있는 숫자이고, C 코드에서도 다르지 않게 표현된다.

- **예시** : 2.3, −2.3, +2.3, 0.533322, 5.0

C 코드에서는 소수점 앞뒤에 있는 0을 생략할 수 있다.

- **예시 :** .5(0.5를 나타냄), −.5(−0.5를 나타냄), 5.(5.0을 나타냄)

십진수로 표기하기에 너무 긴 실수는 과학적 표기 방법(scientific notation)인 숫자와 10의 거듭제곱의 형식으로 표현할 수 있다. C 언어는 숫자$\times 10^n$을 숫자En 또는 숫자en 형태로 표현할 수 있다. 여기서 En 또는 en은 10^n을 나타낸다. 표 2–2는 2243.3을 다양한 지수 형태와 C 코드의 상수로 표현한 것이다.

표 2–2 2243.3을 다양한 형태의 C 코드로 표현

지수 형태의 실수	C 코드에서의 표현 방법
224.33×10^1	224.33E1 또는 224.33e1
22.433×10^2	22.433E2 또는 22.433e2
2.2433×10^3	2.2433E3 또는 2.2433E3
0.22433×10^4	0.22433E4, 0.22433e4, .22433E4 또는 .22433e4
22433.00×10^{-1}	22433.00E−1 또는 22433.00e−1

문자 상수 표현 방법

문자 상수는 문자 1개를 표현하는 방법으로 작은따옴표(') 사이에 문자를 표시한다. 대부분의 컴파일러가 아스키(ASCII) 코드를 사용하므로, 문자 상수는 아스키 코드의 한 글자를 표현할 때 사용한다.

이 책에서는 키보드 스페이스바(Spacebar)를 누를 때 나타나는 문자를 공백 문자라고 한다.

- **예시 :** 'a'(소문자 a), 'A'(대문자 A), '"'(큰따옴표), ','(콤마), ' '(공백 문자)

문자열 상수 표현 방법

문자열 상수란 큰따옴표(") 사이에 0개 이상의 글자들을 표시한 것이다. 큰따옴표 사이에 글자가 없어도 문자열이며, 빈 문자열(empty string)이라고 부른다. 문자가 한 개 있어도 큰따옴표를 사용하면 문자열 상수다. 또한, 문자열 상수를 같은 줄 또는 여러 줄에 연속적으로 작성하면 한 개의 연속적인 문자열로 본다. **코드 2-1**은 문자열 상수의 몇 가지 예를 보인다.

코드 2-1 **문자열 상수의 예**

```
""                    // 빈 문자열도 문자열 상수
"a"                   // 문자가 1개만 있어도 큰따옴표 사이에 있으면 문자열
"hello" " world"      // "hello world"와 동일한 문자열
"'a' as in apple"     // 큰따옴표 안에 쓰는 작은따옴표
"hello"
"world"               // 두 줄에 써도 "hello world"와 동일한 문자열 상수
```

● 이스케이프 시퀀스

이스케이프 시퀀스(escape sequence)는 화면 출력되지 않는 일부 글자들과 특정 목적으로 필요한 글자들을 표현하기 위해 역슬래시(\)와 문자를 조합해서 구성한 글자이다.

탭(Tab)의 들여쓰기 또는 엔터(Enter)의 줄바꿈을 어떻게 표현할까? 또 문자열 상수를 표현하기 위한 큰따옴표가 그림 2-3처럼 문자열에 포함된다면 어떻게 표현할까?

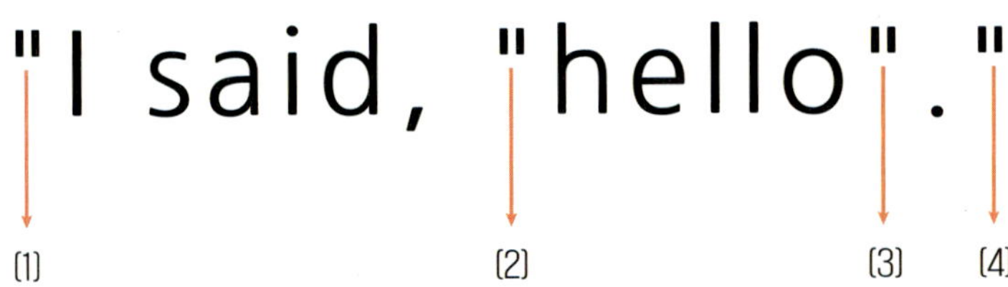

그림 2-3 이스케이프 시퀀스

(1)은 문자열 상수의 시작이다. 프로그래머가 의도한 것은 문자열 상수의 끝이 (4)가 되는 것인데, 컴파일러는 (2)에서 문자열이 끝난 것으로 생각한다. 그리고 (3)과 (4)를 새로운 문자열 상수로 가정하고, (2)와 (3) 사이에 이상한 글자들이 들어가 있는 것으로 착각해서 컴파일 오류를 발생시킨다.

많은 프로그래밍 언어들이 이렇게 화면에 보이지 않는 문자들이나 따옴표와 같은 특수 목적의 문자들을 표현할 때 이스케이프 시퀀스를 사용한다. 여기서 반드시 기억해야 할 내용은 C 언어에서 이스케이프 시퀀스가 문자 또는 문자열 상수에서만 사용한다는 것이다.

표 2-3은 자주 사용하는 이스케이프 시퀀스이다. 이 정도만 기억하면 충분하고, 혹 다른 이스케이프 시퀀스가 궁금하면 C 언어 설명서를 참고한다.

C 언어 컴파일러는 문자 또는 문자열 상수에 '\' 문자가 포함되면 무조건 다음 문자와 붙여 이스케이프 시퀀스로 처리하려고 한다. '\' 다음 글자와 조합된 내용이 적절한 이스케이프 시퀀스가 아니면 컴파일 오류를 발생시킨다.

표 2-3 주요 이스케이프 시퀀스 문자

이스케이프 시퀀스	설명
\0	널(null) 문자로, 아스키 문자표의 0번 문자이다. C 언어에서는 문자열의 끝을 나타내기 위해 사용한다.
\\	역슬래시(backslash) 문자(\)이다.
\'	작은따옴표(')다.
\"	큰따옴표(")다.
\n	줄바꿈 문자로, 개행문자라고도 부른다. 줄을 바꿔서 출력하는 목적으로 사용한다.
\t	탭 문자로, 아스키 문자표의 9번(Tab) 문자이다. 일정 공간을 띄어쓰기를 하기 위한 목적으로 사용한다.

코드 2-2는 이스케이프 시퀀스의 사용 예시이다. 문자 상수에서 큰따옴표, 문자열 상수에서 작은따옴표를 포함하는 경우에는 이스케이프 시퀀스를 사용하지 않아도 된다.

코드 2-2 **이스케이프 시퀀스를 사용한 문자 또는 문자열 상수**

```
'\n'          // 줄바꿈 문자
'\\'          // 역슬래시 문자
'"'           // 문자 상수로 표현하는 큰따옴표는 이스케이프 시퀀스를 사용하지 않아도 됨
'\"'          // 문자 상수로 표현하는 큰따옴표는 이스케이프 시퀀스를 사용해도 문제는 없음
'\''          // 작은따옴표 문자
"\\"          // 역슬래시 문자열
"'a' as in apple" // 문자열 상수에서 '는 이스케이프 시퀀스를 사용하지 않아도 됨
"\'a\' as in apple" // 문자열 상수에서 '를 이스케이프 시퀀스로 표현하는 것도 괜찮음
"hello\tworld\n" // hello와 world 사이를 tab 문자로 띄우고, 마지막에 줄바꿈 문자를 붙임
"I said, \"hello\"." // I said, "hello". 문자열에 큰따옴표가 포함되면 이스케이프 시퀀스 사용
```

기본 자료형

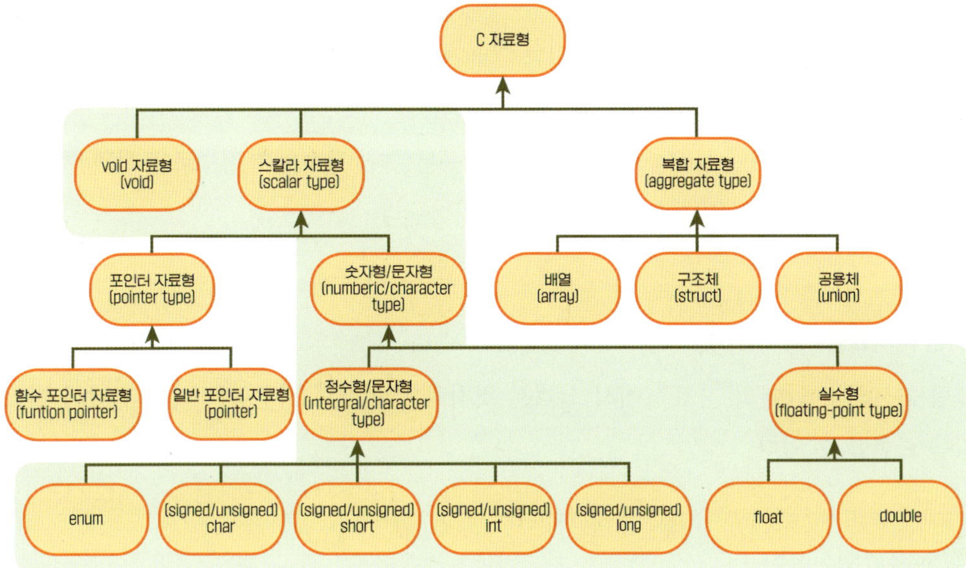

그림 2-4 C 언어의 자료형

그림 2-4는 C 언어의 자료형을 보여 주고 있다. 여기서는 그림에 표시한 자료형들만 먼저 살펴본다. 약간 특이한 자료형인 void를 먼저 살펴보고, 기본 자료형에 해당되는 숫자형과 문자형에 대해서 알아본다.

프로그래밍 언어에서 기본 자료형이란 주로 정수, 실수, 문자, 불린 자료형을 의미한다.

● void 자료형

void는 자료형은 표 2-4와 같이 특수한 경우에 사용하는 자료형이다. 〈1장〉에서 void는 main() 함수에 입력이 없다는 의미로 사용된다고 했다. 나머지 내용은 함수(《6장》)와 포인터(《8장》)를 설명할 때 더 자세히 살펴본다.

표 2-4 void 자료형을 사용하는 경우

사용하는 경우	설명	예제 코드
함수의 인자로 사용	인자로 전달되는 값이 없음	`int main(void) {}`
함수의 반환 자료형으로 사용	함수가 값을 반환하지 않음	`void f() {}`
포인터로 사용	어떤 자료형의 주소값도 저장 가능	pn이 정수형 포인터 변수라고 가정할 때 `void* p = pn;`

스칼라 자료형

스칼라(scalar) 자료형은 값을 한 개만 가질 수 있고 복합(aggregate) 자료형은 값을 여러 개 저장할 수 있다. 스칼라 자료형 중 포인터 자료형은 〈8장〉에서 설명할 예정이고, 우선 산술 자료형(arithmetic type)만 알아본다.

C 언어의 산술형은 정수형(문자형)과 실수형으로 구분한다. 정수형은 정수로 표현될 수 있는 값을 나타내고, 실수형은 소수점이 있는 값을 나타낸다.

정수 자료형

그림 2-4의 C 언어의 자료형에서 살펴본 것처럼 C 언어의 정수형은 다음과 같이 여러 값을 표현할 수 있다.

- 정수(0, 양수, 음수)
- 불린(boolean) 값 – 참(true) 또는 거짓(false)을 나타내는 값
- 문자
- 열거형(enum)

❶ 정수

C 언어는 정숫값을 표현할 수 있는 범위와 메모리 사용량에 따라 다양한 정수 자료형을 제공한다. 여러 가지 정수 자료형을 제공하는 것은 프로그래머로 하여금 필요에 따라 적절한 크기의 자료형을 선택할 수 있도록 하기 위해서이다.

같은 정수 자료형도 `unsigned` 또는 `signed` 수식어에 따라 다르게 취급되고, 표현할 수 있는 숫자의 범위가 달라진다.

`unsigned`는 0과 양수, `signed`는 0, 양수, 음수를 표현할 수 있다. 수식어를 붙이지 않으면 컴파일러에 따라 `signed` 또는 `unsigned` 정수형 중 한 가지를 나타낸다.

C 언어가 다양한 정수 자료형을 제공하는 이유는 용도에 맞춰 적절한 정수 자료형을 사용하도록 하고, 메모리 사용이나 실행 속도 면에서 효율성을 높이기 위해서다.

> **잠깐만요** **정수 자료형(integral type)**
>
> C 언어가 처음 만들어졌던 70년대는 대형 컴퓨터도 킬로바이트 단위의 메모리를 가지고 있었다. 메모리가 아주 귀한 시기였고, 따라서 프로그램을 작성할 때 메모리 사용량을 줄일 수 있는 방법을 제공하기 위해 정수 자료형을 다양화시켰다. 비주얼 스튜디오나 GCC 계열의 C 컴파일러는 수식어가 없으면 signed로 취급한다. 이 책에서도 수식어 없는 정수 자료형은 signed로 가정한다.

표 2-5는 C 언어가 제공하는 정수 자료형의 종류와 표현 가능 범위를 보인다.

표 2-5 정수형이 사용하는 메모리 공간의 크기와 표현할 수 있는 값의 범위

자료형	메모리 공간 크기	표현 범위
signed int	4바이트	−2147483648 ~ 2147483647 ($-2^{31} \sim 2^{31}-1$)
unsigned int	4바이트	0 ~ 4294967295 ($0 \sim 2^{32}-1$)
signed long	4바이트	−2147483648 ~ 2147483647 ($-2^{31} \sim 2^{31}-1$)
unsigned long	4바이트	0 ~ 4294967295 ($0 \sim 2^{32}-1$)
signed short	2바이트	−32768 ~ 32767 ($-2^{15} \sim 2^{15}-1$)
unsigned short	2바이트	0 ~ 65535 ($0 \sim 2^{16}-1$)
signed long long	8바이트	−9223372036854775808 ~ 9223372036854775807 ($-2^{63} \sim 2^{63}-1$)
unsigned long long	8바이트	0 ~ 18446744073709551616 ($0 \sim 2^{64}-1$)

초기 C 언어는 정수 자료형이 사용하는 메모리 공간 크기를 명확하게 정의하지 않고 long ≥ int ≥ short만 명시했다.

ANSI C는 조금 개선해서 char는 8비트, short는 16비트, long은 32비트 이상으로 정의했다. int ≥ short이므로 int 자료형은 컴파일러에 따라 16비트 혹은 32비트로 정의된다. C99에서는 long long이 추가되었고, 64비트 이상으로 정의했다.

> **잠깐만요** **int 형의 비트**
>
> 비주얼 스튜디오 2022나 GCC의 컴파일러는 int 형을 모두 32비트로 정의하고 있다. 이 책에서도 int 형을 32비트로 가정한다.

❷ int 자료형

C 언어의 int 형은 정수 자료형(integral type)에서 가장 기본이 되는 자료형이다. int 형은 컴퓨터에서 가장 빨리 처리하고 연산할 수 있는 값에 해당되는 메모리 크기를 할당하고, 최근 컴파일러들은 보통 32비트를 사용한다.

int는 signed와 unsigned가 붙을 수 있다. 32비트 int 형이 표현할 수 있는 정확한 범위 값은 표 2-6에 정리하였다. 정확하게 기억하기보다는 signed int는 대략 −21~21억 사이, unsigned int는 0~42억 사이 정도로 알고 있자.

❸ short int와 long int 자료형

short과 long도 int 형에서 파생된 자료형이다. 따라서 메모리 공간 크기는 int를 기준으로, short은 보통 16비트, long 자료형은 32비트로 사용된다.

또한, short는 short int, long은 long int의 줄임말이다. signed와 unsigned도 붙일 수 있어 signed short/long 또는 unsigned short/long처럼 사용할 수 있다.

❹ long long int 자료형

long long int도 주로 long long으로 사용한다. 이 자료형은 64비트 이상의 메모리 공간을 사용하고, 약 −922경~922경 정도의 정수까지 표현한다. unsigned long long은 0~1844경의 정수를 지원한다.

> 알아두세요 long long은 C99에서 정의한 자료형이지만, 비주얼 스튜디오(2013 버전부터 지원)와 GCC 계열의 C 컴파일러 모두 지원한다. 다른 컴파일러에서는 사용 전에 지원 여부를 확인해야 한다.

❺ 정수 상수와 자료형

코드에서 int 형 범위(약 −21억~21억 사이) 안에 있는 값을 정수 상수로 사용하면, 컴파일러가 int 자료형으로 취급한다. 하지만 이 범위를 벗어나는 정수는 컴파일러마다 할당하는 메모리 공간의 크기가 달라질 수 있다.

예를 들어, 정수 상수 8이나 20000은 각각 char와 short의 범위에 포함된다. 하지만 컴파일러는 int 형으로 취급한다. 'a'와 같은 문자 상수도 char 자료형으로 취급할 것 같지만, int 형으로 처리된다.

잠깐만요 자료형이 차지하는 메모리 공간의 크기를 확인하는 방법

자료형이 차지하는 메모리 공간의 크기를 알기 위해서는 sizeof 연산자를 사용한다. sizeof 연산자는 피연산자 1개를 입력받는 단항 연산자로 사용되며 다음 형식으로 사용한다.

- **sizeof(피연산자) :** 피연산자가 메모리에서 차지하는 공간의 크기를 바이트 단위로 반환한다. sizeof의 피연산자는 상수, 변수, 자료형, 또는 산술 연산(arithmetic operation) 같은 표현식이 될 수 있다.

코드 2-3은 sizeof 연산자를 사용해서 자료형의 크기를 확인하는 예제다.

코드 2-3 **Sizeof1.c**

```c
#include <stdio.h>

int main(void)
{
    printf("%zu\n", sizeof(int));
    printf("%zu\n", sizeof(long long));
    printf("%zu\n", sizeof(1));
    printf("%zu\n", sizeof(2.4));
    return 0;
}
```

각각 int, long long, int 형 정수 상수 1, double 형 실수 2.4가 메모리에서 차지하는 공간의 크기를 바이트 단위로 화면에 출력

<실행 결과>

```
4
8
4
8
```

printf() 함수에서 사용된 %zu는 C99에서 정의된 것이지만, 비주얼 스튜디오 2015 버전(또는 이후)과 GCC 컴파일러에서 사용할 수 있다. sizeof() 연산자의 결괏값을 치환해서 출력하는 목적으로 사용한다. 잠시 후에 printf() 함수 사용법을 설명할 때 다시 나온다. 사용하는 컴파일러가 %zu를 허용하지 않는다면, %lu를 대신 사용한다. 단 컴파일러가 경고를 출력할 수 있다.

sizeof 연산자를 표현식과 사용하는 경우 괄호 없이 사용하기도 한다. 예를 들어, sizeof(3)이라고 작성하면 int의 크기인 4를 반환할 텐데, 이를 sizeof 3이라고 표현해도 된다. 하지만 자료형과 함께 쓸 때 sizeof int 형식으로 쓰면 컴파일 오류가 발생한다. 가능하면 sizeof() 형식을 사용한다.

잠깐만요 **표현식과 변수**

sizeof 연산자 설명에서 표현식과 변수라는 용어가 사용되었다. 표현식과 변수는 잠시 뒤에 다시 설명한다. 여기서는 간단하게 정리하고 넘어가자.

표현식이란 결과적으로 값을 만들어 내는 코드를 말한다. 상수도 상숫값이 있으므로 표현식의 한 가지 종류다. 예를 들어, 상수 3의 값은 3이다.

변수란 값을 저장할 수 있는 메모리 공간 또는 그 메모리 공간에 있는 값을 의미한다.

앞서 설명한 것처럼 상수 100은 일반적으로 int 형으로 취급된다. 그런데 100을 unsigned int나 long 자료형으로 취급하고 싶다면 어떻게 할까?

C 언어는 상수를 사용할 때 정수값 뒤에 접미사(suffix)를 붙여 특정 자료형으로 지정할 수 있다. 접미사는 표 2-6과 같다.

표 2-6 정수 자료형을 명시하기 위해 상수 뒤에 붙이는 접미사

자료형	접미사	예
unsigned int	u 또는 U	100u 또는 100U
signed long	l 또는 L	100l 또는 100L
unsigned long	ul 또는 UL	100ul, 100uL, 100Ul, 100UL
long long	ll, LL	100ll 또는 100LL
unsigned long long	ull 또는 ULL	100ull 또는 100ULL

unsigned long은 ul과 UL 외에도 uL 또는 Ul을 붙여도 된다. 하지만 가능하면 소문자나 대문자만 사용하도록 한다.

코드 2-4는 상수가 차지하는 메모리 공간의 크기를 출력하고 있다. 접미사들이 어떻게 사용되는지 주의해서 코드를 살펴본다. 특히 12줄과 13줄에 주의한다.

코드 2-4 **PrintConst.c**

```
1    #include <stdio.h>
2
3    int main(void)
4    {
5        printf("%zu\n", sizeof('A'));          // 문자, 4바이트
6        printf("%zu\n", sizeof(120));          // char 범위 이내, 4바이트
7        printf("%zu\n", sizeof(-120));         // char 범위 이내, 4바이트
8        printf("%zu\n", sizeof(150));          // unsigned char 범위 이내, 4바이트
9        printf("%zu\n", sizeof(31000));        // short 범위 이내, 4바이트
10       printf("%zu\n", sizeof(51000));        // unsigned short 범위 이내, 4바이트
11       printf("%zu\n", sizeof(2011351000));   // int 범위 이내, 4바이트
12       printf("%zu\n", sizeof(3011351000u));  // unsigned int 범위 이내, 4바이트
13       printf("%zu\n", sizeof(3011351000));   // unsigned int 범위 이내, 컴파일러
                                                   에 따라 4 또는 8바이트
14       printf("%zu\n", sizeof(3011351000LL));    // long long 범위 이내 8바이트
15       printf("%zu\n", sizeof(232322011351000));    // int 범위 밖 8바이트
16       return 0;
17   }
```

unsigned int 자료형으로 상수를 명시
4바이트의 공간을 사용

3011351000은 자료형을 나타내는 접미어가 없음
값은 int 자료형의 최댓값보다 크고 unsigned int의 최댓값보다 작음
이 코드의 출력 결과를 비주얼 스튜디오는 unsigned int로 취급해서 4바이트,
GCC는 signed long long으로 처리하고 8바이트로 출력
이렇게 애매한 상수는 long long 자료형으로 지정하면 좋음

13줄의 3011351000을 long long 자료형으로 출력

<실행 결과>(비주얼 스튜디오 컴파일러를 사용)

```
4
4
4
4
4
4
4
4
8
8
8
```

❻ 불린 값 표현

불린(boolean)이라는 용어는 조지 불(George Boole)이라는 수학자 이름에서 따온 것으로, 보통 참(true) 또는 거짓(false)을 나타낸다. 대부분의 프로그래밍 언어들은 불린 자료형을 제공하는데, C 언어는 자료형 없이 정수를 이용해서 참/거짓을 표현한다.

전통적으로 C 코드에서 0 또는 0에 준하는 값은 거짓(false), 0이 아닌 값은 참(true)으로 인식한다. 0에 준하는 값이란 값의 자료형에 따라 널 문자(\0), 빈 문자열(" "), NULL 포인터 등이 포함된다. 이 부분에 대해서는 문자, 문자열, 포인터를 다룰 때 다시 살펴본다.

C99부터는 불린 자료형으로 _Bool을 제공한다. _Bool은 새로운 자료형으로 거짓은 0으로 참은 1로 지정할 수 있다. C99의 stdbool.h 헤더 파일을 포함하면, _Bool 대신 bool 자료형을, 그리고 0과 1 대신 false와 true를 사용할 수 있다. _Bool과 bool은 동일하므로, 0과 false, 1과 true는 자유롭게 섞어 쓸 수 있다. 또한, 기존 C 코드와의 호환성 유지 때문에 C99에서도 0이 거짓, 0이 아닌 값이 참으로 인식되는 것도 변함없다.

잠깐만요 **헤더 파일**

"헤더 파일(header file)을 포함한다."라는 내용이 있으면 코드에 #include <헤더_파일_이름>을 작성하는 것을 나타낸다. 다르게 포함하는 방법도 있지만, 우선은 이렇게 알아두고 넘어가자. 예를 들어, C 언어의 표준 라이브러리의 헤더 파일 중 한 가지인 stdlib.h를 포함하라고 한다면 다음처럼 코드를 작성한다.

```
#include <stdlib.h>
```

헤더 파일은 여러 C 파일들이 공유하는 내용들을 포함하는 파일이다. 주로 C 언어 표준 라이브러리 함수들처럼 미리 컴파일된 코드를 사용하거나 프로그램을 여러 개 소스 파일로 구성할 때 필요하다.
헤더 파일에 들어가는 내용들은 〈13장〉에서 모듈화 프로그래밍을 설명할 때 다루기로 한다. 당분간은 표준 C 라이브러리에서 제공하는 헤더 파일들을 포함하기로 한다.

잠깐만요 **불린 자료형**

비주얼 스튜디오(2013 버전부터)와 GCC의 C 컴파일러는 _Bool과 stdbool.h의 bool, true, false를 모두 사용할 수 있다. **코드 2-5**는 정수를 불린 값으로 사용하는 것과 _Bool, bool 등을 사용한다. 아직 변수를 학습하지 않았으므로, 코드 내용을 전부 이해하지 않아도 된다. C 코드에서 참/거짓을 어떻게 표현하는지 살펴본다.

코드를 작성할 때 주의할 부분이 있다. stdbool.h에 있는 bool 자료형은 1바이트 크기를 갖는다. bool이 없을 때 많은 C 코드들이 int 형 상수 또는 변수(2바이트 또는 4바이트)를 사용해서 불린 값을 표현했다. 두 가지 방법이 섞이면 크기 문제가 발생할 가능성도 있어 각별히 조심해야 한다.

코드 2-5 **Boolean.c**

```
#include <stdbool.h> // bool, true, false를 사용하려면 필요함

int main(void)
{
    _Bool b1 = 2 > 3; // 거짓 0 또는 false
    bool b2 = 2 > 3;  // 거짓 false 또는 0
    b2 = 1;           // 참 b2 = 1
    b1 = false;       // 거짓 b1 = 0
    int n1 = 3;       // 참 n1은 0이 아닌 다른 정수
    b2 = n1;
    b1 = n1;
}
```

_Bool형 b1에 0 저장
bool형 b2에 0 저장
b2에 1 저장
b1에 0을 저장
b2와 b1에 정수 3을 저장

❼ char 자료형(문자형)

char 자료형은 문자를 표현하는 자료형이기도 하지만, 가장 작은 범위를 나타내는 정수 자료형이기도 하다.

정수를 표현할 때의 char 자료형은 1바이트 공간을 차지한다. signed char는 −128~127, unsigned char는 0~255 사이의 정수를 표현할 수 있다. 다른 정수 자료형과 비슷하게 일반적으로 char는 signed char를 나타낸다.

signed char의 1바이트 메모리 공간 중에서 비트(bit) 한 개는 부호를 나타내는 데 사용한다. 따라서 signed char는 7비트의 아스키 문자를 표현하는 데 적합해서 주로 문자를 표시하는 목적으로 사용된다. 메모리가 적은 시스템에서 아주 작은 범위의 정수를 표현할 때 char 자료형을 사용할 수 있다. 하지만 일반적인 정수 연산이라면, int를 사용하는 것이 효율적이다.

C 코드에서 문자를 표현하려면 작은따옴표(') 사이에 아스키 문자표의 글자를 넣는다. 예를 들어, 알파벳 A를 char 형 문자로 표시하려면 'A'를 사용하고, 비슷하게 숫자 1은 '1'을 사용하며, 코드에서 1은 정수, '1'은 문자로 처리한다. 그 밖에 특수 문자나 이스케이프 시퀀스도 작은따옴표를 이용해서 문자로 표현할 수 있다. 다음은 문자형 값의 예시다.

```
'?'   'A'   'a'   '\t'   '\n'   '2'   '0'
```

☑ 잠깐만요 int 자료형 사용

short, char 자료형은 메모리가 부족한 시스템에서 동작하는 프로그램을 구현하거나 전체 프로그램의 크기를 줄일 때 사용한다. 웬만한 컴퓨팅 환경에서는 메모리가 부족할 일은 많지 않다. 실행 속도의 효율성을 위해 int 형을 사용하는 것이 낫다.

int가 16비트일 때 long은 32비트이므로 필요성이 있었다. 하지만 int가 32비트인 지금은 long 자료형의 필요성이 많이 줄었다. 기존 코드와의 호환성 때문에 long을 사용해야 하는 것이 아니라면, int 사용을 권한다.

만약 int 범위 밖의 정수를 사용해야 한다면, long long 자료형을 사용한다.

☑ 잠깐만요 char 자료형

char는 문자를 저장할 수 있고, 한글 문자도 저장할 수 있을까? 한글은 2바이트 문자이므로 char 형으로 표현하지 못한다는 것에 주의한다. 다음 코드는 컴파일 오류가 당연히 발생한다.

```
char ch = '가';
```

ANSI C는 wchar_t라는 자료형을 추가해서 여러 바이트를 사용할 수 있는 언어들을 지원하는데, 이를 이용해서 한글을 사용하는 경우도 있다. 하지만 컴퓨터 시스템과 운영체제에 따라 한글을 처리하는 방법들이 달라 wchar_t는 이 책에서 다루지 않는다. 단순하게 한글을 출력하는 정도라면 표준 라이브러리의 출력 함수를 사용할 수 있다.

코드 2-6은 한글 문자열을 출력하는 코드의 예시다. 한글 윈도우에서 이 코드를 컴파일한다면 반드시 ANSI 인코딩 방법으로 저장해야 한글이 제대로 표시되므로 저장에 주의한다.

코드 2-6 **Hangul.c**

```c
#include <stdio.h>

int main(void)
{
    printf("안녕하세요!\n");
    return 0;
}
```

잠깐만요 **limits.h**

limits.h는 C 언어 표준 라이브러리에 포함된 헤더 파일이다. 정수 자료형의 최솟값과 최댓값, 비트 크기 등 정수형의 제한 사항을 정의하는 상수들이 포함된다. 이 헤더 파일은 다양한 매크로 상수를 포함한다. 일부 상수는 다음과 같다.

- INT_MIN, INT_MAX : int 자료형의 최솟값과 최댓값을 나타내는 상수
- USHRT_MAX : unsigned short의 최댓값을 나타내는 상수

이 밖에도 자료형에 대해서 많은 상수가 정의되어 있다. C 언어의 참조 매뉴얼이나 인터넷에서 검색해 본다.

정수를 메모리에 저장하는 방법

여기서는 8비트 정수를 예시로 설명하지만, 정수 표현 방법은 메모리의 크기와 관계없이 동일하다. 값을 비트로 표현할 때 가장 작은 위치의 비트는 LSB(Least Significant Bit), 가장 큰 위치의 비트는 MSB(Most Significant Bit)라고 한다.

signed 정수는 가장 상위 비트(MSB)를 부호 비트로 사용하고, 나머지 공간에 값을 저장한다. unsigned 정수는 전체 공간을 값을 저장하는 데 사용한다.

그림 2-5는 부호가 있는 정수를 저장하는 방법이다.

그림 2-5 signed 정수

(1)의 8비트 정수의 경우, 가장 상위 비트에 부호를 나머지 7비트 공간에 값을 저장하는지를 보인다. 부호 비트가 0일 때 값이 양수, 1일 때 값이 음수임을 표현한다.

(2)와 (3)은 각각 +27과 −27이 어떻게 저장되는지 보인다. 27을 2진수로 변환하면 11011이다. 7비트를 채워야 하므로 앞에 0이 붙어 0011011이 된다. (2)는 +27을 표현한다. 하위 7비트에 0011011이 있고, 부호 비트는 양수이므로 0으로 되어 있다. (3)은 −27을 표현하는데 조금 이상해 보인다. 하위 7비트가 0011011이 아니다.

컴퓨터에서 음수를 저장할 때는 2의 보수를 사용한다. 2의 보수란 부호 비트를 제외한 나머지 값들을 0 → 1로 1 → 0으로 변환한 다음 1을 더한 것이다. (2)의 6~0까지의 비트를 0과 1을 변환한 후에 1을 더해서 1100101이 되고 부호 비트는 음수이므로 1이 된다.

그림 2-6 unsigned 정수

잠깐만요 비트 표현 방법

어떤 크기의 signed 정수라도 가장 상위 비트(MSB)는 부호 비트로 사용한다. 8비트 정수에서는 7번 비트가 부호 비트, 32비트 정수에서는 31번 비트가 부호 비트이다(비트는 0번부터 시작한다고 가정한다). C 언어로 시스템 프로그래밍을 하려면, 정수나 실수가 메모리에 어떻게 저장되는지에 대해 부호 비트나, 2의 보수 표현 방법, 또는 엔디안(endian) 등을 이해하는 것이 좋다. 엔디안은 2바이트 이상의 값을 저장할 때 값을 저장하는 순서를 나타낸다. 서로 다른 엔디안을 사용하는 경우가 있으며, 이에 대해서는 〈8장〉에서 좀 더 알아본다. C 언어는 컴퓨터 하드웨어를 다루는 프로그래밍을 지원하기 위해 비트 단위의 다양한 연산자들을 제공하고 있다.

컴퓨터에서 음수를 저장할 때 2의 보수를 사용하는 것은 컴퓨터의 프로세서는 뺄셈을 2진수의 덧셈으로 바꿔 처리하기 때문이다. 8비트로 구성된 정수 +27과 −27을 더하면 0이 된다. 그림 2-5의 (2)와 (3)을 더하면 0이 되는 것을 확인할 수 있다.

❶ size_t와 ptrdiff_t 자료형

표준 C 라이브러리 등에서 자주 사용되는 자료형인 size_t는 sizeof 연산자가 반환하는 값의 자료형이다. size_t는 stddef.h 헤더 파일에 선언되어 있다. 따라서 size_t를 사용할 때 stddef.h를 포함한다. C 프로그램을 작성할 때 자주 사용하는 stdio.h나 stdlib.h 파일들이 stddef.h를 이미 포함하고 있다. 따라서 대부분의 프로그램에서는 stddef.h를 포함하지 않아도 size_t를 사용할 수 있다.

ANSI C 표준 문서에 따르면 size_t는 unsigned 정수형 중 한 가지를 재정의한 것이고 최소 16비트 이상이라고 한다. 하지만 대부분의 C 컴파일러들이 unsigned 정수형 중 가장 큰 자료형을 size_t로 재정의한다. 프로그램에서 양의 정수를 다룰 때 주로 사용하며, size_t 자료형은 이전에 언급한 것처럼 printf() 함수에서 %zu를 서식 지정자로 사용한다.

ptrdiff_t는 명칭에서부터 유추할 수 있듯이, 메모리 주소에서 다른 주소를 뺄 때의 차(difference)를 의미하는 자료형이다. ptrdiff_t는 ANSI C에서 재정의한 자료형으로 signed 정수형 중 한 개를 사용한다.

주소의 차이를 정수로 표현해야 하는데, 메모리 주소가 컴퓨터 시스템마다 다르므로 기본 정수 자료형으로 지정할 수 없다. 예를 들어, 32비트 컴퓨터 시스템은 메모리 주소를 32비트로 표현하므로, 주소의 차는 최대 32비트로 표현 가능하고, int나 unsigned를 이용해서 저장하거나 표현할 수 있다. 반면에 64비트 컴퓨터 시스템에서 주소의 차는 64비트 정수로 표현될 수 있는데, 이때 int 또는 unsigned int로 메모리 주소의 차를 표현할 수 없다.

이렇게 시스템에 따라 주소 크기가 달라지기 때문에 주소의 차를 표현할 수 있는 자료형이 필요해서, ANSI C는 자료형으로 ptrdiff_t를 사용한다. ptrdiff_t는 시스템에서 사용하는 메모리 주소 크기에 따라 다르게 정의된다.

실수 자료형

C 언어는 실수를 표현할 수 있는 자료형을 float, double, long double 세 가지 제공한다. 정수 자료형과 비슷하게 각 자료형들의 값 표현 범위는 정하지 않고, float 〈= double 〈= long double 정도만 명시하고 있다.

정수와는 달리 실수 자료형(floating point type)은 signed나 unsigned 키워드를 붙일 수 없다. 실수는 음수, 0, 양수를 모두 표현한다.

대부분의 현대 컴퓨터는 실수 자료형을 저장 및 연산하는 방법으로 IEEE 754라고 부르는 표준을 따른다. 대부분의 프로그래밍 언어들은 이 표준 처리 방법을 이용하므로, 비슷한 형태로 사용할 수 있다.

C 언어의 float 자료형은 32비트를 사용하고, double은 64비트를 사용하며, long double은 컴파일러마다 구현하는 내용이 달라질 수 있어 8바이트 또는 16바이트를 사용한다.

ANSI C는 float.h 헤더 파일에 FLT_MIN, FLT_MAX, DBL_MIN, DBL_MAX, LDBL_MIN, LDBL_MAX 등의 상수를 정의해서, 컴파일러에서 처리 가능한 float, double, long double 자료형의 최솟값, 최댓값을 지정한다.

표 2-7은 GCC 컴파일러를 이용해서 float, double, long double 형이 표현할 수 있는 값의 범위를 확인한 것이다.

표 2-7 float, double, long double 자료형의 표현 가능 범위

종류	사용 메모리 공간 크기	범위
float	4바이트	1.175494e-38 ~ 3.402823e+38
double	8바이트	2.225074e-308 ~ 1.797693e+308
long double	16바이트	3.362103e-4932 ~ 1.189731e+4932

잠깐만요 **long double 자료형**

같은 컴퓨터에서 컴파일하고 실행시켰을 때, GCC는 long double을 16바이트로, 비주얼 스튜디오의 컴파일러는 8바이트로 정의한다.

코드 2-7은 long double 자료형이 사용하는 메모리 공간의 크기를 확인하는 코드로, 윈도우 11에서 GCC로 컴파일하면 4 8 16이 출력되고, 비주얼 스튜디오를 이용해서 컴파일하면 4 8 8이 출력된다. 본인이 사용하는 컴파일러는 출력 결과가 어떻게 나오는지 확인해 본다.

코드 2-7 **FloatSize.c**

```
#include <stdio.h>

```

```
int main(void)
{
    printf("%d\n", sizeof(float));
    printf("%d\n", sizeof(double));
    printf("%d\n", sizeof(long double));
    return 0;
}
```

❶ 실수 상수와 자료형

코드에서 실수 상수를 사용하면 double 자료형으로 인식한다. 만약 실수 상수를 float 자료형으로 인식시키려면 값 뒤에 'f'나 'F'를 붙인다. **코드 2-8**을 통해 예시를 살펴본다.

코드 2-8

```
12.3         // double 형
1.314e-10    // double 형
3.2f         // float 형
1.314e-10F   // float 형
```

잠깐만요 double 자료형

double 자료형의 범위를 넘어서는 실수 상수를 코드에서 사용하면 GCC 컴파일러는 경고를 출력한다. 비주얼 스튜디오는 double과 long double이 동일하므로, 범위 밖의 값을 사용할 수 없다.

실수를 메모리에 저장하는 방법

최근에 만들어진 컴퓨터들은 대부분 IEEE라는 단체에서 표준화시킨 부동소수점 저장 방법(IEEE 754)을 사용한다.

부동소수점 저장 방법은 정수와는 다르게 복잡하다. 하지만 이 부분은 자세한 이해가 필요하지 않을 것으로 생각하여, 간단하게 구조만 설명한다.

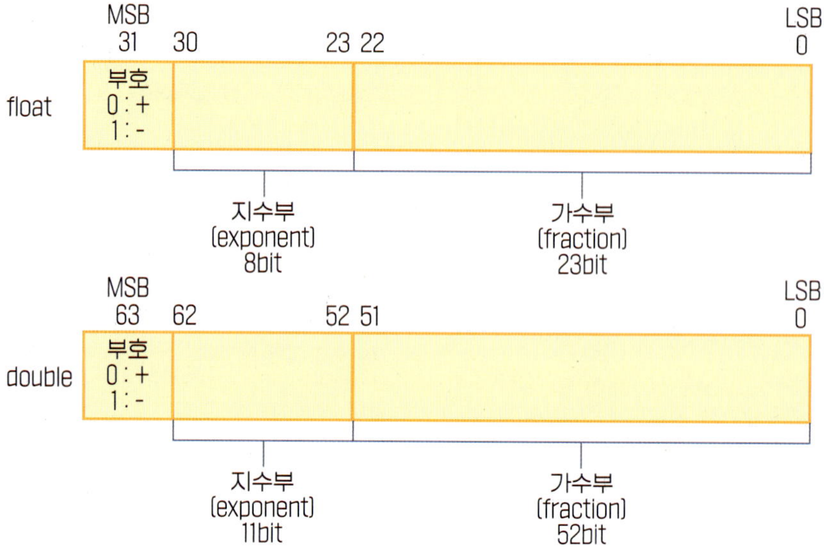

그림 2-7 단정밀도 실수와 배정밀도 실수를 저장하는 메모리

그림 2-7은 32비트를 사용하는 단정밀도(single precision) 실수와 64비트를 사용하는 배정밀도(double precision) 실수를 저장하는 메모리 구조다.

실수는 소수점이 있는 숫자들을 2진수로 변환하고 간단하게 표현하면 $1.b_0b_1b_2... b_x \times 2^n$에 해당되는 형태로 바꾼다. 여기서 $1.b_0b_1b_2...b_x$는 2진수이고 가수부에 저장되며, 2^n의 n은 지수부에 저장된다고 생각하면 된다. 이 설명은 어떤 식으로 저장되는지만 파악하는 의미로 아주 단순화시킨 것이라 정확한 설명은 아님에 주의한다.

C 언어의 `float`에 해당되는 단정밀도 실수는 가수부를 23비트, 지수부를 8비트로 저장한다. 그리고 정수와 마찬가지로 최상위 비트를 부호 비트로 사용한다. `double`에 해당되는 배정밀도 실수는 가수부 52비트, 지수부를 11비트로 저장한다.

실수 계산의 오차 문제

실수는 아주 넓은 범위의 값을 작은 공간에 가수부와 지수부로 나누어서 저장하므로 정수와는 달리 오차가 생길 수밖에 없다.

간단한 코드를 이용해서 오류가 발생하는 경우를 살펴보자. 다음 **코드 2-9**에서 결과가 어떻게 나오는지를 집중해서 본다.

코드 2-9 **FloatError.c**

```
#include <stdio.h>

int main(void)
{
    float f = 0.01f * 0.01f; // C 언어에서는 곱셈을 *로 표시함
    printf("f = %f\n", f);
    printf("f = %.20f\n", f);
    return 0;
}
```

0.01과 0.01을 곱해서 결과를 f에 저장

f에 저장된 0.01 x 0.01의 결괏값을 소수점 이하 여섯 자리까지 출력

f에 저장된 0.01 x 0.01의 결괏값을 소수점 이십 번째 자리까지 출력

<실행 결과>

```
f = 0.000100
f = 0.00009999999747378752
```

실행 결과를 살펴보면 소수점 이하 여섯 번째 자리까지 출력할 때는 결과가 제대로 출력되었다. 하지만 소수점 이하 이십 번째 자리까지 출력할 때는 예상과 다른 결과가 출력되었다. 이 결괏값은 반올림하면 같은 값이지만, 어쨌든 결과가 틀린 값이다.

이렇게 실수를 메모리에 저장하는 방법의 한계 때문에 약간의 오차가 발생할 수 있음을 알고 있어야 한다.

이번에는 똑같은 코드를 double 형으로 변경해서 작성해 본다.

코드 2-10 **DoubleError.c**

```
#include <stdio.h>

int main(void)
{
    double f = 0.01 * 0.01; // C 언어에서는 곱셈을 * 로 표시함
    printf("f = %f\n", f);
    printf("f = %.20f\n", f);
    return 0;
}
```

double 형 변수에 저장

<실행 결과>

```
f = 0.000100
f = 0.000100000000000
```

double로 계산할 때 float에서의 오류가 발생하지 않는다. double의 정밀도나 유효 숫자 처리 범위(실수 저장 방법에서 가수부)가 float에 비해 훨씬 크기 때문이다.

잠깐만요 **float보다 double**

실수 계산이 필요할 때 일반적으로 double 자료형을 사용한다. 메모리가 제한적인 시스템에서는 약간의 오차를 감수할 수 있을 정도를 넘어서면 더더욱 그렇다. 예전에는 처리 속도가 느리고 메모리 용량이 작아서 float 형을 더 많이 사용했지만, 현재 컴퓨터는 충분히 빠르고 메모리 용량도 풍부하여 그 정도를 걱정할 필요가 없다. 이러한 이유로 가능하다면 float 형보다는 double 형을 사용하는 것이 좋다.

2.2 변수

변수(variable)는 프로그램이 실행하는 동안 변경되는 값을 저장한다.

예를 들어, C 언어 수업의 성적을 계산한다고 하자. 자신이 컴퓨터라고 가정한다.

이때, 중간고사, 기말고사, 과제 비율은 각각 35, 40, 25%로 하고, 만점은 100점이다. 점수를 계산하려면 다음에 보인 것처럼 시험과 과제 점수에 비율을 곱해서 합산해야 한다.

```
학생_점수 = 중간고사_점수 * 0.35 + 기말고사_점수 * 0.40 + 과제_점수 * 0.25
```

학생 A는 중간, 기말, 과제 점수를 각각 80, 70, 80점, 학생 B는 90, 70, 80점으로 설정하고 계산한다.

먼저 중간고사, 기말고사, 과제 점수를 기록할 수 있는 메모지를 그림 2-8처럼 작성한다. 그다음 A의 점수와 비율을 곱해서 괄호 안에 기록하고, 그 값을 더해서 최종 점수를 계산한다. B의 점수를 계산하려면 A의 점수를 지우고, B의 점수를 적은 다음 동일한 계산 과정을 진행한다.

학생 이름	중간고사 점수	기말고사 점수	과제 점수	최종 점수
~~A~~ B	~~80 (28)~~ 90 (31.5)	~~70 (28)~~ 70 (28)	~~80 (20)~~ 80 (20)	~~76~~ 79.5

그림 2-8 A와 B의 과제 점수 계산 과정

여기서 값을 저장하고 변경하는 메모지 역할의 메모리 공간이 변수이다. 학생 이름, 중간, 기말, 과제 점수 및 최종 점수들이 모두 변수에 해당한다.

변수의 세 가지 용도

C 언어에서 '변수'라는 용어는 세 가지 의미로 사용된다.

- 메모리 공간
- 변숫값
- 변수 이름

그림 2-8의 메모지처럼 메모리 공간에 학생 이름, 시험 점수 등을 기록할 수 있다. 이렇게 값을 기록하는 것을 '메모리에 저장'한다고 한다. 변수란 값이 저장되거나 기록될 때 메모리 공간을 나타낸다.

변수는 메모리 공간에 있는 값을 나타내기도 한다. 예를 들어, 그림 2-8의 '중간고사 점수' 변수와 성적 비율 0.35를 곱할 때, 메모리 공간에 저장된 값과 0.35를 곱한다는 뜻이 된다. 이렇게 변수를 이용해서 메모리 공간에 저장된 값을 사용할 때 '변수에 접근(access)' 또는 '변수를 참조(reference)'한다고 한다. 여기서 변수에 접근한다는 것은 변수의 메모리 공간에 값을 저장하는 것(write)과 메모리 공간에 있는 값을 사용하는 것(read)을 모두 포함한다.

마지막으로 변수는 기억하기 어려운 메모리 주소 대신 값의 내용을 더 명확하게 표현하는 이름으로 표현할 수 있게 한다. 예를 들어, 학생 A의 중간고사 점수가 메모리 주소 383920394에 저장되어 있다면, 긴 숫자를 기억하는 것보다는 studentA라는 변수를 만들어 사용하는 것이 훨씬 기억하기 쉽다.

변수 이름 짓는 방법

프로그래밍에서 변수의 이름은 기억하기 쉽고 용도가 무엇인지 알 수 있게 한다. 예를 들어, 중간고사 성적을 score보다는 midterm 또는 midtermScore라고 설명하는 편이 용도를 명확히 나타낸다.

변수 이름이나 함수 이름, 사용자 정의형 자료형의 이름 등을 C 언어에서는 통칭해서 '식별자(identifier)'라고 부른다. C 언어에서 식별자를 짓는 방법으로 다음 규칙을 준수한다.

- 첫 번째 글자는 영문 알파벳이어야 한다. 숫자는 식별자의 첫 번째 글자로 사용할 수 없다.
- 예외적으로 밑줄 문자(_)는 첫 번째 글자로 사용할 수 있지만, 특수 목적으로 예약되어 있다.
- 두 번째 글자부터는 밑줄 문자(underscore, _), 영문 알파벳, 숫자를 사용할 수 있다. 밑줄 문자를 제외한 다른 특수 기호(예 : 콤마(,), 세미콜론(;), 느낌표(!))들은 식별자에 사용할 수 없다. 예외적으로 '$' 기호도 식별자에 사용할 수 있으나, 일반적으로 사용하지 않는다.
- 대문자와 소문자를 다르게 구분한다. 예를 들어, Number, number, NUMBER, NUmber, numbeR 변수들은 서로 다르다.
- 여러 단어를 사용하는 경우 밑줄 문자로 단어를 분리하거나 단어의 시작을 대문자로 적용하는 것이 관례이다(예 : num_of_students, score_of_midterm, numOfStudents, ScoreOfMidterm).
- 대/소문자를 이용해서 단어를 구분하는 방식은 카멜 케이스(camel case)라고 한다.
- C 언어의 키워드는 식별자 이름으로 사용할 수 없다.

키워드는 C 언어의 버전에 따라서 다른데, 이 중에서도 ANSI C와 C99에서 정의한 키워드 또는 예약어(reserved word)들을 표 2-8에 정리하였다. 당장 모두 외울 필요는 없고 프로그래밍하면서 자연스럽게 기억하는 것이 좋다.

표 2-8 ANSI와 C99 버전 C 언어의 키워드(C99 버전은 따로 표기)

키워드					
auto	break	case	char	const	continue
default	do	double	else	enum	extern
float	for	goto	if	int	long
register	restrict (C99)	return	short	signed	sizeof
static	struct	switch	typedef	union	unsigned
void	volatile	while	_Bool (C99)	_Complex (C99)	_Imaginary (C99)

표 2-9는 식별자를 제대로 사용하지 못한 예와 이유를 보인다.

표 2-9 잘못 사용된 식별자와 이유 설명

잘못 사용된 식별자	설명
1a	숫자로 시작하면 오류가 발생한다. a1이 맞는 표현이다.
a:b	사용할 수 없는 특수 기호가 포함된다.
number-student	밑줄 문자(_) 대신 '-' 문자를 사용하면 오류가 발생한다. number_student라고 쓴다.
auto	키워드를 사용한다.

잠깐만요 **식별자 길이**

ANSI C는 식별자의 이름을 최소한 31글자까지 구별한다. 일반적으로 31글자 이상의 식별자를 사용하는 일은 거의 없겠지만, 최근 컴파일러들은 그 이상의 글자들도 구별한다.

PROGRAMMING

2.3 변수 선언, 대입문, 초기화

변수 선언, 대입문, 초기화 코드에서 변수를 사용하려면 반드시 변수를 선언(declare)하고 초기화(initialize)시켜야 한다.

변수 선언의 의미

변수를 선언한다는 것은 다음과 같다.

- 변수가 사용하는 메모리 공간을 확보
- 변수 이름을 코드에 알리는 것

변수가 선언되면 컴파일러는 컴퓨터의 주 메모리에서 비어있는 공간을 찾아서 사용할 수 있도록 코드를 생성한다. 이렇게 할당받은 메모리 공간에 변수 이름이 붙고, 그 이름을 이용해서 변수의 공간에 값을 저장하거나 저장된 값을 사용할 수 있다.

변수 이름을 코드에 알린다는 것은 코드의 특정 영역에서 그 변수 이름을 소개하고 고유한 존재라는 것을 공표하는 것이다. C 코드에서 식별자들은 모두 각자 이름이 유일하게 사용될 수 있는 영역들이 있다.

간단한 예를 들어보자. 컴퓨터학과에 내 이름과 동일한 누군가 없다면, 고유한 이름이고 이름을 부르면 나를 의미하는 것이며 내 이름의 고유한 영역은 컴퓨터학과가 된다.

그러나 경영학과에 동일한 이름이 있다면 상황이 달라진다. 그 이름을 가진 사람이 속한 학과 내에서는 고유한 이름으로 인식될 수 있지만, 학교 전체에서는 동명이인이 된다. 이러한 경우 어느 학과의 이름을 나타내는지 확실하게 해야 한다.

코드에도 변수 이름이 소개되면 그 이름을 유효하게 사용할 수 있는 영역이 만들어지는데, 이를 '유효 범위(scope)'라고 부른다. 유효 범위는 〈6장〉에서 다시 학습한다.

잠깐만요 **변수 선언과 정의의 차이**

일반적으로 변수를 선언(declaration)한다고 설명하지만, 변수를 선언하는 것과 정의(definition)하는 것은 다른 개념이다.

C 언어에서 변수의 선언과 정의는 다음과 같은 차이점이 있다.

- **선언(declaration) :** 변수를 컴파일러에게 알려준다.
  - 선언은 변수의 이름과 자료형을 지정한다.
  - 선언은 변수를 메모리에 할당하지 않는다.
  - 선언은 컴파일러에게 해당 변수의 존재를 알리는 역할을 한다.
- **정의(definition) :** 변수에 메모리를 할당
  - 보통 정의라고 얘기하면 변수를 초기화시키는 것까지 포함하는 경우가 많다.

앞에서 변수를 선언한다고 한 것을 정확하게 설명하면 변수를 정의하는 것이다. 변수를 정의하지 않고 선언만 하는 것은 〈13장〉에서 분할 컴파일을 설명할 때 자세히 설명한다. 하지만 대부분의 책이나 C 언어 설명 내용이 변수의 메모리 공간을 할당하는 것을 '변수를 선언'한다고 하므로 이 책에서도 관례를 따르기로 한다.

변수 선언 방법

변수를 선언하는 방법은 자료형과 이름을 명시한다. 변수를 선언하는 것도 명령문이므로 세미콜론으로 종료한다.

```
자료형 변수_이름;
```

변수가 선언되면 컴파일러는 자료형에 해당되는 크기의 공간을 주 메모리에 확보하고 변수 이름을 연동시킨다. 실제 메모리에 이름표가 붙는 것은 아니지만, 변수 이름이 프로그램에 등록된다. 변수가 선언된 후에 변수 이름을 사용하면 확보된 메모리 공간을 사용하도록 코드가 실행된다.

코드 2-11에서 int와 double 형 변수를 선언한다.

코드 2-11

```
int n;
double d;
```

그림 2-9는 n과 d 변수가 메모리에 할당된 것이다. 컴파일러는 자료형을 확인하고 빈 메모리에서 int는 4바이트, double에 대해 8바이트의 공간을 확보한다.

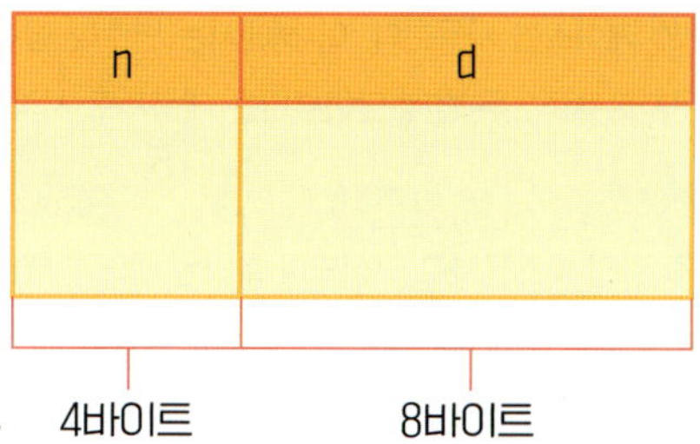

그림 2-9 메모리에 할당된 n과 d 변수

같은 자료형으로 여러 개 변수를 선언한다면 콤마로 분리해도 된다.

```
자료형 변수_이름1, 변수_이름2, 변수_이름3;
```

코드 2-12는 int 형 변수 세 개를 선언한다.

코드 2-12

```
int n1, n2, n3;
```

잠깐만요 **한 줄 선언**

변수는 가능하면 한 줄에 하나씩 선언한다.
코드 2-12처럼 한 줄에 여러 변수를 선언해도 되지만, 〈8장〉에서 학습하는 포인터 변수를 선언하는 것까지 고려하면 하나씩 한 개씩 선언하는 것이 가독성 높은 코드를 만든다.

코드 2-11과 코드 2-12처럼 변수를 선언하면 할당받은 변수의 메모리 공간에 무의미한 값이 존재할 수 있는데, 이를 '쓰레기 값(garbage value)'이라고 한다.

쓰레기 값을 비유하자면 작물을 심기 위해 땅(메모리)을 확보했지만, 땅에 잡초(garbage)만 가득하다는 것이다. 즉, 코드 2-11과 코드 2-12에서 선언한 변수가 잡초가 무성한 땅이다.

잠깐만요 **식별자 선언 방법**

C 언어에서는 보통 상수는 대문자와 밑줄 문자로 단어를 구분하는 형태로 작성하고, 변수나 함수는 소문자 단어를 밑줄 문자로 분리하거나 카멜 케이스를 사용한다. 이 책에서는 변수나 함수는 소문자로 시작하는 카멜 케이스로 작성(첫 번째 단어는 소문자로 시작, 두 번째 단어부터는 대문자로 시작)하고, 상수는 대문자와 밑줄 문자를 이용한다.

표준 C 라이브러리에 있는 함수들은 전부 소문자로 구성되며 축약된 단어 형태로 제공된다.

- **예 :** printf()는 print_with_format()의 축약 버전이라고 생각할 수 있다.

표준 C 라이브러리에 있는 상수들은 대문자와 밑줄 문자로 단어를 구분하고, 약자로 구성되는 경우가 있다.

- **예 :** 수학에서 원주율을 나타내는 상수는 M_PI이다.

변수 초기화와 대입문

잡초를 뽑아내고 작물을 심듯이 쓰레기 값으로 채워진 변수는 값을 설정한 후 사용한다. 이렇게 변수에 첫 번째 값을 지정하는 것을 '변수를 초기화'시킨다고 한다.

변수에 값을 저장하려면 대입문을 사용한다. 코드 2-13은 코드 2-11에서 선언한 변수들을 초기화시킨다.

코드 2-13

```
n = 3;
d = 2.3;
```

대입문은 다음 문법 형태로 사용한다.

```
변수 = 표현식;
```

'='는 두 개의 피연산자를 취하는 대입 연산자(assignment operator)이다. 대입 연산자는 왼쪽에 있는 변수의 메모리 공간에 오른쪽에 있는 표현식(expression)의 값을 저장한다.

변수는 값을 한 개만 저장할 수 있어 새로운 값이 저장되면 기존 값을 지우고 새로운 값으로 채운다.

'표현식'이란 평가(evaluation)가 끝난 후 값을 생성하는 코드이다. C 언어의 표현식은 표 2-10과 같이 여러 가지 형태로 존재한다.

표 2-10 표현식의 종류와 평가 방법

표현식의 종류	평가 방법
리터럴 상수	상숫값
변수	변숫값(변수 공간에 있는 값)
연산식(계산 연산자, 대입 연산자, sizeof 등을 사용하는 코드)	연산 결괏값
값을 반환하는 함수	함수를 실행한 뒤 반환되는 결괏값

연산식이나 함수는 나중에 알아보기로 하고, 여기서는 리터럴 상수와 변수를 살펴본다.

코드 2-13은 대입 연산자의 왼쪽에 있는 변수에 오른쪽에 있는 상수를 저장한다. 상수가 표현식이므로 오른쪽에서 생성되는 값을 저장한다. 즉, n이라고 이름 붙은 변수 공간에 3, d에는 2.3을 저장한다.

그림 2-10을 살펴보면 대입문이 어떻게 동작하는지 알 수 있다. 상수들은 메모리 공간에 존재하게 되는데, 전적으로 컴파일러에 의해서 만들어지므로 프로그래머가 확인할 방법은 없다. 대입문이 실행되면 메모리 값을 변수의 메모리 공간에 복사한다.

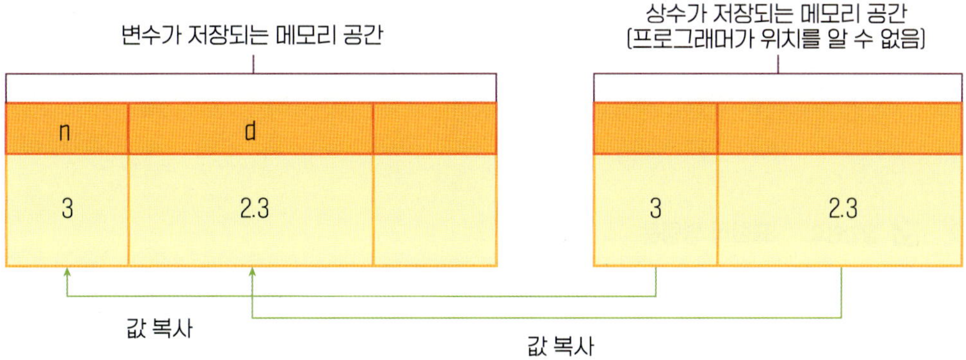

그림 2-10 대입문의 동작

변수를 초기화시키기 위해 다른 변수를 사용할 수 있다. **코드 2-14**는 변수 n1에 변수 n의 값을 저장한다.

코드 2-14

```
n1 = n;
```

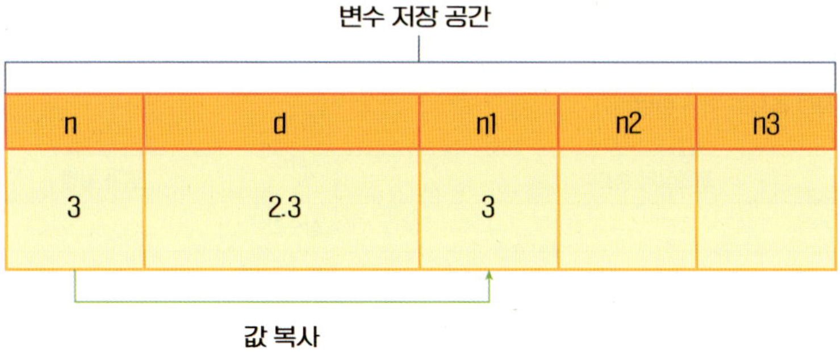

그림 2-11 변수의 메모리 공간에 복사

이 경우도 상수를 저장하는 것과 비슷하게 동작한다. 그림 2-11처럼 n 변수에 있는 값을 n1 변수의 메모리 공간에 복사한다. 대입문에서 변수가 어느 쪽 방향의 피연산자인가에 따라 공간 또는 값으로 사용된다. 대입 연산자를 기준으로 왼쪽에 있는 변수는 메모리 공간, 오른쪽에 있는 변수는 표현식으로써 값을 나타낸다.

잠깐만요 **l-value와 r-value**

프로그래밍을 배우다 보면 l-value, r-value라는 용어를 볼 수 있다. 간단하게 생각하면 l-value는 메모리 공간을 나타낼 수 있는 변수 또는 객체 등이고, r-value는 값을 나타낸다. 'l'과 'r'은 대입 연산자를 기준으로 왼쪽(left)과 오른쪽(right)을 나타내지만, l-value의 'l'은 "location"의 'l'로 기억해도 좋다. r-value는 메모리 공간이 정해진 변수의 값이 될 수도 있고, 메모리 위치를 파악할 수 없는 상수, 또는 임시로 만들어지는 계산식의 결괏값, 함수의 결괏값 등이 될 수 있다.

잠깐만요 **표현식 명령문**

C 언어에서는 표현식에 세미콜론을 붙여 명령문을 만들 수 있다. 이를 표현식 명령문(expression statement)이라고 한다.

코드 2-13에서 '='는 대입 연산자고, n = 3(세미콜론 없이)은 대입 연산자를 사용하는 표현식이다. n = 3의 결괏값은 n에 저장된 변숫값인 3이다. C 언어는 이렇게 표현식에 세미콜론을 붙이면 명령문으로 취급한다. 따라서 **코드 2-13**은 대입문이다. 비슷하게 C 언어는 **코드 2-15**처럼 상수나 변수에 세미콜론을 붙여도 명령문이 된다. 쓸데없는 코드지만, 문법적으로 오류가 있는 코드는 아닌 셈이다.

코드 2-15

```
3;
n; // 앞에서 3이 저장된 n 변수 사용
```

표현식 명령문의 대표적인 예는 함수를 실행시키는 것이다. 예를 들어, printf() 함수를 이용해서 문자열을 출력해 본다.

```
printf("expression statement\n");
```

printf() 함수는 출력되는 바이트 수를 정수 형태로 반환한다. 따라서 printf() 함수를 호출하는 것도 표현식이고, 이에 세미콜론을 붙여 표현식 명령문으로 사용한 것이다.

변수 선언과 초기화

변수를 선언하면서 값을 지정해 초기화시킬 수 있다.

```
자료형 변수 = 값;
```

변수 n과 d를 선언했던 **코드 2-12**와 변수들을 초기화시켰던 **코드 2-14**를 변수 선언과 동시에 초기화시키는 코드가 **코드 2-16**이다.

코드 2-16

```
int n = 3;
double d = 2.3;
```

주소 연산자로 알아내는 메모리 주소

C 언어의 주소 연산자(address operator) '&(앰퍼샌드)'는 피연산자로 변수를 취하고 주솟값을

반환하는 단항 연산자이다. 주소 연산자는 다음 코드처럼 반드시 변수 이름 앞에 사용해야 하고 표현식이나 상수 앞에는 사용할 수 없다.

```
&변수_이름
```

코드 2-17은 변수들을 선언하고 주솟값을 출력해 본다. 변수의 메모리 주소는 프로그램이 실행될 때마다 달라질 수 있어 예제의 출력과 다를 수 있다. 여기에서는 주소 연산자를 사용하는 방법만 주의해서 본다. printf() 함수 사용법은 나중에 설명한다.

코드 2-17 **AddressOf.c**

```c
#include <stdio.h>

int main(void)
{
    char ch = 'a';
    int n = 1;
    double d = 1.0;

    printf("address of ch = %p\n", &ch);
    printf("address of n = %p\n", &n);
    printf("address of d = %p\n", &d);
    return 0;
}
```

〈실행 결과〉

```
address of ch = 000000075FEFF830
address of n = 000000075FEFF834
address of d = 000000075FEFF838
```

잠깐만요 **& 연산자**

주소 연산자를 사용되는 &(앰퍼샌드) 기호는 단항 연산자로 사용되면 주소 연산자이고, 두 개의 피연산자를 취하는 이항 연산자로 사용되면 비트 연산을 하는 and 연산자가 된다. 비트 연산자는 〈3장〉에서 설명한다.

2.4 표준 출력 함수 printf()

printf()는 다양한 자료형의 값들을 서식에 맞춰 화면에 출력하는 표준 C 라이브러리의 함수이다.

printf() 함수를 사용하려면 반드시 stdio.h 헤더 파일(header file)을 포함해야 한다. stdio.h 파일은 C 언어의 입출력 관련 내용들을 포함하고 있다.

printf() 함수의 사용법은 다음과 같다.

코드 2-18

```
#include <stdio.h>  // 헤더 파일

int printf("출력할 문자열 또는 서식 문자열"[, 값1, 값2... ]);
```

코드 2-18에서 대괄호([와])는 생략할 수 있다는 것을 표현한다. printf() 함수를 호출하려면 첫 번째 인자, 즉 문자열은 무조건 있어야 하고, 뒤따르는 두 번째, 세 번째 인자들이 전달될 수 있다.

잠깐만요 **라이브러리**

〈1장〉에서 ANSI C의 표준 라이브러리(Library)를 설명했었다. 라이브러리란 이미 컴파일된 형태로 제공되는 함수들을 모아놓은 뭉치를 일컫는다. 윈도우 운영체제 계열에서는 확장자를 .lib로 사용하고, 맥이나 리눅스 계열에서는 확장자를 .a 또는 .so로 사용한다. 라이브러리만 있다고 함수를 사용할 수는 없고 컴파일하려면 함수 원형(prototype)이 존재해야 한다. 함수 원형은 함수 코드가 없어도 함수를 제대로 호출하는지 확인할 수 있을 정도의 최소한의 정보이며, 자세한 내용은 〈6장〉에서 함수를 설명할 때 다시 설명한다.

문자열 출력

printf()의 가장 기본적인 사용법은 문자열을 출력하는 것이다.

가장 첫 번째로 작성했던 C 코드를 살펴보자. 화면에 "My first C program"을 출력하기 위해 printf() 함수에 문자열을 전달했다.

```
printf("My first C program");
```

printf() 함수는 전달된 문자열을 변경하지 않고 화면에 그대로 출력한다. 이를 확인하기 위해 **코드 2-19**를 실행해 본다.

코드 2-19는 printf() 함수에 탭 문자와 줄바꿈 문자가 섞인 문자열을 넣어서 출력하기도 하고, printf() 함수를 여러 번 호출하면서 문장의 조각들을 전달한다. 앞서 말한 것처럼 printf() 함수는 전달된 문자열을 그대로 화면에 출력하기에 실행 결과를 살펴보면 문자열만 출력된다.

코드 2-19 **Printf2.c**

```
#include <stdio.h>

int main(void)
{
    printf("My\tfirst C\nprogram\n");
    printf("My ");
    printf("second");
    printf(" string.");
    return 0;
}
```

My와 first 사이에 탭으로 띄어쓰기하고, C 다음에 줄 바꿔서 program을 출력한 후 다시 줄바꿈

줄바꿈 문자가 문자열에 포함되지 않으면 printf() 함수를 여러 번 호출해도 같은 줄에 문자열이 계속 출력됨

<실행 결과>

```
My      first C
program
My second string.
```

서식에 맞춘 값 출력

printf() 함수의 또 다른 용법으로 서식 문자열의 일부 내용을 주어진 값으로 치환해서 출력할 수 있다.

다이어트에 필요한 음식 100g당 칼로리를 화면에 출력해 보자. 표 2-11과 같이 화면에 출력할 음식과 칼로리를 정리했다.

표 2-11 음식 별 칼로리

음식	100g 기준 칼로리(단위: kcal)	음식	100g 기준 칼로리(단위: kcal)
steamed rice	147.62	banana	93.0
fried egg	193.48	boiled egg	136.0

표 2-11을 다음과 같이 출력하자.

```
Calories of steamed rice (100g): 147.62 kcal
Calories of banana (100g): 93.0 kcal
Calories of fried egg (100g): 193.48 kcal
Calories of boiled egg (100g): 136.0 kcal
```

이를 출력하는 가장 간단한 방법은 **코드 2-20**처럼 문자열을 출력하는 것이다.

코드 2-20

```
printf("Calories of steamed rice (100g): 147.62 kcal\n");
printf("Calories of banana (100g): 93.0 kcal\n");
printf("Calories of fried egg (100g): 193.48 kcal\n");
printf("Calories of boiled egg (100g): 136.0 kcal\n");
```

다른 방법은 "Calories of 음식_이름 (100g) : 칼로리 kcal\n"로 정해진 서식에서 "음식_이름"과 "칼로리"만 바꿔 출력하는 것이다. 이렇게 치환해서 출력하면 새로운 정보들이 추가되거나 삭제될 때 코드 수정이 줄어든다.

printf() 함수는 그림 2-12처럼 서식 문자열(format string)에 서식 지정자(format specifier)로 치환될 부분을 명시하고, 대응되는 값을 지정할 수 있다. 이렇게 형식이 정해져 있어 일부 값만 바꿔서 출력할 때 유용하다.

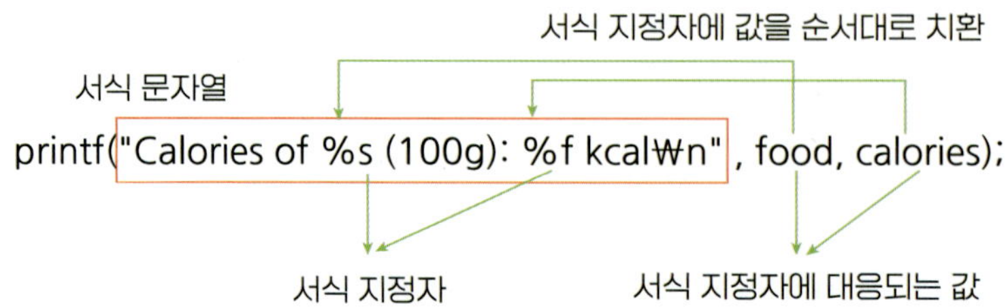

그림 2-12 printf() 함수

printf() 함수에 전달되는 첫 번째 문자열은 서식 문자열이다. 서식 문자열은 그림 2-12의 %s와 %f 처럼 '%'로 시작하는 서식 지정자를 포함할 수 있다. printf() 함수는 서식 지정자를 순서대로 문자열 다음에 전달되는 값들로 치환한 후 화면에 출력한다.

그림 2-12는 %s를 food 변숫값 "steamed rice"로, %f를 calories 변숫값 147.62으로 치환한 후 출력된다.

```
Calories of steamed rice (100g): 147.62 kcal
```

서식 문자열에 포함되는 서식 지정자나 치환될 값의 개수는 제한이 없다. 다만 서식 지정자와 값의 개수/자료형을 일치시켜야 한다.

● 서식 지정자 사용법 – 필수 요소

그림 2-13은 서식 지정자의 구성 요소다. 서식 지정자를 시작하는 '%'와 어떤 형태로 출력할 것인지 지정하는 변환 문자(Conversion Character)는 필수 요소들이다. 두 글자 사이에 위치할 수 있는 Flag, Width, Precision, Size는 선택적으로 사용하며 필요하면 추가할 수 있다.

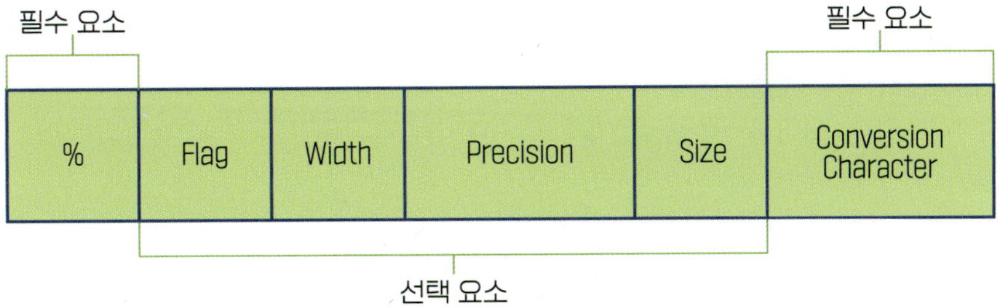

그림 2-13 변환 문자의 필수 요소와 선택 요소

표 2-12는 서식 지정자의 필수 요소들 중에서도 자주 사용되는 것들을 정리한 것이다.

표 2-12 서식 지정자와 설명

서식 지정자	값의 자료형	설명	화면 출력 예시
%d 또는 %i	`signed int`	정수를 10진수로 출력한다. 음수는 부호가 출력된다.	−10
%u	`unsigned int`	0 또는 양의 정수를 10진수로 출력한다.	10000000
%x 또는 %X	`unsigned int`	0 또는 양의 정수를 16진수로 출력한다. 16진수를 나타내는 0x나 0X는 출력되지 않는다. %x는 a~f를 소문자로 %X는 A~F를 대문자로 출력한다.	5ac0
%f	`float` `double`	소수점 이하 6자리까지 출력한다. double과 `float` 자료형 값을 출력할 때 사용 가능하다.	23.122334
%e 또는 %E	`float` `double`	실수를 실수E지수 형식으로 출력한다. %e는 실수e지수, %E는 실수E지수 형태로 표시한다.	2.3E5
%g 또는 %G	`float` `double`	%g는 컴파일러가 %f 또는 %e 중 한 가지를 선택해서 출력한다. %G는 %F 또는 %E 중 한 가지를 선택한다.	2.3E−4 또는 2.3E8
%c	`int`	`int`를 unsigned char 형으로 형 변환 후 문자 형태로 출력한다.	a
%s	`char*`	문자열을 출력한다.	hello world
%p	`void*`	컴파일러마다 출력 내용이 다를 수 있다. 보통 주소를 출력한다.	000000B4D2EFFD80
%%	없음	% 글자를 출력한다.	%

코드 2-21은 서식 지정자를 이용해서 값들을 출력한다. 코드에서 %%d는 %%와 d로 인식되는 것을 주의한다.

코드 2-21 ConversionChar.c

```
#include <stdio.h>

int main(void)
```

```c
{
    int n = -232323;
    unsigned u = 23234232;

    printf("n = -232323\n");
    printf("u = 23234232\n\n");

    printf("n (%%d): %d\n", n);
    printf("u (%%u): %u\n", u);
    printf("u (%%x): %x\n", u);
    printf("u (%%X): %X\n", u);
    printf("n (%%x): %x\n", n);

    float f = 23.2239f;
    double d = 23.23234234;
    double d2 = 23.3E10;
    double d3 = 23.3E-5;

    printf("\nf = 23.2239f\n");
    printf("d = 23.23234234\n");
    printf("d2 = 23.3E10\n");
    printf("d3 = 23.3E-5\n\n");

    printf("f (%%f) = %f\td (%%f) = %f\n", f, d);
    printf("d (%%g) = %g\td2 (%%g) = %g\td3 (%%g) = %g\n\n", d, d2, d3);

    printf("address of n (%%p) = %p\n", &n);
    printf("address of n (%%u) = %u\n", &n);
    printf("address of n (%%u) = %x\n", &n);

    printf("string (%%s) = %s\n", "hello");
    return 0;
}
```

정수(int와 unsigned) 변수 선언 및 초기화

변수 n과 u의 값 출력

%d, %u, %x 등을 이용해서 signed int나 unsigned int 값 출력(괄호 안에 어떤 서식 지정자를 사용하는지 보임. '%'를 출력하기 위해 "%%" 사용)

signed int 형 음수를 16진수로 출력할 때 어떻게 되는지 확인. n을 unsigned int 형으로 변환 후 출력

다양한 실수(float과 double) 변수 선언 및 초기화

변수 f, d, d2, d3의 값 출력

다양한 서식으로 값들을 출력. %f는 float 변수와 double 변수에 모두 사용 가능

변수 n의 주소를 %p, %u, %x로 출력. %p는 64비트 주소를 제대로 출력함 %u와 %x는 32비트까지만 출력

문자열 출력

<실행 결과>

```
n = -232323
```

```
u = 23234232

n (%d): -232323
u (%u): 23234232
u (%x): 16286b8
u (%X): 16286B8
n (%x): fffc747d

f = 23.2239f
d = 23.23234234
d2 = 23.3E10
d3 = 23.3E-5

f (%f) = 23.223900      d (%f) = 23.232342
d (%g) = 23.2323        d2 (%g) = 2.33e+11      d3 (%g) = 0.000233

address of n (%p) = 000000dc275ff81c
address of n (%u) = 660600860
address of n (%u) = 275ff81c
string (%s) = hello
```

실행 결과에서 %p와 %x를 이용해서 n의 주소(&n)를 출력할 때 %p는 64비트 주소를 제대로 출력하지만, %u와 %x는 `unsigned int` 형으로 가정하므로 4바이트 값만 출력되는 것에 주의한다.

● 서식 지정자 사용법 – 선택 요소

그림 2-14에서 Flag, Width, Precision, Size 등은 선택적으로 필요할 때 추가할 수 있는 내용들이다. 선택 요소들은 함께 사용할 수 있는 변환 문자들이 정해져 있는 경우가 있다. 편의상 Width, Precision, Flag, Size 순서대로 설명한다.

❶ Width

값을 출력하는 공간의 너비를 문자 개수로 지정한다.

예를 들어, Width를 10이라고 지정한 후 220이라는 값을 출력하면 그림 2-14처럼 전체 10칸의 공간에서 우측 정렬(right alignment)되어 앞부분에 7칸의 공백을 남기고 220이 출력된다.

문자열을 출력할 때 Width를 지정하면, 역시 빈칸을 띄고 문자열을 출력한다. "hello" 문자열을 10칸의 공간에서 오른쪽으로 정렬시킨 것이다.

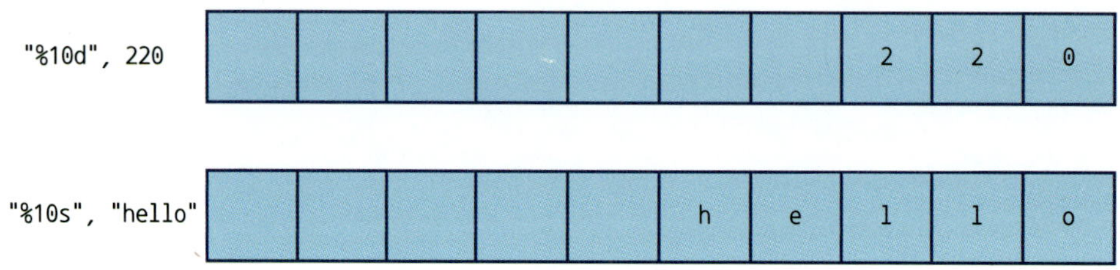

그림 2-14 선택 요소 Width 예시 (1)

Width 요소는 최소한의 칸 수를 나타낸다. 만약 출력하는 숫자나 문자열의 길이가 Width보다 크거나 같다면 Width는 영향을 미치지 못한다(길게 출력).

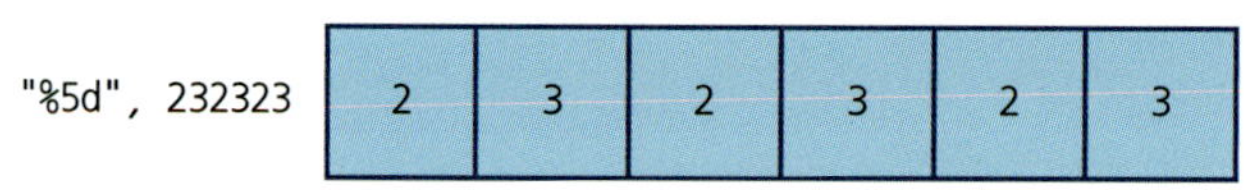

그림 2-15 선택 요소 Width 예시 (2)

❷ Flag

Flag 부분에 들어갈 수 있는 내용이 여러 가지 있는데 자주 사용되는 '–', '0', '+'를 표 2-13에 정리하였다. 나머지(공백 문자와 '#')에 대해서는 C 언어의 참조 매뉴얼을 살펴본다.

표 2-13 Flag 값 설명

Flag 문자	설명
–	– 는 항상 Width와 함께 사용된다. 주어진 Width가 값의 길이보다 클 때 왼쪽으로 정렬시키고 남는 칸수만큼 띄어쓰기한다.
0	0도 Width와 함께 쓰이고 숫자들을 출력할 때 유효하다. – Flag와 함께 쓰일 때는 왼쪽에 채울 내용이 없어지므로 의미가 없다. 출력하는 값의 길이가 Width보다 작을 때 남는 공간을 0으로 채운다.
+	양수 또는 음수를 출력할 때 '+' 또는 '–' 부호를 항상 붙인다.

❸ Precision

Precision은 마침표(소수점) 다음에 숫자가 붙은 형태(예 : .5)로 사용된다. 마침표 앞에 숫자가 생략되면 0이 붙는 것으로 가정한다.

Width와 함께 사용되는 경우, Width.Precision 형태로 사용되며 Width는 전체 글자 수, Precision은 다음 내용들에 영향을 미친다.

- 변환 문자가 d, i, u, x, X일 때 출력해야 하는 최소한의 숫자 개수
  - 출력하는 숫자 길이가 최소에 못 미치면 앞부분을 0으로 채움
  - 출력하는 숫자 길이가 최소보다 크면 그대로 출력
  - 부호가 있으면 부호와 값 사이를 0으로 채움
- 변환 문자가 f, e, E일 때 출력해야 하는 소수점 이하 숫자 개수
- 변환 문자가 g, G일 때 무조건 출력해야 하는 유효 숫자(소수점을 기준으로 앞뒤에 있는 숫자)의 개수
- 문자열을 출력할 때 출력해야 하는 최대 문자 개수

그림 2-16은 Flag, Width, Precision이 어떻게 동작하는지 보인다.

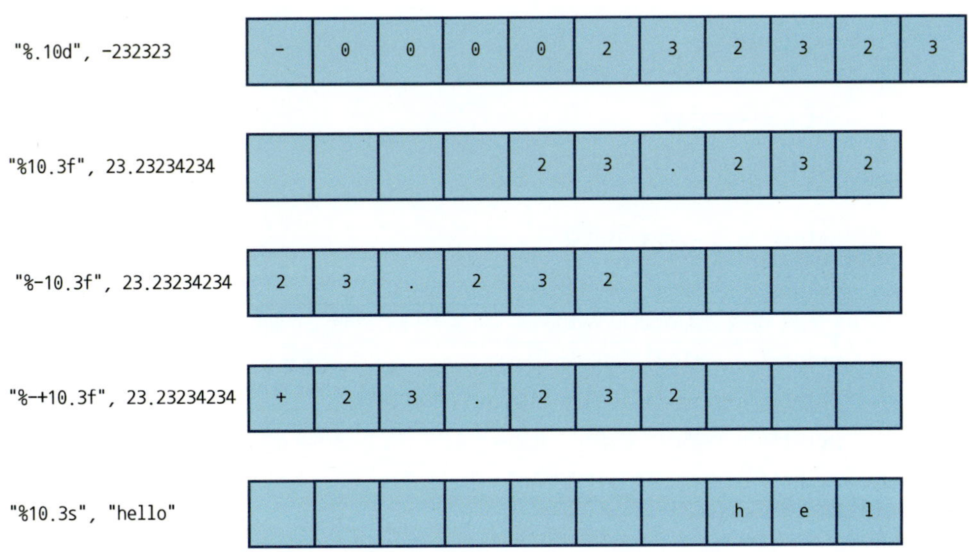

그림 2-16 Flag, Width, Precision 동작

- **첫 번째 그림** : ".10d"는 "0.10d"와 동일하다. Width가 0, Precision이 10이다. 전체 길이가 10칸(글자)이 되고, 부호와 값 사이에 남는 공간을 0으로 채운다.
- **두 번째 그림** : 오른쪽 정렬, Width 10, Precision 3이다. 전체 길이가 10글자, 소수점 이하 셋째 자리까지 출력하므로 나머지 숫자 값은 잘린다.
- **세 번째 그림** : 왼쪽 정렬, Width 10, Precision 3이다. 전체 길이가 10글자이지만, 소수점 이하 셋째 자리까지 출력하고 나머지 숫자는 제거한다. 왼쪽 정렬이므로 오른쪽 남는 공간은 비운다.
- **네 번째 그림** : 왼쪽 정렬, 부호를 무조건 붙인다. Width 10, Precision 3. 부호가 무조건 붙어야 하므로 '+'를 붙인다. 소수점 이하 셋째 자리까지 출력하므로 나머지 값은 버린다. 전체 10자리에서 오른쪽 빈 공간은 사용하지 않는다.
- **다섯 번째 그림** : 오른쪽 정렬, Width 10, Precision 3이다. 문자열도 전체 10 자리 중 세 자리만 사용한다. 나머지 문자들을 잘린다.

코드 2-22는 Flag, Width와 Precision을 사용하는 코드이다.

코드 2-22 FlagWidthPrecision.c

```c
#include <stdio.h>

int main(void)
{
    int n = -232323;
    unsigned u = 23234232;

    printf("n = -232323\n");
    printf("u = 23234232\n\n");

    printf("n (%%10d): %10d\n", n);
    printf("string (%%10s) = %10s\n", "hello");
    printf("n (%%5d): %5d\n", n);
    printf("string (%%3s): %3s\n", "hello");

    printf("n (%%-10d): %-10d\n", n);
```

오른쪽 정렬, Width 10. Width 〉 n의 길이. 앞부분 공간은 비우고 n 출력

오른쪽 정렬, Width 10. Width 〉 문자열의 길이. 앞부분 공간은 비우고 문자열 출력

오른쪽 정렬, Width 5개. n의 길이 〉 Width. n을 그대로 출력

오른쪽 정렬, Width 3개. 문자열의 길이 〉 Width. 문자열 전체 출력

왼쪽 정렬, Width 10. Width 〉 n의 길이. 값을 출력하고 오른쪽 공간 비움

오른쪽 정렬, Width 10, 부호와 값 사이 빈 자리를 0으로 채움

```
    printf("n (%%010d): %010d\n", n);
```

왼쪽 정렬, 부호 붙임, Width 10 〉 u의 길이
오른쪽 공간은 비움

```
    printf("u (%%-+10u): %-+10u\n", u);
```

오른쪽 정렬, 부호 붙임, Width 10, Width 〉 u의 길이
부호와 값 사이를 0으로 채움

```
    printf("u (%%+010u): %+010u\n", u);

```

오른쪽 정렬, Precision 10. Precision 〉 n의 길이. 10 글자 공간을 채워야 하므로 빈 자리를 0으로 채움

```
    printf("n (%%.10d): %.10d\n", n);
```

오른쪽 정렬, Precision 3. 문자열을 출력하는데 Precision 〈 문자열 길이
문자열의 앞부분 세 글자만 출력

```
    printf("string (%%.3s) = %.3s\n", "hello");
    printf("n (%%.5d): %.5d\n", n);
```

오른쪽 정렬, Precision 5. 정수를 출력하는데 Precision 〈 n의 길이. n 값을 그대로 출력

```
    printf("n (%%10.5d): %10.5d\n", n);
```

오른쪽 정렬, Width 10, Precision 5
정수 출력, Precision 〈 n의 길이, Width 〉 n의 길이. n을 그대로 출력하고 앞부분 공간을 비움

```
    printf("string (%%10.3s): %10.3s\n", "hello");
```

Width 10, Precision 3. 문자열 출력, Precision 〈 문자열 길이
문자열의 앞부분 세 글자만 출력하되, 앞부분 7글자 공간은 비움

```

    float f = 23.2239f;
    double d = 23.23234234;

    printf("\nf = 23.2239f\n");
    printf("d = 23.23234234\n");

    printf("f (%%1.3f): %1.3f\n", f);
```

오른쪽 정렬, Width 1, Precision 3
Width 〈 f의 길이 f를 그대로 출력하되 소수점 이하 셋째 자리까지 출력(반올림해서 23.224)

```
    printf("f (%%10.3f): %10.3f\n", f);
```

오른쪽 정렬, Width 10, Precision 3. Width 〉 f의 길이
앞에 빈 공간을 두고 f를 출력하되 소수점 이하 셋째 자리까지 출력(반올림해서 23.224)

```
    printf("d (%%10.3f): %10.3f\n", d);
```

오른쪽 정렬, Width 10, Precision 3. Width 〉 d의 길이
앞에 빈 공간을 두고 d를 출력. 소수점 이하 셋째 자리까지 출력(반올림해서 23.232)

```
    printf("d2 (%%10.4g): %10.4g\n", d);
```

오른쪽 정렬, Width 10, Precision 4. Width 〉 d의 길이
앞에 빈 공간을 두고 d를 출력하되 전체 숫자 개수를 4개까지 출력

```
    printf("d (%%-10.3f): %-10.3f\n", d);
```

왼쪽 정렬, Width 10, Precision 3. 소수점 이하 셋째 자리까지 출력(반올림)

```
    printf("d (%%-+10.3f): %-+10.3f\n", d);
    return 0;
}
```

왼쪽 정렬, 부호 붙임. Width 10, Precision 3
소수점 이하 셋째 자리까지 출력(반올림)하고 부호를 붙임

〈실행 결과〉

```
n = -232323
u = 23234232
```

```
n (%10d):    -232323
string (%10s) =      hello
n (%5d): -232323
string (%3s): hello
n (%-10d): -232323
n (%010d): -000232323
u (%-+10u): +23234232
u (%+010u): +023234232
n (%.10d): -0000232323
string (%.3s) = hel
n (%.5d): -232323
n (%10.5d):    -232323
string (%10.3s):        hel

f = 23.2239f
d = 23.23234234
f (%1.3f): 23.224
f (%10.3f):     23.224
d (%10.3f):     23.232
d2 (%10.4g):      23.23
d (%-10.3f): 23.232
d (%-+10.3f): +23.232
```

❹ Size

기본 크기의 자료형을 나타내는 %d, %u, %f 등을 수식하는 Size 요소는 다른 크기의 자료형을 출력할 때 사용한다. 표 2-14는 자주 사용하는 내용만 보인다.

표 2-14 Size 요소

Size	함께 사용 가능 변환 문자	설명
l	d, i, u, x	long int, unsigned long int를 출력할 때 사용한다(예 : %ld, %lu).
ll	d, i, u, x	long long int, unsigned long long int를 출력할 때 사용한다(예 : %lld).
L	f, e, E, g, G	long double을 출력할 때 사용한다(예 : %Lf).
z	d, i, u, x	주로 size_t 자료형을 출력할 때 %zu 형태로 사용한다.
t	d, i, u, x	ptrdiff_t 자료형을 출력할 때 %td 형태로 사용한다.

코드 2-23은 Size를 사용해서 long int, size_t 등을 출력하는 코드이다. 이 책에서 사용하는 컴파일러들은 long double이 double과 동일하므로 long double을 출력하는 데 사용되는 L은 코드에서 사용하지 않는다.

코드 2-23 **Size.c**

```
#include <stdio.h>

int main(void)
{
    long num1 = 2023293292;
    long num2 = num1;
    unsigned long unum1 = 3023293292;
    long long lnum1 = 2023293323229232323LL;
    unsigned long long ulnum1 = 3233232323293232323ULL;

    printf("num1 = 2023293292\n");
    printf("unum1 = 3023293292\n");
    printf("lnum1 = 2023293323229232323LL\n");
    printf("ulnum1 = 3233232323293232323ULL\n\n");
```

ld를 이용해서 long int 값을 출력. Size를 사용할 때 Width도 지정해서 적용되는 것을 확인

```
    printf("num1 (%%20ld): %20ld\n", num1);
    printf("unum1 (%%20lu): %lu\n", unum1);
    printf("lnum1 (%%lld): %lld\n", lnum1);
    printf("ulnum1 (%%llu): %llu\n", ulnum1);
```

Size를 이용해서 unsigned long, long long, unsigned long long 정수들을 출력

```
    size_t sizeof_ulnum1 = sizeof(ulnum1);
```

size_t 변수를 선언하고 값을 초기화

```
    ptrdiff_t diff_num2_num1 = &num2 - &num1; // 두 변수의 메모리 주소의 차를 계산
```

주소 연산자를 이용해서 두 변수의 메모리 주솟값의 차를 구함

```
    printf("sizeofUlnum1 = sizeof(ulnum1)\n");
    printf("diff_num2_num1 = &num2 - &num1\n\n");
```

sizeof의 결괏값을 출력하기 위해 %zu 그리고 메모리 주소의 차를 출력하기 위해 %td를 사용

```
    printf("sizeofUlnum1 (%%zu): %zu\n", sizeof_ulnum1);
    printf("diff_num2_num1 (%%td): %td\n", diff_num2_num1);

    printf("address of num1 (%%p) = %p\n", &num1);
    printf("address of num1 (%%llu) = %llu\n", &num1);
```

```c
    printf("address of num1 (%%llx) = %llx\n", &num1);
    printf("address of num1 (%%llx) = %016llx\n", &num1);

    return 0;
}
```

num1의 주솟값을 출력
%u나 %x를 사용했을 때 32비트에 잘린 것을 수정하기 위해 llu와 llx를 사용해서 출력
마지막으로 %p와 동일한 결과를 얻기 위해 자릿수를 16자리로 맞추고 앞쪽 빈자리에 0을 채움

〈실행 결과〉

```
num1 = 2023293292
unum1 = 3023293292
lnum1 = 2023293323229232323
LLulnum1 = 3233232323293232323ULL

num1 (%20ld):           2023293292
unum1 (%20lu): 3023293292
lnum1 (%lld): 2023293323229232323
ulnum1 (%llu): 3233232323293232323
sizeofUlnum1 = sizeof(ulnum1)
diff_num2_num1 = &num2 - &num1

sizeofUlnum1 (%zu): 8
diff_num2_num1 (%td): -1
address of num1 (%p) = 000000061edffc24
address of num1 (%llu) = 26287799332
address of num1 (%llx) = 61edffc24
address of num1 (%llx) = 000000061edffc24
```

잠깐만요 double 형 값 출력

C99부터 scanf( ) 함수와 비슷한 사용 방법(〈3장〉)을 유지하기 위해 double 형을 출력할 때 "%f"라고 쓰던 것을 ""%lf"라고 쓰는 것도 허용한다.

2.5 형 변환

여태까지 대입문을 사용할 때 양쪽 피연산자는 같은 자료형이라고 가정했다. 예를 들어, 코드 2-14의 n과 3 그리고 d와 2.3은 양쪽 피연산자의 자료형이 정확하게 일치했다.

양쪽 자료형이 서로 다르면 어떻게 될까? 전혀 다른 자료형을 저장하면 오류가 발생한다. 예를 들어, int 형 변수인 n에 문자열 "hello"를 저장하면 컴파일 오류가 발생한다. 양쪽 피연산자가 비슷한 종류라면 자료형 변환(type conversion)을 이용해서 다른 자료형의 값을 변경하여 해결할 수 있다. 형 변환은 기존 값을 수정하는 것이 아닌, 새로운 값을 생성한다.

자동 형 변환 또는 암시적 형 변환

자동 형 변환(coercion)이란 컴파일러가 알아서 적합한 자료형으로 변환하는 것으로, 암묵적 형 변환(implicit type conversion)이라고도 한다.

코드 2-24는 정수를 실수형 변수에 그리고 실수를 정수형 변수에 저장하고 있다. 이와 같이 숫자라는 자료형들은 섞어 사용해도 자동으로 변환이 일어난다. 그러나 기대했던 것과 다르게 동작할 수 있으니 주의해야 한다.

코드 2-24

```
int n = 2.3;        // double 자료형 2.3을 int 형 n에 저장
double d = 2;       // int형 2를 double 형 변수에 저장
```

int 형 변수 n에 double 형 값인 2.3을 저장하면 컴파일러가 2.3을 int로 변환하면서 소수점 이하의 값을 제거하므로 n에는 2가 저장된다. 반대로 double 형 변수 d에 int 값 2를 저장하면, 컴파일러가 2를 double 자료형으로 변환해서 2.0으로 저장한다.

C 언어에서 자동 형 변환은 정수 ↔ 실수 자료형에서만 발생하는 것이 아니라, 정수 ↔ 정수(예 : int ↔ long), 실수 ↔ 실수(예 : float ↔ double) 사이에서도 발생한다.

C 언어는 형 변환에서 발생할 수 있는 문제를 프로그래머의 책임으로 맡긴다. 때로는 컴파일러가 값 손실이 발생할 수 있다는 경고(warning)를 발생하지만, 대부분 프로그래머가 하는 일을 막지 않는다.

자동 형 변환이 안전한 경우는 같은 종류의 자료형에서 작은 범위(메모리 공간 크기) 큰 범위(메모리 공간 크기)의 숫자형으로 변환할 때다.

예를 들어, 다음 자료형 사이에 화살표 방향으로 자동 형 변환이 발생한다면 값과 부호가 그대로 보존된다. 이는 괄호 안은 컴파일러에서 사용하는 메모리 공간의 크기를 바이트로 나타낸 것과 같다. 예를 들어, char 형의 -1을 long 자료형의 -1L로 변환해도 부호와 값이 그대로 유지된다. 이렇게 작은 공간 → 큰 공간으로 변환이 일어나는 것을 프로모션(promotion)되었다고 한다.

- char(1) → short(2) → int(4), long(4) → long long(8)
- unsigned char(1) → unsigned short(2) → unsigned int(4), unsigned long(4) → unsigned → long long(8)
- float(4) → double(8)

코드 2-25는 자동 형 변환이 일어날 때 문제가 없는 코드이다.

코드 2-25 **Convert1.c**

```c
#include <stdio.h>

int main(void)
{
    char c = -120;
    short s = 300;
    int i = -200000;
    long l = 100L;
    long long ll = 1000LL;

```

정수 자료형 변수 선언 및 초기화, 각 변수에 다른 값을 저장
접미사에 유의해서 보아야 함

```c
    s = c;
    i = s;
    l = i;
    ll = l;
    printf("c = %d, s = %d, i = %d, l = %ld, ll = %lld\n", c, s, i, l, ll);

    float f = 2324223423.4323f;
    double d = f;
    printf("f = %f, d = %f\n", f, d);

    return 0;
}
```

작은 범위 정수 형 값을 큰 범위 정수형 변수에 저장
결국 변수 c의 값이 다른 모든 변수에 저장됨

정수형 변숫값들을 화면 출력해서 확인. 부호와 값이 유지되는 것에 주의

실수 자료형 변수를 선언 및 초기화

변경된 d 변숫값을 출력

<실행 결과>

```
c = -120, s = -120, i = -120, l = -120, ll = -120
f = 2324223488.000000, d = 2324223488.000000
```

나머지 경우는 형 변환에 주의해야 한다. 표 2-15에 A → B 방향으로 형 변환할 때 문제될 수 있는 대표적인 것을 정리했다.

표 2-15 형 변환할 때 문제점

A	B	설명
큰 범위 signed 정수형	작은 범위 signed 정수형	B가 표현할 수 있는 범위에 포함되면 값을 유지한다. 유지하지 않으면 문제가 발생한다.
큰 범위 unsigned 정수형	작은 범위 unsigned 정수형	B가 표현할 수 있는 범위에 포함되면 값을 유지한다. 유지하지 않으면 문제가 발생한다.
signed 정수형	unsigned 정수형	B가 표현할 수 있는 범위에 있으면 값을 유지한다. 아니면 값 손실 문제가 발생한다.
unsigned 정수형	signed 정수형	B가 표현할 수 있는 범위에 있으면 값을 유지한다. 아니면 값 손실 문제가 발생한다.
double	float	범위 내에 포함될 때 값을 유지할 가능성이 높다. 하지만 실수를 메모리에 저장하는 방법 때문에 보장하지 못한다. 최대한 근접한 값으로 저장한다. 범위 밖이라면 문제가 발생한다.
int, long	float	실수를 메모리에 저장하는 방법 때문에 소실되는 값이 있을 수 있다.

int나 long 자료형을 float으로 변환하는 경우는 조심해야 한다. 이 책에서 사용하는 컴파일러에서 int, long, float은 모두 4바이트를 사용한다.

float 자료형이 메모리에 어떻게 값을 저장하는지에 대해 자세히 설명하지 않았다. 하지만 단순하게 생각하자. int나 long은 4바이트 공간에 약 -21억~21억 사이의 정수만 표현한다. float은 같은 크기 공간에 정수 부분과 10^{-38}부터 10^{38}까지의 지수까지 표현한다. 따라서 float 자료형이 int나 long이 표현할 수 있는 모든 값을 제대로 나타내지 못할 것이라고 유추할 수 있다. 실제로 int나 long을 float으로 변환하는 것은 소실되는 값이 있을 수 있으므로 주의해야 한다.

이렇게 큰 범위 → 작은 범위의 자료형에 대한 형 변환(디모션, demotion)은 값이 소실될 수 있는 문제가 있어 컴파일러가 경고를 발생할 수 있다.

> **알아두세요** 이 경고는 컴파일러에 따라 경고조차 나타나지 않기도, 경고 수준에 따라 무시되기도 한다.

예를 들어, **코드 2-26**을 비주얼 스튜디오 2022의 명령행 컴파일러로 컴파일할 때, 경고 수준을 기본값(level 1)으로 사용하면 경고 내용이 전혀 나타나지 않지만, level 3으로 컴파일했을 때는 큰 값을 작은 값으로 변환하는 경우에 대해 경고가 나타나는 것을 볼 수 있다.

GCC에서 비슷한 경고를 확인하고 싶다면 변환 경고 옵션("-Wconversion")을 지정한다. 가능하면 "-Wall" 옵션까시 붙여 모는 경고를 활성화하는 것이 좋다.

```
gcc -Wall -Wconversion Convert2.c
```

코드 2-26 **Convert2.c**

```c
#include <stdio.h>

int main(void)
{
    char c = -120;
    short s = 300;
    int i = -200000;
    long l = -232382392L;
```

```
9        long long ll = 1000LL;
10       unsigned u = 3000000000; // int 범위를 넘치는 양의 정수
11       int i2 = 0;
12
13       double d = 232323242E40;
14       float f = d; // 경고 발생
15       float f2 = l;
16       printf("f = %f, d = %f, f2 = %f\n", f, d, f2);
17
18       // 경고 발생
19       c = s; // 오버플로 발생
20       s = i; // 언더플로 발생
21       i2 = u; // 오버플로 발생
22       u = i;
23       i = l;
24       i = ll;
25       l = ll;
26       printf("c = %d, s = %d, i = %d, l = %ld, ll = %lld, u = %u, i2 = %d\n",
c, s, i, l, ll, u, i2);
27
28
29       f = l;
30       return 0;
31   }
```

double 형 값을 float으로 변환하기 때문에 경고가 발생

long 형 값을 float으로 변환할 때 경고가 발생

f, d, f2 값을 출력. d 값이 float 범위를 넘치기 때문에 inf라고 출력
inf는 무한대, 즉 범위 밖의 값. 또 f2에 저장된 값이 l과 다름에 주의

경고 발생 가능 코드 작성
큰 범위의 정수형에서 작은 범위의 정수형으로 값을 저장
모든 경우에 대해서 경고가 발생하지는 않음
(예 : 20줄에서 경고 발생 안함. GCC로 컴파일하면 20줄에서도 경고 발생)

변수에 저장된 값들을 출력
char, short 등 범위를 넘는 값이 저장되기 때문에 값이 달라지는 것과
21~22줄의 signed, unsigned 변수 사이에 범위가 어긋나는 경우에 값이 달라짐에 주의

<컴파일 결과> (경고 레벨(3) 사용, /W3 옵션)

```
Z:\>cl /W3 Convert2.c
Microsoft (R) C/C++ Optimizing Compiler Version 19.36.32535 for x64
Copyright (C) Microsoft Corporation.  All rights reserved.

Convert2.c
Convert2.c(19): warning C4244: '=': conversion from 'short' to 'char', possible
loss of data
Convert2.c(24): warning C4244: '=': conversion from '__int64' to 'int',
possible loss of data
Convert2.c(25): warning C4244: '=': conversion from '__int64' to 'long',
possible loss of data
```

```
Convert2.c(29): warning C4244: '=': conversion from 'long' to 'float', possible
loss of data
Convert2.c(14): warning C4244: 'initializing': conversion from 'double' to
'float', possible loss of data
Convert2.c(15): warning C4244: 'initializing': conversion from 'long' to 'float',
possible loss of data
Microsoft (R) Incremental Linker Version 14.36.32535.0
Copyright (C) Microsoft Corporation.  All rights reserved.

/out:Convert2.exe
Convert2.obj
```

〈실행 결과〉

```
f = inf, d = 232323241999999987382406886646425316592702403379 2.000000, f2 =
-232382400.000000
c = 44, s = -3392, i = 1000, l = 1000, ll = 1000, u = 4294767296, i2 =
-1294967296
```

알아두세요 범위의 최댓값 이상으로 넘치는 경우 오버플로(overflow), 범위의 최솟값 미만으로 넘치는 경우 언더플로(underflow)가 발생한다고 한다.
예를 들어, signed char의 최댓값이 127일 때 1을 더하면 오버플로가 발생해서 결괏값이 128 대신 -128이 된다.
비슷하게 signed char의 최솟값이 -128일 때 1을 빼면 언더플로가 발생해서 -129 대신 127이 된다.

잠깐만요 **C 언어의 방임주의**

다른 프로그래밍 언어들과 비교했을 때 C 언어는 좋게 말하면 프로그래머를 많이 신뢰하는 편이고, 나쁘게 말하면 무책임하다고 볼 수 있다.
때로는 성능을 높인다는 이유나 컴파일러를 단순화시킨다는 이유 등으로 문제가 발생할 수 있는 부분을 프로그래머에게 일임하는 경우가 많고, C 언어 컴파일러는 문제가 발생할 수 있는 경우를 확인하지 않는다.
따라서 자동 형 변환뿐만 아니라 여러 가지 경우에 대해 프로그래머가 스스로 문제가 발생할 수 있는 경우를 파악하고 사용해야 한다.

산술 연산을 할 때 연산의 결괏값은 피연산자보다 큰 범위의 자료형이 될 수 있다. 예를 들어, char와 char 또는 char와 short의 산술 연산의 결과는 int 형이다. 비슷하게 정수와 실수 연산의 결과는 double 자료형이 된다.

자동 형 변환 또는 암시적 형 변환은 컴파일러가 상황에 맞춰 적합한 자료형으로 변환하는 것이다. 하지만 컴파일러가 알아서 자신이 적합하다고 판단되는 형으로 변경하므로, 프로그래머가 모르는 문제가 발생할 수 있다.

명시적 형 변환

명시적 형 변환(explicit type conversion) 또는 강제 형 변환(type cast)은 프로그래머가 특정 자료형으로의 변환을 컴파일러에 직접 요청하는 것이다. 또한, 변환할 표현식 앞에 형 변환 연산자(cast operator)를 표시한다. 형 변환 연산자는 변환 목표 자료형을 괄호로 감싸서 표시한다.

```
(자료형) 표현식  // 명시적 형 변환 방법
```

double 형과 int 형 값을 변환해서 저장했던 **코드 2-25**를 **코드 2-27**과 같이 명시적 형 변환으로 변경한다.

코드 2-27

```
int n = (int) 2.3;       // 자동 형 변환 코드 int n = 2.3;
double d = (double) 2; // 자동 형 변환 코드 double d = 2;
```

명시적 형 변환은 임시로 값을 다른 자료형으로 변경해야 할 때 유용하다. 예를 들어, int 형 변수에 정수 65를 저장한다.

```
int n = 65;
```

n을 정수로 출력하면 당연히 65가 출력된다. 만약 n을 65.0 형태로 출력하고 싶다면 float이나 double 형으로 출력해야 한다. 이럴 때 명시적 형 변환을 이용할 수 있다.

코드 2-28은 65를 정수로 출력할 때와 실수로 출력할 때 어떻게 동작하는지 보인다.

코드 2-28 Convert3.c

```c
#include <stdio.h>

int main(void)
{
    int n = 65;

    printf("n = %d\n", n); // n을 정수로 출력. 65가 출력됨
    printf("n = %f\n", n); // n을 실수로 출력. 0.000000이 출력됨
    printf("n = %f\n", (float) n); // n을 실수로 출력. 65.000000이 출력됨
    return 0;
}
```

int 형 변수 n을 정수로 출력. 65가 출력

int 형 변수 n을 실수로 출력하여 65.0이 아니라 0.0이 출력됨
정수와 실수의 메모리 저장 방법이 다른데, 방법 상관없이 사용해서 문제가 발생

강제 형 변환. n을 실수 형태로 변환해서 임시 실숫값을 구하고 그 값을 출력
65.0이 올바르게 출력됨

<실행 결과>

```
n = 65
n = 0.000000
n = 65.000000
```

2.6 typedef - 자료형 재정의

typedef는 다음과 같이 사용하고, 자료형에 새로운 이름(alias)을 붙일 수 있다. 단순히 새로운 이름을 붙이는 것으로, 기존 자료형 사용하는 방법과 동일하다.

```
typedef 기존_자료형_이름 새로운_자료형_이름;
```

int를 INT로, long long int를 LLINT로 변경해 보자.

```
typedef int INT;
typedef long long int LLINT;
```

새로 만든 자료형으로 변수를 만들고 초기화시켜 본다.

```
INT a = 3;
LLINt b = 10ll;
```

typedef로 만들어진 자료형은 형 변환을 할 때 사용할 수도 있고, sizeof() 연산자에도 전달할 수 있다.

```
a = (INT) b;
a = sizeof(INT);
```

코드 2-29는 typedef를 사용하는 코드이다.

코드 2-29 **Typedef1.c**

```c
#include <stdio.h>

int main(void)
{
    typedef int INT;
    typedef long long int LLINT;

    INT a = 3;
    LLINT b = 10ll;
    a = (INT) b;
    printf("a = %d\n", a);
    printf("b = %lld\n", b);
    printf("size of INT = %zu\n", sizeof(INT));
    return 0;
}
```

<실행 결과>

```
a = 10
b = 10
size of INT = 4
```

2.7 PROGRAMMING

심볼릭 상수

1~12월을 표현하는 캘린더(calendar) 프로그램을 작성한다고 가정해 보자. 리터럴 상수 1~12를 월(month)을 나타내는 값으로 사용할 수 있다. 그 밖에도 프로그램을 작성할 때, 다음과 같이 값이 변경되지 않는 상수를 사용해야 할 경우가 있다.

- 원의 면적이나 둘레를 계산하는 프로그램에서 사용하는 원주율을 나타내는 π를 소수점 이하 여섯째 자리까지 표현했을 때의 값 3.141592
- 파운드를 그램으로 변환하는 프로그램을 작성할 때 1파운드는 453.592그램
- 섭씨 0도 1기압일 때의 공기 중 음속을 표현하는 331.5m/sec
- 역학 등에서 사용하는 지구의 중력 가속도 9.80m/s^2
- 두 물체 사이의 만유인력이나 로켓을 지구 밖으로 나갈 수 있는 속도를 계산할 때 필요한 중력 상수 $6.674\times10^{-11}N\cdot m^2/kg^2$

이러한 값들을 리터럴 상수 형태로 사용한다면 나중에 이 값이 어떤 의미로 사용되었는지 확인하는 것이 어려울 수 있다.

예를 들어, 다른 사람이 작성한 코드에서 9.80이라는 숫자 상수를 봤을 때, 그 값이 중력 가속도라는 것을 쉽게 파악할 수 있을까? 또는 코드에 3이 있다면 그 값이 3월을 나타내는 건지 아니면 다른 의미의 3인지 어떻게 알까?

코드 2-30처럼 1~12 대신 JANUARY, FEBRUARY, MARCH, ..., DECEMBER 등으로 9.80 대신 GRAVITY_ACCELERATION 변수로 만든다면 훨씬 이해가 쉬울 것이다.

코드 2-30

```
int JANUARY = 1;
int FEBRUARY = 2;
```

```
int MARCH = 3;
...
int DECEMBER = 12;
double GRAVITY_ACCELERATION = 9.80;
```

이제 월을 나타내는 month라는 변수를 만들고 값을 3월로 초기화시켜 보자.

```
int month = MARCH;
```

코드에서 3월을 나타낼 때는 MARCH, 순서는 RANK로 만들면 코드의 가독성이 높아진다.

하지만 이 코드의 문제는 MARCH와 같은 변숫값을 프로그래머가 의도치 않게 변경할 수 있다는 것이다. 예를 들어, 코드의 다른 부분에서 누가 실수로 MARCH 변숫값을 5로 변경하면, 그때부터 프로그램은 3월이 아니라 5월로 착각하고 오동작할 수 있다. 이러한 변수들은 한 번 값이 정해지면, 코드의 다른 부분에서 아예 값을 수정할 수 없도록 만들면 좋다.

심볼릭 상수(symbolic constant)란 의미 있는 이름을 붙여서 사용하는 상수(프로그램 실행 중에 변경되지 않는 값)이다. C 언어에서는 크게 세 가지 방법으로 심볼릭 상수를 표현할 수 있다.

- 상수 변수(constant variable)
- 열거형(enumeration type)
- 매크로 상수(macro constant)

매크로 상수는 〈3장〉에서 전처리기(preprocessor)를 다룰 때 자세히 설명하고, 여기에서는 상수 변수와 열거형을 설명한다.

잠깐만요 **심볼릭 상수 이름**

C 언어에서 심볼릭 상수는 영문 대문자를 사용한다. 여러 단어로 구성된다면 단어를 밑줄 문자(_)로 분리한다.

```
JANUARY    UPPER_LEFT    RIGHT_CORNER    GRAVITY_ACCELERATION
```

상수 변수

상수 변수는 선언할 때 값을 초기화하면, 그 이후에는 코드에서 값을 변경할 수 없는 변수이다. 초기화된 상수 변숫값을 변경하려고 하면, 컴파일러 오류가 발생한다.

상수 변수 선언 방법은 일반 변수 선언과 비슷한데, 앞에 const 키워드를 붙인다.

```
const 자료형 변수_이름 = 초깃값;
```

코드 2-30을 다시 상수 변수로 선언한 것이 **코드 2-31**이다.

코드 2-31

```
const int JANUARY = 1;
const int FEBRUARY = 2;
const int MARCH = 3;
...
const int DECEMBER = 12;
const double GRAVITY_ACCELERATION = 9.80; // 중력 가속도
```

상수 변수는 값이 한 번 정해지면 프로그램 실행 중에 더 이상 값을 변경할 수 없다. 본질은 변수이므로, 리터럴 상수를 완벽하게 대체할 수는 없다. 예를 들어, 〈7장〉에서 학습할 배열을 선언할 때 배열의 크기는 리터럴 상수나 매크로 상수로만 지정할 수 있다. 배열의 크기를 상수 변수로 선언하면 컴파일 오류가 발생한다.

이렇게 상수 변수의 한계는 있지만, 코드의 가독성을 높이고 상수를 기억하기 쉬운 이름으로 대체할 수 있다는 점에서 자주 사용된다.

2.8 열거형 - enum 자료형

열거형(enumeration type)은 enum 자료형이라고도 불리며, 관련된 정수형 상수 변수들을 묶어 한 개의 자료형으로 만드는 방법이다. int 형 상수 변수 여러 개를 한 번에 만드는 방법이라고 볼 수 있다.

코드 2-32는 1~12월까지를 나타내는 상수를 열거형으로 선언한다. enum MONTH 자료형으로 변수를 만들고, 값을 초기화한 후 출력한다.

코드 2-32 **Month1.c**

```
1   #include <stdio.h>
2
3   int main(void)
4   {
5       enum MONTH { JANUARY = 1, FEBRUARY = 2, MARCH = 3, APRIL = 4,
6                    MAY = 5, JUNE = 6, JULY = 7, AUGUST = 8, SEPTEMBER = 9,
7                    OCTOBER = 10, NOVEMBER = 11, DECEMBER = 12 };
8
9       enum MONTH month = MARCH;
10      // month = 15;
11      printf("month = %d\n", month);
12      return 0;
13  }
```

enum MONTH 자료형을 만들고 심볼릭 상수를 생성
JANUARY, FEBRUARY 등을 열거형 상수(enum 상수)라고 부름

enum MONTH 자료형으로 month 변수를 생성하고 MARCH로 초기화

month 변수의 값을 화면에 출력
%d로 서식을 지정하는 것에 주의

<실행 결과>

```
month = 3
```

코드 2-32의 9줄에서 enum MONTH 자료형으로 month 변수를 선언하고 열거형 상수를 이용해서 값을 초기화한다.

만약 10줄의 주석을 제거하고, 코드를 컴파일하면 어떻게 될까? month 변수는 int 형이 아닌데 정수를 저장할 수 있을까? 컴파일러 오류가 발생할까?

10줄에서 주석 처리된 부분을 제거하고 코드를 컴파일하면, 컴파일러 오류가 발생할 것 같지만, 오류 없이 출력되고 month 값도 15가 된다.

열거형 상수들은 int로 취급한다. int 형 값을 열거형 변수에 저장할 수 있고, 열거형 상수도 int 형 변숫값처럼 사용할 수 있다. printf() 함수에서 month 변숫값을 출력할 때 %d를 사용한 것도 열거형 상수를 int 자료형 값과 동일하게 보기 때문이다.

열거형 선언 방법

열거형은 선언하는 방법은 다음과 같다.

```
enum 열거형_이름 { 상수1 [=정수_표현식], 상수2 [=정수_표현식], ..., 상수N [=정수_표현식] };
```

[=정수_표현식]은 생략할 수 있다. 만약 enum 상수에 초깃값이 지정되지 않으면 차례대로 0, 1, 2, ..., N − 1이 자동으로 지정된다.

```
enum NUM { NUM1, NUM2, NUM3 }; // NUM1 = 0, NUM2 = 1, NUM3 = 2
```

값이 지정된 상수와 지정되지 않은 상수들이 섞여 있다면, 지정되지 않은 상수는 이전 상숫값에서 + 1된다.

코드 2-33

```
enum COLOR = { RED, GREEN = 10, BLUE = 20 }; // RED = 0, GREEN = 10, BLUE = 20
enum NUM2 { NUM1 = 2, NUM2 = 10, NUM3, NUM4 = 20, NUM5 };
// NUM1 = 2, NUM2 = 10, NUM3 = 11, NUM4 = 20, NUM5 = 21
```

열거형 상수 초깃값은 정수 자료형 값이나 표현식을 사용할 수 있고, 음수도 지정할 수 있다.

```
enum NUM { NUM1 = -2, NUM2, NUM3 = 2 + 3 }; // NUM1 = -2, NUM2 = -1, NUM3 = 5
```

enum은 int 형으로 취급되므로 정수가 아닌 값은 지정할 수 없어 컴파일 오류가 발생한다.

```
enum NUM { NUM1 = 2.3, NUM2, NUM3 }; // 컴파일 오류 발생
```

enum 자료형의 변수를 선언하는 것은 enum 키워드와 열거형_이름을 함께 사용해야 한다. enum 열거형_이름이 자료형이다.

```
enum NUM num;         // 변수 선언됨
enum NUM num2, num3; // 여러 개 변수도 선언 가능
```

변수 선언할 때 enum 키워드를 붙이는 것이 불편하면, typedef를 사용해서 단순하게 만들 수 있다. 다음은 typedef를 이용해서 enum 자료형과 변수 선언 방법이다.

```
typedef enum { 상수1 [=표현식], 상수2 [=표현식], ..., 상수N [=표현식] } 자료형_이름;

자료형_이름 변수;
```

enum 키워드와 값 사이에 열거형_이름이 없어지고 마지막에 자료형_이름이 붙은 것에 주의한다. 코드 2-34를 살펴보자.

코드 2-34 Num.c

```
#include <stdio.h>

int main(void)
{
    typedef enum { NUM1 = 2, NUM2, NUM3 } NUM;
    NUM num1 = NUM1;
    NUM num2 = NUM2;
    NUM num3 = NUM3;
    printf("num1 = %d, num2 = %d, num3 = %d\n", num1, num2, num3);
    return 0;
}
```

typedef를 이용해서 열거형 자료형 NUM 선언

NUM 자료형 변수 선언 및 초기화

변숫값 출력

<실행 결과>

```
num1 = 2, num2 = 3, num3 = 4
```


열거형의 장단점

열거형의 장점

기존 정수형 상수 변수와 비교할 때 열거형의 장점은 두 가지로 정리된다.

- 코드가 단순해진다.
- 프로그래머가 실수할 수 있는 여지를 줄인다.

첫 번째, 열거형을 사용하면 코드를 단순화시킬 수 있다. 상수 변수를 선언하는 것은 매번 자료형과 이름 및 초깃값을 지정하므로 코드가 길어진다.

코드 2-32를 상수 변수를 사용하는 것과 비교했을 때, 단순하다고 느껴지지 않을 수 있다. 하지만 **코드 2-35**는 **코드 2-32**를 다시 작성한 것으로, 정수형 상수 변수를 선언하는 것에 비해 코드가 훨씬 간단해졌다.

코드 2-35

```
enum MONTH { JANUARY = 1, FEBRUARY, MARCH, APRIL, MAY, JUNE,
             JULY, AUGUST, SEPTEMBER, OCTOBER, NOVEMBER, DECEMBER };
```

JANUARY를 1로 지정하면, 다음 상수부터는 차례대로 1씩 증가한 값이 저장된다. 따라서 DECEMBER는 12가 된다. 이처럼 열거형은 자료형을 매번 입력하지 않아도 되고, 값을 자동으로 지정하는 기능이 있어 코드를 단순화시킬 수 있다.

두 번째, enum MONTH 자료형으로 month 변수를 생성하므로 프로그래머는 일반 정수 대신 enum MONTH 값을 저장해야 한다고 생각할 가능성이 높다. 1~12가 아닌 일반 정숫값을 저장하는 것이 가능하지만, int 형 변수를 선언하는 것에 비해 실수를 줄일 가능성이 높다.

● 열거형의 단점

열거형의 단점도 두 가지로 정리할 수 있다.

- 열거형은 int 자료형으로 취급된다.
- 열거형이 달라도 동일한 이름의 열거형 상수를 사용할 수 없다.

열거형 상수들이 int 자료형으로 취급되는 것은 단점이 되기도 한다. enum 자료형이 달라도 값을 서로 섞어 사용할 수 있고 문제(버그)가 될 수 있다. 예를 들어, **코드 2-36**은 다른 자료형의 변수에 열거형 상수를 저장함에도 불구하고 아무런 문제 없이 컴파일되고 실행된다.

코드 2-36 **Month2.c**

```c
#include <stdio.h>

int main(void)
{
    enum MONTH { JANUARY = 1, FEBRUARY, MARCH, APRIL, MAY, JUNE,
                 JULY, AUGUST, SEPTEMBER, OCTOBER, NOVEMBER, DECEMBER };
    enum MONTH2 {
        JAN = 1, FEB, MAR, APR, MAY2, JUN, JUL, AUG, SEP, OCT, NOV, DEC };

    enum MONTH month = MARCH;
    month = JAN;
    printf("month = %d\n", month);
    return 0;
}
```

enum MONTH2를 선언. enum 자료형이 달라도 상수 이름이 겹칠 수 없음. 따라서 enum MONTH2에 MAY를 사용하면 enum MONTH의 MAY 때문에 컴파일 오류가 발생

month는 int 형이므로 JAN을 저장해도 문제 없음

<실행 결과>

```
month = 1
```

열거형이 달라도 열거형 상수 이름이 중복될 수 없다. MONTH2는 1~12월을 세 자리 영문 약자 형태로 상수를 만든 것이다. 그런데 MAY는 원래 단어가 3글자이므로, MONTH와 MONTH2에서 중복될 수 밖에 없다.

열거형 상수는 정수형 상수 변수에 불과하기 때문에 동일한 이름의 변수가 두 개 만들어지는 셈이 되고 컴파일 오류가 발생한다. 이러한 이유로 **코드 2-36**에서는 MONTH2의 5월은 MAY2라고 이름을 변경하였다.

잠깐만요 **열거형 선언 주의점**

열거형을 선언할 때 주의할 점 두 가지 정도를 정리한다.

1. enum 자료형에 동일한 값의 enum 상수를 두 개 이상 만들지 않는다. 다음 코드는 컴파일은 되지만, NUM1과 NUM3의 값이 같다. 가능하면 이렇게는 만들지 말아야 한다.

```
enum NUM { NUM1 = 1, NUM2= 5, NUM3 = 1 };
```

2. **코드 2-36**처럼 첫 번째 상수에 값을 지정하거나 **코드 2-32**처럼 모든 상수에 값을 지정하는 것이 코드의 가독성을 높이는 방법이다. 중간에 위치한 상수에 값을 지정하지 않는다.

```
enum COLOR = { RED = 0, GREEN = 10, BLUE = 20 };
enum NUM2 { NUM1 = 2, NUM2 = 10, NUM3 = 11, NUM4 = 20, NUM5 = 21 };
```

2.9 연습 문제

01 확장 ASCII 문자표는 ( ) 비트 단위로 ( )개 문자를 표현할 수 있다. 괄호를 채우시오.

02 정수는 양수, 음수로 나누고 양수는 +, 음수는 − 부호를 반드시 붙여야 한다(OX로 답하시오).

03 short는 보통 16비트, long 자료형은 주로 32비트로 사용된다(OX로 답하시오).

04 소문자 a의 문자 상수와 문자열 상수를 작성하시오.

05 C 언어에서 이스케이프 시퀀스는 문자 또는 문자열 상수에서만 사용한다(OX로 답하시오).

06 다음 문자열을 printf( ) 함수로 출력할 때 결과를 적으시오.

① "hello\tworld\n"

② "\"

③ "I said, "hello"."

07 1바이트와 2바이트의 표현 범위를 작성하시오.

08 unsigned, signed의 수식어를 붙이지 않으면 컴파일러에 따라 두 정수형 중 한 가지를 나타낸다(OX로 답하시오).

09 short int는 short, long int는 long으로 줄여 쓸 수 없다(OX로 답하시오).

10 char 자료형은 문자만 저장할 수 있다(OX로 답하시오).

11 char 형은 정수형으로 분류할 수 있다(OX로 답하시오).

12 char ch = '가'; 한글 문자를 저장할 수 있다(OX로 답하시오).

13 sizeof 연산자는 가능하면 sizeof( ) 형태로 사용하는 것이 좋다. 이유를 설명하시오.

14 시스템에 따라 메모리 주소가 사용하는 크기가 다를 수 있다. 메모리 주솟값의 차를 표현할 수 있는 자료형으로 ANSI C는 ptrdiff_t를 사용한다(OX로 답하시오).

15 다음 코드의 출력 결과를 작성하시오.

```
printf("%zu\n", sizeof('A'));
printf("%zu\n", sizeof(120));
printf("%zu\n", sizeof(2011351000));
printf("%zu\n", sizeof(3011351000u));
printf("%zu\n", sizeof(3011351000LL));
printf("%zu\n", sizeof(232322011351000));
```

16 대부분의 프로그래밍 언어들은 불린 자료형이 제공되는데 C 언어는 자료형 없이 정수를 이용해서 참/거짓을 표현한다(OX로 답하시오).

17 C 언어는 0이 거짓, 1이 참이다(OX로 답하시오).

18 코드에서 1은 정수, '1'은 문자로 처리한다(OX로 답하시오).

19 본인이 사용하는 컴파일러에서 long double과 double의 크기를 비교하시오.

20 C 언어는 int나 long의 크기가 정해지지 않았다. 본인이 사용하는 컴파일러가 int나 long의 크기를 어떻게 정하고 있는지 출력하시오.

21 다음 코드 2-37을 32비트 컴파일러(메모리 주소가 32비트를 사용)와 64비트 컴파일러(메모리 주소가 64비트를 사용)로 컴파일한다고 할 때 발생할 수 있는 문제가 무엇인지, 그리고 어떻게 수정할 수 있는지 설명하시오.

코드 2-37 AddressOfA.c

```
#include <stdio.h>

int main(void)
{
    int a = 0;
    printf("address of a = %d\n", &a);
    return 0;
}
```

22 변수를 초기화하지 않았을 때 발생할 수 있는 문제에 대해서 설명하시오.

23 다음 식별자들 중에서 C 언어의 식별자로 적합한 것들을 고르고 적합하지 않은 이유를 설명하시오.

```
A num1 1num if var table\n void MOM "new one" do
```

24 같은 종류의 자료형에서 작은 범위(메모리 공간 크기) 큰 범위(메모리 공간 크기)의 숫자형으로 형 변환은 안전하다(OX로 답하시오).

25 다음 값들을 int 형으로 강제 형 변환하면 어떤 결괏값이 나오는지 예상하고 프로그램을 작성해서 확인하시오.

```
92939203 23.32E-5 23.32E-3 15. 15LL 15U
```

26 float을 FLOAT, double을 DOUBLE 자료형으로 만들고 변수를 선언하고, sizeof 연산자를 이용해서 변수의 크기를 바이트 단위로 출력하는 프로그램을 작성하시오.

27 limits.h 파일을 포함하고 SHRT_MIN, SHRT_MAX, USHRT_MAX, INT_MIN, INT_MAX, UINT_MAX, LONG_MIN, LONG_MAX, ULONG_MAX를 화면에 출력한다. 여기서 값이 잘리지 않고 제대로 출력되도록 서식 지정자를 사용하시오.

28 신호등의 빨간색(30초), 녹색(50초), 노란색(7초) 등이 켜지는 시간을 열거형을 이용해서 선언하고, 화면에 각 색상 등이 켜지는 시간을 화면에 출력하는 프로그램을 작성하시오.

29 신호등이 켜지는 시간 문제를 상수 변수를 이용해서 해결하시오.

30 연습 문제의 **코드 2-37** 코드를 화면에 출력하는 프로그램을 작성하시오. 단, printf( ) 함수는 한 번만 사용한다.

31 연습 문제의 **코드 2-37** 코드를 화면에 출력하는 프로그램을 작성하시오. 단, printf( ) 함수를 사용해서 코드를 한 줄씩 출력한다(코드가 8줄이므로 총 8번 호출).

32 C 언어는 다양한 정수 자료형을 제공한다. 그 이유에 대해 간략히 설명하시오.

33 C 언어의 표준 라이브러리에 포함된 isalpha( ), isdigit( ), isspace( ) 함수들에 대해서 인터넷을 통해서 알아본다. 이 함수들이 어떤 헤더 파일에 포함되어 있는지 확인하고, 각 함수에 'a', '1', '\t'를 전달할 때 어떤 결과가 나오는지 확인하는 프로그램을 작성하시오.

3장

전처리기, 연산자, 표준 입출력 함수

학 습 목 표

- C 언어 전처리기의 기능 중, #include와 #define을 이해한다.
- C 언어가 제공하는 다양한 연산자들을 학습한다.
- printf( )를 제외한 입출력 함수들을 사용한다.

PROGRAMMING

3.1 전처리기

C 컴파일러의 전처리기(preprocessor)는 소스 코드를 가공해서(문자열 치환, 다른 파일 내용 삽입, 코드를 선택적으로 제거하는 기능 등) 컴파일러에 전달할 새로운 소스 코드를 만들어 낸다.

전처리기에서 사용하는 키워드들을 '전처리기 지시자(preprocessor directive)'라고 하는데, 이 지시자는 '#' 기호로 시작한다.

표 3-1은 전처리기의 기능과 지시자를 정리한 것이다.

표 3-1 전처리기 기능 및 지시자

기능	기능 관련 지시자
매크로 전개(macro expansion)	#define, # 연산자 또는 ## 연산자
외부 파일 삽입(file inclusion)	#include
조건부 컴파일(conditional compilation)	#if, #ifdef, #ifndef, #elif, #endif, defined 연산자
기타	#error, #line, #undef, #pragma

전처리기가 지원하는 기능은 다양하고, 일부는 프로그래밍에 대한 기초 개념이 있어야 쉽게 이해할 수 있다. 여기서는 전처리기의 모든 내용을 다루지 않고, 이 책에서 지속적으로 보게 될 매크로 전개의 일부 기능인 #define을 사용하는 매크로 상수와 외부 파일 삽입 기능을 살펴본다.

전처리기 코드 작성 방법

전처리기 코드를 작성해 보자. 작성하기 전에 다음의 내용을 숙지하여 작성해야 한다.

- 공백 문자를 제외하고 '#'으로 처음 시작하는 줄(line)은 전처리기 코드로 인식한다.
- '#' 기호와 전처리기 지시자 사이에 공백 문자들이 포함될 수 있다.

• 전처리기 코드는 보통 한 줄로 작성하지만, 여러 줄로 만드는 것도 가능하다.

#include <stdio.h>를 예로 들어보자. 다음과 같이 지시자는 줄의 어디서 시작해도 상관없다. 다음은 모두 동일한 전처리기 코드로 인식된다.

```
#include <stdio.h>          // 띄어쓰기 없이 줄의 처음부터 시작
    #include <stdio.h>      // 띄어쓰기 있고 줄의 중간부터 시작
```

'#' 기호 다음에 공백이 있을 수 있다. 다음 코드는 동일한 전처리기 코드이다.

```
#include <stdio.h>
#    include <stdio.h>  // #과 include 사이에 공백이 있어도 무시되지만, 권하는 방법은 아님
```

전처리기 코드는 여태까지 본 것처럼 한 줄에 끝났다. 하지만 여러 줄에 걸쳐서 전처리기 코드를 작성하려면, 줄 마지막에 '\'를 작은따옴표 없이 붙인다. 그럼 그다음 줄은 전처리기 코드의 일부로 인식한다.

```
#define printErrMsg \
    printf("Error"); \
    printf(" Message");
```

외부 파일 삽입 기능 – #include

#include 지시자는 <> 또는 "" 사이에 입력된 외부 파일을 열고 내용을 삽입하라는 코드이다. 외부 파일이란, 지시자가 있는 현재 파일을 제외한 다른 파일을 나타낸 것이다. 사용법은 다음과 같다.

```
#include <외부_파일_이름>  // C 언어의 헤더 파일
#include "외부_파일_이름"  // 프로그래머의 헤더 파일
```

그렇다면 <...>와 "..."의 차이는 무엇일까?(...은 헤더 파일 이름을 나타낸다.)

GCC나 비주얼 스튜디오와 같은 C 컴파일러는 표준 C 라이브러리의 헤더 파일과 함수들을 제공하고, 이 헤더 파일들은 컴파일러마다 정해진 디렉토리에 저장되어 있다.

〈...〉을 사용하면 컴파일러가 정한 디렉토리에서 헤더 파일을 찾는다.

"..."를 사용하면 `#include` 지시자를 사용하는 파일이 있는 현재 디렉토리에서 ...를 찾고 없으면, 컴파일러가 지정한 디렉토리에 있는지 확인한다. 더 자세한 내용은 〈13장〉에서 살펴보고, 여기서는 컴파일러가 제공하는 라이브러리 함수는 〈...〉, 본인이 작성한 파일은 "..."로 표시한다고 생각한다.

헤더 파일에 다른 헤더 파일을 포함할 수도 있다. 예를 들어, 같은 디렉토리에 'Include.c'와 'src.txt' 파일이 있다고 가정하자.

코드 3-1 **Include.c**

```c
#include "src.txt"
```

코드 3-2 **src.txt**

```c
#include <stdio.h>

int main(void)
{
    printf("included src.txt\n");
    return 0;
}
```

'Include.c' 파일에 전처리기를 실행하면 임시 코드가 생성된다. **코드 3-1**의 `#include "src.txt"` 위치에 'src.txt' 파일의 내용을 삽입하므로 임시 파일은 **코드 3-2**와 동일하다.

```c
#include <stdio.h>

int main(void)
{
    printf("included src.txt\n");
    return 0;
}
```

'Include.c' 파일을 컴파일하고 실행하면 다음과 같은 결과가 표시된다.

<실행 결과>

```
included src.txt
```


매크로 확장 기능 – #define

매크로 확장 기능은 해당 문자열을 다른 문자열로 치환하는 기능이다. 매크로 상수와 함수로 나누어진다.

- **매크로 상수 :** 단순하게 특정 문자열을 다른 문자열로 치환한다. 주로 매크로를 상수(숫자, 문자, 문자열 등)로 변환한다.
- **매크로 함수 :** 매크로 상수보다 복잡한 형태의 치환 방법이다(《6장》).

● 매크로 상수

C에서 상수를 지정할 때 매크로를 사용할 수 있다. 사용 방법은 다음과 같다.

```
#define 매크로_이름  [치환할_값]
```

#define이 지정된 이후에 있는 현재 파일의 모든 코드에서 매크로_이름을 치환할_값으로 대체하되 다음에 주의한다.

- 매크로_이름도 식별자이므로 영문자나 밑줄 문자로 시작하고, 두 번째 글자부터는 영문자, 숫자, 밑줄 문자만 사용 가능하고 공백 문자는 포함할 수 없다. 관례적으로 영문자는 대문자로 표현한다.
- 매크로_이름과 치환할_값 사이에는 공백 또는 탭으로 분리한다.
- 같은 파일 또는 #include로 포함되는 다른 파일에 동일한 매크로_이름이 존재하면 가장 최근에 선언된 값이 사용된다.
- 치환할_값은 생략 가능하다. 생략되면 매크로가 정의되었다는 것만 기록에 남는다.

- 치환할_값은 공백 문자가 포함될 수 있다. 매크로_이름을 제외한 나머지 부분은 모두 치환할_값이다.
- 치환할_값에는 또 다른 전처리기 지시자를 사용할 수 없다.
- 치환할_값이 산술 연산식이라면 ()로 감싸주어야 한다.
- 문자 상수 또는 문자열 상수 안에 매크로_이름이 있다면 변환하지 않는다.
- #define 이후에 #include되는 파일이 있다면 해당 파일에서도 매크로_이름을 치환할_값으로 변환한다.

코드 3-3은 전처리기로 포함되는 src2.txt의 MSG 매크로 상수도 "included src2.txt"로 치환되는 것을 보인다.

코드 3-3 Include2.c

```
#define MSG "included src2.txt"

#include "src2.txt"
```

'src2.txt' 파일의 내용은 다음과 같다.

```
#include <stdio.h>

int main(void)
{
    printf(MSG);        ← MSG는 #define의 "included src2.txt"로 대체됨. printf("included src2.txt");가 됨
    printf("MSG");      ← MSG가 문자열 상수 안에 있으므로 변환되지 않음. printf("MSG");가 됨
    return 0;
}
```

<실행 결과>

```
included src2.txt
MSG
```

동일한 매크로가 두 개 이상 선언되면 가장 최근 값을 사용한다.

코드 3-4 SameMacros.c

```c
#include <stdio.h>

#define A "32"

int main(void)
{
    printf("A = %s\n", A);

 #define A 64
    printf("A = %d\n", A);
 }
```

<실행 결과>

```
A = 32
A = 64
```

매크로_이름도 식별자다. 다음 코드는 매크로 상수의 이름을 제대로 사용한 예시다.

```c
#define ERR   -1
#define MSG    "message"
#define PRINT_HELLO2 printf("hello\n"); printf("hi again\n");
#define NEW_LINE      '\n'
```

다음 코드는 잘못 사용한 예시다.

```c
#define 1ERR -1                         // 숫자로 시작
#define MSG NAME "message"              // MSG와 NAME 사이에 공백 존재
#define "ERR" "Error"                   // 매크로_이름은 특수 기호로 시작 불가
#define ERR #define ERROR "Error"  // 같은 줄에 지시자는 두 개 이상 사용 불가
```

치환할 값이 산술 연산식이라면 ()로 감싸는 것이 안전한 코드를 작성하는 방법이다. 괄호를 사용하지 않는다면 문제가 발생할 수 있다.

다음 코드에서 result 변수에 SUM의 두 배에 해당되는 값을 저장한다고 가정하자. SUM이 3이나 5처럼 일반적인 정수 상수라면 SUM * 2라고 쓸 때 아무런 문제가 없다. 하지만 SUM을 n1 + n2나 2 + 3처럼 연산식으로 넣으면 문제가 될 수 있다.

```
#define SUM n1 + n2    // n1과 n2의 덧셈 연산으로 치환


int n1 = 2;
int n2 = 4;
int result = SUM * 2;  // n1 + n2 * 2로 치환됨. 원하는 (n1 + n2) * 2가 아님
```

SUM * 2는 n1 + n2 * 2로 치환되고 원하는 결과를 얻지 못한다.

```
#define SUM (n1 + n2)
```

위 코드처럼 되어 있었다면 (n1 + n2) * 2로 치환되고 원하는 결과를 얻을 수 있다.

매크로 상수내에 있는 산술 연산식은 괄호로 감싸는 것이 좋다.

#define은 치환할_값 없이 사용할 수 있다.

```
#define NO_VALUE
```

이 경우는 치환이 목적이 아니라, 전처리기에서 NO_VALUE라는 값이 있는지 확인하는 목적으로 사용된다. 이렇게 치환할_값 없이 #define을 사용하는 것은 〈3장〉에서 scanf() 함수를 사용하며 비주얼 스튜디오의 컴파일러 경고를 없애거나 〈13장〉 조건부 컴파일 때 살펴본다.

잠깐만요 **매크로 상수를 사용하는 이유**

C 언어의 상수 변수가 상수를 완전히 대체하지 못하기 때문에 C 코드는 매크로 상수를 많이 사용한다. 매크로 상수도 중첩해서 더 복잡하게 정의하기도 하는데, 이는 코드를 단순화시킨다는 장점은 있지만, 잘못 사용하면 오류를 만들기 쉽고, 그 오류 해결이 어려워진다. 따라서 매크로 사용은 최소화하는 것이 좋다.

PROGRAMMING

3.2 연산자

C 언어는 표 3-2에 정리된 것처럼 약 40여 개의 연산자를 제공한다. 대입 또는 주소 연산자는 앞서 설명했고, 일부 연산자는 다음 쪽에서 설명한다.

피연산자, 우선순위, 결합 순서

덧셈 2 + 3 식을 예로 들면 다음과 같이 정리할 수 있다.

- +는 덧셈 연산자
- 2와 3은 덧셈 연산자의 대상이 되는 피연산자

연산자의 우선순위는 연산자가 여러 개 함께 사용될 때, 어떤 것을 먼저 처리할 것인지 결정한다. 수학에서 곱셈과 덧셈이 섞인 연산을 계산할 때 곱셈이 덧셈보다 우선순위가 높아서 먼저 처리되고, 우선순위가 같은 덧셈과 뺄셈 연산이 있다면 왼쪽부터 오른쪽 방향의 순서로 계산한다. 이런 계산 방향을 '결합 순서(associativity)'라고 한다.

표 3-2는 C 언어에서 제공하는 연산자의 우선순위와 결합 순서를 보이고, 우선순위는 숫자가 작을수록 높다. 당연하겠지만, 동일한 우선순위 숫자는 같은 숫자가 적혀있다.

결합 순서는 많은 경우 왼쪽 → 오른쪽 방향이지만, 그 반대의 순서로 처리되기도 한다.

표 3-2 연산자 우선순위

순위	연산자	설명	결합 순서	책에서 다루는 장
1	()	괄호(수학 연산에 쓰이는 괄호의 개념)	왼쪽 → 오른쪽	3장
1	[]	배열 인덱스	왼쪽 → 오른쪽	8장

1	.	구조체(공용체) 멤버 직접 선택 연산자	왼쪽 → 오른쪽	10장
1	->	구조체(공용체) 멤버 간접 선택 연산자	왼쪽 → 오른쪽	10장
2	++ --	증감 연산자(후위 연산)	왼쪽 → 오른쪽	3장
3	++ --	증감 연산자(전위 연산)	오른쪽 → 왼쪽	3장
3	+ -	부호 연산자	오른쪽 → 왼쪽	3장
3	! ~	논리(!)/비트(~) NOT 연산자	오른쪽 → 왼쪽	3장
3	*	간접 참조 연산자	오른쪽 → 왼쪽	8장
3	&	주소 연산자	오른쪽 → 왼쪽	2장
3	sizeof	sizeof 연산자	오른쪽 → 왼쪽	2장
4	(자료형)	형 변환 연산자	오른쪽 → 왼쪽	2장
5	* / %	산술 연산자	왼쪽 → 오른쪽	3장
6	+ -	산술 연산자	왼쪽 → 오른쪽	3장
7	<< >>	비트 이동 연산자	왼쪽 → 오른쪽	3장
8	< <= > >=	관계 연산자	왼쪽 → 오른쪽	3장
9	== !=	관계 연산자	왼쪽 → 오른쪽	3장
10	&	비트 AND 연산자	왼쪽 → 오른쪽	3장
11	^	비트 XOR	왼쪽 → 오른쪽	3장
12	|	비트 OR 연산자	왼쪽 → 오른쪽	3장
13	&&	논리 AND 연산자	왼쪽 → 오른쪽	3장
14	||	논리 OR 연산자	왼쪽 → 오른쪽	3장
15	? :	조건 연산자	오른쪽 → 왼쪽	4장
16	= += -= *= /= %= <<= >>= &= ^= |=	대입 연산자(=), 복합 대입 연산자	오른쪽 → 왼쪽	3장
17	,	콤마 연산자	왼쪽 → 오른쪽	5장

잠깐만요 **기억해야 할 연산자 우선순위**

40여 개 연산자의 우선순위를 모두 기억하기 어렵다. 하지만 단항 연산자 > 산술 연산자 > 조건 연산자 > 논리 연산자 > 대입 연산자 정도의 순위는 기억하는 것이 좋다. 특히 배열 인덱스 연산자 []나 간접 참조 연산자 *들에 주의하자. 이들은 다른 연산자들과 함께 쓰이는 경우가 많으므로, 우선순위만 따지지 말고 혼란스럽지 않도록 수학식과 같이 괄호를 붙여 사용하는 편이 가독성에 좋다.

결합 순서도 단항 연산자, 대입 연산자, 조건 연산자 등이 오른쪽 → 왼쪽이고, 나머지는 왼쪽 → 오른쪽이다. 결합 순서도 마찬가지로 괄호를 사용하면 먼저 처리할 수 있다.

부호 연산자

부호 연산자는 단항 연산자이고, 표현식의 피연산자에 부호를 붙인다. 사용법은 다음과 같다. +표현식은 표현식 값을 그대로 반환한다. −표현식은 표현식 값의 부호를 변경해서 반환한다.

```
+표현식  -표현식
```

변수에 부호 연산자가 붙으면 변수의 값을 변경하는 것이 아니라, 부호가 붙은 값이 만들어진다. 다음의 사용 예시를 보자.

```
+3    +n    -n    40 + -n  // 3, n의 값, n * -1의 값, 40 - n의 값으로 계산됨
```

산술 연산자

산술 연산자는 덧셈, 뺄셈, 곱셈, 나눗셈, 나머지 연산자로, 두 개의 피연산자를 취하는 이항 연산자다. 대부분 수학에서 사용하던 사칙 연산과 거의 비슷하므로 나눗셈과 나머지 연산만 주의한다.

표 3-3은 C 언어의 산술 연산자에 관하여 정리한 것이다.

표 3-3 산술 연산자, 설명, 예시

연산자	피연산자 종류	설명	예시
+	정수, 실수	덧셈	2 + 3, 2.3 + 3.2f, n + 3
−	정수, 실수	뺄셈	2 − 3, 2.3 − 3.2, n − 2
*	정수, 실수	곱셈. 곱셈 기호가 알파벳 x와 혼동될 수 있어 *를 곱셈 기호로 사용한다. 포인터를 참조하는 간접 참조 연산자인 단항 연산자인 *와 구별해야 한다.	2 * 3, 3 − 2 * 4
/	정수, 실수	나눗셈. 왼쪽 피연산자를 오른쪽 피연산자로 나눈다. 두 개의 피연산자가 모두 정수이면 정수의 나눗셈을 실행(몫 반환)한다. 피연산자 중 한 개 이상이 실수이면 실수의 나눗셈을 실행한다.	3 / 2 (결과 1) 1 / 2 (결과 0) 3.0 / 2 (결과 1.5)
%	정수	나머지 연산. 왼쪽 피연산자를 오른쪽 피연산자로 나눈 나머지 값을 반환한다. 두 개의 피연산자가 모두 정수형이어야 한다. 정수형이 아니면 컴파일 오류가 발생한다.	3 % 2 (결과 1) 1 % 2 (결과 1)

두 개의 피연산자가 범위가 다른 정수형(예 : short와 long)이거나 실수형(예 : float과 double)이라면 결과는 범위가 큰 쪽이 될 가능성이 높다.

알아두세요 예외적으로 char와 char, char과 short, short와 short의 산술 연산은 int 형의 결괏값이 생성된다.

산술 연산자를 사용한 **코드 3-5**를 살펴보자.

코드 3-5 ArithOp.c

```c
#include <stdio.h>

int main(void)
{
    printf("%d + %d = %d\n", 3, 2, 3 + 2);
    printf("%d - %d = %d\n", 3, 2, 3 - 2);
    printf("%d * %d = %d\n", 3, 2, 3 * 2);
    printf("%d / %d = %d\n", 3, 2, 3 / 2); // 정수 나눗셈
    printf("%d / %f = %f\n", 3, 2., 3 / 2.); // 실수 나눗셈
    printf("%f / %d = %f\n", 3., 2, 3. / 2); // 실수 나눗셈
    printf("%d %% %d = %d\n", 2, 3, 2 % 3);
    printf("%d %% %d = %d\n", 3, 2, 3 % 2);
    //printf("%f %% %d = %d\n", 3., 2, 3. % 2); // 컴파일 오류
    printf("%f + %d = %f\n", 3.2, 2, 3.2 + 2);  // 자동 형변환
}
```

두 개 피연산자 중 한 개 이상이 실수면 실수의 나눗셈이 됨
정수와 실수 피연산자가 공존하면 자동 형 변환이 일어나 결과는 double 형

나머지 연산자는 피연산자로 정수만 사용 가능
주석을 해제한 후 컴파일하면 오류 발생

정수와 실수 피연산자가 있으므로 결과는 double 형

<실행 결과>

```
3 + 2 = 5
3 - 2 = 1
3 * 2 = 6
3 / 2 = 1
3 / 2.000000 = 1.500000
3.000000 / 2 = 1.500000
2 % 3 = 2
3 % 2 = 1
3.200000 + 2 = 5.200000
```

비트 연산자

비트 연산자들은 메모리에 비트 단위로 저장되어 있는 값을 조작하거나 연산을 실행한다. 크게 비트 이동(bit shift) 연산자들과 비트 연산자(bitwise operation)로 나뉜다.

표 3-4 비트 이동 연산자

연산자	피연산자 종류	설명	예시
<<	정수	n << b, n의 비트를 왼쪽으로 b개만큼 이동시키고 오른쪽 빈칸은 0으로 채운다.	2 << 3, n1 << 2
>>	정수	n >> b, n의 비트를 오른쪽으로 b개만큼 이동시키고 왼쪽 빈칸을 0으로 채운다.	2 >> 3, n1 >> 2

그림 3-1은 8비트 정수 0xA0을 왼쪽으로 1비트 이동시킨 것이다. MSB의 비트 한 개는 제거되고 나머지 하위 7비트는 왼쪽으로 이동한다. 오른쪽 빈자리(LSB)는 0으로 채운다.

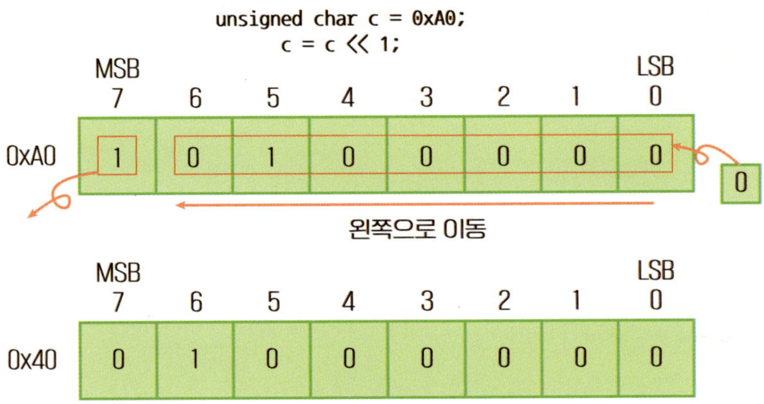

그림 3-1 0xA0을 왼쪽으로 1비트 이동

그림 3-2는 8비트 정수 0xA0을 오른쪽으로 1비트를 이동시킨다. LSB의 비트 한 개는 제거되고 나머지 상위 7비트는 오른쪽으로 이동한다. 왼쪽 빈자리(MSB)는 0으로 채운다.

> **잠깐만요** **비트 이동과 곱셈/나눗셈**
>
> 비트 이동 연산자를 이용해서 2의 배수로 곱하거나 나누는 것을 구현하기도 한다. 예를 들어, 왼쪽으로 1비트 이동하는 것은 값에 2를 곱한 것과 결과가 같다. 즉, 왼쪽으로 2비트를 이동하면 4를 곱한 셈이고, 반대로 오른쪽으로 1비트 이동하는 것은 2로 나누는 것이다. 곱셈/나눗셈 시간보다 비트 이동 연산이 더 빨라 이렇게 사용하기도 하지만, 가독성이 떨어지므로 권하지는 않는다.

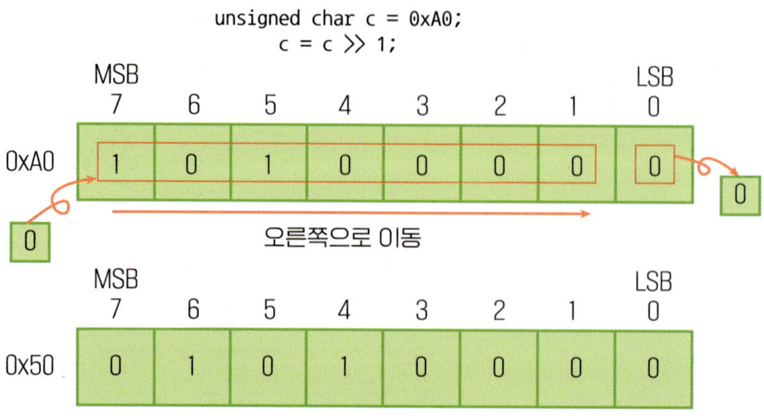

그림 3-2 0xA0을 오른쪽으로 1비트 이동

signed 정수형 값에 비트 이동 연산자를 사용할 때 부호 비트가 보존되지 않으므로 부호가 바뀔 수 있다. 다음 **코드 3-6**을 살펴보자.

코드 3-6 **BitShiftOp.c**

```
#include <stdio.h>

int main(void)
{
    unsigned n1 = 0x9FFFFFFF;
    int n2 = 0x9FFFFFFF;

    printf("n1 = %X, n1 = %u\n", n1, n1);
    printf("n2 = %X, n2 = %d\n", n2, n2);

    n1 = n1 << 1;
    n2 = n2 << 1;

    printf("n1 = %X\tn1 = %u\n", n1, n1);
    printf("n2 = %X\tn2 = %d\n", n2, n2);
    return 0;
}
```

- 5~6행: 동일한 값으로 unsigned와 signed 정수 변수에 저장 2진수로 1001 1111 1111 1111 1111 1111 1111 1111
- 8~9행: 16진수와 양의 정수로 n1을 16진수와 정수로 n2를 출력
- 11~12행: n1과 n2를 각각 1비트씩 왼쪽으로 이동
- 14~15행: 부호 비트 보존 여부 확인하기 위해 16진수와 양의 정수로 n1을 16진수와 정수로 n2를 출력

<실행 결과>

```
n1 = 9FFFFFFF, n1 = 2684354559
n2 = 9FFFFFFF, n2 = -1610612737
n1 = 3FFFFFFE    n1 = 1073741822
n2 = 3FFFFFFE    n2 = 1073741822
```

n1과 n2를 왼쪽으로 1비트씩 이동시켰을 때 MSB는 사라지고, 0011 1111 1111 1111 1111 1111 1111 1110이 된다. 정수로 출력할 때 n2는 음수였지만, 1비트를 왼쪽으로 이동하면 양수로 변경되는 점에서 부호 비트가 보존되지 않는다는 것을 알 수 있다.

&, |, ^, ~은 각각 비트 단위의 AND, OR, XOR, NOT 연산을 보이고, 이 연산들은 표 3-5와 같이 계산된다. NOT 연산은 비트 1을 0으로, 비트 0을 1로 변경한다.

표 3-5 비트 연산자(AND(&), OR(|), XOR(^), NOT(~))

b1	b2	b1 & b2(비트 AND)	b1 | b2(비트 OR)	b1 ^ b2(비트 XOR)
0	0	0	0	0
0	1	0	1	1
1	0	0	1	1
1	1	1	1	0

AND, OR, XOR, NOT 연산을 하는 코드를 작성한다. 여기서는 간단하게 16진수 정수를 이용해서 결과를 출력한다.

코드 3-7 **BinaryOp.c**

```c
#include <stdio.h>

int main(void)
{
    int x = 0xF00AB0A0; // 1111 0000 0000 1010 1011 0000 1010 0000
    int y = 0x0FA00B0A; // 0000 1111 1010 0000 0000 1011 0000 1010
```

x를 선언하고 초기화. 비트로 표시한 내용을 보며 직접 계산

y를 선언하고 초기화. 비트로 표시한 내용을 보며 직접 계산

```c
    int xAndY = x & y;
    int xOrY = x | y;
    int xXorY = x ^ y;
    int notX = ~x;

    printf("xAndY = %0X\n", xAndY);
    printf("xOrY = %0X\n", xOrY);
    printf("xXorY = %0X\n", xXorY);
    printf("notX = %0X\n", notX);
    return 0;
}
```

이진 코드를 연산 처리

이진 코드 연산 결과 출력. %0X는 16진수 A-F를 대문자로 출력하고 앞을 0으로 채울 것을 명시

<실행 결과>

```
xAndY = 0
xOrY = FFAABBAA
xXorY = FFAABBAA
notX = FF54F5F
```

증감 연산자

증감 연산자는 정수 변수와 함께 사용되며 변숫값을 1만큼 증가시키거나 감소시킨다. 간단하게 사용법을 살펴보자. 증감 연산자는 변수 앞 또는 뒤에 위치할 수 있다.

```c
int n = 3;
n++;          // n = n + 1; n에 1을 더해서 4가 됨
n--;          // n = n - 1; n에서 1을 빼서 3이 됨
++n;          // n = n + 1; n에 1을 더해 4가 됨
--n;          // n = n - 1; n에서 1을 빼서 3이 됨
```

이렇게 보면 ++나 --가 변수 앞에 있을 때와 뒤에 있을 때 차이가 없다. 둘 다 모두 1을 증가시키거나 감소시킨다.

증감 연산자의 위치는 표현식 안에서 사용될 때 차이가 나타난다. 예를 들어 살펴보자.

n++ + 4와 ++n + 4는 다른 표현식이고 다르게 동작한다. 증감 연산자가 변수 뒤에 사용될 때는 증감 연산을 제외한 연산이 먼저 일어난 후에 n을 1 증가시킨다. 반대로 증감 연산자가 변수 앞에 있을 때는, 증감 연산을 먼저 처리한 후 나머지 연산을 계산한다.

n++ + 4는 ++가 n 뒤에 위치했으므로 n+4를 먼저 계산해서 result 변수에 저장한 다음 n을 1만큼 증가시킨다. 따라서 result = n++ + 4는 다음 코드와 같다.

```
result = n + 4;
n++;
```

증감 연산자가 변수 앞에 있다면 변수를 먼저 1 증가 또는 감소시킨 후에 연산이 처리된다. result = ++n + 4는 다음 코드와 같다.

```
++n;
result = n + 4;
```

printf() 문에서 변숫값을 출력할 때도 변수 앞이나 뒤에 위치하는 여부에 따라 다르게 출력된다. 변수 앞에 놓이면 증감이 먼저 일어난 후 출력되고, 변수 뒤에 연산자가 붙으면 먼저 출력한 후 변숫값이 증감된다. 다음 **코드 3-8**의 실행 결과를 예측해 본다.

코드 3-8 **IncDecOp.c**

```
#include <stdio.h>

int main(void)
{
    int n = 3;
    int result = n++ + 4;
    int result2 = ++n + 4;
    printf("n = %d, result = %d, result2 = %d\n", n, result, result2);
    printf("n = %d\n", n--);
    printf("n = %d\n", --n);
}
```

- int result = n++ + 4; ← result에는 n + 4의 결괏값이 저장되고, n은 1 증가. 따라서 result는 7, n은 4
- int result2 = ++n + 4; ← n이 먼저 1만큼 증가되어 5가 됨. n과 4를 더해 9를 result2에 저장
- printf("n = %d\n", n--); ← n을 먼저 출력하고 1을 뺌
- printf("n = %d\n", --n); ← n에서 1을 먼저 뺀 후 출력

<실행 결과>

```
n = 5, result = 7, result2 = 9
n = 5
n = 3
```

잠깐만요 **증감 연산자**

증감 연산자는 표현식에서 사용되면 변수와 연산자의 위치에 따라 다른 형태로 동작한다. 그런데 이렇게 사용하는 코드는 가독성이 많이 떨어진다. 코드의 줄 수가 좀 늘더라도, 증감 연산자는 가능하면 단일 문장으로 독립적으로 사용하는 것이 바람직하다.

복합 대입 연산자

복합 대입 연산자(compound assignment operator)는 연산과 대입을 한 번에 쓰는 것으로 다음에 보인 것처럼 사용한다. op는 이항 연산자(+, -, /, *, %, <<, >>, &, ^, |) 중 한 가지를 사용할 수 있다.

```
변수 op= 표현식
```

복합 대입 연산자는 다음 코드를 줄여 작성하는 방법이다.

```
변수 = 변수 op 표현식
```

다음 예를 살펴보자.

```
int n = 3;
n += 4;        // n = n + 4
```

n += 4가 실행된 후에 n에는 7이 저장된다.

앞서 살펴본 표 3-2와 같이 대입 연산자나 복합 대입 연산자는 연산자 우선순위가 콤마 연산자를 제외하면 제일 낮다. 따라서 복합 대입 연산은 대부분 제일 마지막에 실행된다.

다음의 예시를 살펴보자.

```
n += 4 + 4;
```

이 코드는 연산자의 우선순위를 고려할 때 n += (4 + 4)가 된다. 따라서 n의 값에 8을 더해서 다시 n에 저장하라는 뜻이 된다.

복합 대입 연산자의 표현식에는 대입 연산자가 사용될 수도 있다.

대입 연산자나 복합 대입 연산자는 오른쪽 → 왼쪽 방향으로 연산이 일어난다. 만약 n1 += n2 = n3 형태의 코드가 있다면 오른쪽부터 연산이 처리되므로 n1 += (n2 = n3)가 된다. 즉, 다음 형태를 줄여 작성한 코드가 된다.

```
n2 = n3;
n1 += n2;
```

잠깐만요 증감 연산자와 복합 대입 연산자를 사용하는 이유

증감 연산자나 복합 대입 연산자는 기존 산술 연산자와 대입 연산자를 사용하면 되므로 굳이 필요하지 않을 것 같다. 하지만 두 가지 연산자가 제공되는 이유는 코드의 간결성뿐만 아니라 증감 연산자나 복합 대입 연산자가 더 빠른 실행 속도를 보일 수 있다는 점 때문이다. 가능하면 n = n + 1 또는 n = n + 3보다는 n++ 또는 n += 3 형태로 코드를 작성하는 습관을 들인다.

순차 연산자

순차 연산자는 콤마(,)로 표시해서 콤마 연산자라고 부르기도 한다. 사용법부터 살펴보자.

```
표현식1, 표현식2, 표현식3, ..., 표현식n
```

콤마 연산자는 왼쪽에서 오른쪽으로 순서대로 표현식의 값을 평가(evaluate)한다. 콤마 연산자의 결괏값은 가장 오른쪽에 위치한 표현식의 결괏값이다.

즉, 순서대로 표현식1, 표현식2, ..., 표현식n의 값을 계산한다. 이때 표현식n의 결괏값이 전체 순차 연산의 결괏값이다.

순차 표현식은 주로 두 가지 경우에 사용한다.

- 여러 개 대입 연산 코드를 한 줄로 압축해서 표현
- for 반복문에서 두 개 이상의 변수를 사용

❶ 여러 개 대입 연산 코드를 한 줄로 압축해서 표현

코드 3-9 CommaOp1.c

```
1  #include <stdio.h>
2
3  int main(void)
4  {
5      int n1, n2, n3;
6      n1 = (n2 = 4, n3 = 5); // 괄호가 있어야 함
7      printf("n1 = %d, n2 = %d, n3 = %d\n", n1, n2, n3);
8      return 0;
9  }
```

대입 연산자는 오른쪽부터 평가 실행
(n2 = 4, n3 = 5)가 먼저 실행되는데 n2 = 4부터 실행됨
n2에 4가 저장되고, 순차적으로 n3에 5가 저장됨
순차 연산자의 결괏값은 n3 = 5의 결괏값, 즉 n3의 값이 됨

<실행 결과>

```
n1 = 5, n2 = 4, n3 = 5
```

코드 3-9의 여섯 번째 줄은 다음 세 줄의 코드를 한 줄로 줄여 작성한 것이다.

```
n2 = 4;
n3 = 5;
n1 = n3;
```

순차 연산자는 우선순위가 가장 낮으므로, 괄호 없이 사용하면 다른 결과가 나타난다.

```
n1 = n2 = 4, n3 = 5;
```

여기서는 n1과 n2에 4를 대입하고, n3에 5를 저장했다.

❷ for 반복문에서 두 개 이상의 변수 사용

아직 반복문을 배우지 않았으므로 여기서는 사용법만 살펴본다. **코드 3-10**은 두 자리 숫자 중에서 첫 번째 숫자와 두 번째 숫자를 더해서 10이 되는 값(예 : 19, 28, 37 등)들을 출력한다. first++, second-- 부분이 순차 연산자를 사용한 것이고, 이때 first++, second--의 결괏값은 무시된다. 단순하게 두 개 변수의 증감 연산을 순차적으로 실행하기 위해서 사용한다.

코드 3-10 CommaOp2.c

```c
#include <stdio.h>

int main(void)
{
    for (int first = 1, second = 9; i < 10; first++, second--) {
        printf("%d%d ", first, second);
    }
    return 0;
}
```

<실행 결과>

```
19 28 37 46 55 64 73 82 91
```

> **잠깐만요** **순차 연산자**
>
> 순차 연산자는 많이 사용되지 않는다. 두 가지 사용법 중 첫 번째 방법은 코드의 가독성을 떨어뜨리므로 사용하지 않는 것을 권한다. 하지만 for 반복문에서 가끔 사용하는 경우가 있으니 기억해 두자.

3.3 표준 입출력 함수

PROGRAMMING

표준 입출력 함수란 ANSI C에서 제공하는 표준 입출력 장치로부터 입력받는 또는 출력하는 다양한 입출력 함수들이다. 표준 입력 장치는 보통 키보드, 마우스를 지칭하며, 표준 출력 장치는 터미널 프로그램의 콘솔(console) 화면이다. 〈2장〉에서 화면에 값을 출력하는 `printf()` 함수를 보았다. 여기서는 키보드로 입력받고 화면에 출력하는 다양한 함수들을 살펴본다.

사용자로부터 입력받기

사용자로부터 입력받는 것부터 정의하자. 여기서 사용자 입력이란 표준 입력 장치(standard input device)의 입력을 C 언어 프로그램에서 처리할 수 있는 자료형의 값으로 변환하는 것이다.

서식 지정자를 이용해서 입력받기

서식을 이용해서 값을 입력 받는 `scanf()` 함수에 대해서 알아보기 전에 먼저 다음 내용을 살펴보고 숙지한다.

C 언어는 사용자가 키보드로 입력하는 내용을 모두 문자로 취급한다. 사용자가 숫자 3을 입력할 때, C 언어는 문자 '3'이 입력된 것으로 본다. 비슷하게 정수 32를 입력했다면, 문자 '3'과 '2'로 구성된 문자열 "32"가 입력되었다고 본다.

C 언어의 표준 입출력 함수들을 사용하려면 stdio.h를 포함해야 한다. `scanf()`도 마찬가지다. `scanf()` 함수는 사용자가 입력한 문자열을 코드의 서식에 지정된 자료형으로 변환해서 변수에 저장한다.

코드 3-11은 scanf() 함수의 사용법이다.

코드 3-11

```
int scanf(서식_문자열, 값을_저장할_변수의_주소1, 값을_저장할_변수의_주소2, ..., 값을_저장할_변수의_주소n)
```

scanf() 함수의 사용법을 다시 간단하게 표현하면 **코드 3-12**와 같이 표현할 수 있다. **코드 3-12**의 변수 앞에 붙은 '&'는 주소 연산자다.

코드 3-12

```
int scanf(서식_문자열, &값을_저장할_변수1, &값을_저장할_변수2, ..., &값을_저장할_변수n)
```

"간단"이라고 표현한 것에 주의한다. 모든 경우에 **코드 3-11**을 **코드 3-12**로 표현할 수 있는 것은 아니지만, 당분간 **코드 3-12**를 기억한다.

scanf() 함수의 서식_문자열에는 어떤 종류의 값들을 입력받을지 서식을 지정하고, 값의 종류에 적합한 변수의 주솟값을 전달한다. 서식_문자열은 printf()에서 사용하는 것과 비슷하다.

정수 한 개를 입력받고 화면에 출력하는 프로그램인 **코드 3-13**을 살펴보자.

코드 3-13 **Readint.c**

```
#define _CRT_SECURE_NO_WARNINGS
#include <stdio.h>

int main(void)
{
    int n;
    scanf("%d", &n);
    printf("n = %d\n", n);
    return 0;
}
```

scanf() 함수를 이용해서 정수를 입력받음
printf()에서 사용한 정수 서식형과 동일한 %d를 지정
입력을 저장할 변수 n의 주소를 전달
scanf()가 실행되면 n은 입력한 정숫값을 가짐

<실행 결과>

```
3
n = 3
```

scanf() 함수는 실행되면 입력을 기다리는 자리에 마우스 커서(cursor)가 깜박인다. 커서는 운영체제마다 다를 수 있는데 윈도우는 보통 긴 막대기 모양의 문자가 사용된다.

코드 3-13에서 아무것도 출력하지 않고 입력을 기다리면, 화면에 깜박거림만 보인다. 이로 인해 사용자는 무엇을 입력해야 할지 알 수 없다. scanf() 함수를 사용하기 전에 어떤 내용을 입력해야 하는지 출력하는 코드를 넣는 습관을 들이자.

scanf() 함수의 실행은 값을 입력한 후 엔터키 Enter를 눌러야 완성된다. 엔터키를 누르기 전에는 얼마든지 수정이 가능하며, 엔터키를 누르면 scanf()는 사용자가 입력을 마쳤다는 것을 인식하고 값을 변수에 변환해서 저장한다.

여기서 만약 입력하는 중간에 프로그램 실행을 멈추고 싶다면 Ctrl과 C를 동시에 누른다. 이 단축키를 누르면 프로그램 실행이 중단된다.

그림 3-3은 scanf() 함수에서 자주 사용하는 서식 지정자를 구성하는 방법을 보인다. scanf() 함수도 제대로 사용하려면 꽤 복잡한 구성을 보이는데, 여기서는 자주 사용되는 부분만 살펴본다.

'%'와 자료형을 명시하는 변환 문자(Conversion Character)는 무조건 있어야 하며, 선택적으로 메모리 공간의 크기를 나타내는 문자를 중간에 포함할 수 있다. Size는 표 3-7에 보인 것처럼 'l', 'll', 또는 'L'이 사용될 수 있다.

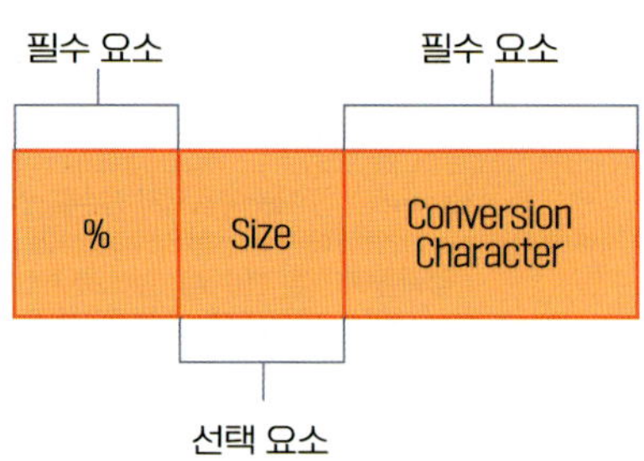

그림 3-3 서식 지정자 구성 요소

scanf() 함수를 사용할 때 서식 문자열의 값을 저장할 변수 메모리 주소에 전달해야 한다.

scanf() 함수를 호출할 때 지정된 서식 지정자와 다른 자료형 값이 입력되면, 변수에 어떤 값이 저장될지 모른다. 이 책에서는 서식 지정자와 일치하는 내용만 사용자가 입력할 것이라고 가정한다.

3

전처리기, 연산자, 표준 입출력 함수

알아두세요 scanf()가 왜 주소를 전달받는지는 〈8장〉, scanf()를 이용해서 문자열을 입력받는 것은 〈9장〉에서 다룬다.

다음 표 3-6은 scanf() 함수에서 자주 사용하는 변환 문자를 정리한 것이다.

표 3-6 scanf()에서 자주 사용하는 서식 지정자

서식 지정자	값의 자료형	설명	입력 예시
%d	int	입력 내용을 부호 있는 10진수 정수로 변환 후 변수에 저장한다.	+23 −23 23
%i	int	입력 내용을 정수로 변환 후 변수에 저장한다. 입력 정수 앞에 0x가 있으면 16진수로 변환하고, 아니면 10진수로 변환한다.	+23, −23, 23, −0x1A, 0x1A
%u	unsigned	입력 내용을 양의 10진수 정수로 변환 후 변수에 저장한다.	23, +23
%x	unsigned	입력 내용을 16진수로 인식해서 양의 정수로 변환 후 변수에 저장한다. 입력할 때 0x는 가능하고 0~9, A~F, a~f를 모두 인식한다. 컴파일러에 따라 %X를 쓸 수 있다.	163f, 0x163f, 163F
%c	char	문자 한 개를 입력받아 변수에 저장한다. %c는 앞에 있는 공백 문자, 탭, 줄바꿈 문자를 제거하지 않는다.	a c 1
%s	char*	공백 문자가 없는 문자열을 입력한다. 〈9장〉에서 학습한다.	hello, world, language
%f, %e, %g	float	%f, %e, %g는 동일하게 동일하게 동작하고, 입력 내용을 실수로 인식해서 변환 후 변수에 저장한다. 정수도 입력 가능하다. 입력할 때 숫자E승수 또는 숫자e승수 형태로 입력하는 것도 가능하다(예 : 2.3E2는 2.3×10^2을 나타낸다). 입력할 때 E(또는 e) 앞 또는 뒤에 값이 없으면 0이 있는 것으로 가정한다. 일부 컴파일러는 %e와 %E를 모두 허용한다.	2.3, 1.5323, 1.3E10, E1, 1.3E

표 3-7은 그림 3-3의 Size를 정리한 것이다. long int 변수에 값을 저장하려면 '%'와 'd' 사이에 'l'을 넣어 "%ld"로 서식을 지정한다. double 변수에 실수를 입력받을 때 %lf를 사용하는 것도 주의한다. 비슷하게 unsigned long이나 long double도 크기 요소는 명시해야 한다.

표 3-7 Size 요소

Size	함께 사용 가능 변환 문자	설명
l	d, i, u, x	long, unsigned long을 입력받을 때 사용한다.
ll	d, i, u, x	long long int, unsigned long long을 입력받을 때 사용한다.
l	f, e, g	double을 입력받을 때 사용한다.
L	f, e, g	long double을 입력받을 때 사용한다.

잠깐만요 **주의사항**

printf()를 사용할 때 float이나 double 모두 %f로 서식 지정자를 사용했다. C99부터는 double 형 값을 출력할 때 %lf를 사용하는 것도 허용한다. scanf()를 이용해서 입력받을 때 float은 %f로 double은 %lf를 사용하는 것에 주의한다.

잠깐만요 **scanf()나 다른 입력 함수를 사용할 때 비주얼 스튜디오에서 발생하는 경고**

비주얼 스튜디오에서 scanf()를 사용할 때 경고를 발생시키는 경우가 있다. 경고 번호는 C4996이며 "warning C4996: 'scanf': This function or variable may be unsafe. Consider using scanf_s instead. To disable deprecation, use _CRT_SECURE_NO_WARNINGS. See online help for details." 와 같이 출력된다.

발생한 오류를 번역해 보면, scanf() 함수가 안전하지 않을 수 있으니 scanf_s() 함수를 대신 사용하라는 의미이다. 또한, 이 경고를 제거하려면 _CRT_SECURE_NO_WARNINGS를 사용하라고 해결 방법을 제시한다.

이 경고는 비주얼 스튜디오에서만 발생하는 것으로 출력 내용에 나와 있는 것처럼 두 가지 해결 방안이 있다. 한 가지는 scanf_s() 함수를 사용하는 것이다. 그런데 이 함수는 scanf() 함수와는 사용법이 좀 다르다. 서식 지정자 %c나 %s를 사용할 때 값을 담을 변수의 크기를 지정해야 한다. 예를 들어, 정수 두 개와 문자 한 개를 입력받는다면 다음 형태로 작성해야 한다.

```
int n1;
int n2;
char ch;
scanf_s("%d%d %c", &n1, &n2, &ch, 1); // char 자료형을 읽을 때 1바이트를 표시해 준다.
```

scanf_s() 함수는 비주얼 스튜디오에서만 사용할 수 있어, 여러 가지 컴파일러의 사용을 가정한 이 책에는 맞지 않다. 모든 컴파일러에서 적합한 방법은 두 번째 방법을 사용하는 것으로, 코드에서 stdio.h를 포함하기 전에 #define _CRT_SECURE_NO_WARNINGS를 추가한다.

다음은 예시 코드이다.

```
#define _CRT_SECURE_NO_WARNINGS
#include <stdio.h>
```

이렇게 추가하는 내용은 GCC나 맥 운영체제의 clang에 아무런 영향을 미치지 않는다.

비주얼 스튜디오를 사용하다 보면 scanf() 외에도 이렇게 경고를 발생하는 함수들이 더 있다(예 : 다른 입출력 함수들과 문자열을 복사하는 strcpy() 등).

이러한 오류를 방지하기 위해 책에서 보이는 모든 예제는 코드 시작 부분에 #define _CRT_SECURE_NO_WARNINGS를 포함시킨다.

이 두 가지 해결법 외에도 비주얼 스튜디오에서 경고 문제를 해결하는 방법을 더 알고 싶다면, 인터넷 등을 통해 해결 방법을 찾아본다.

다음 **코드 3-14**는 scanf() 함수를 이용해서 여러 값을 입력받고 화면에 출력한다.

코드 3-14 Scanf.c

```
#define _CRT_SECURE_NO_WARNINGS
#include <stdio.h>

int main(void)
{
    int n;
    float f;
    double d;
    char ch;

    printf("10진수 정수 입력: ");
    scanf("%d", &n);
    printf("입력한 10진수 정수: %d\n", n);
    printf("정수 입력 (16진수는 0x를 붙여야 함): ");
    scanf("%i", &n);
    printf("입력한 정수를 10진수로 출력: %d\n", n);
    printf("16진수 정수 입력 (0x는 생략 가능): ");
    scanf("%x", &n);
    printf("입력한 정수를 16진수로 출력: %x\n", n);
    printf("실수 입력 (float 변수 사용): ");
```

10진수나 16진수 정수를 입력받음. 16진수로 입력하면 10진수로 바꿔서 출력

16진수 정수를 입력받고 16진수로 출력

```
    scanf("%f", &f);
    printf("입력한 실수(float) 출력: %f\n", f);
    printf("실수 입력 (double 변수 사용): ");
    scanf("%lf", &d);
    printf("입력한 실수(double) 출력: %f\n", d);
    printf("문자 입력: ");
    scanf("%c", &ch);
    printf("입력한 문자 출력: %c\n", ch);
    return 0;
}
```

float 변수를 사용할 때 %f를 사용

double 변수를 사용할 때 %lf를 사용

<실행 결과>

```
10진수 정수 입력: 153
입력한 10진수 정수: 153
정수 입력 (16진수는 0x를 붙여야 함): 0x163
입력한 정수를 10진수로 출력: 355
16진수 정수 입력 (0x는 생략 가능): 163
입력한 정수를 16진수로 출력: 163
실수 입력 (float 변수 사용): 1.3
입력한 실수(float) 출력: 1.300000
실수 입력 (double 변수 사용): 2232.2E10
입력한 실수(double) 출력: 22322000000000.000000
문자 입력: 입력한 문자 출력:
```

입력 버퍼

코드 3-14의 실행 결과를 보면 이상한 부분이 있다. 마지막 줄의 "문자 입력:" 부분에서 아무것도 입력하지 않은 것 같고, "입력한 문자 출력:"도 아무것도 출력하지 않은 것으로 보인다.

이는 입력 버퍼 때문에 발생하는 것으로 예시 코드를 통해 자세히 알아보자. 다음 **코드 3-15**는 정수 두 개를 연속해서 입력받고 화면에 출력한다.

코드 3-15 **ReadInts.c**

```c
#define _CRT_SECURE_NO_WARNINGS
#include <stdio.h>

int main(void)
{
    int n1;
    int n2;
    printf("정수 한 개를 입력하세요: ");
    scanf("%d", &n1);
    printf("정수 한 개를 입력하세요: ");
    scanf("%d", &n2);
    printf("n1 = %d, n2 = %d\n", n1, n2);
    return 0;
}
```

〈실행 결과〉

```
정수 한 개를 입력하세요: 130 <Enter>
정수 한 개를 입력하세요: 150 <Enter>
n1 = 130, n2 = 150
```

코드를 실행시키고 정수 〈Enter〉 정수 〈Enter〉 순서대로 입력한다. 여기서 〈Enter〉는 키보드의 Enter를 나타낸다. 두 개 정수를 순차적으로 입력했고 예상할 수 있는 것처럼 n1에는 130, n2에는 150이 저장되었다.

다시 코드를 실행시키고 이번에는 정수 정수 〈Enter〉 순서대로 입력해 보자.

〈실행 결과〉

```
정수 한 개를 입력하세요: 130 150
정수 한 개를 입력하세요: n1 = 130, n2 = 150
```

한 줄에 두 정수를 입력했더니 두 번째 프롬프트 "정수 한 개를 입력하세요: "는 입력을 기다리지도 않고 n1 = 130, n2 = 150이 출력되었다.

이렇게 입력을 다르게 했는데 동일한 결과가 나온 것은 입력 버퍼(input buffer) 때문이다. 컴퓨터는 키보드로 입력할 때 사용자가 입력한 내용을 입력 버퍼에 저장한다. 버퍼(buffer)란 임시 데이터를 저장할 수 있도록 만들어진 메모리 공간을 말한다. 입력 버퍼는 입력한 데이터를, 출력 버퍼는 출력할 데이터를 임시로 담아두는 곳이다.

코드 3-15를 실행시킬 때 사용자가 130 〈Enter〉를 입력했다고 가정하면 이때의 입력 버퍼는 그림 3-4와 같다.

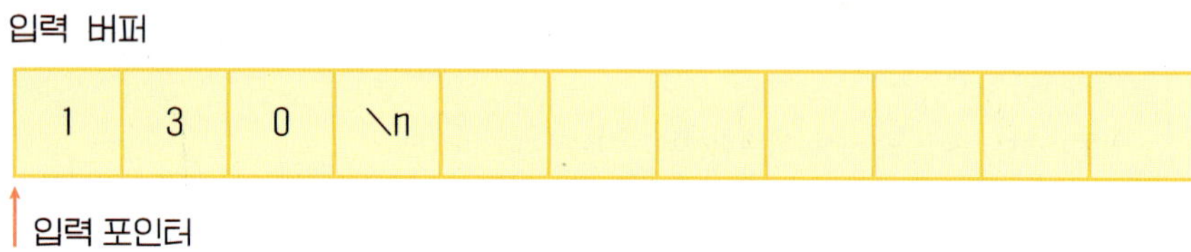

그림 3-4 130 〈Enter〉를 입력했을 때의 입력 버퍼

코드 3-15에서 첫 번째 scanf() 함수가 실행되면 커서를 보이면서 사용자가 입력하는 것을 기다린다. 사용자가 '1', '3', '0'을 순차적으로 입력하면 각 문자들이 입력 버퍼에 채워진다. 마지막으로 Enter를 누르면 줄바꿈 문자(\n)까지 버퍼에 채워지고 scanf() 함수 내부의 나머지 코드가 실행된다.

입력 버퍼에는 그림 3-4와 같이 입력 데이터의 위치를 나타내는 포인터가 있다. 사용자가 입력한 뒤로 아무것도 처리하지 않았으므로, 포인터는 입력 버퍼의 시작 지점에 있다.

다음은 scanf() 함수에 %d 서식 지정자가 사용되었을 때, 입력 버퍼에서 정수를 확인하는 과정이다.

- 입력 포인터가 있는 위치의 첫 번째 문자는 '1'이다. '1'은 정수로 변환할 수 있는 문자이므로, 값을 저장하는 다른 임시 버퍼에 '1'을 복사하고 입력 포인터를 다음 글자 위치로 이동시킨다.
- 이제 입력 포인터는 '3'을 가리킨다. '3'도 정수이므로, '1'이 저장된 버퍼에 추가하고 입력 포인터를 다음 글자로 이동한다.
- '0'도 정수이므로, 임시 버퍼에 복사하고 입력 포인터를 이동한다.
- 입력 포인터는 줄바꿈 문자를 가리키는데 숫자가 아니므로 더 이상 이동을 멈춘다.
- 임시 버퍼에 있던 '1', '3', '0'을 정수로 변환해서 130으로 만든 후 scanf()에 메모리 주소가 전달된 변수에 저장한다.

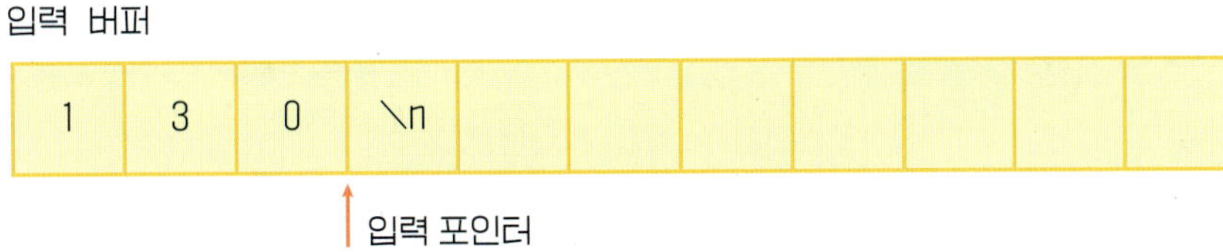

그림 3-5 130을 입력받은 후 입력 버퍼

코드 3-15의 두 번째 scanf() 함수가 동작하는 것을 살펴보자.

- 두 번째 scanf() 함수가 실행되면 다시 커서를 깜박거리며 입력을 기다리고 사용자는 '1', '5', '0', 〈Enter〉를 순차적으로 입력한다.
- 엔터를 입력했으므로 scanf()의 다음 코드가 실행된다. 이때 입력 버퍼는 그림 3-6과 같다. 입력 포인터는 줄바꿈 문자를 가리키고 있고 새로 입력한 '1', '5', '0' 문자와 줄바꿈 문자가 입력 버퍼에 추가되어 있다.

그림 3-6 150 〈Enter〉를 입력한 후 입력 버퍼

- scanf() 함수는 입력받을 때 입력 포인터가 공백 문자, 탭 문자 또는 줄바꿈 문자를 가리키는 것으로 시작한다면, 이 문자들을 모두 무시하고 공백이 아닌 첫 번째 문자의 위치로 이동시킨다. 즉, 두 번째 scanf()가 실행될 때 처음에 있던 줄바꿈 문자는 지나치고, '1'부터 처리한다. 두 번째 scanf() 코드는 '1', '5', '0'을 150으로 변환해서 변수에 저장하고, 그림 3-7처럼 입력 포인터를 두 번째 줄바꿈 문자에 위치시킨다.

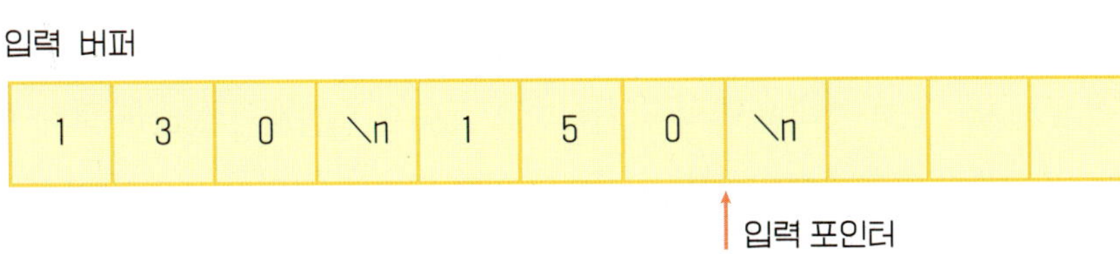

그림 3-7 150을 변수에 저장한 후 입력 버퍼

이제 두 번째 실행시켰던 상황을 살펴보자. 130 150 〈Enter〉를 입력하는 경우이다.

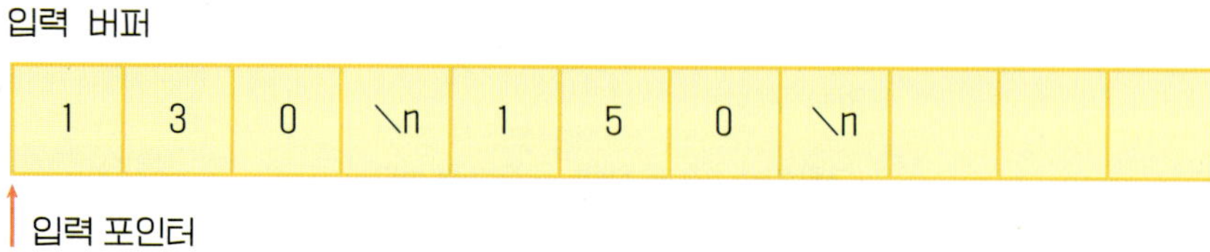

그림 3-8 130 150 〈Enter〉를 입력한 후 입력 버퍼

프로그램을 실행하고 값들을 입력한 다음 Enter를 누르면 입력 버퍼는 그림 3-8과 같이 표현된다.

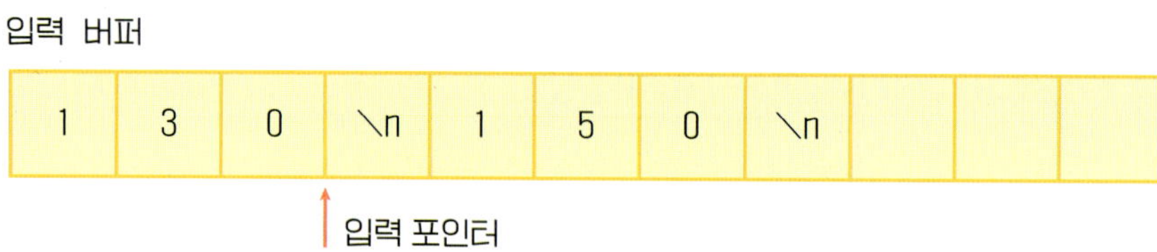

그림 3-9 130이 변수에 저장된 후 입력 버퍼

첫 번째 scanf()가 실행되면 130이 변수에 저장되고, 그림 3-9처럼 입력 포인터는 첫 번째 줄바꿈 문자에 위치한다.

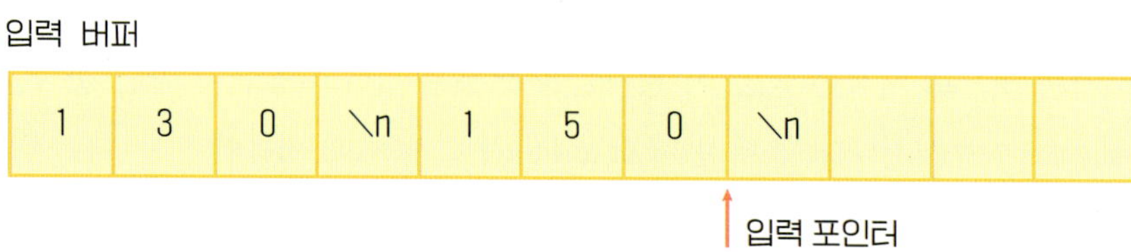

그림 3-10 150이 변수에 저장된 후 입력 버퍼

두 번째 scanf()가 실행되었을 때, 입력 버퍼 포인터는 첫 번째 줄바꿈 문자에서 시작한다. 서식 지정자가 %d이므로 줄바꿈 문자는 건너뛰고, 150을 변환해서 저장한 후에 입력 포인터는 두 번째 줄바꿈 문자에 위치한다. 이때의 입력 버퍼는 그림 3-10과 같이 표현된다.

더 이상 scanf() 함수가 실행되지 않으므로, 입력 포인터는 두 번째 줄바꿈 문자를 가리키는 상황에서 입력이 종료된다.

이제 **코드 3-14**를 실행시켰을 때 나타났던 현상을 다시 분석해 보자. 다음은 **코드 3-14**의 마지막 부분이다.

```
printf("실수 입력 (double 변수 사용): ");
scanf("%lf", &d);
printf("입력한 실수(double) 출력: %f\n", d);
printf("문자 입력: ");
scanf("%c", &ch);
printf("입력한 문자 출력: %c\n", ch);
```


그림 3-11은 scanf() 함수를 실행한 후, 사용자로부터 실숫값을 입력받은 후의 입력 버퍼를 보인다. 실수를 입력받기 전에 기존에 입력했던 내용들이 있었으므로, 입력 버퍼의 시작은 마지막으로 입력하고 남아 있던 줄바꿈 문자이다.

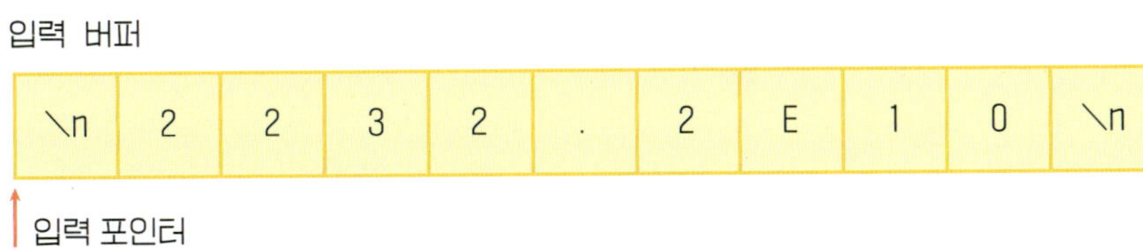

그림 3-11 사용자가 실숫값을 입력한 후의 입력 버퍼

실수를 입력받을 때 입력 포인터가 있던 위치의 줄바꿈 문자는 무시하고(건너뛰고) '2'부터 입력받기 시작한다. 실수를 입력받으므로 입력 포인터는 마지막 줄바꿈 문자에서 멈추고 앞에 있는 '0'까지 변환해서 변수에 저장한다. 따라서 d에는 "2232.2E10"을 변환한 2232.2E10이 저장된다. 이때 입력 버퍼는 그림 3-12처럼 된다.

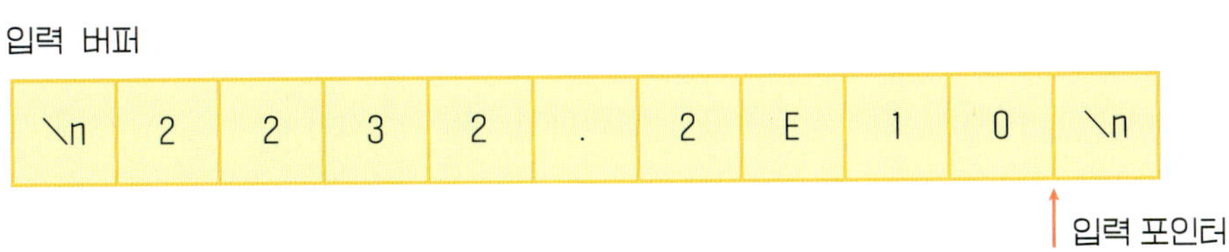

그림 3-12 실수가 변수에 저장된 후 입력 버퍼

scanf() 함수를 문자 읽는 용도로 사용할 수 있다. 앞에서도 언급했던 것처럼 서식 지정자가 %c일 때, scanf() 함수는 공백, 탭, 줄바꿈 문자를 무시하지 않고 읽는다. 따라서 **코**

드 3-14의 마지막 scanf() 함수가 실행되면, 입력 포인터가 위치한 자리의 줄바꿈 문자가 ch 변수에 저장되고 scanf() 함수의 실행은 종료된다. 마지막 printf() 함수는 ch에 저장된 줄바꿈 문자와 서식 마지막에 있는 줄바꿈 문자를 출력하고 프로그램이 종료한다.

정리하자면, 입력 버퍼는 프로그램이 실행되면서 만들어지고, 그 기록은 보존된다. 사용자는 입력 함수들을 호출할 때마다 기존 입력 함수들이 끝난 뒤 입력 버퍼의 상태를 주의해야 한다.

scanf() 함수로 두 개 이상 값을 입력받는 프로그램

scanf() 함수는 서식 지정자를 여러 개 사용해서 여러 변수에 값을 입력받을 수 있다. **코드 3-16**은 scanf() 함수를 한 번만 호출하도록 **코드 3-15**를 다시 작성한 것이다.

코드 3-16 **Readints2.c**

```
#define _CRT_SECURE_NO_WARNINGS
#include <stdio.h>

int main(void)
{
    int n1;
    int n2;
    printf("정수 두 개를 입력하세요: ");
    scanf("%d %d", &n1, &n2);
    printf("n1 = %d, n2 = %d\n", n1, n2);
    return 0;
}
```

코드를 실행하고 서식에 맞춰 '130 150'을 입력하면 130과 150이 각각 n1과 n2에 저장되고 출력된다.

〈실행 결과〉

```
정수 두 개를 입력하세요: 130 150
n1 = 130, n2 = 150
```

이번에는 **코드 3-16**에서 '130'과 '150' 사이에 공백을 좀 더 추가해서 입력한다.

<실행 결과>

```
정수 두 개를 입력하세요: 130         150
n1 = 130, n2 = 150
```


첫 번째로 출력한 결과와 동일하다. 서식이 %d %d였는데, 첫 번째 %d로 130을 읽고, 서식에 맞춰 한 칸 띄어, 두 번째 %d를 처리하려는데 %d는 입력이 시작하는 부분의 공백 문자는 모두 무시하므로 입력 포인터가 150의 '1'을 가리킬 때까지 이동한다.

scanf("%d %d", &n1, &n2)를 scanf("%d%d", &n1, &n2)처럼 작성해도 마찬가지다. 첫 번째 %d는 130을 읽고, 두 번째 %d는 130과 150 사이에 있는 모든 공백 문자를 건너뛰기 때문에 n2에는 150이 저장된다.

"%c"와 " %c"의 차이 – 서식 문자열의 공백 문자

%c로 문자를 읽는 경우는 다르다. 앞서 %c 서식 지정자는 입력 시작 부분에 있는 공백 문자들을 제거하지 않는다고 했다. 정수 두 개와 문자 한 개를 입력받는 것을 작성해 본다.

코드 3-17 ReadIntsAndChar.c

```c
#define _CRT_SECURE_NO_WARNINGS
#include <stdio.h>

int main(void)
{
    int n1;
    int n2;
    char ch;
    printf("정수 두 개와 문자 한 개를 입력하세요: ");
    scanf("%d%d%c", &n1, &n2, &ch);
    printf("n1 = %d, n2 = %d, ch = %c\n", n1, n2, ch);
    return 0;
}
```

코드 3-17을 실행하고 '130 150 a'를 입력하면 각각 n1, n2, ch에 130, 150, 'a'를 저장할 것이라는 예상과는 달리, ch에는 150 다음에 있는 공백 문자가 저장된다.

<실행 결과>

```
정수 두 개와 문자 한 개를 입력하세요: 130 150 a
n1 = 130, n2 = 150, ch =
```

코드 3-17을 변경해서 %d%d %c로 서식을 지정해 보자.

코드 3-18 ReadIntsAndChar2.c

```c
#define _CRT_SECURE_NO_WARNINGS
#include <stdio.h>

int main(void)
{
    int n1;
    int n2;
    char ch;
    printf("정수 두 개와 문자 한 개를 입력하세요: ");
    scanf("%d%d %c", &n1, &n2, &ch);
    printf("n1 = %d, n2 = %d, ch = %c\n", n1, n2, ch);
    return 0;
}
```

코드 3-18을 실행하고 '130 150 a'를 입력하면, 이번에는 예상한 것처럼 출력된다. 150까지 읽고, 서식과 입력에 빈칸 한 개가 있으므로 넘어간 다음 ch 변수에 'a'가 저장되었다.

<실행 결과>

```
정수 두 개와 문자 한 개를 입력하세요: 130 150 a
n1 = 130, n2 = 150, ch = a
```

코드를 다시 실행하고 '130 150   a'를 입력해 본다.

```
<실행 결과>
정수 두 개와 문자 한 개를 입력하세요: 130 150      a
n1 = 130, n2 = 150, ch = a
```

여기서 130, 150과 공백 한 개는 제외하고, 그다음 공백 문자가 ch에 저장되어야 할 것이라고 예상했지만, 'a'가 저장된다.

심지어 '130 150〈Enter〉a'를 입력해도 같은 결과가 나온다.

```
<실행 결과>
정수 두 개와 문자 한 개를 입력하세요: 130 150
a
n1 = 130, n2 = 150, ch = a
```

정리하면 서식_문자열에서 '%c' 앞에 있는 공백 문자는 문자 한 개를 입력받을 때 공백 문자 한 개가 아니라, 공백, 탭, 줄바꿈 문자들을 건너뛰라는 의미가 되므로, %c가 서식_문자열에 있을 때는 서식에 주의해야 한다.

서식을 지정해서 값 읽기

scanf() 함수를 이용해서 서식이 정해진 값을 읽어보자.

xxx-xxxx-xxxx 형태의 전화번호를 읽어서 세 개의 번호로 분리해서 저장하는 프로그램을 만들어 본다. 가장 앞에 있는 번호는 휴대폰 번호인 010일 수도 있고, 지역번호일 수도 있다. 지역번호는 서울을 제외한 세 자리 숫자들만 처리한다.

서식을 지정해야 하지만, 아직 문자열을 읽는 방법을 살펴보지 않았으니 "정수-정수-정수" 형태로 지정하자. 정수로 읽을 때 가장 앞번호의 첫 번째 '0'은 무시될 것이다. 예를 들어, "010"은 정수 10으로 저장된다. 이 부분은 나중에 출력할 때 0을 덧붙이는 것으로 처리하자.

코드 3-19는 전화번호를 읽고 화면에 출력한다.

코드 3-19 PhoneNum.c

```c
#define _CRT_SECURE_NO_WARNINGS
#include <stdio.h>

int main(void)
{
    int n1, n2, n3;
    scanf("%d-%d-%d", &n1, &n2, &n3);
    printf("n1 = %03d, n2 = %d, n3 = %d\n", n1, n2, n3);
    return 0;
}
```

n1을 출력할 때 세 자릿수로 맞추고 앞에 빈 자리는 0으로 채움

코드를 두 번 실행하여 '010-1111-2222'를 입력하고, '010- 1111- 2222'를 입력하여 각 출력 결과를 살펴본다.

<실행 결과>

```
010-1111-2222
n1 = 010, n2 = 1111, n3 = 2222
```

<실행 결과>

```
010-    1111-    2222
n1 = 010, n2 = 1111, n3 = 2222
```

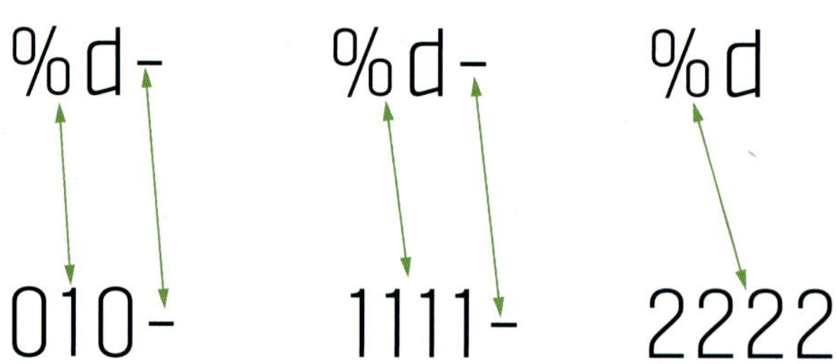

그림 3-13 "%d-%d-%d"와 "010- 1111- 2222"이 어떻게 사상(macthing)되는지 확인

그림 3-13은 서식_문자열과 입력된 내용이 어떻게 인식되는지를 보인다. 첫 번째 %d에 "010"이 인식되고, %d 다음 -는 "010" 다음의 '-'로 인식된다. 입력된 값 '-' 다음의 여러 공백 문자들은 두 번째 %d에 의해서 무시되고 "1111"로 인식된다. 비슷하게 "1111-" 다음 공백은 세 번째 %d에서 무시되고 "2222"가 저장된다.

3

전처리기, 연산자, 표준 입출력 함수

만약 입력할 때 숫자와 '-'의 간격이 벌어진다면 예상하지 못한 결과가 나타날 수 있다.

〈실행 결과〉

```
010   -1111     -2222
n1 = 010, n2 = 16, n3 = 673
```

이제 scanf() 함수를 이용해서 서식 입력을 어떻게 해야 하는지, 공백의 영향도 어느 정도 파악되었을 것이다. 서식을 맞출 때는 서식 지정자와 서식에 있는 글자들의 위치를 잘 생각해서 지정하는 것이 필요하다.

잠깐만요 **printf(), scanf() 함수와 유사한 함수들**

printf()와 scanf() 함수는 표준 입출력 장치인 터미널 출력과 키보드 입력을 처리하는 함수들이다. 두 함수는 비슷한 변종들이 표준 C 라이브러리에 제공된다. sprintf()와 fprintf() 함수는 printf() 함수와 거의 흡사하지만 화면 대신 각각 문자열과 파일에 출력하는 함수이다. 비슷하게 sscanf()와 fscanf() 함수는 각각 문자열과 파일에서 입력받을 때 사용하는 함수들이다.

기본이 되는 printf()와 scanf() 함수의 사용법을 숙지하면 다른 함수들도 쉽게 이해되므로 일거양득이다. sprintf()와 sscanf() 함수는 문자열을 다루는 〈9장〉에서, 그리고 fprintf()와 fscanf() 함수는 파일 입출력을 다루는 〈12장〉에서 살펴보며, 제대로 사용하여 학습해 본다.

PROGRAMMING

3.4 다른 표준 입출력 함수

문자 단위 입출력 함수

문자 단위 입출력 함수들은 getchar(), getc(), putchar() 등이 있고, 이들을 사용하려면 stdio.h를 포함해야 한다.

getchar() 함수는 표준 입력 장치로부터 글자 한 개를 읽고 반환하는 함수이다. 이 함수도 scanf()처럼 입력 버퍼를 사용한다. 따라서 키보드로 입력할 때 Enter를 눌러야 함수가 실행된다. 함수는 다음과 같이 선언된다.

```
int getchar(void);
```

함수를 호출하면 입력받은 글자를 int 형 값으로 반환한다. 보통 글자의 코드가 반환되는데, 읽는 과정에서 오류가 발생하면 EOF를 반환한다. EOF는 End Of File이라는 뜻으로 보통 −1로 표현되는 상수이다.

그런데 문자를 반환한다고 하면서 왜 char가 아니라 int를 반환할까? 이 질문에 대해 두 가지 이유가 있다.

getchar() 함수는 이진 데이터를 읽는 과정에서도 사용할 수 있다. 이진 데이터란 unsigned char로 취급되는 바이트 단위의 데이터를 말한다.

unsigned char 형 값 255는 signed char의 −1과 동일하다. 만약 getchar() 함수를 이용해서 이진 데이터를 읽은 후 값이 255라면, 그 값이 255였던 값인지 혹은 오류가 발생해서 −1이라고 나온 것이 unsigned char 형태로 변환되면서 255라고 반환된 건지 판별할 수 없다. 그래서 getchar() 함수는 오류가 발생한 것과 255(−1)에 해당되는 값을 읽은 것을 명확하게 구분하기 위해 바이트보다 큰 자료형인 int를 사용한다.

int 형이 32비트라고 가정했을 때, 다음에 보인 것처럼 오류로 나타나는 −1과 값 255를 명확하게 구분할 수 있다.

```
-1의 비트 표현은 1111 1111 1111 1111 1111 1111 11111 1111
255의 비트 표현은 0000 0000 0000 0000 0000 0000 11111 1111
```


코드 3-20은 getchar()를 두 번 호출해서 입력받은 문자를 출력한다.

코드 3-20 Getchar.c

```
#define _CRT_SECURE_NO_WARNINGS
#include <stdio.h>

int main(void)
{
    int ch = getchar();
    printf("ch = %c\n", ch);
    ch = getchar();
    printf("ch = %c\n", ch);
    return 0;
}
```

<실행 결과>

```
a
ch = a
ch =
```

이 코드는 입력 버퍼를 사용하기 때문에 a를 입력하고 Enter를 눌러야 실행된다. 입력 버퍼에는 'a'와 줄바꿈 문자가 들어가고, getchar() 함수를 호출할 때마다 한 글자씩 반환된다. 따라서 첫 번째는 'a'가 출력되고, 두 번째는 '\n'이 출력된다.

getc() 함수도 글자 한 개를 입력받는다. 사용법은 getc(stdin)이며, 키보드로 입력한 글자 한 개를 반환한다. stdin은 stdio.h에 정의되어 있고, 표준 입력(standard input, 보통 키보드)을 나타내는 값이다. 대부분의 컴파일러는 getchar() 함수를 getc(stdin)을 사용하는 매크로 함수로 구현하므로, 두 함수는 동일하다고 볼 수 있다.

getchar()와 getc()는 비슷한 함수라고 했다. 그럼 왜 두 가지가 따로 제공되는 것일까? getchar()는 무조건 키보드에서 입력받는 함수고, getc()는 주어진 파일에서 입력받는 함수이다. 키보드에서 입력받기 위해 파일 대신 stdin을 명시하였다.

다음 **코드 3-21**은 getc() 함수를 사용하는 코드이다.

코드 3-21 **Getc.c**

```c
#define _CRT_SECURE_NO_WARNINGS
#include <stdio.h>

int main(void)
{
    int ch = getc(stdin);
    printf("ch = %c\n", ch);
    ch = getc(stdin);
    printf("ch = %c\n", ch);
    return 0;
}
```

코드 3-21의 실행 결과도 **코드 3-20**과 동일하다.

> **잠깐만요** **getch() 함수**
>
> 인터넷을 통해 getchar() 함수 등을 검색해 보면 getch() 함수에 대한 설명이 있다. getch() 함수는 비주얼 스튜디오의 C 컴파일러가 제공하는 함수로 표준 C 라이브러리에는 없다. 사용법은 getchar()와 동일한데, 입력 버퍼를 사용하지 않아 글자가 입력되자마자 함수가 그 값을 반환한다. 이는 일부 컴파일러에서만 제공되는 함수이므로 사용하지 않을 것을 권한다.

문자 출력 함수

putchar() 함수는 전달받은 문자 한 개를 화면에 출력하고, 표준 입출력 함수이므로 stdio.h를 포함한다. **코드 3-22**와 같이 putchar() 함수를 이용해서 영문 알파벳, 숫자, 특수 문자를 출력하는 것을 살펴보자.

코드 3-22 **Putchar.c**

```
#define _CRT_SECURE_NO_WARNINGS
#include <stdio.h>

int main(void)
{
    putchar('a');
    putchar('1');
    putchar('?');
    return 0;
}
```

<실행 결과>

```
a1?
```

문자열 출력 함수

puts() 함수는 전달받은 문자열을 화면에 출력한다. stdio.h를 포함해야 한다.

〈1장〉에서 처음으로 "My first C program"을 출력할 때 printf() 함수를 사용했는데, puts() 함수를 사용해도 동일한 효과를 얻을 수 있다. **코드 3-23**은 puts()를 사용해서 문자열을 출력하는 프로그램이다.

코드 3-23 **Puts.c**

```
#define _CRT_SECURE_NO_WARNINGS
#include <stdio.h>

int main(void)
{
    puts("My first C program"); // 문자열 출력하는 puts() 함수 호출
    return 0;
}
```

<실행 결과>

```
My first C program
```

puts() 함수는 화면에 출력한 후 무조건 줄바꿈을 한다. 문자열에 줄바꿈 문자가 있으면, 줄바꿈이 두 번 일어난다. **코드 3-24**에서는 "Hello World"를 출력한 후 줄바꿈이 두 번 일어나고, 다시 "Pi is 3.141519"가 다음 줄에 출력된다.

코드 3-24 **Puts2.c**

```c
#define _CRT_SECURE_NO_WARNINGS
#include <stdio.h>

int main(void)
{
    puts("Hello World\n");
    puts("PI is 3.141519");
    return 0;
}
```

<실행 결과>

```
Hello World

PI is 3.141519
```

잠깐만요 **C 언어에서 제곱근을 구하는 방법**

C 언어에서 제곱근을 계산하려면 math.h에 포함된 sqrt() 함수를 사용한다. 이 함수는 인자로 전달된 double 형 값의 제곱근을 double 형 값으로 반환한다. 다음은 sqrt() 함수를 사용하여 제곱근을 구하는 예제 코드이다.

```c
#include <stdio.h>
#include <math.h>

int main() {
    double num;

    printf("실수 입력: ");
    scanf("%lf", &num);
    double result = sqrt(num);
    printf("입력한 수 %f의 제곱근은 %.2f입니다.\n", num, result);
    return 0;
}
```

3.5 연습 문제

01 다음이 맞는 표현인지 아닌지 OX로 답하시오(관행적 표현이 아니면 X로 답하시오).

- #include <stdio.h>
- #include "stdio.h"
- #include <src.txt>
- #include "src.txt"

02 다음이 맞는 표현인지 아닌지 OX로 답하시오.

- #define ERR   -1
- #define "ERR" "Error"
- #define MSG   "message"
- #define MSG NAME "message"

03 다음 연산자의 우선순위를 순서대로 나열하시오.

① 산술 연산자
② 논리 연산자
③ 조건 연산자
④ 대입 연산자

04 scanf()의 올바른 사용을 고르시오. n, n1, n2는 int 형 변수로 가정한다.

① scanf("%d", &n);
② scanf("%d", n);
③ scanf("%d %d", &n1, &n2);
④ scanf("%d %d", n1, n2);

05 scanf("%d-%d-%d", &n1, &n2, &n3) 함수에 대해 n1, n2, n3의 올바른 입력을 모두 고르시오.

① 010 1111 1111
② 010-1111-1111
③ 010 - 1111 - 1111
④ 010 -1111 =1111

06 putchar(), puts()나 getchar() 같은 함수를 사용하는 것이 printf()나 scanf()를 사용하는 것보다 실행 파일의 크기는 크게 만들지만, 실행 속도는 빠르다(OX로 답하시오).

07 다음 값들을 숫자E지수 형식으로 작성하시오. E 앞의 숫자는 1자리 정수 형태로 만든다(예 : 1.525E10, 2.473E5).

$$-153.34 \qquad .37394 \qquad 5x10^{40} \qquad 0.0000054 \qquad 30x10^{-4}$$

08 키보드로 아스키 코드로 표현 가능한 문자 한 개를 입력받고 문자의 코드를 10진수와 16진수로 화면에 출력하는 프로그램을 작성하시오.

09 증감 연산자의 실행 결과를 이해하기 어렵게 만드는 예시 코드를 작성해 보고 왜 그런지 설명하시오.

10 그림 3-14의 원뿔(cone) 모양 전체 표면적(surface area)을 화면에 출력하는 프로그램을 작성하시오. 원뿔의 표면적 계산 공식은 다음과 같다.

- 반지름(r)은 5이고 높이(h)는 10으로 가정한다.

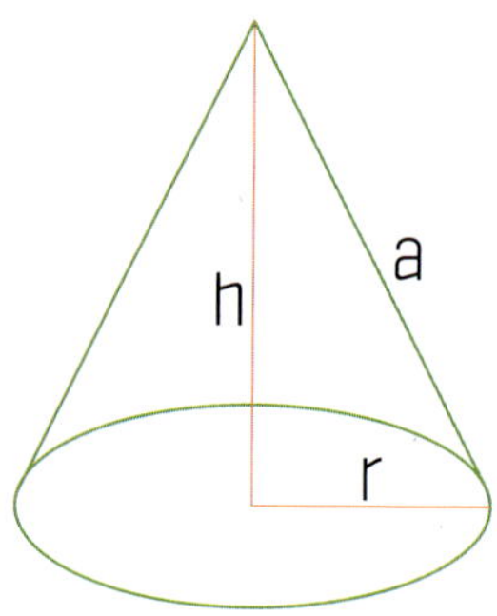

그림 3-14 원뿔의 면적 계산

값은 math.h에 있는 M_PI 상수를 사용한다.

> **잠깐만요** **비주얼 스튜디오에서 M_PI 사용**
>
> 비주얼 스튜디오에서 M_PI를 사용하려면 math.h를 포함하기 전에 #define_USE_MATH_DEFINES를 선언해야 한다.
>
> ```
> #define _USE_MATH_DEFINES#include <math.h>  // M_PI 사용 가능
> ```
>
> GCC에서는 필요 없지만, 사용해도 문제될 것은 없다.

11 사용자로부터 (x_1, y_1), (x_2, y_2) 좌표를 입력받고 두 좌표 사이의 거리를 계산해서 소수점 둘째 자리까지 출력하는 프로그램을 작성하시오. 두 점 사이의 거리를 계산하는 공식은 다음과 같다.

$$distance = \sqrt{(x_2 - x_1)^2 + (y_2 - y_1)^2}$$

12 매크로 상수 기능을 이용해서 PI를 3.14159로 지정하고 문제 **10** 번을 다시 풀어보시오.

13 상수 변수 기능을 이용해서 PI를 3.14159로 지정하고 문제 **10** 번을 다시 풀어보시오.

14 인터넷을 이용해서 m^n을 구하는 기능이 C 언어에 있는지 확인한 후에 2^0부터 2^{10}까지 화면에 출력하는 프로그램을 작성하시오.

15 m^n을 구하는 기능을 이용해서 문제 **11** 번의 distance 구하는 코드를 다시 작성하시오.

16 2^0부터 2^{10}까지 화면에 출력하는 프로그램을 작성하시오. 단, C 언어의 표준 라이브러리를 사용하지 않는다.

17 커피 원두를 볶아서 파는 가게가 있다고 가정한다. 이 가게는 커피를 kg 단위로 볶아서 판매한다. 커피를 택배로 배송할 때 배송료는 다음 공식을 이용해서 계산한다.

shipping = (kg당 단가) × 무게 + 고정_처리_비용

고정 처리 비용은 3000원으로 계산하고, kg 당 단가는 25000원이다. 사용자로부터 무게를 kg 단위로 입력받고, 사용자가 지불해야 하는 금액을 계산해서 출력하는 프로그램을 작성하시오.

18 헤론(Heron)의 공식을 이용하면 삼각형 세 변의 길이(a, b, c)를 이용해서 삼각형의 면적을 계산할 수 있다. 사용자로부터 삼각형 세 꼭짓점의 좌표를 정수형으로 입력받고, 헤론의 공식을 이용해서 삼각형의 면적을 구한 뒤 소수 둘째 자리까지 화면에 출력하는 프로그램을 작성하시오. 두 점 사이의 거리를 구하는 헤론의 공식은 다음과 같다.

$$Area = \sqrt{s \times (s-a) \times (s-b) \times (s-c)}$$
$$s = (a+b+c)/2$$

19 디스플레이(display)의 크기를 cm 단위로 입력받고 인치(inches) 단위로 소수점 첫째 자리까지 출력하는 프로그램을 작성하시오.

20 ax^2+bx+c에 해당되는 이차 방정식의 해를 구하려고 한다. 사용자로부터 a, b, c에 해당되는 값들을 정수형으로 입력받는다. 사용자가 입력하는 a, b, c 값은 $b^2-4\times a\times c$ >= 0 조건을 만족하는 값들이라고 가정한다. 근의 공식을 이용해서 이차 방정식의 해를 구해서 출력하는 프로그램을 작성하시오.

21 사용자로부터 문자 한 개를 입력받고 아스키(ASCII) 코드에서 그 문자 앞과 뒤에 있는 문자 한 개씩 출력하는 프로그램을 작성하시오. 사용자가 입력하는 문자 앞과 뒤에는 다른 문자들이 존재한다고 가정한다.

22 본인의 영문 이름을 putchar( )를 이용해서 출력하는 프로그램을 작성하시오.

23 본인의 영문 이름을 puts( )를 이용해서 출력하는 프로그램을 작성하시오.

24 정수를 2의 배수로 나누거나 곱하는 것을 비트 이동 연산자를 이용해서 처리하는 코드를 작성하시오.

25 1000~9999까지의 정수 중에서 한 개를 입력받고, 천, 백, 십, 일 단위의 수를 출력하는 프로그램을 작성하시오(예 : 7239를 입력하면 7, 2, 3, 9를 출력한다).

26 비트 연산자를 이용해서 32비트 unsigned int 형 값에서 두 번째 바이트에 해당되는 값을 추출해서 화면에 출력하는 프로그램을 작성하시오.

27 쿨롱의 법칙(Coulomb's Law)는 진공 상태에서 거리 r만큼 떨어져 있는 두 전하(electric charge) q1과 q2 사이에 작용하는 전자기력(electromagnetic force)을 나타낸다. 쿨롱의 법칙은 다음 공식으로 표현된다. 사용자에게 q1, q2, r을 실숫값(double형)으로 입력받고 전자기력을 계산하는 프로그램을 작성하시오.

$$F = k_e \times \frac{q1 \times q2}{r^2}$$

$$K_e = 8.9876 \times 10^9$$

4장

조건문

학 습 목 표

- 조건 표현식과 단축 평가를 이해한다.
- 조건문 사용법을 학습한다.
- switch 문을 알아본다.

PROGRAMMING

4.1 제어 흐름

제어 흐름(control flow)은 프로그램이 실행되는 흐름을 표현하는 방법이다. 대표적으로 순차(sequencing), 선택(selection), 반복(iteration, 〈5장〉)이 있다.

❶ 순차

지금까지 만들었던 프로그램은 main() 안에 있는 코드를 한 문장(statement)씩 순차적으로(sequentially) 실행했다. 중간에 printf()나 scanf() 함수를 실행하지만, 함수 내부 코드로 이동한 후 실행한 후 다시 되돌아오는 순차적 흐름의 한 문장이었다.

❷ 선택

선택적 실행이란, 주어진 조건에 따라 다른 코드를 실행시키는 것이다. 예를 들어, 영화 보는 것을 가정하자. 아침에 다른 할 일이 없다면 조조 시간에 영화를 저렴하게 보는 것을 선택할 수 있고, 반대로 아침에 시간이 없다면 일반 상영 시간에 볼 것이다. 여기서 "아침에 다른 할 일이 없다면"이 주어진 조건이고, "조조 요금으로 영화를 본다" 혹은 "일반 요금으로 영화를 본다"가 조건에 따라 실행하는 다른 작업이 된다.

이처럼 조건의 충족 여부에 따라 어떤 코드를 실행시킬 것인지 결정하는 것을 조건문(conditional statement)이라고 부르고, C 언어는 if, if-else, if-else if 등과 switch 문을 제공한다.

❸ 반복

반복이란 동일한 작업 혹은 비슷한 유형의 작업을 주어진 조건이 만족될 때까지 또는 정해진 횟수만큼 계속 처리하는 것이다. 비슷한 코드를 반복적으로 작성하는 것을 줄여주므로, 프로그래머의 일을 줄여준다는 면에서 도움이 된다. C 언어는 while, do-while, for 문을 제공하는데 이에 대해서는 〈5장〉에서 살펴본다.

4.2 조건 표현식

조건식 또는 조건 표현식(conditional expression)은 참/거짓의 불린(boolean) 값을 반환한다. 조건식의 결과에 따라 선택적으로 후속 작업의 실행을 결정한다.

조건식에는 상수, 변수, 연산식이 사용될 수 있다. 이들을 사용해서 불린 값을 표현하는 예를 표 4-1에서 볼 수 있다. 산술 연산식도 사용할 수 있고 함수를 호출할 수도 있는데, 결괏값이 0인지 아닌지에 따라 조건식으로 사용할 수 있다.

ANSI C는 불린 자료형이 따로 없다. C99에서는 _Bool이라고 불리는 자료형이 제공되지만, C 언어는 전통적으로 0 또는 0에 따르는 값이 거짓(False), 0이 아닌 값이 참(True)을 나타낸다.

표 4-1 참/거짓을 표현하는 표현식의 예

불린 값	표현식의 예
참(T)	1, 2, 또는 −1, −2처럼 0이 아닌 모든 정수 0.0이 아닌 모든 실수 NULL이 아닌 메모리 주소 '\0'이 아닌 모든 문자 결괏값이 0 또는 0.0이 아닌 연산식(예 : 2 + 3) 등
거짓(F)	0, 0.0, 널('\0') 문자 NULL 포인터 결괏값이 0 또는 0.0인 연산식(예 : 2 − 2) 등

관계 연산자

관계 연산자(relational operator)는 두 피연산자를 비교해서 참/거짓에 해당하는 값을 생성한다. 다음 표 4-2는 관계 연산자에 대해 설명한 것이다.

표 4-2 관계 연산자(A, B는 피연산자 두 개를 나타낸다)

연산자	설명
A < B	A가 B보다 작으면 T, 아니면 F
A > B	A가 B보다 크면 T, 아니면 F
A <= B	A가 B보다 작거나 같으면 T, 아니면 F
A >= B	A가 B보다 크거나 같으면 T, 아니면 F
A == B	A가 B와 같으면 T, 아니면 F
A != B	A가 B와 같지 않으면 T, 아니면 F

수학에서 다루는 연산자와 비슷하게 생겨서 이해하는 데 큰 어려움은 없을 것이다. 하지만 다음의 몇 가지 사항을 주의하자.

- ≤와 ≥를 풀어쓴 것이 <=와 >=이다. 기호의 순서만 기억한다.
- !=는 ≠와 비슷하다고 생각할 수 있다. 하지만 '!'는 논리 연산자로 사용할 때 부정(not)의 의미를 갖는다. 따라서 '!=='를 줄여서 '!='처럼 표현한다고 보자. '!='를 'not equal'의 뜻으로 이해하면 좋다.
- 표 4-2에서 A와 B는 사용할 수 있는 자료형이 정해져 있다. 주로 사용할 수 있는 자료형으로는 기본형(정수, 실수, 문자형), 포인터 등이다.
  - 문자열은 관계 연산자로 비교할 수 없다. 예상하지 못한 결과가 나타날 수 있으므로 주의한다.
- 실수는 저장 방법 때문에 정확하게 비교되지 않을 수 있어 조심해야 한다.
- 대입 연산자 '='와 혼동하지 말아야 한다. '==' 대신 '='를 사용해도 프로그램이 동작할 수 있지만, 원하는 결과가 아닐 수 있다. 다음 **코드 4-1**을 살펴보자.

코드 4-1

```
int n = 3;
int boolean1 = (n == 2);
int boolean2 = (n = 2);
```

변수 n에 3을 저장했다. boolean1은 3과 2를 비교하고 같지 않으므로 (n == 2)의 결괏값은 0이 된다. boolean1에 0이 저장되고 F 의미를 가진다. boolean2는 변수 n에 2를 저장하여 n = 2의 결괏값은 2다. 따라서 boolean2에는 2가 저장되고, T의 의미를 가진다.

'=' 기호가 한 개 빠졌을 뿐인데 전혀 다른 결과가 나온다. C 언어의 대입 연산식도 결괏값을 생성한다(변수에 저장된 값). 그리고 그 값이 다른 대입 연산에 사용되면 생각지도 못한 결괏값을 얻게 될 수 있으므로 각별하게 주의한다.

코드 4-2는 여러 가지 관계 연산자를 사용하는 코드를 작성한 것이다. 예상한 결과와 실제 연산 결과를 함께 출력해서 비교해 볼 수 있도록 작성했다.

코드의 29~31줄 영역을 제외한 나머지 코드는 예상대로 결과가 나온다. 29~31줄은 d8과 d9 변수가 차이가 있음에도 불구하고 동일한 값으로 인식한다. 앞에서 설명한 것처럼 실숫값을 저장하는 과정에서의 오차 문제가 생길 수밖에 없다.

코드 4-2 **RelationalOp.c**

```
1   #include <stdio.h>
2
3   int main(void)
4   {
5       int n1 = 3;
6       int n2 = 5;
7       float f3 = 3.0f;
8       double d4 = 3.0;
9       double d5 = 3.1E-15;
10      double d6 = 3.1E-15;
11      double d7 = 3.11E-15;
12      double d8 = 3.0000000000000001;
13      double d9 = 3.00000000000000001;
14
15      printf("('a' < 'A') = %d, 예상 결과: 0\n", 'a' < 'A');  // false
16      printf("('1' < '2') = %d, 예상 결과: 1\n", '1' < '2');  // true
17      printf("(n1 == n2) = %d, 예상 결과: 0\n", n1 == n2);   // false
18      printf("(n1 > n2) = %d, 예상 결과 = 0\n", n1 > n2);    // false
19      printf("(n1 < n2) = %d, 예상 결과 = 1\n", n1 < n2);    // true
20      printf("(n1 == f3) = %d, 예상 결과 = 1\n", n1 == f3);  // true
21      printf("(n1 == d4) = %d, 예상 결과 = 1\n", n1 == d4);  // true
22      printf("(f3 == d4) = %d, 예상 결과 = 1\n", f3 == d4);  // true
23      printf("(f3 > d4) = %d, 예상 결과 = 0\n", f3 > d4);    // false
24      printf("(d5 == d6) = %d, 예상 결과 = 1\n", d5 == d6);  // true
```

```
    printf("(d6 > d7) = %d, 예상 결과 = 0\n", d6 > d7);     // false
    printf("(d8 == d9) = %d, 예상 결과 = 0\n", d8 == d9); // false
    printf("(d8 > d9) = %d, 예상 결과 = 1\n", d8 > d9);     // true
    printf("(d8 < d9) = %d, 예상 결과 = 0\n", d8 < d9);     // false
    return 0;
}
```

<실행 결과>

```
('a' < 'A') = 0, 예상 결과: 0
('1' < '2') = 1, 예상 결과: 1
(n1 == n2) = 0, 예상 결과: 0
(n1 > n2) = 0, 예상 결과 = 0
(n1 < n2) = 1, 예상 결과 = 1
(n1 == f3) = 1, 예상 결과 = 1
(n1 == d4) = 1, 예상 결과 = 1
(f3 == d4) = 1, 예상 결과 = 1
(f3 > d4) = 0, 예상 결과 = 0
(d5 == d6) = 1, 예상 결과 = 1
(d6 > d7) = 0, 예상 결과 = 0
(d8 == d9) = 1, 예상 결과 = 0
(d8 > d9) = 0, 예상 결과 = 1
(d8 < d9) = 0, 예상 결과 = 0
```

잠깐만요 **비교 연산자와 대입 연산자 주의**

==를 =로 잘못 작성하여 처음부터 프로그램이 오동작하는 경우를 막기 위해 왼쪽에 상수를 사용하는 것을 권하기도 한다. 예를 들어, n == 2 대신 2 == n으로 작성하는 것이다. 2 == n 대신 2 = n으로 쓰면, 오류가 발생해서 문제 파악이 쉽다. 한 가지 해결 방안이 될 수 있지만, 변수와 변수 또는 변수와 이름이 붙은 상수를 비교할 때는 의미가 없다. 스스로 어떻게 비교하는지를 살펴보는 것이 필요하다.

enum 자료형도 비교 연산이 가능하다. 예를 들어, 비회원(NONE), 프렌즈(FRIENDS), 실버(SILVER), 골드(GOLD), 플래티넘(PLATINUM) 등급으로 나뉜 멤버십 프로그램이 있다고 가정하여 등급을 enum 자료형으로 만들고 변수를 선언했다.

```c
typedef enum { NONE, FRIENDS, SILVER, GOLD, PLATINUM } Membership;

Membership membership = NONE;
```

membership 변수의 등급을 비교하는 것이 가능하다.

```c
membership == SILVER; // 0(false)
```


코드 4-3과 같이 멤버십 등급을 출력하는 프로그램을 작성한다.

코드 4-3 **Membership1.c**

```c
#include <stdio.h>

int main(void)
{
    typedef enum { NONE, FRIENDS, SILVER, GOLD, PLATINUM } Membership;

    Membership membership = GOLD;
    printf("membership == GOLD: %d\n", membership == GOLD);
    printf("membership == SILVER: %d\n", membership == SILVER);
}
```

<실행 결과>

```
membership == GOLD: 1
membership == SILVER: 0
```

논리 연산자

논리 연산자(logical operator)는 &&, ||, ! 연산자 기호를 사용하며, 각각 and, or, not 논리 연산을 나타낸다.

논리 연산자는 참/거짓에 해당되는 피연산자들에 논리 연산을 적용한 후 참/거짓의 결괏값을 생성한다.

not 논리 연산은 참 → 거짓, 거짓 → 참으로 변경한다. 예를 들어, 변수 a가 0이라면 !a는 1이고, a가 −3이라면 참이므로 !a는 0이 된다. 0이 아니면 참이지만, 상황에 따라 1로 표현하는 것에 주의한다.

and와 or 연산은 표 4-3을 참고한다.

표 4-3 A && B와 A || B 연산

피연산자 A	피연산자 B	A && B	A || B
0(거짓)	0(거짓)	0(거짓)	0(거짓)
0(거짓)	0이 아닌 값(참)	0(거짓)	1(참)
0이 아닌 값(참)	0(거짓)	0(거짓)	1(참)
0이 아닌 값(참)	0이 아닌 값(참)	1(참)	1(참)

코드 4-4는 **코드 4-3**의 멤버십별 무료 주차 가능성을 평가하는 코드이다. GOLD와 PLATINUM 멤버십을 가지고 있을 때 2시간 무료 주차가 가능하다고 가정하자.

코드 4-4 **LogicalOp.c**

```
#include <stdio.h>

int main(void)
{
    typedef enum { NONE, SILVER, GOLD, PLATINUM } Membership;

    Membership membership = GOLD;
    int parkingTime = 30;  // 30분 주차
    int freeParking = (membership == GOLD || membership == PLATINUM) &&
parkingTime <= 120;
    printf("무료 주차 가능 = %d\n", freeParking);
    return 0;
}
```

멤버십을 지정

주차 시간을 지정

멤버십에 따른 무료 주차 시간을 확인
골드 또는 플래티넘 회원이면서 2시간 이내이면 무료 주차 가능

<실행 결과>

```
무료 주차 가능 = 1
```

> **잠깐만요** **논리 연산자 사용 주의**
>
> 멤버십이 GOLD 또는 PLATINUM인지 알아볼 때 `membership == GOLD || membership == PLATINUM`이라고 작성한 것에 주의한다.
>
> 프로그래밍 초보자들이 "멤버십이 GOLD 또는 PLATINUM인지 확인"이라는 내용을 단순하게 코드로 옮기면서 `membership == GOLD || PLATINUM`이라고 작성하는 경우가 많다.
>
> 연산자 우선순위를 고려하면 ==는 || 보다 우선순위가 높다. 따라서 `(membership == GOLD) || PLATINUM`으로 인식된다. 만약 `membership`이 `GOLD`가 아니라면 `0 || PLATINUM`이 되고, PLATINUM은 enum 자료형에서 3으로 처리되므로 전체 표현식은 0이 아닌 값이 된다.
>
> 즉, `membership` 변수가 GOLD나 PLATINUM이 아니더라도 무조건 참으로 인식하므로 주의해야 한다.

단축 평가

논리 연산식을 평가할 때 왼쪽부터 순서대로 평가해서 전체 연산식의 결괏값을 알 수 있으면 중단하는 것을 단축 평가(short-circuit evaluation) 또는 단락 평가라고 한다.

`A && B` 연산을 살펴보자. 만약 A의 결괏값이 거짓(0)이라면 B의 값이 참/거짓에 관계없이 `A && B`의 결괏값은 거짓이다. 반대로 A가 참(0이 아니라면)이라면 B를 평가해서 값을 확인해야만 전체 연산식의 결과를 알 수 있다.

`A || B`는 A의 결괏값이 참이라면 B는 더 이상 살펴보지 않아도 된다. A의 결괏값이 거짓이라면 B도 평가해야 한다.

표 4-4는 단축 평가가 일어나는 조건이다. B가 평가되지 않는다는 것은 B에 해당되는 표현식이 실행되지 않는다는 것이다.

표 4-4 단축 평가 조건

논리 연산식	단축 평가 조건	설명
A && B	A가 거짓	A가 거짓일 때 B 표현식은 평가(실행)되지 않는다.
A || B	A가 참	A가 참일 때 B 표현식은 평가(실행)되지 않는다.

단축 평가는 프로그램 실행의 효율성과 안전성을 높이는 목적으로 사용할 수 있다.

A보다 B가 실행 시간이 오래 걸리는 표현식이라면, A를 연산자의 왼쪽에 그리고 B를 오른쪽에 두는 것이 효율적일 수 있다. 실행 시간이 짧은 A의 결과에 따라 B는 아예 실행되지 않을 수도 있다.

비슷하게 A가 B보다 단축 평가 조건을 만족시킬 가능성이 높다면 왼쪽에 두는 것이 효율성을 높일 수 있다.

C 프로그램에서 값을 0으로 나누면 프로그램 실행을 중단시키는 오류가 발생한다. n과 d가 변수라고 가정할 때 다음 형태의 코드를 작성하면 단축 평가가 도움될 수 있다. 만약 n이 0이라면 `n != 0`은 거짓이 되고, `d / n`은 아예 실행되지 않는다.

```
(n != 0 && d / n > 0)
```

포인터 변수를 사용할 때 단축 평가가 많이 사용된다. 포인터 변수는 메모리 주소를 값으로 가진다. 주로 포인터 변수의 메모리 주소를 이용해서 간접적으로 메모리 공간에 접근한다. 이때 포인터 변수에 저장된 메모리 주소가 괜찮은지 확인하고 사용하는 코드를 작성할 수 있다.

아직 포인터를 학습하지 않았으므로 여기에서는 의사 코드 형태로만 사용법을 보인다. 다음 코드 형태는 `NULL`은 메모리 주소가 초기화되지 않음을 나타내는 상수이다. 자세한 내용은 〈8장〉에서 다루기로 한다.

```
(포인터_변수 != NULL && 포인터_변수의_메모리 주소를 이용해서 변수에 접근)
```

PROGRAMMING

4.3 조건문

C 언어의 조건문은 if 문과 if 문의 파생문들, 그리고 switch 문이 있다.

if 문

if 문은 조건식을 평가해서 결괏값이 참이면 정해진 코드를 실행시키고, 조건이 만족되지 않으면 더 이상 아무것도 하지 않는다.

if 문은 괄호로 묶인 조건식과 코드 블록으로 구성된다. **코드 4-5**는 전형적인 if 문의 사용법을 보인다.

코드 4-5

```
if (조건식) {
    S1;
}
S2;
```

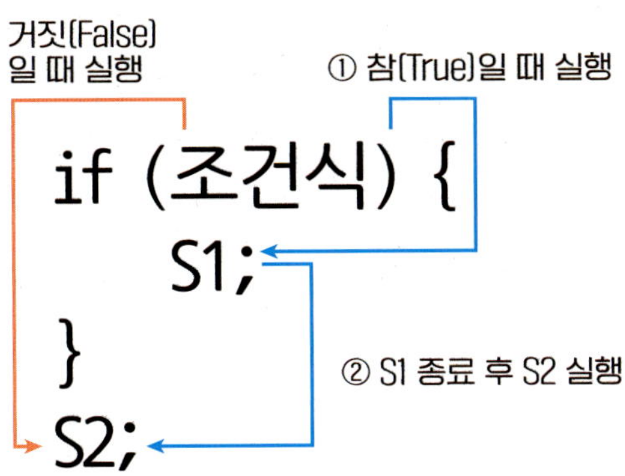

그림 4-1 if 문 동작 방법

조건식의 결괏값이 0이 아니면(참이면), S1을 실행한다. S1을 실행한 후 if 문이 종료되므로 다음 실행문인 S2가 실행된다. S1은 일반적으로 1줄 이상의 명령문으로 구성한다. 드물지만 코드 블록에 명령문이 전혀 없다면, 아무것도 실행하지 않고 if 문이 종료된다.

"조건식"의 결괏값이 0(거짓)이라면 if에 포함된 S1은 실행하지 않고 S2를 실행한다.

조건식이 만족될 때(0이 아닐 때) 실행할 명령문이 한 개라면, 코드 블록 없이 **코드 4-6**처럼 작성할 수 있다.

코드 4-6

```
if (조건식)
    S1;
S2;
```

C 언어에서 공백이나 줄바꿈은 큰 의미가 없다. **코드 4-5**는 다음에 보인 것처럼 다양한 형태로 작성할 수 있다. 다음과 같이 조건문을 다양하게 유형별로 작성한 것을 살펴보자.

유형 1

```
if (조건식)
{
 S1;
}
S2;
```

유형 2

```
if (조건식) { S1; }
S2;
```

유형 3

```
if (조건식) { S1; } S2;
```

여러 사람이 같이 일하는 경우, 코드의 일관성을 지키기 위해 특정 형식을 정해두고 작성하도록 요구할 수 있다. 이렇게 같은 코드지만 유형별로 일관성을 만들어 작성하는 것을 코딩 스타일(coding style) 또는 코딩 가이드라인이라고 한다. 협업을 위해 코딩 스타일을 정한 것이 아니라고 해도 본인만의 스타일을 정하고 사용하는 것이 좋다.

잠깐만요 **조건문의 세미콜론**

조건문을 작성할 때 조건식 다음에 세미콜론을 붙이지 않도록 주의한다.

```
if (조건식);
    S1;
```

(조건식) 다음에 세미콜론을 잘못 붙였다. 컴파일 오류는 발생하지 않는다. C 언어에서는 아무것도 없이 세미콜론만 있어도 명령문으로 인식한다. 다만 아무것도 하지 않는 빈 명령문으로 처리한다.

`if (조건식);`은 조건식이 만족하면 세미콜론 앞에 있는 빈 명령문을 실행, 즉 아무것도 하지 않고 `if` 문을 종료한다. 반대로 조건식이 만족되지 않으면 `if` 문을 종료한다. 이 경우에는 조건식과 관계없이 아무 일도 하지 않는 코드가 만들어진 셈이다.

S1 앞의 띄어쓰기는 아무런 의미가 없다. 이 상황에서는 S1은 `if` 문과 전혀 관계없는 독립적인 명령문에 해당된다. 코드 블록을 사용한다고 문제가 달라지거나 해결되는 것은 아니다. 다음 조건문을 살펴보자.

```
if (조건식); {
    S1;
}
```

이 경우에 `if (조건식);`는 앞에서 말한 것처럼 아무것도 하지 않는 if 문이 된다. 그다음에 나오는 {부터 }까지는 코드 블록으로 인식된다. C 언어에서는 코드 중간 어디서나 코드 블록을 만들고 코드를 넣을 수 있다(C 언어에서 코드 블록은 한 개의 명령문으로 취급). 따라서 코드 블록이 있건 없건 S1은 독립적으로 실행되는 명령문으로 취급된다.

`if` 문은 빈 명령문과 사용하는 경우가 거의 없다는 것에 주의한다. 참고로 반복문은 드물지만 빈 명령문과 사용되는 경우가 있을 수도 있다(예 : for(;;)는 무한 반복한다).

조건문을 살펴보기 위해 영화 예매로 예시를 들어보자. 표 4-5와 같이 좌석의 열에 따라 가격을 다르게 책정한다.

표 4-5 좌석별 영화 관람료

좌석 열 이름	가격
A, B	13,000
C-K	14,000
L	15,000

만약 사용자가 'L'을 입력하면 "표를 구매합니다"라는 내용을 출력하는 프로그램을 작성해 보자. 가격을 출력하는 것은 나중에 구현한다.

코드 4-7 **Movie1.c**

```c
#define _CRT_SECURE_NO_WARNINGS
#include <stdio.h>

int main(void)
{
    char seat = '0';
    printf("극장 좌석 열을 입력하세요: ");
    scanf("%c", &seat);
    if (seat == 'L') {
        printf("표를 구매합니다\n");
    }
    return 0;
}
```

- char seat = '0'; ← seat이라는 변수를 char 형으로 만들고 '0'으로 초기화
- scanf("%c", &seat); ← 사용자로부터 문자를 한 개 입력받아서 seat에 저장 scanf() 대신 getchar() 함수 이용 가능. seat = (char) getchar();
- if (seat == 'L') { … } ← seat가 'L'열이면 "표를 구매합니다\n" 문자열을 화면에 출력 그 외는 아무것도 하지 않음

코드를 실행하고 'L'을 입력하면 다음과 같은 실행 결과가 출력된다.

<실행 결과>

```
극장 좌석 열을 입력하세요: L
표를 구매합니다
```

다시 코드를 실행하고 L이 아닌 다른 열을 입력하면 다른 문자열은 출력되지 않는다.

<실행 결과>

```
극장 좌석 열을 입력하세요: H
```

코드 4-4를 수정해서 사용자로부터 멤버십과 주차 시간을 입력받고, 조건이 만족되면(골드나 플래티넘 회원, 주차시간 120분 이하) 무료 주차임을 출력한다. 멤버십은 첫 번째 글자만 입력하는 것으로 한다(예 : N, F, S, G, P).

코드 4-8 **Parking1.c**

```
#define _CRT_SECURE_NO_WARNINGS
#include <stdio.h>

int main(void)
{
    char membership;
    printf("멤버십을 한 글자로 입력하세요(N: 멤버십 없음, F: 프렌즈, S: 실버, G: 골드, P: 플래티넘): ");
    scanf("%c", &membership);
    printf("주차 시간을 분 단위로 입력하세요: ");
    int parkingTime;
    scanf("%d", &parkingTime);
    if ((membership == 'G' || membership == 'P') && parkingTime <= 120) {
        printf("멤버십: %c, 주차 시간: %d분. 무료 주차 가능\n", membership, parkingTime);
    }
    return 0;
}
```

<실행 결과>

```
멤버십을 한 글자로 입력하세요(N: 멤버십 없음, F: 프렌즈, S: 실버, G: 골드, P: 플래티넘): G
주차 시간을 분 단위로 입력하세요: 110
멤버십: G, 주차 시간: 110분. 무료 주차 가능
```

if-else 문

if-else 문은 조건이 만족될 때와 만족되지 않을 때, 즉 조건이 다른 작업을 하는 경우에 사용한다.

AI 스피커에게 오늘 비가 올 확률을 물어볼 때 답하는 내용을 프로그래밍한다고 가정하자. 강수 확률이 30%를 넘으면 우산을 가져갈 수 있도록 답하고, 아니면 가져가지 않아도 된다고 답한다. 이를 조건문으로 작성하면 **코드 4-9**와 같다. chanceOfRain 변수가 강수 확률을 나타내는 변수이다.

코드 4-9 Rain1.c

```c
#include <stdio.h>

int main(void)
{
    int chanceOfRain = 35; // 비올 확률 35%
    if (chanceOfRain >= 30) {
        printf("우산을 가지고 외출하세요\n");
    }
    if (chanceOfRain < 30) {
        printf("우산을 가지고 나가지 않아도 될 것 같습니다\n");
    }
        return 0;
}
```

<실행 결과>

```
우산을 가지고 외출하세요
```

이 프로그램은 "비가 올 확률에 따라 우산을 지참할 것이냐 말것이냐"라는 두 가지 조건 중 한 개를 선택해야 하는 경우를 보인다. 이럴 때 **코드 4-9**처럼 if 문을 두 번 사용할 수 있지만, 이를 좀 더 단순하게 표현할 수 있는 방법이 if-else 문이다.

if-else 문은 다음 형태로 작성한다. S1과 S2는 보통 한 줄 이상의 명령문을 나타낸다.

```c
if (조건식) {
    S1;
}
else {
    S2;
}
S3;
```

조건식의 결과가 0이 아니면(만족되면) S1이 실행되고 0이면(만족되지 않으면) S2가 실행된다. 어느 쪽이 실행되어도 명령문들이 실행된 후 if-else 문은 종료되고 S3이 실행된다.

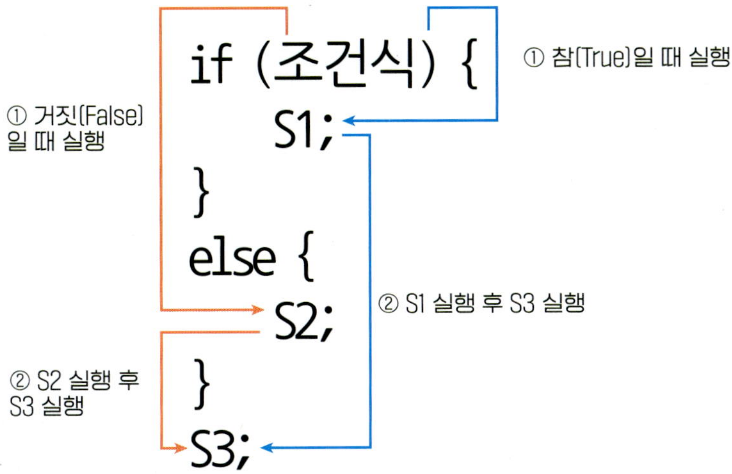

그림 4-2 if-else 문 동작 방법

코드 4-9를 if-else 문을 이용해서 다시 작성해 보자. 이번에는 chanceOfRain 변수에 무작위로 0~100 사이의 정수를 생성해서 저장한다.

코드 4-10 **Rain2.c**

```
#include <stdio.h>
#include <stdlib.h>
#include <time.h>

int main(void)
{
    srand(time(NULL));
    int chanceOfRain = rand( ) % 101;
    if (chanceOfRain >= 30) {
        printf("비올 확률: %d%%. 우산을 가지고 외출하세요\n", chanceOfRain);
    }
    else {
        printf("비올 확률: %d%%. 우산을 가지고 나가지 않아도 될 것 같습니다\n",
chanceOfRain);
    }
    return 0;
}
```

<실행 결과>

```
비올 확률: 7%. 우산을 가지고 나가지 않아도 될 것 같습니다
```

<실행 결과>

```
비올 확률: 53%. 우산을 가지고 외출하세요
```

이를 참고하여 효율적인 코드를 작성한다. if-else 문은 if 문을 두 번 사용하는 것보다 효율적이다. **코드 4-9**는 chanceOfRain 변숫값을 두 번 비교하고, **코드 4-10**은 한 번만 비교한다. 물론 정수를 비교하는 것이 오래 걸리는 것은 아니지만, 조건식에 들어가는 코드를 한 시간 동안 실행한다면 **코드 4-9**의 두 시간과 **코드 4-10**의 한 시간은 엄청난 차이가 난다.

잠깐만요 무작위로 0~100 사이의 정수를 생성하는 방법

C 언어에서 무작위로 0~100 사이의 정수를 생성하려면 stdlib.h에 선언된 rand() 함수를 사용한다. 다음은 rand() 함수를 이용해서 0~100 사이의 정수를 생성하는 코드이다.

```c
#include <stdio.h>
#include <stdlib.h>
#include <time.h>

int main(void)
{
    srand(time(NULL)); // 현재 시각을 시드 값으로 설정
    int rn = rand() % 101;  // 0~100 사이의 무작위 정수 생성
    printf("생성된 무작위 정수: %d\n", rn);
    return 0;
}
```

rand() 함수는 C 표준 라이브러리인 stdlib.h에 선언되어 있는 함수로 난수(무작위 숫자)를 생성한다. rand() 함수는 호출할 때마다 0부터 RAND_MAX 사이의 값을 반환한다. RAND_MAX는 stdlib.h에 정의된 상수로, 보통 정수의 최댓값이다. rand() 함수는 의사 난수(pseudorandom number)를 생성한다. 의사 난수는 수학적 공식에 의해 계산되는 값으로, 초기 시드 값에 기반해서 값을 생성한다.

따라서 처음 시드 값이 변경되면 rand() 함수는 다른 난수들을 생성한다. 시드 값을 변경하려면 srand() 함수를 사용하고, 프로그램이 실행될 때마다 다른 시드 값을 지정하기 위해 주로 현재 시각을 시드 값으로 설정한다. 현재 시각은 time.h에 선언된 time() 함수에 NULL을 전달해서 구한다. 일반적으로 rand() 함수를 사용하는 프로그램은 실행될 때 한 번 srand(time(NULL))을 호출한다고 생각하면 쉽다.

잘못 자리 잡은 else(dangling else) 문제

if 문이나 else 문에서 실행할 문장이 한 개만 있다면 코드 블록을 생략할 수 있다. 다음 코드에서 SingleStatement1, SingleStatement2는 한 줄의 코드만 있는 경우고, S1, S2는 0 또는 1줄 이상의 코드가 있는 경우이다.

```
if (조건식)                  if (조건식) {              if (조건식)
    SingleStatement1;            S1;                         SingleStatement1;
else                         }                           else {
    SingleStatement2;        else                            S2;
                                 SingleStatement2;       }
```

그런데 코드 블록 없이 사용하다가 else 구문이 자리를 잘못 잡아 예상하지 못한 문제가 발생할 수 있다.

코드 4-11은 사용자가 1 이상의 정수를 입력하면 짝수인지 확인하고 출력하고, 1 미만의 값이 입력되면 잘못 입력했다고 알리고 종료하는 프로그램이다.

코드 4-11 EvenNumber.c

```c
#define _CRT_SECURE_NO_WARNINGS
#include <stdio.h>

int main(void)
{
    int n;
    printf("짝수인지 확인할 1 이상의 정수 한 개를 입력하세요: ");
    scanf("%d", &n);
    if (n >= 1)
        if (n % 2 == 0)
            printf("n = %d는 짝수\n", n);
    else
        printf("1 미만의 정수가 입력되었습니다. 프로그램을 종료합니다\n");
    return 0;
}
```

n이 1 이상인지 확인

n이 짝수이면 짝수라고 출력
아니면 아무것도 출력하지 않음

n이 1 미만이면, 잘못 입력했다고 출력

실행하고 홀수와 짝수를 입력해 본다.

<실행 결과>

```
짝수인지 확인할 1 이상의 정수 한 개를 입력하세요: 2
n = 2는 짝수
```

여기서는 1 이상의 짝수를 입력했고, 짝수라고 출력 결과가 나와 결과가 올바르게 나왔다.

이번에는 홀수를 입력해 본다.

<실행 결과>

```
짝수인지 확인할 1 이상의 정수 한 개를 입력하세요: 3
1 미만의 정수가 입력되었습니다. 프로그램을 종료합니다
```

3을 입력했는데 갑자기 1 미만의 정수가 입력되었다고 출력된다. 왜 이런 결과가 발생하는 걸까? 이는 바로 else가 제대로 자리를 잡지 못해서 발생하는 "dangling else" 문제다.

C 언어는 띄어쓰기나 들여쓰기가 코드에 영향을 미치지 않는다고 했지만, **코드 4-11**은 else가 분명 if (n >= 1)과 연결된다 생각하고 들여쓰기를 한 것 같다.

```
if (n >= 1)
        if (n % 2 == 0)
            printf("n = %d는 짝수\n", n);
else
   printf("1 미만의 정수가 입력되었습니다. 프로그램을 종료합니다\n");
```

그림 4-3 else가 잘못 연결된 경우

하지만 C 컴파일러가 볼 때 else는 가장 가까운 if 문에 종속된다. 따라서 그림 4-3처럼 if (n % 2 == 0)과 else가 묶여서 한 개의 if-else 문을 만든 것이고, n이 3일 때 짝수가 아니므로 1 미만의 정수가 입력되었다고 출력되는 것이다.

이를 해결하는 방법은 **코드 4-12**처럼 코드 블록을 사용해서 정확하게 경계를 설정해 주는 것이다.

코드 4-12 **EvenNumber2.c**

```
#define _CRT_SECURE_NO_WARNINGS
#include <stdio.h>

int main(void)
{
    int n;
    printf("짝수인지 확인할 1 이상의 정수 한 개를 입력하세요: ");
    scanf("%d", &n);
    if (n >= 1) {
        if (n % 2 == 0)
            printf("n = %d는 짝수\n", n);
    }
    else
        printf("1 미만의 정수가 입력되었습니다. 프로그램을 종료합니다\n");
    return 0;
}
```

이제 3을 입력하면 아무것도 출력되지 않는다.

〈실행 결과〉

```
짝수인지 확인할 1 이상의 정수 한 개를 입력하세요: 3
```

이 코드는 문제가 발생하는 것을 보이기 위해 억지스럽게 만든 측면이 있다. 예를 들어, 짝수만 출력하고 홀수는 무시해 출력하지 않는다. 하지만 이런 문제가 발생할 수 있다는 점에 유의하자.

else가 잘못 붙는 경우는 다른 문장이 중간에 있을 때도 발생할 수 있다. 다음 **코드 4-13**은 〈5장〉에서 구현하는 사용자가 입력한 정수 n에 대한 약수를 출력하는 코드이다.

〈5장〉에서는 코드 블록을 사용해서 제대로 구현했고, 여기서는 코드 블록 표시를 모두 삭제한 것을 볼 수 있다. 이 코드에서 for 반복문은 아직 배운 내용이 아니어서 이해할 필요는 없고, divisor 변수를 1~n 사이의 정숫값으로 한 번씩 변경해서 n으로 나눠보고 나머지가 0이면 약수라고 출력한다는 정도만 이해하자.

코드 4-13 **DivisorFor.c**

```c
#define _CRT_SECURE_NO_WARNINGS
#include <stdio.h>

int main(void)
{
    int n;
    printf("약수를 출력할 1 이상의 정수 한 개를 입력하세요: ");
    scanf("%d", &n);
    if (n >= 1)
        for (int divisor = 1; divisor <= n; divisor++)
            if (n % divisor == 0)
                printf("%d ", divisor);
    else
        printf("1 미만의 정수가 입력되었습니다. 프로그램을 종료합니다\n");
    return 0;
}
```

조건식. n이 1 이상이거나 1 미만

n이 1 이상이면 약수를 찾아 출력

n이 1 미만이면 잘못 입력했다고 출력

코드 4-13에서도 비슷한 else 문제가 발생한다. else가 if (n % divisor == 0)과 붙기 때문에 divisor 변수가 n으로 나눠지지 않으면, 1 미만의 정수가 입력되었다는 내용이 출력된다.

이러한 문제의 해결책은 간단하다. if (n >= 1) 구문을 코드 블록으로 처리하거나 for 문에 코드 블록을 표시해 사용한다. 코드가 조금 길어질 수 있지만, 가독성도 높아지고, else가 잘못 붙는 문제도 발생하지 않는다.

if-else if-else 문

if-else 문은 두 가지 조건에서 하나를 선택해야 할 때 작성한다고 했다. 세 가지 이상의 선택 사항 중 한 가지를 실행한다면 if-else if-else 문을 이용할 수 있다.

먼저 사용법부터 살펴보자.

```
if (조건식1) {
    S1;
}
else if (조건식2) {
    S2;
}
... // else if 문 반복
else {
    S4;
}
S5;
```

조건식1이 만족되면 S1이 실행되고, 전체 if-else if-else 문이 종료되어 S5가 실행된다. 조건식 1이 만족되지 않으면 다음 else if 문으로 이동하여 조건식2를 확인한다. 조건식 2가 만족되면 S2, S5 순서로 실행한다. 조건식2가 만족되지 않으면 그다음 else if 조건식을 확인한다. 만약 모든 조건식이 만족하지 않으면 else의 코드인 S4가 실행되고 마지막으로 S5가 실행된다.

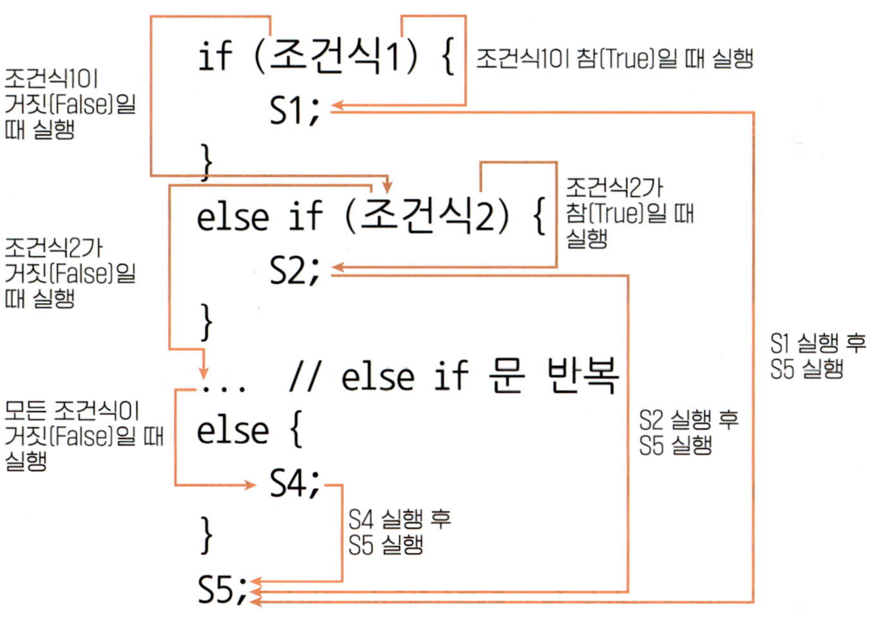

그림 4-4 if-else if-else 문 동작 방법

다음과 같이 else 없이 if-else if 문만 사용할 수도 있다.

```
if (조건식1) {
    S1;
}
else if (조건식2) {
    S2;
}
...  // 또 다른 조건식에 대한 else if 문 반복
S3;
```

조건식1이 만족되면 S1, S3의 순서대로 실행된다. 조건식1이 만족되지 않으면 조건식2를 확인한다. 조건식2가 만족되면 S2, S3이 실행된다. if-else if 문에 있는 조건식들이 모두 만족되지 않으면 S3만 실행한다.

극장에서 표를 구매하는 프로그램을 완성시켜 보자. 사용자가 입력한 좌석의 열이 'A' 또는 'B'면 관람료는 13,000원이다. 'C'~'K' 사이면 14,000원이고 'L'이면 15,000원이다. 그 외의 글자가 입력된 경우 "좌석을 잘못 입력했습니다"라고 출력한다.

먼저 A열 또는 B열인 경우에 대해서 코드를 작성한다. 사용자가 입력한 좌석의 열은 seat이라는 변수에 저장되어 있다고 가정한다.

```
if (seat == 'A') {
    printf("관람료는 13,000원입니다\n");
}
if (seat == 'B') {
    printf("관람료는 13,000원입니다\n");
}
```

'A'가 입력되었을 때 13,000원이라고 출력한다. 입력한 내용이 'A'가 아니라면 첫 번째 if 문은 아무것도 하지 않고 종료된다. 두 번째 if 문에서 'B'인지 확인한다. 'B'라면 역시 가격을 출력하고 아니면 다음 코드로 넘어간다.

이렇게 작성하는 코드의 문제점은 입력 내용이 'A'였다 하더라도 'B'인지 다시 확인한다는 것이다. if-else에서도 언급했었지만, 이런 방법은 비효율적이다.

논리 연산자를 사용하면 좀 더 빠르고 깔끔하게 코드를 작성할 수 있다. 입력한 내용이 'A'거나 'B'라면 같은 관람료를 내야 한다. 따라서 **코드 4-14** 형태로 작성할 수 있다. 이때 seat == 'A' || 'B' 형태로 작성하지 않게 주의한다.

코드 4-14

```
if (seat == 'A' || seat == 'B') {
    printf("관람료는 13,000원입니다\n");
}
```

이제 전체 코드를 작성하고 세 번 실행한 다음 'A', 'K', 'L'을 각각 입력해 결과를 확인한다.

코드 4-15 **Movie2.c**

```
#define _CRT_SECURE_NO_WARNINGS
#include <stdio.h>

int main(void)
{
    char seat = '0';
    printf("극장 좌석 열을 입력하세요: ");
    scanf("%c", &seat);
    if (seat == 'A' || seat == 'B') {
        printf("%c열의 관람료는 13,000원입니다\n", seat);
    }
    else if (seat >= 'C' && seat <= 'K') {
        printf("%c열의 관람료는 14,000원입니다\n", seat);
    }
    else if (seat == 'L') {
        printf("%c열의 관람료는 15,000원입니다\n", seat);
    }
    else {
        printf("좌석을 잘못 입력했습니다\n");
    }
    return 0;
}
```

- char seat = '0'; ← seat 변수 생성하고 초기화. 아무 값이나 저장해도 상관 없음
- scanf("%c", &seat); ← 사용자로부터 좌석 열 입력받음. scanf()에 seat의 주소를 전달하는 것을 유의
- if (seat == 'A' || seat == 'B') { ← seat 변숫값이 'A'나 'B'인지 확인 seat == 'A' || 'B'라고 작성하지 않게 주의
- else if (seat >= 'C' && seat <= 'K') { ← seat 변수가 'A', 'B'가 아니면 실행됨. 아스키 코드에서 'C'~'K'가 순차적으로 있으므로 크기 비교를 사용함
- else if (seat == 'L') { ← seat 변숫값이 'L'인지 확인
- else { ← seat 변숫값이 'A'~'L'이 아니면 실행

<실행 결과>

```
극장 좌석 열을 입력하세요: A
A열의 관람료는 13,000원입니다

극장 좌석 열을 입력하세요: K
K열의 관람료는 14,000원입니다

극장 좌석 열을 입력하세요: L
L열의 관람료는 15,000원입니다
```

PROGRAMMING

4.4 중첩 조건문

조건문 안에 다른 조건문을 포함하면 중첩 조건문(nested conditional statement)이라고 한다.

코드 4-8에서 멤버십이 GOLD(G)이거나 PLATINUM(P)이고 주차 시간이 120분 이내일 때 무료 주차가 가능하다고 확인했던 코드는 다음과 같다.

```
if ((membership == 'G' || membership == 'P') && parkingTime <= 120) {
    printf("멤버십: %c, 주차시간: %d분. 무료 주차 가능\n", membership, parkingTime);
}
```

이 코드를 중첩 조건문을 이용해서 수정하자. 조건을 멤버십을 확인하는 것과 주차 시간을 확인하는 것으로 나누어서 작성한다.

```
if (membership == 'G' || membership == 'P') { // GOLD or PLATINUM membership
    // 주차 시간 확인
    if (parkingTime <= 120) {
        printf("멤버십: %c, 주차시간: %d분. 무료 주차 가능\n", membership, parkingTime);
    }
}
```

또 다른 경우를 생각해 보자.

주차 요금을 계산할 때 멤버십이 SILVER(S) 또는 FRIENDS(F)이면 구매 금액을 입력받고 30,000원 이상이면 2시간 무료, 10,000원 이상이면 1시간 무료 주차가 가능하다. 이것을 코드로 작성해 본다.

문제 풀이 과정을 생각해 보자. 멤버십이 'S'나 'F'가 아닐 때, 구매 금액이 모자란 경우는 생각하지 않고, 지금은 무료 주차 가능 여부만 출력하기로 한다.

1. 멤버십이 'S' 또는 'F'여야 한다.
2. 1번이 만족되면 구매 금액을 입력받는다.
3. 금액이 3만원 이상이면 주차 시간이 120분 이하일 때 무료 주차가 가능하다.
4. 금액이 1만원 이상이면 주차 시간이 60분 이하일 때 무료 주차가 가능하다.

2~4번은 1번의 조건이 만족되어야 확인하는 내용이다. 1번이 만족되지 않으면 2~4번은 확인할 필요가 없다.

3번과 4번은 둘 중 한 가지만 만족하면 된다. 따라서 if-else if 문으로 구현한다. 3번이 4번보다 협소한 조건이므로, 3번을 먼저 확인하고 만족되지 않으면 4번을 확인한다.

❶ 멤버십 확인하는 코드 작성

```
if (membership == 'S' || membership == 'F') { // 멤버십 확인
}
```

❷ 구매 금액 입력받기

```
int purchased = 0;
printf("구매 금액을 입력하세요: ");
scanf("%d", &purchased);
```

❸ 구매 금액이 3만원 이상이고, 주차 시간이 120분 이하면 무료 주차

```
if (purchased >= 30000 && parkingTime <= 120) {
    printf("멤버십: %c, 주차시간: %d분. 무료 주차 가능\n", membership, parkingTime);
}
```

❹ 구매 금액이 1만원 이상이고, 주차 시간이 60분 이하면 무료 주차

```
if (purchased >= 10000 && parkingTime <= 60) {
    printf("멤버십: %c, 주차시간: %d분. 무료 주차 가능\n", membership, parkingTime);
}
```

이제 ❶~❹에서 살펴본 코드를 모두 합쳐보자.

코드 4-16

```
if (membership == 'S' || membership == 'F') {
    int purchased = 0;
    printf("구매 금액을 입력하세요: ");
    scanf("%d", &purchased);
    if (purchased >= 30000 && parkingTime <= 120) {
        printf("멤버십: %c, 주차시간: %d분. 무료 주차 가능\n", membership,
parkingTime);
    }
    else if (purchased >= 10000 && parkingTime <= 60) {
        printf("멤버십: %c, 주차시간: %d분. 무료 주차 가능\n", membership,
parkingTime);
    }
}
```

멤버십 확인하는 조건문

구매 금액을 입력받음

멤버십이 'S'나 'F'고, 구매 금액이 3만원 이상, 주차 시간이 120분 이하면 무료 주차 가능

멤버십이 'S'나 'F'고, 구매 금액이 1만원 이상, 주차 시간이 60분 이하면 무료 주차 가능

PROGRAMMING

4.5 조건 연산자

조건 연산자 ?:는 세 개의 피연산자를 취하는 삼항 연산자다. 조건 연산자도 연산자이므로 결괏값을 사용법을 살펴보자.

```
(조건식) ? 표현식1 : 표현식2
```

조건식이 만족되면 표현식1이 평가되고, 만족되지 않으면 표현식2를 평가한 것이 최종 결괏값이 된다. 조건 연산자는 주로 변수에 대입하거나 함수에서 반환하는 형태로 자주 사용된다(함수는 〈6장〉에서 설명한다).

```
변수 = (조건식) ? 표현식1 : 표현식2;
return (조건식) ? 표현식1 : 표현식2;
```

삼항 연산자 코드는 if-else 문으로 수정할 수 있다. 변수에 대입하는 코드를 if-else로 표현해 본다.

```
if (조건식) {
    변수 = 표현식1;
}
else {
    변수 = 표현식2;
}
```

극장 관람료를 조조로 관람할 때 10,000원, 아닐 때 14,000원이라 하고 코드를 작성하자. matinee라는 변숫값이 0이면 조조 관람이 아니고, 0이 아니면 조조 관람이라고 가정한다.

```
int ticketPrice = (matinee) ? 10000 : 14000;
```

ticketPrice 변수에 matinee가 참이면 10000을, 거짓이면 14000을 저장한다. 10000이나 14000같은 정수 대신 표현식을 사용해도 된다.

기본적으로 MOVIE_TICKET_PRICE가 14,000원이라고 가정하고, 사용자가 입력한 문자가 'M'이면 조조 관람으로 확인하여 4,000원을 할인해 주는 **코드 4-17**을 작성한다.

코드 4-17 **Ticket.c**

```c
#define _CRT_SECURE_NO_WARNINGS
#include <stdio.h>

#define MOVIE_TICKET_PRICE 14000

int main(void)
{
    char ch;
    printf("조조 영화를 보려면 'M'을 아니면 다른 글자를 입력하세요: ");
    scanf("%c", &ch);
    int price = (ch == 'M') ? MOVIE_TICKET_PRICE - 4000 : MOVIE_TICKET_PRICE;
    printf("Movie ticket price: %d\n", price);
    return 0;
}
```

코드 4-17을 실행하고 'M'과 'H'를 각각 입력하면 다음과 같은 실행 결과가 표시된다.

<실행 결과>

```
조조 영화를 보려면 'M'을 아니면 다른 글자를 입력하세요: M
Movie ticket price: 10000

조조 영화를 보려면 'M'을 아니면 다른 글자를 입력하세요: H
Movie ticket price: 14000
```

PROGRAMMING

4.6 switch 문

switch 문은 여러 가지 중 한 가지를 선택하는 명령문이다. if-else if-else 문과 비슷하지만, switch 문은 정수와 문자를 비교하는 작업만 가능하며, 이러한 작업에 특화되어 더 효율적이다.

코드 4-18과 함께 switch 문의 사용법을 살펴보자.

코드 4-18

```
switch (V) {  // V는 상수 또는 변수(주로 변수), V1, V2, ..., V5는 상숫값
    case V1:
        S1;
        break;

    case V2:
    case V3:
        S2;
        break;

    case V4:
        S3;

    case V5:
        S4;
        break;

    default:
        S5;
        break;
}
S6;
```

switch 문은 변수 V의 값과 case에 있는 상숫값(V1, V2, ...)이 일치하면 해당 case에 있는 명령문들을 break를 만날 때까지 순차적으로 실행한다. 만약 V의 값이 모든 case의 값과 일치하지 않는다면, default에 있는 명령문이 실행된다.

case에 있는 break 문은 switch 문을 종료시킨다. case에 break 문이 없으면 break를 만날 때까지 다음 case에 있는 코드를 실행한다.

그림 4-5와 함께 **코드 4-18**이 실행되는 과정을 살펴보자.

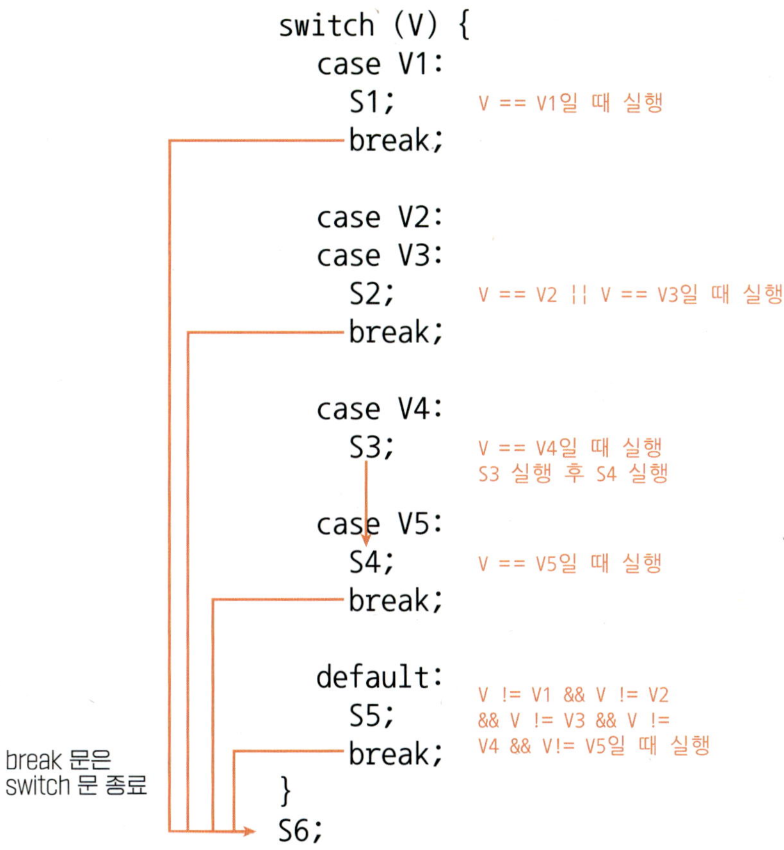

그림 4-5 switch 문 동작 방법

- **1줄** : V의 값을 case에 있는 값들과 비교한다. V는 정수 계열의(signed 또는 unsigned 모두 가능) 상수 또는 변수이다.

- **2~4줄** : V의 값이 V1과 일치하면, S1을 실행한 후 break에 의해 switch 문이 종료된다. 다음에 순차적으로 S6을 실행한다.
- **6~9줄** : V가 V1과 일치하지 않으면 다음 case의 값과 비교한다. case에 값이 여러 개 있다면, 그중에서 한 개와 일치하면 된다. V가 V2 또는 V3과 일치하면 S2를 실행한 후 S6을 실행한다.
- **11~12줄** : V가 V4와 같으면 S3을 실행한다. S3 뒤에 break가 없으므로 switch 문이 종료되지 않고, 순차적으로 다음 코드로 내려간다. S4를 실행하고 break에 의해서 종료된 후 S6이 실행된다.
- **14~16줄** : V가 V4가 아니면 V5와 비교하여 같으면 S4를 실행시키고 S6을 실행한다.
- **18~20줄** : V가 V1, V2, V3, V4, V5와 같지 않으면 default에 있는 S5가 실행된 후 S6이 실행된다.

switch 문을 사용할 때 주의할 점을 몇 가지 정리해 보자.

- switch 문의 변수는 정수형(enum, char, short, int, long, long long과 이들의 unsigned 자료형)과 enum 자료형만 사용한다.
- case에 사용하는 V1, V2 등은 정수형 상수 또는 정수형 상수를 생성하는 표현식만 사용 가능하다.
  - 상수나 상수를 사용하는 산술 연산식 사용 가능
  - 상수 변수나 함수 사용 불가
- case 값은 중복이 불가하다. **코드 4-18**에서 V1~V5는 다른 값이어야 한다.
- default는 생략 가능하다. default가 없으면 V와 일치하는 case 값이 없는 경우 switch 문이 종료된다.
- case에 있는 S1이나 S2 등은 한 줄 이상의 명령문이다. C 언어에서 사용할 수 있는 조건문, 반복문, 함수 호출 등을 사용할 수 있다.
- case에 명령문 대신 코드 블록을 사용할 수 있다. 코드 블록 내에서도 break를 사용하지 않으면 다음 case로 코드 실행이 넘어간다.

이해를 돕기 위해 **코드 4-18**을 if-else if-else 문으로 변경해 보자.

```
if (V == V1) {
    S1;
}
else if (V == V2 || V == V3) {
    S2;
}
else if (V == V4) {
    S3;
    S4;
}
else if (V == V5) {
    S4;
}
else {
    S5;
}
S6;
```


잠깐만요 switch 문에서 break 사용

case에 break를 사용하지 않으면 다음 case에 있는 명령문이 실행된다. 하지만 가능하면 case에 break를 붙여서 적절하게 종료시킨다.

break를 생략해서 반복되는 코드 한두 줄 정도 줄일 수 있겠지만, 그만큼 이해하기 어려워진다. 몇 줄 늘어나도 이해하기 쉬운 코드를 작성하는 것이 중요하다. 여기에서는 **코드 4-18**의 case V4와 V5만 다시 작성해 본다.

```
case V4:
    S3;
    S4;
    break;

case V5:
    S4;
    break;
```

코드 4-19는 영화 관람 가격을 출력했던 **코드 4-15**를 switch 문으로 변경한 것이다. 코드를 반복 실행하고 각각 'K', 'A', 'L', 'Q'를 입력하여 실행 결과를 확인해 본다.

코드 4-19 **MovieSwitch.c**

```
1    #define _CRT_SECURE_NO_WARNINGS
2    #include <stdio.h>
3
4    int main(void)
5    {
6        char seat = '0';
7        printf("극장 좌석 열을 입력하세요: ");
8        scanf("%c", &seat);
9        switch (seat) {
10           case 'A':
11           case 'B':
12               printf("%c열의 관람료는 13,000원입니다\n", seat);
13               break;
14
15           case 'C': case 'D': case 'E': case 'F':
16           case 'G': case 'H': case 'I': case 'J': case 'K':
17               printf("%c열의 관람료는 14,000원입니다\n", seat);
18               break;
19
20           case 'L':
21               printf("%c열의 관람료는 15,000원입니다\n", seat);
22               break;
23
24           default:
25               printf("좌석을 잘못 입력했습니다\n");
26               break;
27       }
28       return 0;
29   }
```

case를 10~11줄처럼 다른 줄에 사용할 수 있지만, 이렇게 여러 개의 case를 한 줄에 표기하는 것도 가능

<실행 결과>

```
극장 좌석 열을 입력하세요: K
K열의 관람료는 14,000원입니다

극장 좌석 열을 입력하세요: A
```

```
A열의 관람료는 13,000원입니다

극장 좌석 열을 입력하세요: L
L열의 관람료는 15,000원입니다

극장 좌석 열을 입력하세요: Q
좌석을 잘못 입력했습니다
```


switch 문으로 월(month)에 따라 31, 30, 28(29)일인지 화면에 출력하는 프로그램을 작성해 보자. 윤년이면 29일로 출력하고, 월은 enum 자료형으로 선언한다. JAN을 1로 지정해서 1월을 표현할 수 있도록 했다. 출력할 때 enum 값을 그대로 사용할 수 있다.

```
typedef enum { JAN = 1, FEB, MAR, APR, MAY, JUN, JUL, AUG, SEP, OCT, NOV, DEC }
MONTH;
```

switch 문의 case 값으로 enum 값을 지정할 수 있다.

```
MONTH month = JAN;
switch (month) {
    case JAN: case MAR:
        printf("%d월은 31일\n", month); // enum 값은 정수로 출력 가능
}
```

윤년은 다음 조건으로 확인한다.

- 연도가 4로 나누어 떨어지면서 100으로 나누어 떨어지지 않는 해는 윤년(예 : 1984, 1544)
- 연도가 400으로 나누어 떨어지는 해는 윤년

조건을 코드로 작성하면 다음과 같다. 연도는 year 변수에 저장한다.

```
(year % 400 == 0) || (year % 4 == 0 && year % 100 != 0)
```

앞서 살펴본 내용들을 전제로 **코드 4-20**과 같이 전체 코드를 작성한다.

코드 4-20 DaysOfMonth.c

```
#define _CRT_SECURE_NO_WARNINGS
#include <stdio.h>

int main(void)
{
    typedef enum { JAN = 1, FEB, MAR, APR, MAY, JUN, JUL, AUG, SEP, OCT, NOV, DEC } MONTH;   // JAN을 1로 지정해서 1월을 표현하도록 맞춤

    int year;
    MONTH month;

    printf("연도를 입력하세요: ");
    scanf("%d", &year);

    printf("월을 입력하세요: ");
    scanf("%d", &month);

    switch (month) {
        case JAN: case MAR: case MAY: case JUL:
        case AUG: case OCT: case DEC:
            printf("%d년 %d월은 31일\n", year, month);
            break;

        case APR: case JUN: case SEP: case NOV:
            printf("%d년 %d월은 30일\n", year, month);
            break;

        case FEB:
            if ((year % 400 == 0) || (year % 4 == 0 && year % 100 != 0)) {
                printf("%d년 %d월은 29일\n", year, month);
            }
            else {
                printf("%d년 %d월은 28일\n", year, month);
            }
```

사용자로부터 연도를 입력받아 변수에 저장

월을 입력받아 변수에 저장. enum은 정수와 동일하게 취급되므로 scanf()와 printf()에서 %d로 입력 및 출력 가능

switch 문에 enum 자료형 변수 사용 가능

31일에 해당되는 달 지정하고 연도와 월을 출력

30일에 해당되는 달 지정하고 연도와 월을 출력

2월에 대해서 처리. 윤년이면 29일, 윤년이 아니면 28일을 출력
case에는 조건문을 포함해서 어느 명령문이나 포함시킬 수 있음

```
                break;
        }
        return 0;
    }
```

```
<실행 결과>
연도를 입력하세요: 2000
월을 입력하세요: 2
2000년 2월은 29일

연도를 입력하세요: 1900
월을 입력하세요: 2
1900년 2월은 28일

연도를 입력하세요: 2042
월을 입력하세요: 5
2042년 5월은 31일
```


잠깐만요 switch 문은 왜 필요한가?

switch 문으로 작성할 수 있는 코드는 if-else if-else 문으로 작성할 수 있다고 했다.
그렇다면 C 언어는 왜 switch 문을 만들어서 추가했을까?

swich 문은 if-else if-else 문으로 작성할 수 있는 경우와 유사한 동작을 수행하지만 몇 가지 장점이 있다.

- **가독성 :** switch 문은 특정 값에 대한 다양한 경우를 명확하게 표현할 수 있다. 코드의 의도를 명확하게 전달할 수 있으며, 논리적인 흐름이 더 잘 드러날 수 있다.
- **성능 :** 컴파일러는 switch 문을 분석하여 if-else if-else 문보다 더 빠른 실행 속도를 가진 코드를 생성할 수 있다.

4.7 연습 문제

01 boolean1, boolean2의 결괏값을 작성하시오.

```
int n = 3;
int boolean1 = (n == 2);
int boolean2 = (n = 2);
```

02 올바르지 않은 if 문을 고르고, 오류가 있다면 코드를 수정하시오.

① `if true`

② `if (1)`

③ `if 1>2`

④ `if 1<2;`

03 조건 연산자 ?:를 사용하여, 변수 x의 절댓값을 구하는 코드를 작성하시오.

04 다음 if 문을 중첩 if 문으로 전환하시오.

```
if ((x == 'G' || x == 'P') && t <= 120) {
    printf("멤버십: %c, 주차시간: %d분\n", x, t);
}
```

05 실습 문제 1의 **실습 4-1** 코드에서 회원 등급이 SILVER(S), FRIENDS(F), NO MEMBERSHIP(N)일 때 구매 금액 차이만 좀 있을 뿐, 코드가 중복된다. 중첩 반복문을 이용해서 중복을 줄이는 코드를 작성하시오.

06 실습 문제 1의 **실습 4-1** 코드를 수정해서 사용자가 'P', 'G', 'S', 'F', 'N'이 아닌 다른 문자를 입력할 때, "회원 등급을 잘못 입력했습니다"라고 출력하는 코드를 작성하시오. 문자를 잘못 입력하면 더 이상의 계산하지 않고 프로그램을 종료한다.

07 **코드 4-20**을 수정해서 사용자가 월을 1~12 범위 밖의 숫자를 입력할 때 "잘못된 월을 입력했습니다"를 출력하는 코드를 작성하시오.

08 **코드 4-20**을 수정해서 사용자가 연도를 음수로 입력할 때 "연도가 잘못되었습니다"를 출력하고 프로

그램을 종료하는 코드를 작성하시오.

09 사용자로부터 실수 2개와 연산자를 나타내는 글자(+, −, *, /, %)를 입력받고 연산한 다음 결과를 화면에 출력하는 프로그램을 작성하시오. 연산자를 확인하는 코드는 switch 문을 사용하고, 나머지 연산(%)은 실수를 정수로 변환한 후에 처리한다.

10 0보다 큰 정수를 입력받고 표 4-9를 참고하여 숫자에 영문 접미사를 붙여 순서를 나타내는 형태로 출력하는 프로그램을 작성하시오.

표 4-6 순서를 나타내기 위해 숫자에 붙일 영문 접미사

정수	접미사	출력 예시
1	st	1st
2	nd	2nd
3	rd	3rd
4 이상	th	4th, 5th, 13th

11 플레잉 카드를 섞은 후에 두 번 뽑아서 더 높은 숫자를 가진 사람이 이기는 게임을 구현한다. 실제 게임을 진행할 수는 없으므로 여기서는 두 개의 카드 번호 또는 이름을 무작위로 뽑아서 출력하고 어떤 카드가 더 높은 값을 가졌는지에 대한 여부를 화면에 출력하는 프로그램을 작성하시오.

- 카드는 A, 2~10, J, Q, K까지 총 13장이다.
- 2~10은 번호를 그대로 출력하고, 1은 "Ace", 11은 "Jack", 12는 "Queen", 13은 "King"으로 출력한다.
- rand() 함수를 이용해서 1~13까지의 숫자를 두 개 생성하고, 두 개의 카드가 어떤 번호(또는 이름)를 가졌는지, 어떤 값이 더 큰지 출력한다.

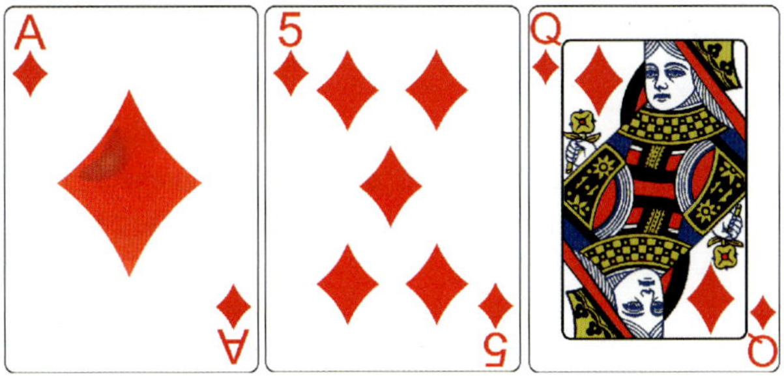

그림 4-6 플레잉 카드

12 사용자와 컴퓨터 사이에 가위바위보 게임을 하는 프로그램을 구현하시오. 사용자에게 1~3 사이의

숫자를 입력받고, 1~3 사이의 무작위 정수를 생성해서 누가 이겼는지 출력한다. 1은 "가위", 2는 "바위", 3은 "보자기"를 의미한다.

13 사용자로부터 산술 연산자와 정수 두 개를 입력받고 계산식과 결괏값을 화면에 출력하는 프로그램을 작성하시오. 입력받는 산술 연산자는 +, −, *, /, % 중 한 개다. 사용자가 다른 문자를 입력하는 경우 "연산자를 잘못 입력했습니다"라고 출력하고 더 이상 정수를 입력받지 않고 프로그램을 종료한다.

14 다음은 통일(day of year)를 구하는 알고리즘이다. 사용자로부터 연도(year), 월(month), 일(day)에 해당하는 정수 세 개를 입력받고, 통일을 구해서 출력하는 프로그램을 작성하시오.

(1) 사용자가 입력한 (월(month) − 1)에 31을 곱하고 일(day)를 더한다.
(2) 월(month)이 1, 2월이면 (1)에서 계산한 dayOfYear가 통일이다.
(3) 월(month)가 3~12월이면 (1)에서 계산한 dayOfYear에서 (4 * 월(month) + 23) / 10)을 뺀다.
(4) 사용자가 입력한 연도(year)가 윤년이면 (2) 또는 (3)에서 계산한 dayOfYear에 1을 더한다.

15 사용자로부터 double 형 값 한 개를 입력받고, 조건문을 이용해서 절댓값을 화면에 출력하는 프로그램을 작성하시오. 작성한 후에 표준 C 라이브러리 중에 절댓값을 계산하는 함수가 있는지 알아보고 프로그램을 다시 작성해 본다.

16 세 개의 정수를 입력받고 동일한 숫자의 개수가 몇 개인지 화면에 출력하는 프로그램을 작성하시오.

- 예 : 3 4 4가 입력되면 4가 2개 있다. 5 3 5가 입력되면 5가 2개있고, 7 7 7이면 7이 3개 있다고 출력한다.

17 사용자로부터 알파벳 문자 한 개를 입력받고, 그 문자가 자음인지 모음(a, e, i, o, u)인지 화면에 출력하는 프로그램을 작성하시오. 사용자가 입력하는 문자는 알파벳 중 한 개고, 대문자와 소문자를 가리지 않는다.

18 가전 회사에서 전원 코드를 만드는데 3.0, 6.0, 9.0, 12.0 A(ampere)의 전류량을 허용하는 규격을 사용한다고 가정한다. 사용자로부터 가전 제품이 요구하는 전류량, 필요한 길이를 입력받고 어떤 전원 코드를 사용해야 하는지 출력하시오.

- 가전제품에 사용하는 전원 코드의 길이가 5m 미만이라면 가전 제품이 요구하는 전류량보다 큰 최소한의 전원 코드를 사용하고, 전원 코드의 길이가 5m 이상 10m 미만이라면 요구하는 전류량보다 한 단계 더 큰 전원 코드를 사용한다.
- 만약 사용할 수 있는 전원 코드가 없으면 "사용 불가"를 출력한다.
- 사용자가 요구하는 전원 코드의 길이는 10.0m 이상을 넘기지 않는다고 가정한다.

5장

반복문

학 습 목 표

- C 언어가 제공하는 반복문인 while, do-while, for 문의 사용법을 학습하고, 주로 사용하는 용도를 파악한다.
- 반복문의 실행 흐름을 중단할 수 있는 break 문과 continue 문을 알아본다.

PROGRAMMING

5.1 반복/종료 조건

프로그램을 작성할 때 반복적인 작업은 빈번하게 일어난다. 여기서 반복이란 코드가 중복된다는 의미이다.

예를 들어, 주사위를 굴렸을 때 숫자가 나오는 확률을 계산해 보자. 이론상 각 숫자가 나올 수 있는 확률은 1/6이고, 주사위를 던지는 횟수가 많을수록 1/6에 수렴한다. 주사위를 굴렸을 때 나오는 숫자를 C 프로그램으로 작성한다면 `rand()` 함수를 이용해서 구현할 수 있다. 그러나 확률 계산을 하려면 이 함수를 아주 많이 호출해야 한다. 예를 들어, 주사위 숫자의 확률이 1/6로 수렴하는지 실험하겠다고 십만 번의 호출을 반복하는 경우를 상상한다면, 동일한 코드를 십만 줄 작성하는 것은 어렵다.

다행히도 C 언어는 반복적인 작업을 줄여서 작성할 수 있는 반복문을 제공한다. 여기서는 `while` 문, `do-while` 문, 그리고 `for` 문을 살펴본다. 본질적으로 세 가지 반복문은 동일하지만, 용도가 조금 다르다.

반복문을 코딩할 때 반복이나 종료 조건에 대해서 정확하게 파악해야 한다. 이 조건들은 언제 반복해야 할지와 반복을 종료해야 할지를 결정하는 것으로, 이는 결국 같은 조건이다. 예를 들어, 주사위를 1000번 던지는 것을 흉내 내기 위해 `rand()` 함수를 1000번 호출해 보자. 호출할 때마다 "한 번", "두 번", "세 번" 수를 세야 한다.

천 번 세는 것의 반복 조건 또는 종료 조건은 무엇일까? 반복 조건은 "내가 센 숫자가 1000이 아니면(즉, 1000번 미만)"이고, 반대로 종료 조건은 "내가 센 숫자가 1000 이상이면"이 된다. 이 반복 조건은 1000번만 반복하면 되므로 시작점은 0, 1 또는 1000 등 어떤 숫자도 모두 가능하다. 1부터 수를 세는 사람과 달리 컴퓨터는 주로 0부터 수를 세기 시작하므로, 여기에서는 컴퓨터를 기준으로 0부터 시작하기로 한다. 내가 센 횟수를 `count` 변수라고 설정하고, `count`가 0부터 시작하므로 반복 조건은 `count < 1000`이 된다.

5.2 while 문

while 문은 조건이 만족되지 않을 때까지 코드를 반복해서 실행한다. if 문과 사용법이 유사하지만, 조건이 만족되면 한 번 명령문을 실행하는 if 문과 다르게 while 문은 조건이 만족되지 않을 때까지 반복해서 명령문을 실행시킨다.

또한, 코드를 실행시키기 전에 조건식을 확인하기 때문에 S1이 한 번도 실행되지 않을 수 있다는 점이 특징이다. 다음 사용법을 살펴보자.

```
while (조건식) {
    S1;
}
S2;
```

조건식이 만족되면(0이 아니면, '참'이면) S1을 실행하고 다시 조건식을 확인한다. 조건식이 만족되지 않으면(0이면, '거짓'이면), while 문을 종료하고 S2가 실행된다. 이렇게 조건식이 만족되지 않을 때까지 S1을 반복하며, S1이나 S2는 0줄 이상의 명령문이다.

만약 S1이 한 개의 명령문만으로 구성된다면, 코드 블록 없이 다음 형태로 사용할 수 있다. 하지만 조건문과 마찬가지로 코드 블록을 항상 사용하는 습관을 들이는 것이 좋다.

```
while (조건식) S1;
while (조건식)
    S1;
```

흔하지는 않지만, 반복문에서 S1이 빈 명령문인 경우가 있다. 예를 들어, 다음 코드는 func() 함수가 거짓에 해당되는 결과를 반환할 때까지 func() 함수를 반복적으로 실행한다.

```
while (func())
    ;
```

정수의 약수를 출력하는 프로그램

정수 한 개의 약수를 출력하는 프로그램을 만들어 보자. 약수란 정수로 나누었을 때 나눠지는 숫자들이다. 이를 찾는 방법인 알고리즘을 생각해야 한다.

예를 들어, 4의 약수는 1, 2, 4다. 어떻게 4의 약수가 1, 2, 4라고 정의했을까? 1~4까지의 정수를 4로 나누어서 나눠진 것들만 출력하는 과정을 간단하게 작성한다.

- 4를 1로 나누어서 나머지가 0이면 약수로 분류
- 4를 2로 나누어서 나머지가 0이면 약수로 분류
- 4를 3으로 나누어서 나머지가 0이면 약수로 분류
- 4를 4로 나누어서 나머지가 0이면 약수로 분류

이제 정수가 사용자가 입력한 n이라고 가정하고 약수를 찾는 과정을 생각해 본다.

- n을 1로 나누어서 나머지가 0이면 약수로 분류
- n을 2로 나누어서 나머지가 0이면 약수로 분류
- …
- n을 n으로 나누어서 나머지가 0이면 약수로 분류

이 내용을 `while` 문으로 만들어 보자. 살펴보면 앞의 n은 고정되어 있고, 뒤의 1, 2, 3, …, n이 변경되고 있다. 1~n까지 변경되는 값을 저장하는 변수의 이름을 `divisor`라고 붙이자.

n을 1~n까지의 `divisor`로 나누고 나머지가 0이면 화면에 약수라고 출력한다. 이 과정을 코드로 작성하면 그림 5-1과 같다. n은 사용자가 입력한 값이고, 1 이상이라고 가정한다.

```
int divisor = 1;
if (divisor <= n) {
    if (n % divisor == 0) {
        printf("%d ", divisor);
    }
    divisor++;
}
...
if (divisor <= n) {
    if (n % divisor == 0) {
        printf("%d ", divisor);
    }
    divisor++;
}
```

반복되는 코드

divisor <= n이면 반복

그림 5-1 반복되는 코드 영역과 반복 조건

그림 5-1에서 "반복되는 코드" 영역은 divisor 변수가 n보다 작거나 같을 때, n을 divisor로 나누어 나머지가 0이면 약수이므로 화면에 출력한다. 나눠지지 않으면(약수가 아니면) divisor를 1 증가시켜 다음 값을 확인한다.

이러한 작업을 divisor가 n보다 클 때까지 반복해야 한다. 같은 코드를 반복해서 작성하므로, 그림 5-1에서 반복되는 코드 영역을 조건이 만족될 때까지 실행하려면 if를 while로 변경한다.

코드 5-1

```
int divisor = 1;
while (divisor <= n) {
    if (n % divisor == 0) {
        printf("%d ", divisor);
    }
    divisor++;
}
```

- int divisor = 1; ← divisor를 1로 초기화해서 1부터 나눠지는지 확인
- while (divisor <= n) { ← divisor 값이 n보다 작거나 같을 때 반복
- if (n % divisor == 0) { ← n을 divisor로 나눠보고 나머지가 0인지 확인
- printf("%d ", divisor); ← divisor가 나눠지면 약수이므로 화면에 출력
- divisor++; ← divisor를 1 증가시켜서 다음 값 확인

알아두세요 비교 연산자의 우선순위가 산술 연산자보다 낮다.

if를 while로 바꿔 divisor가 n보다 작다면 계속 반복하고 한 번씩 반복될 때마다 조건식에서 사용되는 divisor의 값이 변경되어(여기서는 1씩 증가) 반복문의 종료 조건에 영향을 미친다.

이제 **코드 5-1**을 추가하고 사용자로부터 입력받은 n의 약수를 찾는 main() 함수를 구현한다.

코드 5-2 **DivisorWhile.c**

```c
#define _CRT_SECURE_NO_WARNINGS
#include <stdio.h>

int main(void)
{
    int n;
    printf("약수를 출력할 1 이상의 정수 한 개를 입력하세요: ");
    scanf("%d", &n);
    if (n >= 1) {
        int divisor = 1;
        while (divisor <= n) {
            if (n % divisor == 0) {
                printf("%d ", divisor);
            }
            divisor++;
        }
    }
    else {
        printf("1 미만의 정수가 입력되었습니다. 프로그램을 종료합니다\n");
    }
    return 0;
}
```

n을 입력받기

n이 1 이상인지 확인

n의 약수를 확인하고 출력하기

n이 잘못 입력되었을 때 오류 내용 출력

<실행 결과>

```
약수를 출력할 1 이상의 정수 한 개를 입력하세요: 4
1 2 4

약수를 출력할 1 이상의 정수 한 개를 입력하세요: 12
1 2 3 4 6 12
```

사용자로부터 알파벳을 입력받을 때까지 지속적으로 입력받는 프로그램

"영문자를 한 개 입력하시오"와 같은 요청에 사용자가 잘못해서 숫자나 영문자가 아닌 문자를 입력할 수 있다. 이럴 때 프로그램을 종료하지 않고 제대로 입력받을 때까지 반복하는 프로그램을 생각해 보자. 다음은 프로그램의 알고리즘이다.

1. 문자 입력받기
2. 입력 내용이 영문 알파벳이 아니면, 오류 내용 출력 후 다시 입력받기를 반복
3. 입력한 알파벳 글자를 출력

2번을 좀 더 자세히 풀어본다. 입력 내용이 영문 알파벳 대문자 A~Z나 소문자 a~z 사이에 있는지 확인한다. 입력한 글자가 ch 변수에 저장되었다 가정하고 조건식으로 표현한다.

```
(ch >= 'A' && ch <= 'Z') || (ch >= 'a' && ch <= 'z')
```

그러나 알파벳이 아니라면 재입력을 요구해야 하므로 반대로 뒤집어야 한다. 또는 조건은 놓아둔 상태로 부정 '!'를 붙일 수도 있다.

```
(ch < 'A' || ch > 'Z') && (ch < 'a' || ch > 'z')
```

```
!((ch >= 'A' && ch <= 'Z') || (ch >= 'a' && ch <= 'z'))
```

조건이 만족되면 잘못 입력된 것이다. 다시 입력하는 것을 한 번만 진행하도록 구현한다.

코드 5-3

```
char ch;
printf("영문 알파벳 문자 한 개를 입력하세요: ");
scanf("%c", &ch);
if ((ch < 'A' || ch > 'Z') && (ch < 'a' || ch > 'z')) {
    printf("알파벳 아닌 문자가 입력되었습니다. 다시 입력하세요: ");
    scanf("%c", &ch);
}
```

코드 5-3은 문자 변수 ch를 선언하고 사용자로부터 글자 하나를 입력받는다. 그다음 조건문을 이용해서 알파벳 여부를 확인하고, 알파벳이 아니라면 재입력 코드를 실행시킨다. 이 과정을 반복하려면 **코드 5-4**와 같이 if를 while로 변경해야 한다.

코드 5-4

```
1   char ch;
2   printf("영문 알파벳 문자 한 개를 입력하세요: ");
3   scanf("%c", &ch);
4   while ((ch < 'A' || ch > 'Z') && (ch < 'a' || ch > 'z')) {
5       printf("알파벳 아닌 문자가 입력되었습니다. 다시 입력하세요: ");
6       scanf("%c", &ch);
7   }
```

이제 ch 변수가 알파벳이 아니면 재입력을 반복해서 요구하는 것처럼 보이지만, scanf()는 %c 앞에 있는 공백 문자, 탭 문자, 줄바꿈 문자 등을 제거하지 않음에 주의해야 한다.

코드 5-4의 6줄에서 scanf()를 실행할 때, 입력 버퍼에는 3줄의 scanf()가 호출되었을 때 입력된 줄바꿈 문자가 남아있는 상태다. 6줄의 scanf()는 그 줄바꿈 문자 한 개를 ch에 저장하고 종료한다. 4줄에서 줄바꿈 문자는 알파벳이 아닌 것으로 판단되므로, 오류 내용이 출력되고 다시 입력받는다. 이 문제를 해결하려면 3줄의 scanf() 함수 호출 다음에 줄바꿈 문자를 읽어 입력 버퍼를 비울 수 있게 scanf() 함수를 한 번 더 호출한다. 마찬가지로 6줄의 scanf() 다음에도 또 한 번의 scanf() 함수를 붙여야 한다. 다음은 새로 작성한 코드이다.

코드 5-5

```
char ch;
char newlinchar;
printf("영문 알파벳 문자 한 개를 입력하세요: ");
scanf("%c", &ch);
scanf("%c", &newlinchar); // ch에 다시 저장하면 먼저 읽은 글자가 사라짐
while ((ch < 'A' || ch > 'Z') && (ch < 'a' || ch > 'z')) {
    printf("알파벳 아닌 문자가 입력되었습니다. 다시 입력하세요: ");
    scanf("%c", &ch);
```

```
    scanf("%c", &newlinchar);
}
```

알고리즘의 1번과 3번에 해당되는 나머지 코드를 붙이고 main() 함수를 구현한다.

코드 5-6 **InputAlpha.c**

```
#define _CRT_SECURE_NO_WARNINGS
#include <stdio.h>

int main(void)
{
    char ch;
    char newlinchar;
    printf("영문 알파벳 문자 한 개를 입력하세요: ");
    scanf("%c", &ch);
    scanf("%c", &newlinchar); // ch에 다시 저장하면 먼저 읽은 글자가 사라짐
//     while (!((ch >= 'A' && ch <= 'Z') || (ch >= 'a' && ch <= 'z'))) {
    while ((ch < 'A' || ch > 'Z') && (ch < 'a' || ch > 'z')) {
        printf("알파벳 아닌 문자가 입력되었습니다. 다시 입력하세요: ");
        scanf("%c", &ch);
        scanf("%c", &newlinchar);
    }
    printf("ch = %c\n", ch);
    return 0;
}
```

<실행 결과>

```
영문 알파벳 문자 한 개를 입력하세요: 3
알파벳 아닌 문자가 입력되었습니다. 다시 입력하세요: a
ch = a

영문 알파벳 문자 한 개를 입력하세요: ,
알파벳 아닌 문자가 입력되었습니다. 다시 입력하세요: G
ch = G
```

PROGRAMMING

5.3 do-while 문

do-while 문은 명령문을 실행한 후 조건식을 확인한다. 그래서 반복문을 최소한 한 번은 실행하는 점에서 while 문과 차별화된다.

다음은 do-while 문의 사용법을 보인다. do와 while 사이의 코드 블록에 반복할 명령문이 포함된다.

```
do {
    S1;
} while(조건식);
S2;
```

while의 조건식이 참이면 S1을 반복하고, 거짓이면 종료한다. do-while 문이 종료되면 다음 명령문 S2가 실행된다.

정수의 약수를 출력하는 프로그램

코드 5-7은 약수를 출력하는 **코드 5-1**의 while 문을 do-while 문으로 다시 구현한 코드이다.

코드 5-7

```
int divisor = 1;
do {
    if (n % divisor == 0) {
        printf("%d ", divisor);
    }
    divisor++;
} while (divisor <= n);
```

n이 2인 경우를 고려해 보자. divisor가 1로 시작하고 약수로 출력된다. **코드 5-7**의 6줄에서 divisor는 2가 되고 7줄에서 조건식의 결과가 참이 된 다음 다시 3~6줄이 반복되면서 2가 출력된다. n이 4인 경우도 비슷한 과정을 통해 출력된다.

코드 5-8은 **코드 5-2**의 while 문을 do-while 문으로 변경한 코드이다.

코드 5-8 **DivisorDoWhile.c**

```
#define _CRT_SECURE_NO_WARNINGS
#include <stdio.h>

int main(void)
{
    int n;
    printf("약수를 출력할 1 이상의 정수 한 개를 입력하세요: ");
    scanf("%d", &n);
    if (n >= 1) {
        int divisor = 1;
        do {
            if (n % divisor == 0) {
                printf("%d ", divisor);
            }
            divisor++;
        } while (divisor <= n);
    }
    else {
        printf("1 미만의 정수가 입력되었습니다. 프로그램을 종료합니다\n");
    }
    return 0;
}
```

<실행 결과>

```
약수를 출력할 1 이상의 정수 한 개를 입력하세요: 4
1 2 4

약수를 출력할 1 이상의 정수 한 개를 입력하세요: 12
1 2 3 4 6 12
```

코드 5-8은 운 좋게 while 문을 do-while로만 변경해서 구현하였다. 하지만 항상 이렇게 직관적으로 변경할 수 있는 코드만 있는 것은 아니다.

사용자로부터 알파벳을 입력받을 때까지 지속적으로 입력받는 프로그램

알파벳 문자를 입력받고 출력했던 코드 5-5의 while 문을 do-while 문으로 변경해 본다. 그림 5-2는 전체 코드 중에서 알파벳 문자를 입력받고 확인한 다음 필요하면 재입력받는 부분이다.

```
1    printf("영문 알파벳 문자 한 개를 입력하세요: ");
2    scanf("%c", &ch);
3    scanf("%c", &newlinchar);
4    while ((ch < 'A' || ch > 'Z') && (ch < 'a' || ch > 'z')) {
5        printf("알파벳 아닌 문자가 입력되었습니다. 다시 입력하세요: ");
6        scanf("%c", &ch);
7        scanf("%c", &newlinchar);
8    }
```

내용이 다름

동일한 코드

그림 5-2 do-while로 변경하기 전에 중복되는 코드 확인

그림 5-2에서 while 문의 조건을 확인하기 전에 scanf() 함수를 호출한 2~3줄의 코드와 조건을 확인한 후 다음 문자를 입력받는 6~7줄의 코드는 동일하다. while 문에서는 입력을 받은 후에 조건을 확인하지만, do-while 문에서는 입력받은 후에 조건을 확인하므로, 반복되는 코드인 2~3줄과 6~7줄을 합쳐서 한 개의 코드로 작성할 수 있다.

여기서 문제점은 글자를 입력받기 전에 실행되는 문자열 출력 부분(1, 5줄)이다. 출력하는 문자열이 달라 줄 2~3과 줄 6~7을 단순하게 합칠 수 없다. 이 문제점에 대한 두 가지 해결 방법을 살펴보자.

❶ 기존 프로그램 내용을 수정

첫 번째 방법은 프롬프트 문자열을 두 곳에서 모두 사용할 수 있는 문구로 변경한다. 예를 들어, 1줄을 5줄에서 다시 사용하는 것이다. 이렇게 변경하면 1~3줄과 5~7줄이 일치되어 while 문을 do-while로만 변경하면 되기에 쉽게 문제점을 해결할 수 있다.

코드 5-9

```
do {
    printf("영문 알파벳 문자 한 개를 입력하세요: ");
    scanf("%c", &ch);
    scanf("%c", &newlinchar);
} while ((ch < 'A' || ch > 'Z') && (ch < 'a' || ch > 'z'));
```

코드 5-10은 문자열을 한 개로 만들어 코드를 단순화시킨 것이다. 전체 프로그램의 맥락을 크게 해치지 않으면서 단순화하는 방법이다.

코드 5-10 **InputAlpha2.c**

```
#define _CRT_SECURE_NO_WARNINGS
#include <stdio.h>

int main(void)
{
    char ch;
    char newlinchar;

    코드 5-9 삽입

    printf("ch = %c\n", ch);
    return 0;
}
```

<실행 결과>

```
영문 알파벳 문자 한 개를 입력하세요: 3
영문 알파벳 문자 한 개를 입력하세요: a
ch = a
```

❷ 기존 프로그램 내용을 유지

두 번째 방법은 기존 프로그램의 문구를 그대로 사용한다. 그림 5-2에서 처음 입력받을 때와 잘못 입력했을 때의 문구가 다르다.

코드 5-11처럼 do-while 반복문 내부에서 처음 실행할 때(first 변수가 1)와 잘못 입력했을 때(first 변수가 0), 조건문으로 구분해서 다른 문구를 출력한다.

코드 5-11

```
int first = 1;
do {
    if (first) {
        printf("영문 알파벳 문자 한 개를 입력하세요: ");
        first = 0;
    }
    else {
        printf("알파벳 아닌 문자가 입력되었습니다. 다시 입력하세요: ");
    }
    scanf("%c", &ch);
    scanf("%c", &newlinchar);
} while ((ch < 'A' || ch > 'Z') && (ch < 'a' || ch > 'z'));
```

- 반복문이 처음 실행될 때 first는 1로 시작
- first가 1일 때, while 문 전에 있던 문자열 출력
- 반복문을 한 번 실행 후 first를 0으로 변경해 while 문 안에 있던 다른 문자열 출력
- while 문 전에 있던 내용이 while 문 안에 있던 내용과 동일 do-while에서는 한 번만 넣으면 됨
- do-while의 조건식은 기존 while의 조건식과 같아도 됨 알파벳이 아니라면 과정 반복

코드 5-12는 **코드 5-11**을 포함하여 기존 프로그램의 내용을 그대로 사용한 코드이다.

코드 5-12 **InputAlpha3.c**

```
#define _CRT_SECURE_NO_WARNINGS
#include <stdio.h>

int main(void)
{
    char ch;
    char newlinchar;

    코드 5-11 삽입

    printf("ch = %c\n", ch);
    return 0;
}
```

<실행 결과>

```
영문 알파벳 문자 한 개를 입력하세요: 3
알파벳 아닌 문자가 입력되었습니다. 다시 입력하세요: a
ch = a

영문 알파벳 문자 한 개를 입력하세요: ,
알파벳 아닌 문자가 입력되었습니다. 다시 입력하세요: G
ch = G
```


상대적으로 do-while 문을 while 문으로 변경하는 것은 쉽다. 코드가 늘어나겠지만, 명령문을 while 문 앞에 다시 한번 실행시키면 된다. 하지만 반대로 while 문을 do-while 문으로 변환하는 것은 복잡할 수 있다.

PROGRAMMING

5.4 for 반복문

for 문은 주로 정해진 횟수만큼 반복하거나 정해진 개수의 자료들을 한 개씩 반복 처리할 때 사용하는 반복문이다. 다음은 for 문의 사용법을 보인다.

```
for ([초기화_표현식]; [조건식]; [증감_연산_표현식]) {
    S1;
}
S2;
```

for 문은 괄호 안에 세미콜론으로 분리된 세 개의 표현식을 지정할 수 있다. for 문의 각 표현식은 필요에 따라 생략할 수 있다.

- 초기화_표현식은 반복문에서 횟수 또는 범위를 지정할 변수를 선언하고 초기화한다. 초기화_표현식에서 선언되는 변수는 인덱스 변수라고도 하며, 주로 횟수 또는 범위 내에서 현재 위치를 나타내는 변수이다.
- 조건식은 반복을 지속할지 종료할지 결정한다.
- 증감_연산_표현식은 초기화_표현식에서 선언된 변숫값을 변경하고, 횟수나 번호를 증감시키는 목적으로 사용한다.

그림 5-3은 for 반복문이 실행되는 순서다.

```
      ①              ②          ④
for ([초기화_표현식]; [조건식]; [증감_연산_표현식]) {
    S1; ③
}
S2; ⑤

반복하는 경우: ①②③④②③④...⑤
반복하지 않고 바로 종료: ①②⑤
```

그림 5-3 for 반복문 실행 순서

반복하는 경우에는 ①, ②, ③, ④, ②, ③, ④, ..., ⑤ 순서대로 실행된다. ②에서 반복 여부를 결정하고 조건이 만족되면 ③, ④를 실행시킨 다음 다시 ②에서 조건을 확인하여 반복 여부를 결정한다. for 반복문이 종료되면 다음 순서에 있는 ⑤의 S2를 실행한다.

①을 실행한 후 ②에서 반복 조건이 만족되지 않으면 ③, ④는 실행하지 않고 바로 종료한다. for 문 종료 뒤에는 ⑤의 S2를 실행한다.

while 문과 비슷하게 S1이 한 개의 명령문만 있는 경우에는 다음과 같이 중괄호는 생략할 수 있다. 하지만 코드 블록을 사용할 것을 권장한다.


```
for (초기화_표현식; 조건식; 증감_연산_표현식) S1; S2; // 두 개의 for 반복문은 동일한 코드
for (초기화_표현식; 조건식; 증감_연산_표현식)
    S1;
S2;
```

1부터 10까지 1씩 증가시키면서 화면에 출력하는 간단한 for 문을 구현해 본다.

코드 5-13

```
for (int i = 1; i <= 10; i++) {
    printf("%d ", i);
}
```

반복문에서 변수 i를 첫 번째 표현식에서 선언하고 초기화했다. 두 번째 표현식은 i가 10보다 작거나 같은지 확인한다. 세 번째 표현식에서는 i 값을 1씩 증가시킨다.

for 반복문의 코드 블록에는 i 값을 화면에 출력하는 printf() 코드가 있다. 반복하는 순서를 생각해 보자.

- i는 1부터 시작하고, i가 10 이하이므로 화면에 출력한다.
- i++에서 1만큼 증가되어 i는 2가 된다. 다시 조건식을 확인하고 화면에 출력한 다음 1 증가된다.
- 실행하다 보면 i가 11이 되고, 조건식의 결괏값은 거짓이 되어 for 문이 종료된다.

변수를 반드시 1로 초기화할 필요는 없다. **코드 5-14**처럼 i를 0부터 초기화하고 출력할 때 i + 1을 전달해도 된다.

코드 5-14

```
for (int i = 0; i < 10; i++) {
    printf("%d ", i + 1);
}
```

여기서는 1~10 사이의 값을 1씩 증가시키면서 출력해야 하므로 증감_연산_표현식에 i++를 작성했다. 만약 2 또는 3씩 증가시킨다면 i += 2 또는 i += 3이라고 작성한다.

코드 5-14를 기초로 변경하면서 for 문 사용법을 좀 더 익혀본다. 초기화_표현식, 조건식, 증감_연산_표현식은 선택적으로 생략할 수 있다. 초기화_표현식에 있던 코드를 for 반복문 밖으로 내보내 보자.

코드 5-15

```
int i = 0;
for ( ; i < 10; i++) {
    printf("%d ", i + 1);
}
```

코드 5-14와 **코드 5-15**는 동일한 결과를 출력한다. 두 코드의 다른 점은 변수 i의 사용 범위다.

코드 5-14에서는 변수 i를 for 반복문에서 선언한 셈이다. 따라서 for 반복문 안에서만 사용할 수 있고, for 문이 종료되면 변수 i도 사라진다.

이번에는 **코드 5-14**와 **코드 5-15**에서 증감_연산_표현식으로 사용했던 i++를 생략하고, for 문의 코드 블록 안에서 증가시킨다. 실행 결과는 동일하다.

코드 5-16

```
1   for (int i = 0; i < 10; ) {
2       printf("%d ", i + 1);
3       i++;
4   }
```

초기화 코드 실행된 후 조건식이 만족되는지 확인

조건이 만족되면 실행
3줄까지 실행되고 다시 1줄의 조건식 확인한 다음 반복할지 결정 초기화 코드와 증감 연산 코드를 모두 생략하고 for 문 이전과 코드 블록 안으로 이동시킬 수 있다.

코드 5-17

```
int i = 0;
for ( ; i < 10; ) {
    printf("%d ", i + 1);
    i++;
}
```

마지막으로 조건식도 생략될 수 있다. 조건식이 생략되면 무조건 만족(true)을 의미한다.

코드 5-18

```
1  for (int i = 0; ; i++) {
2      if (i >= 10) { break; }  // i가 10보다 크거나 같으면 for 반복문을 빠져나감
3      print("%d ", i + 1);
4  }
```

조건식을 생략함

break를 사용하면 1줄의 조건식(지금은 생략됨)을 무시하고, 반복문을 종료. i가 10 이상이 되면 break 문으로 종료. break는 다음 절에서 학습

코드 5-18과 **코드 5-19**는 동일한 코드이다.

코드 5-19

```
int i = 0;
while (1) { // 무한 반복
    if (i >= 10) { break; }  // i가 10보다 크거나 같으면 while 반복문을 빠져나감
    print("%d ", i + 1);
    i++;
}
```

잠깐만요 **for 반복문 안에서 변수 증감시키는 코드**

for 반복문을 이용해서 1부터 10 사이의 홀수를 출력하는 프로그램을 작성해 보자.
1, 3, 5, 7, 9를 출력해야 하므로, 변수를 1부터 시작해서 2씩 증가시키면서 반복하면 된다.

```
for (int i = 1; i <= 10; i+=2) {
```

```
    printf("%d ", i);
}
```

for 문을 처음 사용하는 사람들은 같은 문제를 다음과 같은 형태로 작성하는 경우가 있다.

```
for (int i = 1; i <= 10; i++) {
    printf("%d ", i);
    i++;
}
```

이렇게 작성된 for 문은 증감_연산_표현식이 무조건 ++ 또는 --만 사용할 수 있다고 잘못 이해하는 것이다. 틀린 코드는 아니지만, 앞서 사용한 코드에 비해 깔끔하지 않고 가독성이 떨어진다. 증감_연산_표현식은 증가 또는 감소되는 정도가 얼마인지를 정하지 않는다. 따라서 필요에 따라 적절한 표현식을 사용한다.

for 반복문에서 여러 개 변수 사용 – 콤마 연산자

흔하지는 않지만, for 반복문에서 변수를 두 개 이상 초기화시키고 증감 연산을 해서 사용하는 경우가 있다.

19, 28처럼 첫 번째와 두 번째 숫자의 합이 10이 되는 경우를 출력하는 프로그램을 작성해 보자. 다음은 출력 예시이다.

```
19    28    37    46    55    64    73    82    91
```

어떻게 구현할까? 자세히 살펴보면 첫 숫자는 1~9까지 1씩 증가하고, 두 번째 숫자는 9~1까지 1씩 감소한다. 지금까지 살펴본 for 반복문을 사용한다면 변수 한 개는 for 문에서 1~9까지 1씩 증가시키면서 첫 번째 값으로 출력할 것이다. 또한, 다른 변수 한 개는 9로 초기화했다가 한 번씩 출력하고 1만큼 감소시킨다.

코드 5-20 **TwoDigitsSumTo10.c**

```
#define _CRT_SECURE_NO_WARNINGS
#include <stdio.h>
```

```

int main(void)
{
    int second = 9; // 두 번째 숫자 9부터 1로 변경할 예정
    for (int first = 1; first < 10; first++) {
        printf("%d%d\t", first, second);
        second--;
    }
    return 0;
}
```

두 번째 자리 숫자를 9로 초기화했다가 한 번씩 반복할 때마다 1을 차감

첫 번째 자리 숫자는 for 반복문에서 1부터 9까지 변경

첫 번째 자리 숫자와 두 번째 자리 숫자를 붙여 출력

숫자 한 개를 출력했으므로 second에서 1을 차감

〈실행 결과〉

```
19	28	37	46	55	64	73	82	91
```

코드 5-20은 원하는 결과를 출력한다. 하지만 first와 second는 모두 반복문에서만 사용하는 변수인데 second를 따로 선언하고 증감 연산을 하는 것이 불편하다.

다행히 C 언어는 for 문에서 같은 자료형 변수를 여러 개 선언하고 사용할 수 있다. **코드 5-21**은 초기화_표현식에서 변수 first와 second를 선언하면서 각각 1과 9로 초기화하고, 순차 연산자를 이용해서 차례대로 증감 연산을 한다.

알아두세요 〈3장〉에서 순차 연산자를 설명하며 동일한 코드를 살펴보았다.

코드 5-21

```
for (int first = 1, second = 9; first < 10; first++, second--) {
    printf("%d%d\t", first, second);
}
```

for, while 반복문

for 문은 while 문으로 만들 수 있는 코드를 똑같이 구현할 수 있다. 앞서 살펴본 **코드 5-17**을 다시 확인하면 while 문과 거의 똑같은 구조 형태를 띠고 있다.

그림 5-4는 1에서 10까지 출력하는 코드를 while 문에서 for 문으로(혹은 반대로) 어떻게 변환되는지 보인다. 빨간색 코드가 파란색 코드로 변환(혹은 반대로)되는 것을 살펴본다.

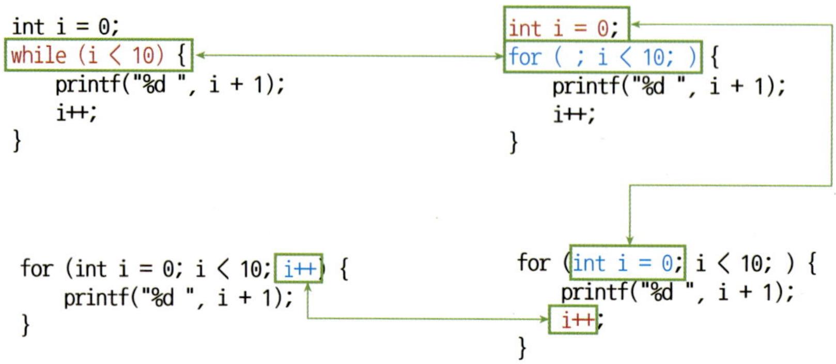

그림 5-4 while 문과 for 문의 상호 변환

정수의 약수를 출력하는 프로그램

알고리즘을 확인하고 약수를 계산하는 부분을 for 반복문으로 작성해 보자.

- divisor 변수를 1로 초기화
- divisor <= n일 때 n의 약수를 화면에 출력
- divisor를 1만큼 증가

while 문으로 작성한 **코드 5-1**과 **코드 5-22**를 비교하면 for 문인 **코드 5-22**가 훨씬 더 간결해 보인다. for 문의 장점은 동일한 while 문 코드보다 짧다는 것이다.

코드 5-22

```
for (int divisor = 1; divisor <= n; divisor++) {
    if (n % divisor == 0) {
        printf("%d ", divisor);
    }
}
```

코드 5-23은 do-while 문으로 작성한 **코드 5-8**을 for 문으로 수정한 코드이다.

코드 5-23 **DivisorFor.c**

```c
#define _CRT_SECURE_NO_WARNINGS
#include <stdio.h>

int main(void)
{
    int n;
    printf("약수를 출력할 1 이상의 정수 한 개를 입력하세요: ");
    scanf("%d", &n);
    if (n >= 1) {
        for (int divisor = 1; divisor <= n; divisor++) {
            if (n % divisor == 0) {
                printf("%d ", divisor);
            }
        }
    }
    else {
        printf("1 미만의 정수가 입력되었습니다. 프로그램을 종료합니다\n");
    }
    return 0;
}
```

<실행 결과>

```
약수를 출력할 1 이상의 정수 한 개를 입력하세요: 12
1 2 3 4 6 12
```

사용자로부터 알파벳을 입력받을 때까지 지속적으로 입력받는 프로그램

while 문으로 작성한 **코드 5-5**를 for 문으로 수정해 보자. 약수를 출력하는 프로그램과 달리 이 문제는 초기화나 증감 연산이 없고 조건식만 있으면 된다.

따라서 기존 while 문 코드에서 키워드를 for로 변경하고 초기화_표현식과 증감_연산_표현식을 생략하면 동일한 코드가 된다.

코드 5-24 **InputAlphaFor.c**

```
#define _CRT_SECURE_NO_WARNINGS
#include <stdio.h>

int main(void)
{
    char ch;
    char newlinchar;
    printf("영문 알파벳 문자 한 개를 입력하세요: ");
    scanf("%c", &ch);
    scanf("%c", &newlinchar); // ch에 다시 저장하면 먼저 읽은 글자가 사라짐
    for ( ; (ch < 'A' || ch > 'Z') && (ch < 'a' || ch > 'z') ; ) {
        printf("알파벳 아닌 문자가 입력되었습니다. 다시 입력하세요: ");
        scanf("%c", &ch);
        scanf("%c", &newlinchar);
    }
    printf("ch = %c\n", ch);
    return 0;
}
```

이 프로그램에서 for 문은 표현식 세 개 중 두 개가 없어 어색하다. 오히려 do-while이나 while이 더 읽기 쉽고 깔끔한 코드 형태를 보인다.

반복문들은 저마다의 특징이 있는데 정리하면 다음과 같다.

- while 문은 조건식의 결과에 따라 반복문의 실행 여부를 결정하는 경우에 적합하다. 그 중에서도 조건에 따라 코드를 실행하지 않을 수도 있는 경우에 사용한다.
- do-while 문은 while 문과는 달리 최소한 한 번은 실행시켜야 하는 코드가 있을 때 적합한 반복문이다.
- for 문은 주로 정해진 횟수 또는 정해진 개수의 요소들을 각각 처리할 때 자주 사용한다. 이러한 경우에는 while이나 do-while보다 for 문이 반복 관련 코드를 더욱 일목요연하게 보여 줄 수 있다.

5.5 break와 continue

PROGRAMMING

프로그램은 보통 순차적으로 실행된다. 반복문이라 하더라도, 반복문 내부 영역의 코드는 순차적으로 실행한다. 그림 5-5에서 모든 반복문은 S1, S2, …, Sm 순서대로 진행된다.

`while (조건식) {`
`    S1;`
`    S2;`
`    …`
`    Sm;`
`}`
	`do {`
	`    S1;`
	`    S2;`
	`    …`
	`    Sm;`
	`} while (조건식);`
		`for (expr1; expr2; expr3) {`
		`    S1;`
		`    S2;`
		`    …`
		`    Sm;`
		`}`

그림 5-5 반복문에서 명령문들이 순차적으로 실행됨

break와 continue 문은 반복문 안에서 순차적으로 실행되는 명령문들의 흐름을 끊고 반복문을 종료하거나 처음으로 되돌리는 명령문들이다. 차례대로 알아보자.

break 문

break 문은 반복문의 실행 흐름을 멈추고 반복문의 다음 문장을 실행시키도록 하는 명령문이다. 이는 switch 문에서 case에 있는 명령문들이 실행되다가 break를 만나면 그 흐름이 중단되고, switch 문 다음 문장으로 이동한 것과 비슷하다.

반복문도 마찬가지로 break 문은 반복을 종료하고 실행 흐름이 다음에 있는 명령문으로 이어진다.

그림 5-6과 같이 각 반복문에서 break가 실행되면 다음에 있는 명령문들(S3, …, Sm)은 더 이상 실행되지 않고 중단되며, 다음 명령문인 Sn이 실행된다.

break 문은 뒤에 있는 명령문을 실행하지 않고 반복문을 종료하는 특성 때문에 일반적으로 if 문이나 switch 문 같은 조건문과 함께 사용하거나 특정 상황에서만 실행되도록 구현한다.

```
while (조건식1) {
    S1;
    S2;
    if (조건식2) {
        break;
    }
    S3;
    …
    Sm;
}
Sn;
```

```
do {
    S1;
    S2;
    if (조건식2) {
        break;
    }
    S3;
    …
    Sm;
} while (조건식1);
Sn;
```

```
for (expr1; 조건식1; expr3) {
    S1;
    S2;
    if (조건식2) {
        break;
    }
    S3;
    …
    Sm;
}
Sn;
```

그림 5-6 break 문 동작 방법

그림 5-7처럼 중첩된 반복문에서 break 문이 사용되면 현재 자신이 속한 반복문만 종료시킨다. (1)의 break 문이 실행되면 안쪽에 있는 for 반복문이 종료되고, 이어서 S5가 실행된다. (2)의 break 문이 실행되면 바깥쪽에 있는 while 반복문이 종료되고, 이어서 Sn이 실행된다.

```
while (조건식1) {
    S1;
    S2;
    for (expr1, 조건식2, expr2) {
        S3;
        if (조건식3) {
            break; // (1)
        }
        S4;
    }
    S5;
    …
    if (조건식4) { break; } // (2)
    S6;
    Sm;
}
Sn;
```

그림 5-7 중첩 반복문에서 break 문이 실행되는 방법

약수를 최대 네 개까지 출력하는 프로그램

앞서 while, do-while, for 문으로 사용자가 입력한 정수 n의 약수를 모두 출력하는 코드를 작성했었다. 이번에는 조건을 추가하여 약수를 최대 네 개까지만 출력하는 프로그램으로, 약수가 네 개 이하이면 전부 출력하도록 작성한다.

반복문은 어떤 것을 사용해도 상관없지만, 1~n까지의 숫자들을 한 번씩 나눠야 한다는 점을 고려하여 for 반복문을 사용한다.

출력하면서 약수의 개수를 세다가, 네 개를 화면에 출력한 후 반복문을 종료한다.

화면에 출력하는 약수의 개수를 세기 위해 numOfDivisors 변수를 만들고 0으로 초기화한다. 다음과 같은 코드를 사용한다.

```
int numOfDivisors = 0;
```

1~n까지 반복하면서 n으로 나머지 연산의 결과가 0인지 확인하고 화면에 출력한다. 출력 후에 개수를 1만큼 증가시키고 반복문을 종료할지 결정한다.

코드 5-25

```
for (int divisor = 1; divisor <= n; divisor++) {
    if (n % divisor == 0) {
        printf("%d ", divisor);
        numOfDivisors++;
        if (numOfDivisors == 4) { break; } // 약수 개수가 4개이면 종료
    }
}
```

divisor를 1~n까지 변경하면서 나눠지는지 확인하기 위해 반복

n을 divisor로 나눠지는지 확인

약수이므로 화면에 출력

약수 개수를 1만큼 증가

출력한 약수 개수가 네 개면 반복문 종료하고 아니면 다시 반복

이제 **코드 5-26**처럼 전체 코드를 작성한다. 사용자로부터 정수를 입력받은 후, 입력된 수가 1 이상인지 확인한 다음 앞에서 작성한 코드를 실행한다. 만약 사용자가 1 미만의 정수를 입력하면 프로그램을 종료한다.

코드 5-26 **Max4Divisors.c**

```c
#define _CRT_SECURE_NO_WARNINGS
#include <stdio.h>

int main(void)
{
    int n;
    printf("약수를 출력할 1 이상의 정수 한 개를 입력하세요: ");
    scanf("%d", &n);

    int numOfDivisors = 0;
    if (n >= 1) {
        코드 5-25 삽입
    }
    else {
            printf("1 미만의 정수가 입력되었습니다. 프로그램을 종료합니다\n");
    }
    return 0;
}
```

<실행 결과>

```
약수를 출력할 1 이상의 정수 한 개를 입력하세요: 4
1 2 4

약수를 출력할 1 이상의 정수 한 개를 입력하세요: 12
1 2 3 4
```

continue 문

continue 문은 반복문의 순차적인 실행을 중단하고, 다시 반복/종료 조건을 확인해서 반복할지 결정하는 명령문이다.

continue 문을 무조건 반복문 처음으로 되돌려서 다시 반복하는 것이라고 착각하기 쉬운데, 실제로는 반복 조건을 다시 확인하고 만족될 때 다시 반복한다.

반복 조건이 만족되지 않으면 반복문은 실행을 종료하고 반복문 다음에 있는 명령문을 실행한다.

그림 5-8은 continue 문이 동작하는 방법을 보인다. break 문과 유사하게 continue 문이 실행되면 이후에 있는 반복문의 명령문들은 실행되지 않는다.

예를 들어, while 문에서 continue가 실행되면 S3, ..., Sm은 실행되지 않고 바로 조건식1을 다시 확인하고 반복할지 말지 결정한다. 비슷하게 do-while 문도 continue가 실행되면, 반복문의 조건식을 확인한다.

```
while (조건식1) {
    S1;
    S2;
    if (조건식2) {
        continue;
    }
    S3;
    ...
    Sm;
}
Sn;
```

```
do {
    S1;
    S2;
    if (조건식2) {
        continue;
    }
    S3;
    ...
    Sm;
} while (조건식1);
Sn;
```

```
for (expr1; 조건식1; expr3) {
    S1;
    S2;
    if (조건식2) {
        continue;
    }
    S3;
    ...
    Sm;
}
Sn;
```

그림 5-8 continue 문 동작 방법

for 문에서 continue가 실행되는 것은 좀 다르다. 그림 5-9에서 실행 순서를 표시한 것처럼 for 문에서 continue가 실행되면 증감_연산_표현식이 먼저 실행된다. 그런 다음 for 문의 조건식을 다시 확인하고 반복할지 결정한다.

```
                  ③          ②
for (초기화_표현식; 조건식; 증감_연산_표현식
    S1; ④
    if (조건식2) { continue; } ①
    S3;
```

그림 5-9 for 문에서 continue 문 동작 방법

contiue 문은 중첩 반복문에서도 비슷하게 동작한다. 현재 continue가 있는 반복문의 조건식을 다시 확인하고 반복 여부를 결정하기 때문에 break와 비슷하게 동작하는 것이다.

그림 5-10에서 (1)의 continue 문은 안쪽에 있는 조건식으로 이동한다. (2)의 continue 문은 while 문에 포함되어 있으므로 바깥쪽 while의 조건식을 재확인한다.

```
while (조건식1) {
    S1;
    S2;
    for (expr1, 조건식2, expr2) {
        S3;
        if (조건식3) {
            continue; // (1)
        }
        S4;
    }
    S5;
    ...
    if (조건식4) { continue; } // (2)
    S6;
    Sm;
}
Sn;
```

그림 5-10 중첩 반복문에서 continue 문 동작 방법

약수 중에서 홀수만 출력하는 프로그램

약수 출력 프로그램을 수정해서 약수 중에서 홀수만 출력하자. 가장 간단한 방법은 약수를 2로 나눈 나머지가 1이면 출력하는 것이다.

코드 5-27

```
for (int divisor = 1; divisor <= n; divisor++) {
    if (n % divisor == 0) {
        if (divisor % 2 != 0) {
            printf("%d ", divisor);
        }
    }
}
```

divisor를 2로 나눠 나머지가 0이 아니면, 홀수이므로 출력

이렇게 if 문이 바로 중첩되면 논리 연산자로 묶어 표현하는 것이 더 좋다.

코드 5-28

```c
for (int divisor = 1; divisor <= n; divisor++) {
    if (n % divisor == 0 && divisor % 2 != 0) {
        printf("%d ", divisor);
    }
}
```

또 다른 방법은 continue를 사용하는 것이다. **코드 5-27**에서 divisor를 2로 나누어서 나머지가 0이라면 for 반복문의 시작 부분으로 실행을 옮기도록 continue 문을 사용한다.

코드 5-29

```c
for (int divisor = 1; divisor <= n; divisor++) {
    if (n % divisor == 0) {
        if (divisor % 2 == 0) { continue; }
        printf("%d ", divisor);
    }
}
```

- `if (divisor % 2 == 0) { continue; }`: divisor가 약수고 짝수이면 continue 문을 이용해서 divisor++를 호출 후, divisor <= n을 다시 확인하도록 명령
- `printf("%d ", divisor);`: divisor가 홀수이면 출력

앞서 살펴본 코드들과 함께 전체 코드를 컴파일하고 실행한다.

코드 5-30 **OddDivisors.c**

```c
#define _CRT_SECURE_NO_WARNINGS
#include <stdio.h>

int main(void)
{
    int n;
    printf("약수를 출력할 1 이상의 정수 한 개를 입력하세요: ");
    scanf("%d", &n);
    if (n >= 1) {
        코드 5-29 삽입
```

```c
        }
        else {
            printf("1 미만의 정수가 입력되었습니다. 프로그램을 종료합니다\n");
        }
        return 0;
    }
```

<실행 결과>

```
약수를 출력할 1 이상의 정수 한 개를 입력하세요: 12
1 3

약수를 출력할 1 이상의 정수 한 개를 입력하세요: 15
1 3 5 15
```

5.6 연습 문제

01 int x=0이라고 했을 때, 문법적으로 잘못된 코드를 고르시오.

① `while (x < 5)`

② `while (x < 5) ;`

③ `while (x < 5) x++;`

④ `while (x < 5) x--;`

02 약수를 구하는 다음 코드에서 (1)에 위치하는 코드를 작성하시오.

```
int divisor = 1;
while (divisor <= n) {
    if (n % divisor == 0) {
        printf("%d ", divisor);
    }
    (1)
}
```

03 문제 **02**번 코드를 for 문으로 전환하시오.

04 a=1, b=2, c=3, d=4, e=5라고 했을 때, result = (a * b, b, c, d, a + b)가 실행된 다음 result의 값을 적으시오.

05 사용자에게 정수 2개를 입력받고 double 형 변수 m과 n에 저장한 후 반복문을 이용해서 m^n을 계산해서 화면에 출력하시오.

- 정수는 오버플로(overflow)가 발생할 수 있어 double 형 변수를 사용함에 주의한다.

06 원주율 Pi를 구하는 방법은 다양하다. 그중에서 Gregory–Leibniz 급수(series)를 사용해 원주율을 계산하는 프로그램을 구현한다. Gregory–Leibniz 급수를 이용해서 원주율을 계산하는 공식은 다음과 같다.

```
Pi = (4/1) - (4/3) + (4/5) - (4/7) + (4/9) - (4/11) ...
```

분자를 4로 고정시키고 분모를 1, 3, 5, 7, ... 형태로 증가시키며 뺄셈과 덧셈을 반복하면 원주율에 수렴하는 값을 얻을 수 있다.

(4/1)에서 값을 한 번씩 빼고 더하는 과정을 1000000번까지 하면서 Pi 값을 소수 열째 자리까지 화면에 출력하는 프로그램을 작성하시오(– (4/3) + (4/5)까지 한 번이다). Pi 값은 매 100000번째에 한 번씩 출력한다.

07 원주율을 계산하는 다른 방법은 Nilakantha 급수를 사용하는 것이다. 원주율 계산 공식은 다음과 같다.

```
Pi = 3 + 4 / (2*3*4) - 4 / (4*5*6) + 4 / (6*7*8) - 4 / (8*9*10) + ...
```

3에서 값을 한 번 더하고 빼는 것을 100000번 하면서 Pi 값을 소수 열째 자리까지 화면에 출력하는 프로그램을 작성하시오. +4 / (2*3*4) – 4 / (4*5*6)까지 한번이고, Pi 값은 매 10000번째에 한 번씩 출력한다.

08 사용자로부터 다섯 개의 실수를 입력받고 다섯 개 값에 대해 표준 편차를 구하는 프로그램을 구현한다.

- 표준 편차를 구하는 방법은 평균을 avg, 다섯 개 실수를 d1~d5라고 할 때 $(d1 - avg)^2 + (d2 - avg)^2 + ... + (d5 - avg)^2$를 값의 개수인 5로 나눈 것의 제곱근을 구한 것이다.

09 n^4가 1000을 넘는 가장 작은 정수 n을 화면에 출력하시오.

10 n^4가 300을 넘는 n까지 양의 정수 n과 n4의 값을 화면에 출력하시오. 단, break 문을 반드시 사용한다.

11 1000~9999까지의 수 중에서 천 단위 수를 n1, 백 단위 수를 n2, 십 단위 수를 n3, 일 단위 수를 n4라고 가정해 보자. 즉, 7239에서 n1은 7, n2는 2, n3은 8, n4는 9가 된다. 1000~9999까지의 수 중 한 개를 n이라고 가정할 때 n과 $n1^4 + n2^4 + n3^3 + n4^3$의 값이 같은 수를 모두 찾아서 출력하는 프로그램을 작성하시오. 예를 들어, $1498 = 1^4 + 4^4 + 9^3 + 8^3$이다.

12 369 게임을 컴퓨터로 구현한다. 369 게임은 1부터 숫자를 하나씩 말하는데, 숫자에 3, 6, 9가 들어가면 숫자를 말하는 대신 박수를 치는 게임이다. 3, 6, 9가 들어간 개수만큼 박수를 쳐야 한다. 예를 들어, 13에는 3이 한 번이므로 박수 한 번, 36은 3과 6이 들어가므로 박수 두 번을 쳐야 한다.

- 컴퓨터에서 실제 박수를 칠 것은 아니므로, 여기서는 박수 치는 것을 "짝"이라고 출력하는 것으로 대신한다.
- 1~100사이의 숫자에 대해 369 게임을 진행하며 박수를 쳐야 하는 순간에만 다음과 같은 형태로 출력한다.

```
3, 짝
6, 짝
...
33, 짝짝
```

13 실습 문제 2를 사용자로부터 금리, 기간(월), 납입액을 입력받고 계산해서 반환하는 프로그램으로 수정하시오.

적금 이자가 년 이율 3.5%인 1년 만기 적금에 매달 20만 원씩 납입할 때 나중에 돌려받을 금액이 얼마인지 계산하는 프로그램을 작성한다. 적금 만기 금액에서 이자 소득의 15.4%는 세금으로 먼저 징수하고 지급한다.

적금 이자 계산 방법은 다음과 같다.

- 처음 적금을 개설하면서 납입한 금액은 12개월간 은행에 있는 셈이고, 12개월분의 이자(3.5%×12/12×월 납입금)를 받는다.
- 두 번째 달에 납입한 금액은 11개월간 은행에 저금되어 있고, 11개월분의 이자(3.5%×11/12×월 납입금)를 받는다.
- 이런 식으로 계산하면, 마지막에 납입한 금액은 1개월간 저금되는 셈이고, 1개월분의 이자(3.5%×1/12×월 납입금)를 받는다.

12개월간 받은 이자 금액(interest), 세금을 공제한 이후 금액(interest after tax), 그리고 환급 금액(savings refund)을 화면에 출력한다.

```
환급 금액 = 원금 + 이자 - 세금이다.
```

6장

함수

학 습 목 표

- 함수의 필요성을 이해한다.
- 함수를 정의하고 구현하는 방법을 확인한다.
- 변수의 종류(지역, 전역변수)와 유효 범위를 이해한다.
- 함수 선언의 필요성과 선언 방법을 알아본다.
- 재귀 호출을 학습한다.
- 매크로 함수를 사용해 본다.
- 함수를 왜 사용하는지, 어떻게 구현하는지, 함수 내부 또는 외부에서 변수를 선언했을 때의 차이 등을 알아본다.

6.1 함수

함수는 정해진 작업을 하기 위해 만들어진 코드의 묶음이고, 프로그램이라는 제품을 구성하는 부품이다. 함수의 필요성과 의미에 대해서 알아본다.

여러 부품을 조합해서 만드는 C 프로그램

컴퓨터 하드웨어는 프로세서, 메모리, 저장 장치, 입력 및 출력 장치와 같은 여러 부품들로 구성된다. 이러한 부품들을 더 자세히 살펴보면 더 작은 부품들로 구성된다.

처음부터 단일 제품으로 만들면 되는데 왜 이렇게 부품들을 조합해서 컴퓨터를 만들까? 여러 가지 이유가 있겠지만, 가장 큰 이유는 설계의 편의성, 성능 향상, 불량률 감소, 재사용성 때문이다. 아무래도 큰 제품을 '통'으로 제작하기보다는 나누어서 설계하고 연결한 다음 합치는 방식이 쉽고 좋다. 이 방식은 문제가 발생해도 특정 부분만 교체할 수 있고, 성능 향상이 생기면 그 부분만 변경하면 되니 효율적이다.

> **알아두세요** 개발자는 흔히 '통'이라는 단어를 전체라는 뜻으로 사용한다.

프로그램 역시 컴퓨터를 부품으로 나누어 조립하는 사례와 다를 바 없다. C 언어 프로그램은 함수(function)라고 불리는 것들로 작게 나누어서 설계하고 코드를 작성한다. 이러한 방법을 '분할 정복(divide and conquer)'이라고 한다.

지금까지는 작성했던 코드들은 문제가 간단하고 수십 줄 정도에 불과해, `main()` 함수 하나로만 작성해도 괜찮았다. 이처럼 프로그램이 짧으면 굳이 작은 단위로 나누지 않아도 되고 하나의 프로그램으로 만들어도 된다.

하지만 규모가 커져 수 십만~수 백만 줄이 된다면 어떨까? 이렇게 큰 규모의 프로그램을 나누지 않고, main() 함수 한 개에 모두 넣을 수 있을까? 혹은 나누지 않고 단독으로 프로그래밍할 수 있을까?

> 알아두세요 줄 수는 Lines of Code를 줄여서 LOC라고 하며, 크기를 측정하는 대표적 지표이다.

당연히 코드를 나누고 협업을 통해 작업하는 것이 좋다. 독립적으로 동작하는 함수들을 개별적으로 구현하고 검수한 다음 함수들을 조합하는 방식이 더 효율적이다.

> 알아두세요 소프트웨어는 개인 역량이라기보다는 팀의 협업이 효과적이다.

예를 들어, 워드프로세서의 모든 기능을 한 개의 함수에 넣는다면 너무 복잡할 것이다. 기능별로 잘라서 텍스트 입력, 편집, 철자 및 맞춤법 확인, 표를 만드는 것, 그림 삽입 등 여러 가지로 나누어서 따로 작업하는 것이 설계할 때 훨씬 쉽고, 이렇게 떼어놓은 코드는 재사용성도 높다. 또한, 맞춤법 확인 기능은 파워포인트 같은 다른 소프트웨어를 만들 때 다시 사용할 수 있다.

결론적으로 C 언어의 함수(function)는 부품이고, 이들을 조립해서 프로그램을 완성하는 것이 바람직하다. 이러한 방법을 학습해 보자.

함수의 사용 목적

C 언어의 함수 사용 목적을 다시 간결하게 정리해 본다.

- 전체를 함수로 부품화
- 함수 단위로 구성하여 가독성 향상
- 반복적으로 사용되는 코드를 묶어서 재사용성 향상
- 함수 단위로 코드를 검수할 수 있어 안전성 향상
- 인터페이스(사용법)는 변경하지 않고, 성능 향상 등을 꾀하기 위해 내부를 교체하기 쉬움
- 부품 단위로 나누어져서 협업에 용이, 함수의 인터페이스만 정해지면 각자 나누어 구현 가능

캡슐화와 재사용성

함수의 사용 목적은 '캡슐화(encapsulation)'와 '재사용성(reusability)'이라는 두 가지로 정리된다.

❶ 캡슐화

캡슐화란 내부 동작 원리 및 구조를 밖에 드러내지 않고 사용하는데 필요한 정보만 제공하는 것을 말한다.

예를 들어, TV의 내부 구조에 대해서 사람들은 잘 모른다. 단순히 전원을 연결하고, 안테나 또는 셋톱박스(Set-Top Box)에 연결하고 TV를 본다. 자동차도 비슷하게 운전하는 사람들은 내부 구조를 이해할 필요 없이 운전 방법과 사용법만 알고 있으면 된다.

계속 사용했던 `printf()` 함수도 내부적으로 어떻게 동작하는지 모르지만, 캡슐화가 잘 되어 있어, 사용하는데 문제가 없었다. 함수의 사용법을 유지하면, 다른 코드로 대체하여 성능의 향상을 꾀하거나 버그를 수정할 수 있다. 예를 들어, 다른 사람들이 만든 비주얼 스튜디오나 GCC의 `printf()` 함수들은 다른 형태로 코드가 작성되었지만, 사용자는 동일한 방법으로 사용하는 것처럼 말이다. 캡슐화를 확장하면 함수보다 큰 단위로 모듈화할 수 있는데, 이 부분은 나중에 〈13장〉에서 살펴본다.

❷ 재사용성

재사용성을 높이기 위해 함수는 단순화시키고 일반화해서 작성해야 한다. 하나의 함수에서 여러 가지 작업을 처리하면 재사용성이 저하되므로 크게 만들지 않고 적절한 크기로 나누어야 한다. 또한, 함수의 목적이 다양해지면 응집성이 낮아지므로 가능하면 한 가지 목적만 달성하도록 설계해야 한다. 함수가 커지면 문제가 생길 가능성이 높고 가독성이 떨어지며 사용법도 복잡해진다.

> **알아두세요** 인터페이스에 필요한 매개변수가 많아지면 결합성이 떨어진다. 즉, 복잡해진다.

함수를 구현할 때 일반화시켜서 구현한다. 1~100의 합을 연산하는 함수보다 2개의 숫자 범위 `min`과 `max`를 전달받고, `min~max`의 합을 계산하는 함수가 재사용성이 높다.

PROGRAMMING

6.2 함수 정의, 호출, 실행

함수를 정의하는 방법을 살펴보고 캡슐화나 재사용성이 높은 함수를 만드는 방법에 대해 알아보자. 그림 6-1은 함수를 정의(define)하는 방법이다.

```
                        출력                    입력
함수 머리(header) — 반환_자료형 함수_이름([매개변수_목록])
                    {
함수 몸체(body)   —      명령문;
                    }
```

그림 6-1 함수 정의 방법

함수는 크게 머리(header)와 몸체(body)로 나뉜다. 머리는 함수를 사용하는데 필요한 정보들을 담아놓은 것이고, 몸체는 함수가 호출될 때 실행할 코드가 있는 부분이다.

❶ 함수 머리

함수 머리를 자세히 살펴보자. 함수 머리는 반환_자료형(return value type), 함수_이름, 괄호, 매개변수_목록으로 구성된다.

- 반환_자료형은 함수가 반환하는 결괏값의 자료형이다.
  - 반환하는 결괏값이 없으면 `void`로 지정한다.
  - 반환_자료형은 `char`, `int`, `double`과 같은 기본 자료형뿐만 아니라 아직 학습하지 않은 C 언어에서 선언할 수 있는 거의 모든 자료형을 사용할 수 있다. 여기는 기본 자료형만 다룬다.

알아두세요 예외적으로 배열을 반환하는 것은 안 된다.

- 함수_이름은 변수 이름을 지정하는 방법과 같다. 영문 알파벳으로 시작하고 두 번째 글자부터는 숫자나 밑줄 문자(_)도 사용할 수 있다.
  - 예전 C 언어 프로그램에서는 함수 이름을 주로 영어 소문자로 작성하고, 밑줄 문자로 단어 분리를 했지만, 요즘에는 본인 스타일에 맞춰 카멜 케이스를 사용하는 경우도 있다.
- 함수_이름 뒤에 나오는 괄호는 함수를 일반 변수와 구별하는 것이므로 필수 요소다.
  - 식별자 뒤에 아무것도 없으면 자료형, 변수, 상수 이름 등으로 구별할 수 있지만, 괄호가 붙으면 함수 이름이다.
- 매개변수_목록은 함수에 전달하는 값을 받을 변수의 목록이다.
  - 일반적인 변수 선언과 비슷하지만, 매개변수가 두 개 이상일 때, 각 변수는 따로 선언한다.
  - 변수가 한 개면 자료형 변수_이름, 변수가 두 개 이상이면 자료형 변수_이름, 자료형 변수_이름, ... 형태로 선언한다.
  - 매개변수가 없으면 괄호 안에 void라고 쓴다. 함수에 빈 괄호만 표시하면 개수 제한 없이 인자를 전달받을 수 있다는 의미이다. 인자를 전달받지 않는 함수라면 반드시 void로 표시해야 한다.
  - 매개변수_목록에서 사용하는 자료형은 어떤 것이라도 가능하다(심지어 배열도 사용할 수 있다). 여기서는 기본 자료형만 다루기로 한다.
- 함수 안에 또 다른 함수를 정의할 수 없다. 함수는 철저하게 독립적인 존재이다.

❷ 함수 몸체

함수 몸체는 열고, 닫는 중괄호로 구현된다. 중괄호는 함수 몸체의 코드 존재 여부와 관계없이 필수적인 요소이다. 함수가 호출될 때 중괄호 안에 명령문이 있으면 순차적으로 실행된다. 코드 6-1은 함수 구현에 필요한 템플릿을 보인다.

코드 6-1

```
Type func(Type param1, Type param2)
{
    S1;
}
```

함수 코드 실행 후 반환하는 값

함수는 몸체에 있는 모든 코드를 순차적으로 실행하면 함수를 호출한 곳으로 되돌아 간다.

예외적으로 함수에서 return 문이 실행되면 함수 몸체 중간에서 종료한다. return 문은 사용 방법에 따라 함수 실행을 종료하는 것과 값을 반환하는 두 가지 역할을 한다.

```
return 표현식;  // (1)
return ;        // (2)
```

(1)은 함수 코드의 실행을 중단하면서 return 뒤에 있는 표현식의 값을 함수의 결괏값으로 반환한다. 이때 표현식의 결괏값은 함수의 반환_자료형과 동일하거나 자동 형 변환이 가능한 자료형이어야 한다.

(2)는 반환_자료형이 void일 때 사용하며 함수 실행을 종료한다. 반환_자료형이 다른 것일 때 사용하면 컴파일 오류가 발생한다.

함수 호출

구현된 함수를 사용하는 것을 "함수를 호출한다(call)"고 한다. 이미 표준 C 라이브러리에 있는 함수들을 사용했기 때문에 함수를 호출하는 개념이 생소하지는 않을 것이다.

함수를 호출하는 방법은 함수 이름에 괄호를 붙이고, 매개변수에 전달할 값이 있다면 괄호 안에 나열한다. 그림 6-2는 함수를 호출하고 실행하는 과정이다. 함수가 반환하는 자료형이나 매개변수의 자료형은 일반화해서 Type이라고 표시했다.

func3() 내부에서 func1()과 func2()를 호출한다. func1() 함수가 호출되면 순서대로 S1과 if 문이 실행된다. 조건식의 결과에 따라 return 문 또는 S2가 실행된다.

func1() 함수 실행이 종료되면, 실행 흐름은 func3()의 func1() 호출 코드로 되돌아온다. func()의 결괏값을 t에 저장하고 S2 실행한 다음 func2()를 호출한다.

func2()의 코드가 순차적으로 실행되고, 다시 func2()를 호출한 다음 코드가 실행되어야 하는데 더 이상 코드가 없으므로 func3() 함수 실행이 종료된다.

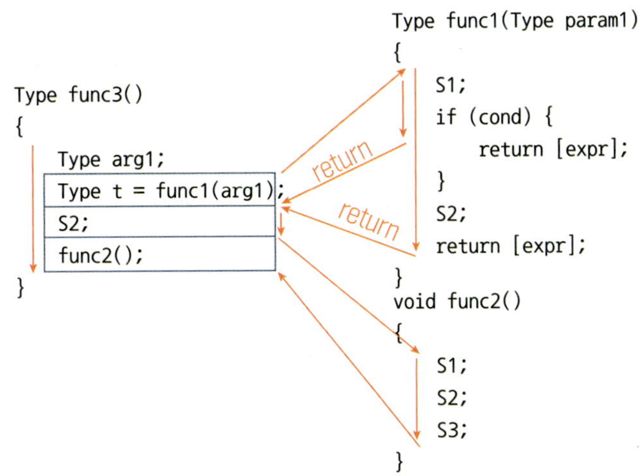

그림 6-2 함수 호출 및 실행 과정

함수의 매개변수에 인자 전달

그림 6-3은 함수를 호출할 때 인자가 매개변수에 전달되는 과정이다.

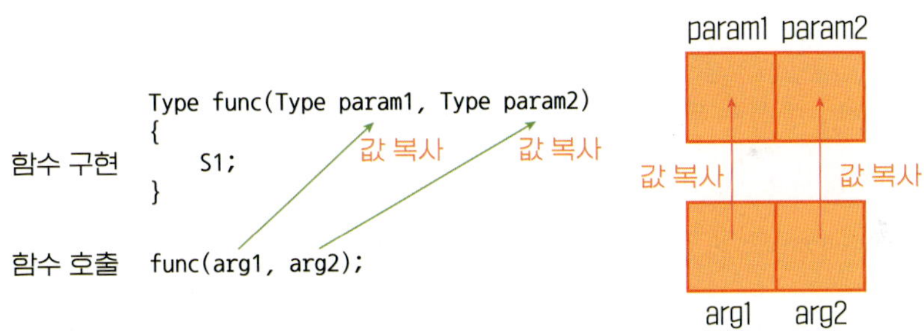

그림 6-3 함수 호출 시 인자가 매개변수에 전달되는 과정

func() 함수에 param1, param2라는 두 개의 매개변수(parameter)가 있으므로 호출할 때 두 개의 값을 전달한다. 그림 6-3에서 func() 함수를 호출하면서 arg1과 arg2를 전달한다. 이때 첫 번째 인자는 첫 번째 매개변수에, 두 번째 인자는 두 번째 매개변수에 차례대로 전달된다.

함수를 호출하며 전달하는 값을 '인자(argument)', 인수 또는 '전달 인자(actual argument)' 등으로 표현한다.

당연한 말이지만, 인자와 매개변수의 자료형은 동일하거나 인자에서 매개변수로 자동 형변환이 가능해야 한다.

C 언어에서 인자를 매개변수에 전달할 때 '값에 의한 호출(call by value)' 방법을 사용한다. 값에 의한 호출 방식은 '값에 의한 전달(pass by value)' 또는 '값 전달' 방식으로도 불리며 인자의 값을 매개변수 공간에 복사하는 것이다.

여기서 매개변수 공간에 복사한다는 것은 그림 6-3 오른쪽에서 보인 것처럼 arg1, arg2와 param1, param2가 모두 변수인 경우, 서로 다른 메모리 공간을 사용하고 인자의 메모리 공간에서 매개변수의 메모리 공간으로 값을 복사한다는 것이다. 만약 인자가 값이라면 매개변수의 메모리 공간에 인자값이 저장된다.

값에 의한 호출 방식으로 인자를 매개변수에 전달하는 것은 **코드 6-2**처럼 함수 내부의 코드 S1이 실행되기 전에 인자를 매개변수에 대입하는 코드가 실행된다고 생각하면 된다.

코드 6-2

```
Type param1 = arg1; // 인자를 매개변수에 복사
Type param2 = arg2; // 인자를 매개변수에 복사
S1;
```

C 언어의 값 전달 방식은 두 가지 특징을 가진다.

- 인자에 표현식을 사용할 수 있다(변수나 리터럴 상수도 표현식 중 한 가지).
- 함수에서 매개변수의 값을 변경해도 함수 바깥에 영향을 주지 않는다.

값이 매개변수에 복사(대입)되는 형태로 전달되므로 arg1과 arg2에 모든 표현식을 사용할 수 있다. 함수의 매개변수에 전달하기 전에 표현식은 평가되고 결괏값이 전달된다.

코드 6-2에서 func() 함수를 호출할 때 arg1과 arg2 순서대로 전달되는 것처럼 보이지만, C 언어는 어떤 인자가 어떤 순서로 전달될지 정해져 있지 않다. 따라서 프로그래밍할 때 어떤 순서로 변수가 전달될지 절대로 예상하면 안 된다.

함수 내부에서 매개변수 값을 변경하면 매개변수 메모리 공간에 있는 값이 변경되고, 수의 밖은 영향이 없다.

이러한 두 가지 특징을 시간을 1분 증가시키는 코드를 이용해서 살펴본다. **코드 6-3**은 주어진 시간을 1분 증가시켜 변경되는 시간 정보를 출력하는 함수 increaseTime()과 이를 호출하는 main() 함수를 구현한다.

코드 6-3 **IncreaseTime.c**

```
#define _CRT_SECURE_NO_WARNINGS
#include <stdio.h>

void increaseTime(int hour, int minute)
{
    if (minute == 59) {
        minute = 0;
        hour++;
        if (hour > 23) {
            hour -= 24;
        }
    }
    else {
        minute++;
    }
    printf("hour: %d, min: %d\n", hour, minute);
}

int main(void)
{
    int hour = 10;
    int min = 24;
    increaseTime(hour, min);
    printf("After calling increaseTime: hour: %d, min: %d\n", hour, min);
    return 0;
}
```

시(hour)와 분(minute) 정보를 전달받고
1분 증가시킨 시간을 출력하는 함수

만약 전달된 분(minute)이 59이면 1분 증가시켜 0으로 수정
1시간이 지난 것이므로 hour 변수를 1 증가시킴
증가된 시간이 23시 이상이면 24를 차감하여 0시로 변환
매개변숫값을 변경해도 함수를 호출한 코드의 변수에 영향을 미치지 않음

분(minute)이 59가 아니면 1 증가

10시 24분을 1분 증가시켜 출력
변수를 함수에 전달해도 값만 복사되므로 increaseTime()에서
시/분 정보를 변경해도 main()의 hour, min 변수는 영향받지 않음

<실행 결과>

```
hour: 10, min: 25
After calling increaseTime: hour: 10, min: 24
```

• swap() 함수 구현 문제

swap() 함수란 두 개의 매개변수로 전달된 값을 서로 바꿔 함수 밖에 전달하는 함수이다.

C 언어에서 함수를 호출할 때 값 전달 방식을 사용하므로 일반적인 변수 전달 방법으로는 swap() 함수가 구현되지 않는다. 여기서는 안 된다는 것만 확인하고 포인터 학습 이후에 해결책을 찾기로 한다.

코드 6-4 Swap.c

```c
#include <stdio.h>

void swap(int num1, int num2)
{
    int temp = num1;
    num1 = num2;
    num2 = temp;
}
 int main(void)
{
    int x = 5;
    int y = 9;
    swap(x, y); // 함수 호출 후 x에는 9가 y에는 5가 있을 거라고 예상
    printf("x = %d, y = %d\n", x, y);
    return 0;
}
```

swap() 함수 구현
num1을 임시 변수에 저장하고 num2를 num1에 저장
임시 변수의 값을 num2에 저장해서 서로 교환

swap() 함수에 전달해서 서로 교체할 x, y 변수 선언 및 초기화

swap() 함수 호출

값이 서로 바뀌었는지 확인히기 위해 x, y 출력

<실행 결과>

```
x = 5, y = 9
```

실행 결과를 확인하면 x와 y는 변경되지 않고 본래의 값을 유지한다. 그림 6-4를 보면 왜 이러한 결과가 나왔는지에 대해 알 수 있다. swap() 함수를 호출하며 x와 y는 num1과 num2에 전달된다. swap() 함수 내부에서 num1과 num2는 서로 변경되지만, 이는 num1과 num2 변수의 메모리 공간에서 변경되므로 다른 메모리 공간을 사용하는 x와 y에는 영향을 미치지 못한다.

값 복사 전달 방법을 사용할 때 swap() 함수는 구현되지 않는다. 앞에서 언급한 것처럼 C 언어에서 swap() 함수를 구현하는 것은 포인터를 다룰 때 다시 살펴본다.

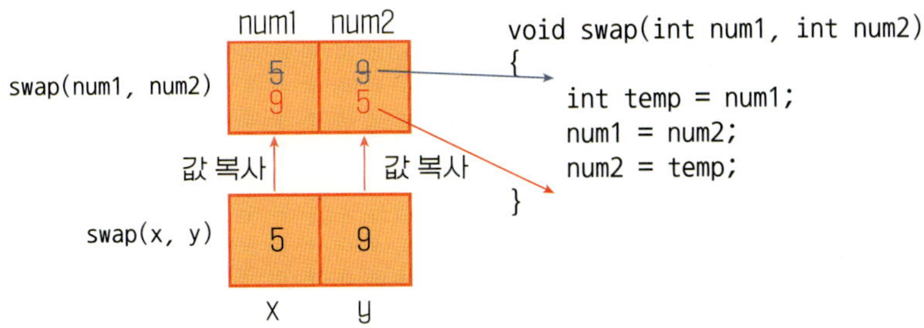

그림 6-4 swap() 함수에 매개변수가 전달되어 동작하는 방법

다시 살펴보는 main() 함수

함수 정의 방법에 대한 기초를 바탕으로 main() 함수를 다시 한번 살펴보자. 다음 **코드 6-5**는 〈1장〉에서 처음으로 작성했던 프로그램 코드의 일부이다.

코드 6-5

```
int main(void)
{
    printf("My first C program"); // 문자열 출력하는 printf() 함수 호출
    return 0;
}
```

- int main(void): 함수의 반환_자료형은 int, 이름은 main, 매개변수는 없으므로 void로 지정
- {: 함수가 호출되면 실행되는 코드의 시작. 화면에 주어진 문자열을 출력
- return 0;: 함수 코드 실행을 종료시키면서 main() 함수의 결괏값으로 0 반환
return 문이 없었어도 함수는 더 이상 실행시킬 코드가 없으므로 종료
return 문은 함수 실행을 종료하는 것보다는 0을 반환하는 것이 실행 목적

입력으로 전달된 양의 정수가 소수인지 확인하는 함수

표 6-1을 참고하여 매개변수로 전달받은 0 이상의 정수가 소수이면 1을, 아니면 0을 반환하는 함수를 구현해 보자.

표 6-1 소수인지 확인하는 함수의 속성

반환 자료형	함수 이름	매개변수
int	isPrimeNumber	int

함수를 구현하기 전에 알고리즘을 생각해 보자. 다음은 소수인지 확인하는 코드를 찾는 방법을 말로 풀어서 설명한 것이다.

```
변수 i를 2~m-1까지의 정수를 한 개씩 저장하며 반복
    m을 i로 나눈 나머지가 0이면
        약수가 발견되었으므로 0을 반환
반복이 종료되면 약수가 발견되지 않았다는 것이므로 소수임을 나타내는 1을 반환
```

코드 6-6은 표 6-1과 알고리즘에 맞춰 함수를 구현한 것이다.

코드 6-6

```c
int isPrimeNumber(int m)
{
    for (int i = 2; i < m; i++) { // 2~m까지의 정수로 m이 나눠지는지 검사
        if (m % i == 0) { // 약수
            return 0; // 약수가 있으므로 소수가 아님. 0 반환
        }
    }
    return 1; // 반복문이 종료되었다는 것은 약수가 없다는 뜻. 1 반환
}
```

isPrimeNumber에 전달되는 성수는 0 이상의 값인데 현재 함수는 2 이상의 값에 대해서만 제대로 동작한다. 매개변수가 0 또는 1일 때 0을 반환하는 코드를 추가한다.

코드 6-7

```c
int isPrimeNumber(int m)
{
    if (m < 2) { return 0; }
    else if (m == 2) { return 1; }
    for (int i = 3; i < m; i+=2) { // 3~m까지의 홀수로 m이 나눠지는지 검사
        if (m % i == 0) { // 약수
            return 0; // 약수가 있으므로 소수가 아님. 0 반환
        }
    }
    return 1; // 반복문이 종료되었다는 것은 약수가 없다는 뜻임. 1 반환.
}
```

함수를 호출하는 코드를 구현한다.

코드 6-8 **IsPrimeNumber.c**

```c
#define _CRT_SECURE_NO_WARNINGS
#include <stdio.h>

코드 6-7 삽입

int main(void)
{
    printf("1 is prime number(1 if true 0 otherwise): %d\n", isPrimeNumber(1));
    printf("2 is prime number(1 if true 0 otherwise): %d\n", isPrimeNumber(2));
    printf("6 is prime number(1 if true 0 otherwise): %d\n", isPrimeNumber(6));
    printf("13 is prime number(1 if true 0 otherwise): %d\n", isPrimeNumber(13));
    return 0;
}
```

<실행 결과>

```
1 is prime number(1 if true 0 otherwise): 0
2 is prime number(1 if true 0 otherwise): 1
6 is prime number(1 if true 0 otherwise): 0
13 is prime number(1 if true 0 otherwise): 1
```


n1~n2 사이의 정수 중 소수를 출력하는 함수

두 개의 0 이상의 양의 정수 사이에 있는 모든 소수를 찾아 화면에 출력하는 함수를 작성한다. 표 6-2는 함수의 속성을 정리한 것이다.

표 6-2 소수인지 확인하는 함수의 속성

반환 자료형	함수 이름	매개변수
void	printPrimeNumbers	int, int

이 함수는 값을 반환할 필요가 없다. 주어진 두 정수 사이에 소수가 있으면 출력할 뿐이다.

매개변수는 n1과 n2를 입력받는데, 여기서는 n1 <= n2라고 가정한다.

간단하게 함수를 구현해 본다. n1~n2 사이의 정수를 isPrimeNumber() 함수에 전달해서 소수인지 확인되면 화면에 출력한다.

코드 6-9

```
// 주어진 n1~n2 범위 내의 소수를 출력하는 함수
void printPrimeNumbers(int n1, int n2) {
    // 주어진 범위에서 소수인지 검사하고 출력
    for (int i = n1; i <= n2; i++) {
        if (isPrimeNumber(i)) { printf("%d\n ", i); }
    }
}
```

코드 6-9를 바탕으로 더 효율적인 방법을 생각해 보자. 짝수 중에는 2만 소수이고, 소수는 홀수에만 존재한다. 따라서 2 이상의 짝수는 확인할 필요가 없다.

이에 의거해서 알고리즘을 다시 정리하면 다음과 같다.

- n1 < 2이고 n2 >= 2라면, "소수: 2\n"를 출력하여 다음 과정으로 넘어간다.
- n1이 짝수라면 n1을 1만큼 증가시켜 홀수로 만든다.
- n1~n2까지 2씩 증가시키면서 소수이면 화면에 출력한다.

코드 6-10

```
void printPrimeNumbers(int n1, int n2)
{
    if (n1 >= 2) {
        if (n1 == 2 || n2 == 2) { printf("소수: 2\n"); }
        if (n1 % 2 == 0) { n1++; }
        for (int m = n1; m <= n2; m+=2) {
            if (isPrimeNumber(m)) { printf("소수: %d\n", m); }
        }
    }
}
```

printPrimeNumbers() 함수 정의 시작

n1이 2 이상일 때만 알고리즘 적용

n1~n2까지 홀수만 소수인지 확인. n1은 홀수

소수면 출력

사용자로부터 두 개 정수를 입력받고, printPrimeNumbers() 함수를 호출해서 소수를 화면에 출력하는 프로그램을 작성한다. 사용자가 양의 정수를 입력한다고 가정하자.

코드 6-11 **PrintPrimeNumbers.c**

```c
#define _CRT_SECURE_NO_WARNINGS
#include <stdio.h>

코드 6-7 삽입

코드 6-10 삽입

int main(void)
{
    int n1;
    int n2;
    printf("두 개 정수 사이의 소수를 출력하기 위해 정수 입력: ");
    scanf("%d", &n1);
    scanf("%d", &n2);
    printPrimeNumbers(n1, n2);
    return 0;
}
```

처음 시작이 짝수일 때와 아닐 경우에 대해 두 번 정도 프로그램을 실행시켜 확인한다.

<실행 결과>

```
두 개 정수 사이의 소수를 출력하기 위해 정수 입력: 4 11
소수: 5
소수: 7
소수: 11

두 개 정수 사이의 소수를 출력하기 위해 정수 입력: 5 13
소수: 5
소수: 7
소수: 11
소수: 13
```

6.3 변수의 유효 범위와 생존 기간

C 언어는 변수를 선언하는 위치에 따라 코드에서 그 변수를 사용할 수 있는 영역이 정해진다. 변수를 사용할 수 있는 영역을 변수의 유효 범위(scope)라고 한다. C 언어에서 변수의 유효 범위는 크게 전역, 지역, 코드 블록, for 문, 파일 등으로 분류할 수 있다. 이 중에서 파일은 〈13장〉에서 살펴보기로 하고, 그 외의 유효 범위를 알아보자.

변수들이 생성되었다가 소멸되기까지의 시간을 변수의 생존 기간(life time)이라고 한다. 변수들이 생성되고 소멸되는 것은 변수를 위한 메모리 공간이 할당되었다가 회수되는 것을 나타낸다. 변수의 유효 범위와 생존 기간은 거의 일치하지만, 일부 다른 경우가 있다.

지역변수

지역변수(local variable)는 매개변수와 함수 내부에서 선언된 변수이다. 지역변수는 함수 내부에서만 사용할 수 있다. 지역변수의 생존 기간은 함수의 실행 시간과 같다. 즉, 함수가 실행될 때 지역변수들이 새로 생성되고, 함수가 종료될 때 이들도 모두 소멸된다.

지역변수는 초기화 후에 사용해야 한다. 그렇지 않으면 변수 공간에 쓰레기 값이 있을 수 있다.

여기서 간단한 예를 들어 보자. 그림 6-5는 두 개 정수를 입력받고 합과 차를 반환하는 함수를 표현했다.

```
int add(int x, int y)
{
    int result = x + y;
    return result;
}
```

add() 함수의 x, y, result 사용 가능 영역 (add() 함수 유효 범위)

```
int subtract(int x, int y)
{
    int result = x - y;
    return result;
}
```

subtract() 함수의 x, y, result 사용 가능 영역 (subtract() 함수 유효 범위)

그림 6-5 지역변수의 유효 범위

add()와 subtract() 함수는 매개변수 x, y와 result까지 세 개의 지역변수를 선언한다. 이 변수들의 유효 범위는 각각 add()와 subtract() 함수이고, add()와 subtract()는 다른 함수에 있는 지역변수들에 접근할 수 없다.

이름이 같다고 add() 함수에서 subtract() 함수의 x, y, result를 사용할 수 있는 것은 아니다.

코드 6-12는 다음 근의 공식을 이용해서 이차 방정식의 해를 구하는 프로그램이다.

$$x_1 = \frac{-b + \sqrt{b^2 - 4ac}}{2a}, \quad x_2 = \frac{-b - \sqrt{b^2 - 4ac}}{2a}$$

이차 방정식 ax^2+bx+c의 계수 a, b, c를 전달받고, 두 개의 해를 화면에 출력하는 것을 함수로 구현한다. 단, 이차 방정식의 해는 실수라고 가정한다($b^2-4ac>=0$을 가정). 이 함수는 복잡한 연산의 결괏값을 지역변수에 저장해서 반복적인 연산을 하지 않는다.

main() 함수에서 a, b, c를 1, −5, 6과 1, 5, −6으로 지정하고 이차 방정식의 해를 출력한다.

코드 6-12 QuadEqnLocal.c

```c
#define _CRT_SECURE_NO_WARNINGS
#include <stdio.h>
#include <math.h>

void printQuadEqnSoln(int a, int b, int c)
{
    double r = sqrt(b * b - 4 * a * c);
    double x1 = (-b + r) / (2 * a);
    double x2 = (-b - r) / (2 * a);
    printf("x1 = %f, x2 = %f\n", x1, x2);
}

int main(void)
{
    printQuadEqnSoln(1, -5, 6);
    printQuadEqnSoln(1, 5, -6);
    return 0;
}
```

이차 방정식 ax^2+bx+c 해를 화면에 출력하는 함수 구현
코드 가독성을 높이고 효율적인 계산을 위해 복잡한 연산식을 미리 계산해서 지역변수 r, x1, x2 등에 저장

<실행 결과>

```
x1 = 3.000000, x2 = 2.000000
x1 = 1.000000, x2 = -6.000000
```

전역변수

전역변수(global variable)는 함수 밖에 선언하고 프로그램의 모든 함수에서 사용할 수 있는 변수이다. 프로그램 전체에 영향을 미치기 때문에 동일한 변수를 선언할 수 없고, 프로그램과 생존 기간이 일치하여 프로그램이 실행될 때 생성되며 종료될 때 사라진다.

전역변수는 초기화하지 않으면 0 또는 0에 준하는 값으로 자동 초기화된다. 0에 준하는 값이란, 변수의 메모리 공간을 0으로 채우는 것을 의미한다. 문자는 널문자(\0), 정수나 실수는 0 또는 0.0, 포인터는 NULL 포인터 값으로 초기화된다.

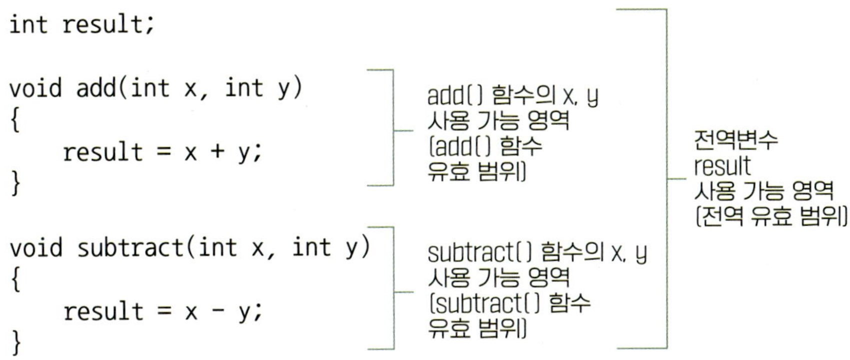

그림 6-6 지역변수와 전역변수의 유효 범위

그림 6-6은 지역변수와 전역변수의 유효 범위를 보인다. add()나 subtract()의 매개변수들은 각 함수에서만 사용할 수 있지만, 전역변수인 result는 두 함수 모두에서 접근할 수 있다. 그림 6-6의 add()와 subtract() 함수는 전역변수에 계산한 결과를 저장하므로 값을 반환하지 않는 void 함수로 구현되었다.

코드 6-12는 이차 방정식의 해를 구하고 화면에 출력하는 printQuadEqnSoln() 함수를 구현하였다. 재사용성을 고려하면 함수는 가능하면 한 가지 일에 집중하는 것이 좋다. 즉, 이차 방정식 해를 계산한 결과를 텍스트 화면에 표시할지, 그래픽 화면에 표현할지 모르기 때문에 계산하는 기능과 화면에 값을 출력하는 함수를 분리하는 것이 더 바람직하다.

가장 좋은 방법은 함수가 이차 방정식의 해 두 개를 반환하는 것이지만, 지금까지 학습한 내용으로는 불가능하다. 따라서 전역변수에 값을 저장하고, 그 값을 main() 함수에서 출력하는 **코드 6-13**을 구현한다.

코드 6-13 **QuadEqnGlobal.c**

```
#define _CRT_SECURE_NO_WARNINGS
#include <stdio.h>
#include <math.h>

double x1;
double x2;

void calcQuadEqn(int a, int b, int c)
```

```
{
    double r = sqrt(b * b - 4 * a * c);
    x1 = (-b + r) / (2 * a);
    x2 = (-b - r) / (2 * a);
}

int main(void)
{
    calcQuadEqn(1, -5, 6);
    printf("x1 = %f, x2 = %f\n", x1, x2);
    calcQuadEqn(1, 5, -6);
    printf("x1 = %f, x2 = %f\n", x1, x2);
    return 0;
}
```

해를 구해서 전역변수 x1과 x2에 저장

전역변수 x1과 x2를 화면에 출력

〈실행 결과〉

```
x1 = 3.000000, x2 = 2.000000
x1 = 1.000000, x2 = -6.000000
```

● 전역변수를 이용해서 무작위로 정수를 생성하는 함수

C 언어에서 랜덤 정수를 생성하는 rand() 함수와 srand() 함수를 사용했었다. 이번에는 전역변수를 이용해서 비슷한 함수를 직접 구현해 본다.

랜덤 정수(난수) 발생 함수는 고정된 시드(seed) 값을 정해진 수학 공식에 적용해서 구하는 수열이다. 처음 시드 값이 변경되면 생성되는 숫자들의 조합도 달라진다. 반대로 시드를 고정하면 항상 일정한 형태의 숫자들을 생성한다.

여기서는 임의로 만든 간단한 수학 공식을 이용해 난수를 생성하는 프로그램을 작성한다.

$$seed = seed^2 + 13 * seed + 19$$

이 공식에 의해 계산된 seed가 새로 생성된 난수이고, 다음 난수 발생에 필요한 seed로 사용한다. 만약 seed가 stdlib.h에 선언된 RAND_MAX보다 크면, RAND_MAX로 나눈 나머지를 seed로 지정한다.

다음은 구현해야 하는 함수 원형이다. seed 변수는 17로 초기화되고, setSeed() 함수로 seed를 변경할 수 있다. 난수를 생성하는 함수는 random()이다.

```
void setSeed(int s);  // 시드 값을 지정
unsigned random(); // 0~RAND_MAX의 정수를 생성해서 반환
```

난수 생성 방법에서 설명한 것처럼 seed 변수는 setSeed()와 random() 함수에서 모두 사용해야 하므로 전역변수로 만들 수밖에 없다. 먼저 변수부터 선언한다.

```
unsigned seed = 17;
```

setSeed() 함수는 seed 변수에 새로운 값을 저장하는 단순한 함수이다.

```
void setSeed(unsigned s)
{
    seed = s;
}
```

random() 함수는 전역변수 seed를 수학 공식에 적용해서 새로운 난수를 생성한다.

```
unsigned random()
{
    seed = (seed * seed) + (13 * seed) + 19;
    if (seed > RAND_MAX) { seed %= RAND_MAX; }
    return seed;
}
```

난수 발생 공식에 전역변수 seed를 적용하고 결과를 다시 seed에 저장

seed가 너무 큰 경우 범위 안의 정수로 변환

두 함수를 사용해서 난수를 출력하는 프로그램을 완성한다.

코드 6-14 **Random.c**

```
#include <stdlib.h>
#include <stdio.h>
```

```c
unsigned seed = 17;

void setSeed(unsigned s)
{
    seed = s;
}

unsigned random()
{
    seed = (seed * seed) + (13 * seed) + 19;
    if (seed > RAND_MAX) { seed %= RAND_MAX; }
    return seed;
}

int main(void)
{
    setSeed(50);
    for (int i = 0; i < 10; i++) {
        printf("%u ", random());
    }
    return 0;
}
```

<실행 결과>

```
3169 24308 12673 14795 4217 12681 21129 29593 6331 24308
```

잠깐만요 **전역변수 사용**

설명을 위해서 작성했지만, **코드 6-13**처럼 전역변수를 이용하는 것은 좋은 프로그래밍 방법은 아니다.

전역변수 x1과 x2를 calcQuadEqn() 함수만이 아니라 프로그램 어디서나 접근하고 수정할 수 있기 때문에 값이 잘못 변경될 위험성이 높다. 따라서 가능하면 함수 내에서 지역변수를 이용해서 값을 계산하고, 최종 결괏값을 반환하는 형태로 작성하는 것이 좋다.

하지만 여러 함수에서 동일한 변수를 사용하는 경우 전역변수를 사용하는 것이 필요할 수도 있다. 만약 전역변수나 setSeed() 함수 없이 난수 생성 함수를 구현한다면 **코드 6-15**처럼 생성된 난수를 다시 random() 함수에 전달해야 한다. 이렇게 처리하는 것이 불편하기 때문에, 이 경우에는 전역변수를 사용하는 것이 더 편리하다.

코드 6-15

```c
int random(int seed)
{
    seed = (seed * seed) + (13 * seed) + 19;
    if (seed > RAND_MAX) { seed %= RAND_MAX; }
    return seed;
}

int main(void)
{
    int num = random(50);
    num = random(num);
    return 0;
}
```

전역변수와 지역변수의 이름 충돌과 유효 범위

같은 유효 범위에서는 동일한 이름을 가진 변수가 선언될 수 없지만, 그림 6-7처럼 같은 이름의 변수들을 다른 함수들에 사용하는 것은 괜찮다.

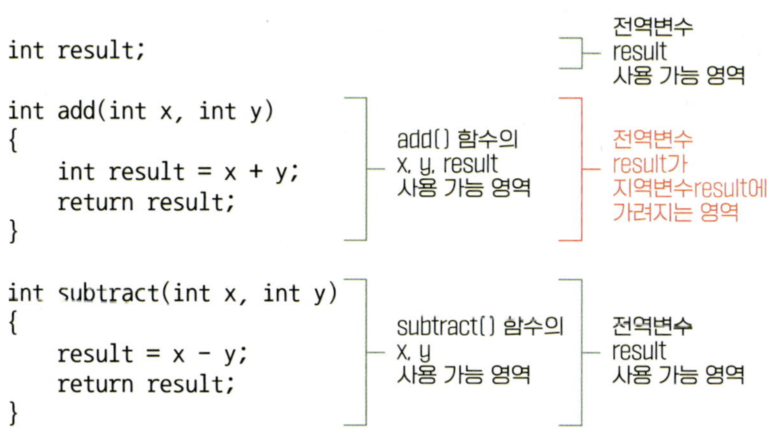

그림 6-7 동일한 이름의 변수가 사용되는 경우 좁은 유효 범위를 가지는 변수를 사용

그림 6-7은 전역변수와 add() 함수에 동일한 이름의 `result` 변수를 선언하였다. 이렇게 전역변수와 함수 내부에서 선언하는 변수가 동일해도 문제는 없다.

add() 함수에서 x + y의 값은 새로 선언하는 result 변수에 저장한다. 따라서 이때의 result 변수는 add() 함수의 지역변수이다.

그런데 return result에서 사용하는 result 변수는 전역변수와 지역변수 중 어떤 것일까? 이렇게 이름이 충돌하는 경우 유효 범위가 좁은 영역에 있는 변수의 우선순위가 높으므로 return result의 변수는 지역변수 result다. 이때 "전역변수 result가 지역변수 result에 의해서 가려진다(메모리 공간에서 사라지는 것이 아닌 이름이 가려지는 것)"라고 설명한다.

지역변수가 전역변수를 가리는 것은 동일한 이름의 지역변수가 선언된 코드 위치 이후다. 따라서 코드에서 동일한 이름의 지역변수가 선언되기 전에는 전역변수를 사용한다.

코드 6-16 **HiddenScope.c**

```
#define _CRT_SECURE_NO_WARNINGS
#include <stdio.h>

int x = 1;  ← 전역변수 x를 선언하고 1로 초기화

void func1(int x)  ← func1() 함수에 지역변수 x를 선언
{
    printf("func1: x = %d\n", x);  ← func1()의 지역변수 x의 값을 화면에 출력
}

void func2(int n)
{
    x = n;  ← 아직 func2()의 지역변수 x가 선언되기 전이므로, 전역변수 x에 n을 저장
    printf("func2-1: x = %d\n", x);  ← 전역변수 x를 화면에 출력
    int x = 5;  ← func2()의 지역변수 x를 선언 및 초기화
    printf("func2-2: x = %d\n", x);  ← func2()의 지역변수 x의 값을 화면에 출력
}

int main(void)
{
    printf("main: x = %d\n", x);  ← 전역변수 x의 값을 화면에 출력
    func1(3);
    func2(7);
}
```

<실행 결과>

```
main: x = 1
func1: x = 3
func2-1: x = 7
func2-2: x = 5
```

코드 블록과 for 문 유효 범위

C 언어는 코드 블록 안에 변수를 선언할 수 있고, 코드 블록은 자신만의 유효 범위를 가진다. 비슷하게 for 반복문에서 선언되는 변수들은 for 문에서만 사용할 수 있다. 또한, 조건문이나 반복문뿐만 아니라 함수 내부 어디라도 코드 블록을 만들고 새로운 유효 범위를 만들 수 있다. 전역변수나 지역변수와 비슷하게 코드 블록에 있는 변수는 바깥에 있는 동일한 이름의 변수를 가려서 보이지 않게 만든다.

그림 6-8과 **코드 6-17**은 전역변수, 지역변수, 코드 블록에서 만들어지는 변수, for 문에서 선언된 변수 등을 보인다.

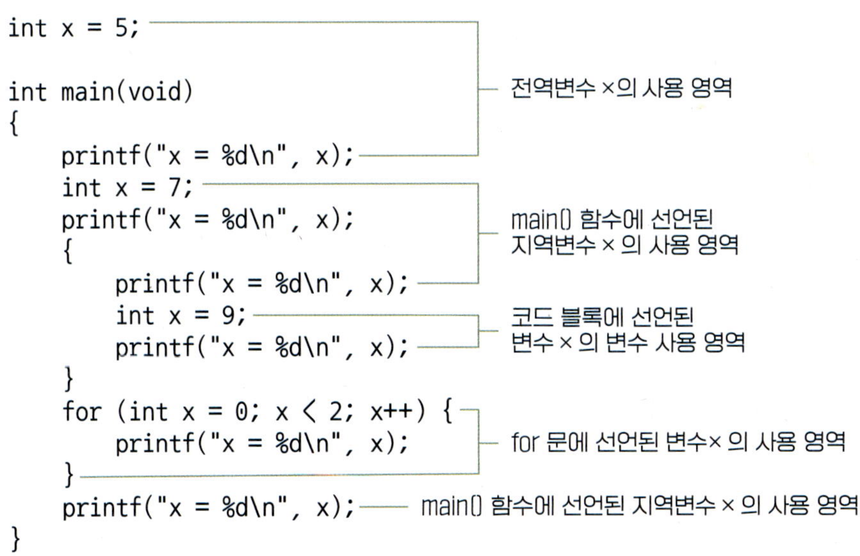

그림 6-8 동일한 이름의 변수가 사용되는 경우 좁은 유효 범위를 가지는 변수 사용

코드 6-17 CodeBlock.c

```
#define _CRT_SECURE_NO_WARNINGS
#include <stdio.h>

int x = 5;  ← 전역변수 x를 선언하고 5로 초기화

int main(void)
{
    printf("x = %d\n", x);  ← 전역변수 x를 출력
    int x = 7;  ← main()의 지역변수 x를 선언하고 7로 초기화
    printf("x = %d\n", x);  ← main()의 지역변수 x를 출력
    {
        printf("x = %d\n", x);  ← 코드 블록 영역이지만, 변수 선언 전이라 main()의 지역변수 x를 출력
        int x = 9;  ← 코드 블록 영역의 x 선언 후 초기화
        printf("x = %d\n", x);  ← 코드 블록 영역의 x 출력
    }
    for (int x = 0; x < 2; x++) {  ← for 문에서 사용할 x 변수 선언
        printf("x = %d\n", x);  ← for 문에서 선언한 x 변수 출력
    }
    printf("x = %d\n", x);  ← main()의 지역변수 x를 출력
}
```

<실행 결과>

```
x = 5
x = 7
x = 7
x = 9
x = 0
x = 1
x = 7
```

잠깐만요 이름 충돌(name conflict)

코드 6-17은 의도적으로 이름이 충돌하는 경우를 많이 만들었다. 일반적인 코드에서는 이러한 경우가 흔하지 않고, 이렇게 만들면 안 된다. 가능하면 전역변수나 지역변수도 이름 충돌 없이 사용하는 것이 바람직하다.

정적 지역변수

정적 지역변수는 유효 범위는 지역변수와 동일하고 생존 기간은 전역변수와 일치하는 변수이다. 함수가 종료되어도 정적 지역변수가 사용하는 메모리 공간은 변함없이 존재해서 함수가 다시 호출되어도 이전 호출 때 사용했던 값이 유지된다. 단, 정적 지역변수는 함수 내부에서만 사용할 수 있다.

정적 지역변수를 선언하는 것은 함수 안에 만들어지는 지역변수(매개변수 제외)에 static이라는 키워드를 붙인다.

코드 6-18

```
Type func()
{
    static Type v1 = 초깃값1;  // 정적 지역변수 선언
    Type v2 = 초깃값2;         // 지역변수 선언

    v1 = 값2;
    v2 = 값3;
}
```

정적 지역변수를 초기화하는 코드는 프로그램이 시작될 때 실행된다. 이러한 이유로 정적 지역변수는 두 가지 특징을 가진다.

- 함수가 여러 번 호출되더라도 초기화 코드는 실행되지 않으며, 정적 지역변수는 이전 호출에서 사용하던 값을 유지한다.
- 정적 지역변수를 초기화하는 것은 상수로만 가능하다. 변숫값을 이용해서 초기화하면 컴파일러 오류가 발생한다.

코드 6-18에서 v1에서 func() 함수가 처음 호출되면 v1은 초깃값1로 시작해서 값2로 종료된다. v2는 초깃값2로 시작해서 값3으로 종료된다. func() 함수가 다시 호출되면 v1은 마지막으로 저장했던 값2로 시작하고, v2는 새로 초기화되어 초깃값2로 시작한다.

다음 **코드 6-19**의 정적 지역변수를 이용해서 함수가 호출된 횟수를 화면에 출력하는 프로그램을 살펴보자.

코드 6-19 PrintCountCall.c

```c
#define _CRT_SECURE_NO_WARNINGS
#include <stdio.h>

void printCallCount()
{
    static int count = 0;
    int localCount = 0;
    count++;
    localCount++;
    printf("count = %d\n", count);
    printf("localCount = %d\n", localCount);
}

int main()
{
    printCallCount();
    printCallCount();
}
```

- static int count = 0; ← 정적 지역변수 count를 선언하고 0으로 초기화
- int localCount = 0; ← 지역변수 localCount를 선언하고 0으로 초기화
  일반 지역변수는 함수가 호출될 때마다 초기화됨
- printf("count = %d\n", count); ← count 변수를 화면에 출력
  count 변수는 이전 호출 때 사용했던 값이 저장되어 있음
- printf("localCount = %d\n", localCount); ← localCount 변수를 화면에 출력
  localCount는 함수 호출과 함께 생성되었다가 사라지므로 이전 호출 때 사용한 값이 저장되지 않음

<실행 결과>

```
count = 1
localCount = 1
count = 2
localCount = 1
```

typedef와 유효 범위

typedef로 만들어진 새로운 자료형의 이름은 거의 변수와 비슷한 유효 범위를 갖는다. 이 유효 범위는 다음에 설명한 것과 같다. 세 가지 중에서 첫 번째가 자주 사용되는 것이고 나머지 두 개는 흔하지 않다.

- 함수 밖에 선언된 자료형 이름은 현재 선언된 소스 파일 안에서 유효하다.
- 함수 안에서 선언된 이름은 함수에서 유효하다.

- 코드 블록 안에서 선언된 자료형 이름은 코드 블록 안에서 유효하다.

월(month)을 나타내는 enum 자료형을 만들고 사용자로부터 정수를 입력받고 enum 값으로 반환하는 함수를 만들어 본다. 정수를 입력받고 값을 반환하는 함수를 만든 후 이 함수를 호출하는 함수에서 모두 enum 자료형을 사용하여 함수 밖에 enum 자료형을 선언한다.

C 언어에서 enum 자료형은 정수와 동일하게 취급되므로 정수를 입력받고 그 값에 해당되는 enum 상수로 반환할 수 있다. 그래서 enum의 첫 번째 요소인 JAN을 1월의 1로 지정하였다.

코드 6-20 enum.c

```c
#define _CRT_SECURE_NO_WARNINGS
#include <stdio.h>

typedef enum { JAN = 1, FEB, MAR, APR, MAY, JUN,
               JUL, AUG, SEP, OCT, NOV, DEC } MONTH; // 파일 내에서 유효함

MONTH getMonth()
{
    MONTH month; // int month; 로 선언해도 됨
    printf("1~12 사이의 정수를 입력하세요: ");
    scanf("%d", &month);
    return month;
}

int main(void)
{
    MONTH m = getMonth();
    printf("month = %d", m);
    return 0;
}
```

- enum 자료형을 선언 JAN = 1, FEB = 2, ..., DEC = 12와 동일
- MONTH 자료형을 반환하는 함수 구현(MONTH 대신 int 사용 가능)
- MONTH 자료형으로 변수를 선언하거나 int 형으로 선언해도 동일한 결과가 나옴
- enum도 int와 동일하게 "%d"로 입력받음
- 출력하는 것도 "%d"로 서식 지정

<실행 결과>

```
1~12 사이의 정수를 입력하세요: 11
month = 11
```

다시 살펴보는 const 변수

C 언어의 const 변수는 진짜 상수가 아니라 값이 초기화된 이후에 값을 변경할 수 없는 변수다. const 변수는 상수가 아닌 값으로 초기화할 수 있다. 예를 들어, **코드 6-21**은 매개변수를 이용해서 const 변수를 초기화한다.

코드 6-21 **const.c**

```c
#define _CRT_SECURE_NO_WARNINGS
#include <stdio.h>

void func(int n)
{
    const int m = n;
    const int v = 3; // 당연히 상수로도 초기화 가능
    printf("m = %d\n", m);
}

int main(void)
{
    func(50);
    return 0;
}
```

(const int m = n; ← 매개변수로 전달된 값을 이용해서 const 변수 초기화)

<실행 결과>

```
m = 50
```

PROGRAMMING

6.4 함수 선언

함수는 호출 전에 선언되어 있어야 한다. 그래서 함수를 정의하고 사용할 때 사용하는 함수와 사용되는 함수의 위치가 중요하다.

C 언어 컴파일러는 코드의 시작 부분부터 순서대로 컴파일한다. **코드 6-22**처럼 **코드 6-12**의 main() 함수를 프로그램의 가장 앞에 위치시키면 어떻게 될까?

코드 6-22 **QuadEqnLocal2.c**

```
#define _CRT_SECURE_NO_WARNINGS
#include <stdio.h>
#include <math.h>

int main(void)
{
    printQuadEqnSoln(1, -5, 6);
    printQuadEqnSoln(1, 5, -6);
    return 0;
}

void printQuadEqnSoln(int a, int b, int c)
{
    double r = sqrt(b * b - 4 * a * c);
    double x1 = (-b + r) / (2 * a);
    double x2 = (-b - r) / (2 * a);
    printf("x1 = %f, x2 = %f\n", x1, x2);
}
```

C 컴파일러가 코드 윗부분부터 컴파일하면서 7줄의 printQuadEqnSoln(1, -5, 6) 코드를 확인했을 때, 이 함수가 세 개의 int 형 매개변수로 구성되는지에 대해 알 수 없고, 이 함수의 매개변수가 세 개인지 아니면 두 개가 맞는지조차 알 수 없다. 그래서 컴파일러는 경고를 보이거나 심하면 오류를 발생시키고 컴파일을 중단한다.

이러한 오류를 없애려면 함수가 코드에서 처음 호출되기 전에 구현되어 있어야 한다. 그래야 컴파일러가 함수가 어떻게 생겼는지 알고, 제대로 사용하는지 확인할 수 있다. 그런데 함수가 많아지고 호출하는 코드가 복잡하게 얽히면 함수들을 순서대로 배치하는 것이 어렵다.

함수 원형(function prototype)은 함수를 구현하는 코드가 사용하는 코드보다 뒤에 있을 때 함수의 사용법을 알리기 위해 사용된다. 함수 선언은 다음에 보인 것처럼 함수의 머리 부분에 세미콜론을 붙인 것이다.

```
반환_자료형 함수_이름(매개변수_목록);
```

함수 원형은 반환하는 값의 자료형과 매개변수의 자료형을 포함하고 함수를 제대로 호출하는지 확인하는 데 필요한 모든 정보를 가지고 있다. 컴파일러는 함수 원형을 보고 사용자가 제대로 호출하는지(인자를 제대로 개수와 순서에 맞춰 전달하는지와 반환 값을 제대로 저장하는지 등) 확인할 수 있다.

코드 6-22의 printQuadEqnSoln() 함수의 원형을 선언한다면 다음과 같다.

```
void printQuadEqnSoln(int a, int b, int c);
```

함수 원형에서 매개변수의 이름은 중요하지 않다. 함수 원형에서 매개변수의 이름은 생략할 수 있고, 실제 함수를 구현하는 코드와 달라도 된다. 따라서 printQuadEqnSoln() 함수의 원형은 다음 형태로 작성해도 된다.

```
void printQuadEqnSoln(int, int, int);
```

코드 6-23은 함수 원형을 포함해서 경고나 오류 없이 컴파일되도록 만든 코드이다.

코드 6-23 QuadEqnLocal3.c

```c
#define _CRT_SECURE_NO_WARNINGS
#include <stdio.h>
#include <math.h>

void printQuadEqnSoln(int, int, int); // 함수 원형은 변수 이름 유무에 관계없음.
//void printQuadEqnSoln(int a, int b, int c);

int main(void) { ... }

void printQuadEqnSoln(int a, int b, int c) { ... }
```


실행 결과는 기존 코드 6-12와 같다.

잠깐만요 **함수 선언과 정의**

함수는 선언과 정의가 명확하게 분리된다. 따라서 함수 원형을 만드는 방법에 대해서는 반드시 기억해야 한다. 함수의 머리 부분에 세미콜론을 붙인 것은 선언, 함수 몸체 코드가 있는 것은 정의라고 보면 된다. 함수의 선언만 있어도 컴파일은 할 수 있고, 컴파일러가 요구하는 최소한의 정보는 만족시킨다. 하지만 링크 과정에서 실제 메모리 공간을 사용하는 함수가 없다고 오류가 발생한다.

6.5

PROGRAMMING

표준 C 라이브러리 헤더 파일

전처리기를 설명하면서 #include <stdio.h>가 어떤 의미를 가지는지 설명했었다. 표준 C 라이브러리의 함수들을 사용하기 위해 포함하는 stdio.h와 같은 파일들을 표준 C 헤더 파일(header file)이라고 부른다.

C 언어에서 헤더 파일들은 일반적으로 ".h" 확장자를 사용한다. 소스 코드에서 헤더 파일들을 포함시킨 것은 stdio.h, math.h, stdlib.h와 같은 헤더 파일에 표준 C 라이브러리의 함수 선언들이 있기 때문이다. 헤더 파일에는 함수 선언 외에도 매크로 상수나 함수도 있고, 함수를 사용하는데 필요한 사용자 정의 자료형들이 포함된다(〈13장〉에서 학습).

지금까지 우리가 printf(), sqrt(), rand()와 같은 함수들을 컴파일 오류 없이 사용할 수 있었던 이유는 이러한 함수들이 정확히 어떤 자료형의 인자를 받고 어떤 형태의 값을 반환하는지를 설명하는 헤더 파일에 정의되어 있었기 때문이다.

다음 표 6-3은 ANSI C에서 제공하는 표준 C 라이브러리에서 자주 사용하는 헤더 파일과 이 책에서 자주 사용하는 함수들을 포함하는 헤더 파일들을 나열한 것이다.

표 6-3 자주 사용하는 표준 헤더(많이 사용하는 함수들이나 자료형 등을 선언하는 헤더 파일들)

표준 헤더 파일 이름	설명
ctype.h	문자 관련 함수들이 포함된다.
float.h	컴파일러에서 정의하는 실수 자료형 관련 내용(예 : 범위)들이 포함된다.
limits.h	컴파일러에서 정의하는 정수 자료형 관련 내용(예 : 범위)들이 포함된다.
math.h	수학 관련 함수들이 포함된다.
stdio.h	입출력 관련 함수들이 포함된다.
stdlib.h	문자열과 숫자 변환 함수들, 메모리 할당 함수들, 정렬 함수 등 여러 가지 기능들을 담당하는 함수들을 모아놓았다.
string.h	문자열 처리 함수들이 포함된다.
stddef.h	NULL, size_t 등이 포함된다.
time.h	시간 관련 함수들이 포함된다.

6.6 메모리 구조

컴파일된 C 프로그램 파일을 윈도우, 맥 OS, 리눅스 같은 운영체제에서 실행시키면 그림 6-9와 같이 컴퓨터 메모리에 프로그램을 저장한다(load). 그런 다음 프로세서가 메모리에 있는 코드를 한 개씩 읽고 실행시킨다. 코드를 실행시키면서 필요에 따라 메모리에 있는 변수의 값을 사용하거나 또는 계산된 값을 메모리에 저장한다.

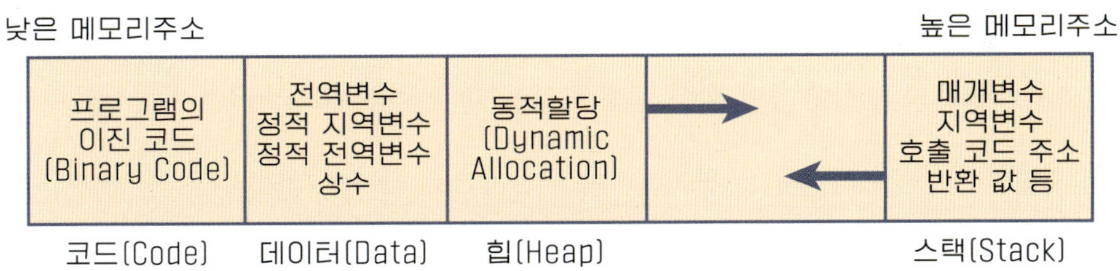

그림 6-9 운영체제에서 실행한 프로그램의 메모리 구조

그림 6-9의 각 영역에 대해서 좀 더 자세히 살펴보자.

❶ 코드 영역(텍스트 영역)

- 컴파일된 코드(code)가 있는 영역이다.
- 코드 영역에 있는 명령들을 프로세서가 실행시킨다.
- 컴파일되고 링크되면서 크기가 정해지므로 프로그램 실행 중에 변하지 않는다.

❷ 데이터 영역

- 전역변수나 정적 지역변수와 정적 전역변수, 리터럴 상수(프로그램 코드로 작성되는 정수, 실수, 문자열 상수 등)의 메모리 공간이 위치한다. 정적 전역변수는 전역변수 선언에 "static" 키워드가 붙는 경우다(《13장》).
  - 컴파일되고 링크되면서 크기가 정해지므로 프로그램 실행 중에 변하지 않는다.

❸ 힙 영역

- 프로그램 실행 중에 메모리를 할당받고 사용하다가 필요 없을 때 다시 반환하는(동적 할당) 메모리 공간이다.
- 동적 할당 방법(《11장》)은 메모리 낭비를 줄이기 위해 사용하는 방법이다.
- 실행 중에 할당받고 반환하기를 반복하므로 사용 공간의 크기가 실행 중에 변경된다.

❹ 스택 영역

- 함수가 실행될 때 함수의 활성화 레코드(activation record)가 스택 영역에 저장된다.
- 활성화 레코드에는 매개변수, 지역변수, 함수 실행이 종료된 후 되돌아갈 수 있는 메모리 주소(함수를 호출한 곳의 주소), 반환 값, 함수 내에서 생성되는 값들을 저장하는 임시변수의 공간 등이 저장된다.
- 함수가 실행될 때마다 현재 실행되는 함수의 활성화 레코드가 스택에 할당되었다가 함수가 종료되면 해당 함수가 사용하던 스택 공간은 반환된다.
- 힙처럼 프로그램 실행 중에 함수 실행 여부에 따라 사용 메모리 크기가 변한다.

정적 지역변수의 메모리 공간은 전역변수와 마찬가지로 데이터 영역에 있다. 따라서 정적 지역변수는 컴파일할 때 공간을 마련하게 되고, 프로그램을 시작할 때 생성되어서 프로그램이 종료될 때 사라진다. 함수 실행과 관계없는 메모리 공간에 있기 때문에 함수가 종료되어도 값이 보존된다.

함수의 매개변수나 지역변수들은 스택 영역에 만들어지므로 함수가 실행될 때 공간이 확보되고 함수가 종료되면 공간이 사라진다.

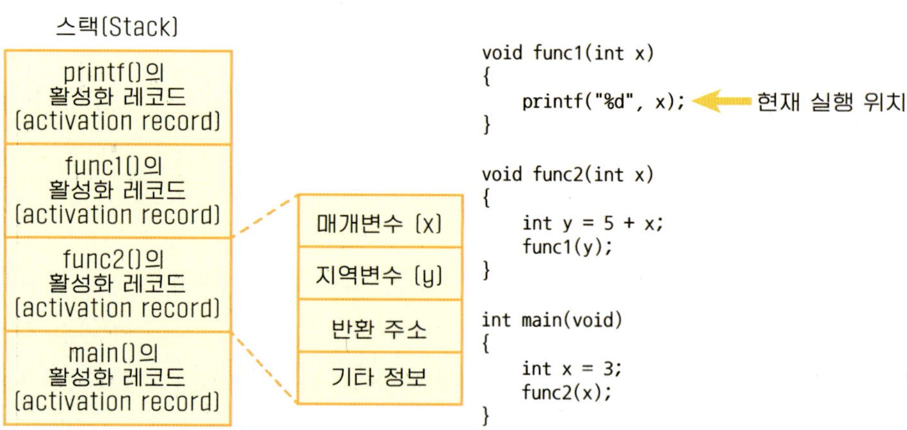

그림 6-10 운영체제에서 실행한 프로그램의 메모리 구조

그림 6-10은 func1()의 printf() 함수 내부 코드가 실행되고 있을 때의 스택 구조이다. 현재 printf()가 실행 중이기에 해당 함수의 활성화 레코드가 쌓여있다.

그림 6-11은 func1()의 printf() 함수가 종료되고, func1()의 함수가 종료되기 직전의 스택이다.

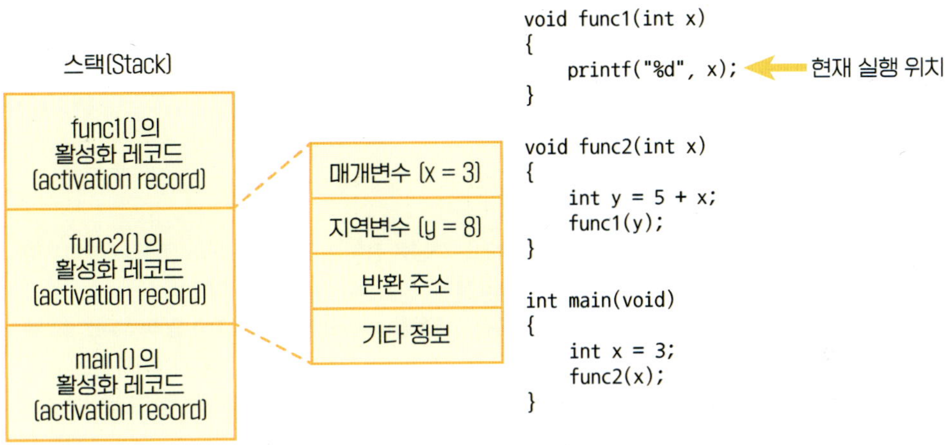

그림 6-11 운영체제에서 실행한 프로그램의 메모리 구조

이렇게 스택에 매개변수나 지역변수를 담고 있는 활성화 레코드가 함수 호출 및 종료 시에 쌓였다가 제거되기 때문에 지역변수들은 함수가 호출될 때마다 생성되었다가 함수가 종료되면 소멸된다.

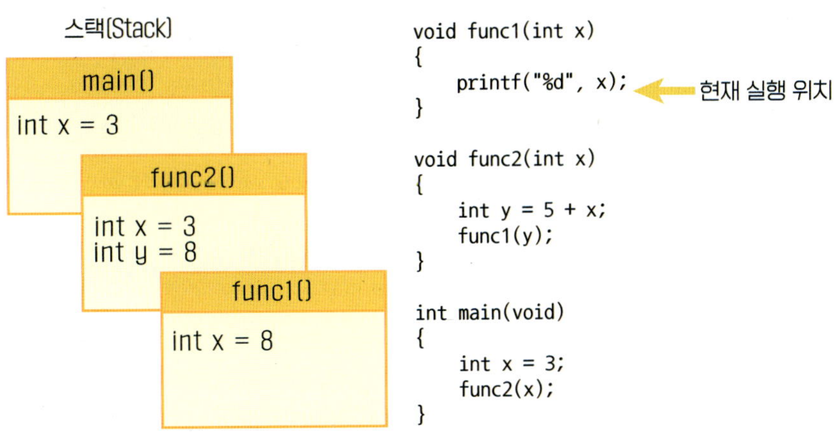

그림 6-12 메모지를 이용해서 확인하는 스택 구조

함수 호출과 스택을 이해하는 또 다른 방법은 그림 6-12처럼 메모지를 이용해서 스택을 직접 구성해 보는 것이다.

코드에서 함수가 호출될 때 새로운 메모지에 함수 이름, 지역변수와 매개변수의 값을 기록한다. 함수가 실행되면서 변숫값이 변경되면 메모지를 수정한다. 새로운 함수가 호출되면 새로운 메모지를 꺼내 매개변수와 지역변수의 값들을 기록하고, 기존 메모지 위에 붙인다. 가장 위에 있는 메모지는 현재 실행되는 함수를 나타낸다. 함수가 종료되면 가장 위에 있는 메모지를 제거하고 함수를 호출했던 코드로 되돌아간다.

잠깐만요 auto 변수와 register 변수

C 언어를 학습하다 보면 auto 변수와 register 변수라는 개념을 접할 수 있다. 이는 변수 선언의 스토리지 클래스 지정자(storage class specifier)로, 변수의 메모리 할당 및 사용에 영향을 줄 수 있다.

auto는 지역변수 또는 코드 블록 내에 선언되는 변수에서 사용할 수 있으며, 변수가 지역 영역의 유효 범위를 가진다는 뜻이다. 지역변수들은 자동으로 auto를 쓴 것과 같은 효과를 가지기 때문에 거의 사용되지 않는다.

register는 지역변수나 매개변수에 사용할 수 있고 컴퓨터의 프로세서 레지스터에 변수를 저장해 달라고 컴파일러에 요청한다. 컴퓨터의 프로세서(CPU)에는 일반 메모리보다 더 빠르게 동작하는 레지스터(register)라는 저장 공간이 있다. register 키워드는 자주 사용되는 변수의 접근 속도를 높이기 위해 변수를 메모리가 아닌 레지스터에 저장하고 싶을 때 사용한다. 대부분의 C 컴파일러들은 최적화 과정에서 변수들을 최대한 레지스터에 저장하는 형태로 코드를 생성한다. 그리고 레지스터 변수의 특징에서 볼 수 있는 것처럼 레지스터 변수는 사용함에 있어 여러가지 불편한 점들이 있다. 일반적으로 컴파일러에게 레지스터 사용을 일임하는 것이 더 낫다.

- 레지스터 변수는 메모리 공간을 사용하지 않기 때문에 주솟값을 취할 수 없다.
- 정적 지역변수, 포인터, 배열로 선언할 수 없다.
- register 키워드는 권고 사항이다. 프로세서의 레지스터의 개수가 많지 않아 변수에 할당하지 못하면 일반 지역변수와 동일한 변수가 된다.
- 주로 반복문의 횟수를 세는 변수(counter 변수)처럼 빈번하게 사용되는 변수를 register로 지정한다.

<예시 코드>

```
void f() {
    auto int x;
    register int count = 0;
    while (count < 10) {
        // 반복문 코드
        count++;
    }
}
```

잠깐만요 volatile 변수

volatile은 struct, union, enum, const 등에 붙여서 사용할 수 있고 독립적으로 사용할 수도 있다. volatile은 자료형, 변수, 상수와 사용될 때 해당 메모리 공간에 최적화 작업을 하지 못하도록 막는다. 레지스터 등에 있는 값을 사용하지 않고, 항상 메모리에 저장하고 다시 메모리에서 읽어오는 형태로 동작한다. 전역변수나 지역변수에 모두 적용할 수 있으며, 주로 임베디드 프로그래밍이나 시스템 프로그래밍을 할 때 사용할 가능성이 높다.

<예시 코드>

```
volatile int* deviceAddr;

int main(void)
{
    volatile int z;
     /* 다른 코드 */
     return 0;
}
```

6.7

PROGRAMMING

재귀 호출

재귀(recursion)는 문제를 같은 유형의 작은 문제로 나누어서 해결하는 방법이다. 재귀는 함수의 코드에서 함수 자신을 다시 호출하는 재귀 호출(recursive call)을 이용한다.

재귀적 알고리즘

재귀를 이해하기 위해 1 + 2 + ... + n을 계산하는 문제를 생각해 보자. n이 1 이상의 양의 정수라고 가정하고, 함수 f(n)을 1부터 n까지의 정수의 합이라고 정의하자.

```
f(n) = 1 + 2 + ... + (n - 1) + n          (n >= 1)
```

함수 f(n)의 n에 1, 5, 10을 전달해서 계산한다.

```
f(1) = 1
f(5) = 1 + 2 + 3 + 4 + 5 = 15
f(10) = 1 + 2 + 3 + 4 + 5 + 6 + 7 + 8 + 9 + 10 = 55
```

자기 자신을 이용해서 f(n)을 다시 정의해 보자. 1 + 2 + ... (n − 1) + n은 (1 + 2 + ... + (n − 1)) + n이다. 즉 f(n) = f(n − 1) + n 이다. 단, f(1) = f(1 − 1) + 1 = 1이므로 f(0)을 0으로 지정한다. 이를 정리한 것이 **코드 6-24**이다.

코드 6-24

```
f(n) = f(n - 1) + n          (n >= 1)
f(n) = 0                     (n == 0)
```

이렇게 f()를 이용해 또 다른 f()를 해결하는 것을 '재귀적 정의(recursive definition)'라고 한다.

재귀적 정의로 만든 문제들은 재귀 호출을 이용해 해결하는 좋은 예시가 된다. **코드 6-24**를 C 언어 함수로 구현해 본다.

코드 6-25

```
int f(int n)
{
    if (n == 0) { return 0; }
    return f(n - 1) + n;
}
```

- 만약 n == 0이면 0을 반환
- n이 1 이상이라면 f(n - 1) + n을 반환 f() 함수는 자기 자신을 다시 호출하는 코드를 포함

코드 6-25처럼 함수 코드 내부에서 함수 자신을 다시 호출하는 과정을 '재귀 호출(recursive call)'이라 하고, 자기 자신을 다시 호출하는 함수를 '재귀 함수(recursive function)'라고 한다.

사용자로부터 n을 입력받고 **코드 6-25**를 이용해서 합을 구하는 프로그램을 작성해 본다. 여기서 함수 이름은 f 대신 Sum1toN으로 변경한다.

코드 6-26 **Sum1toN.c**

```
#define _CRT_SECURE_NO_WARNINGS
#include <stdio.h>

int sum1toN(int n)
{
    if (n == 0) { return 0; }
    return sum1toN(n - 1) + n;
}

int main(void)
{
    int n;
    printf("1 이상의 양의 정수 한 개 입력: ");
    scanf("%d", &n);
    int sum = sum1toN(n);
    printf("1~%d의 합 sum = %d\n", n, sum);
    return 0;
}
```

- 사용자에게 정수 한 개를 입력받음
- sum1toN() 함수를 이용해서 1 + 2 + ... + n 합을 계산
- n과 sum 출력

<실행 결과>

```
1 이상의 양의 정수 한 개 입력: 10
1~10의 합 sum = 55
```

재귀 함수의 동작 원리

재귀 함수에서 "함수가 자신을 다시 호출한다."라는 개념은 초보 프로그래머에게 직관적이지 않을 수 있다. 하지만 다른 함수를 호출하는 것과 동일한 개념이라는 것을 이해한다면 더 이상 어렵지 않을 것이다.

우리는 앞서 그림 6-2에서 함수가 다른 함수를 호출할 때 동작하는 원리를 살펴봤다. A 함수에서 B 함수를 호출하면, 호출한 위치에서 실행이 멈추고 B 함수의 코드가 실행된다. B 함수가 종료되면 A 함수에서 호출했던 위치 다음에 있는 코드가 이어서 실행된다.

이처럼 함수가 자기 자신을 호출하는 것도 마찬가지이다.

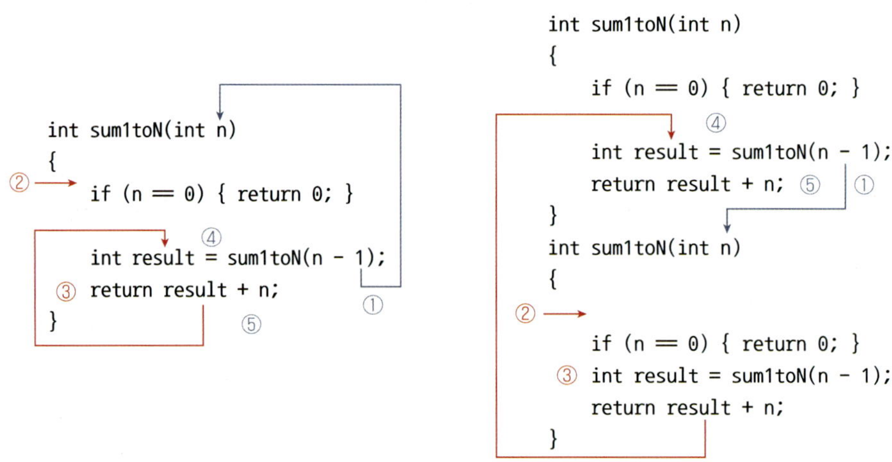

그림 6-13 재귀 함수 sum1toN()이 동작하는 방법

그림 6-13은 **코드 6-26**의 `sum1toN()` 함수가 동작하는 방법이다. 코드의 흐름을 더 뚜렷하게 보이도록 재귀 호출되는 `sum1toN()` 함수의 결과를 임시로 `result` 변수에 저장하고 n과 더하도록 코드를 수정했다.

그림 6-13 왼쪽 그림은 전형적인 재귀 호출 함수가 실행되는 모습이다. sum1toN() 함수 내부의 ①에서 sum1toN() 함수를 다시 호출하며 인자로 n - 1을 전달하면 ②에서 새로운 sum1toN() 함수가 실행된다. 새로운 함수 실행이 ③에서 끝난 후에 반환된 값은 ④에서 result에 저장되고 ⑤에서 result와 n이 더해진 값이 반환된다.

첫 번째 실행되는 함수의 코드인지 아니면 재귀 호출을 통해 실행되는 코드인지 주의해야 한다.

그림 6-13 왼쪽 그림은 모호하게 보일 수 있으므로 오른쪽 그림에서는 마치 다른 함수를 호출하는 것처럼 표현했다. 이는 실행 방법이 같은 함수를 두 개의 다른 함수로 취급하는 것을 제외하고는 동일하다.

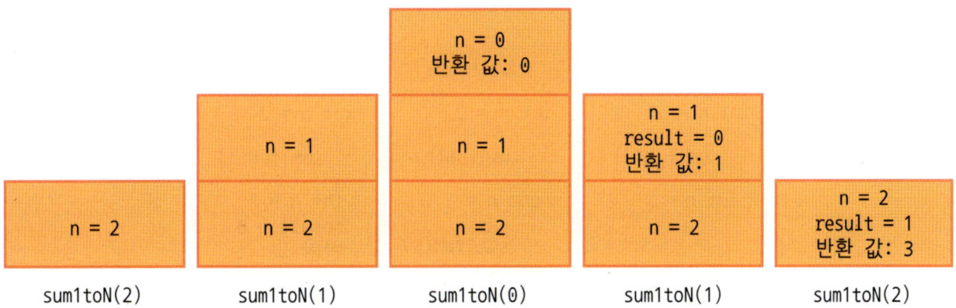

그림 6-14 sum1toN(2)가 실행될 때 스택이 변하는 과정

함수가 재귀 호출되면 스택에는 새로운 지역변수와 매개변수를 포함하는 활성화 레코드가 만들어진다. 그림 6-14는 sum1toN(2)가 실행되고, 재귀 호출이 일어날 때 스택이 어떻게 동작하는지를 시각적으로 보인다. 편의상 활성화 레코드에는 지역변수, 매개변수, 반환 값 등 정도만 간략하게 표기한다.

그림 6-14의 첫 번째 그림은 sum1toN(2)가 처음 실행될 때다. 매개변수 n에 2가 저장되어 있고 함수가 실행되면서 sum1toN(1), 즉 재귀 호출이 실행된다. 이 재귀 호출이 실행되는 모습은 바로 두 번째 그림이다. 스택에 새로운 활성화 레코드가 쌓이고 새로 실행된 함수의 매개변수 값은 1이다. 이어서 다시 재귀 호출이 일어나고, 세 번째 그림은 sum1toN(0)이 실행될 때의 상태를 보인다.

세 번째 실행되었을 때, 매개변수 n은 0이므로 sum1toN()의 조건문이 실행되고 0이 반환된다. sum1toN(0)이 종료되면서 활성화 레코드는 스택에서 사라지고, 네 번째 그림과 같이 sum1toN(1)의 코드로 돌아온다. 지역변수 result에는 이전 재귀 호출의 결괏값인 0이 저장되어 있고, 반환 값은 0 + 1이 된다.

sum1toN(1)이 종료되면 다섯 번째 그림과 같이 sum1toN(2)가 실행되던 상태로 되돌아온다. result는 sum1toN(1)의 결괏값인 1이 저장되고, 지역변수 n은 2가 저장되어 있으므로 함수가 종료되면 1 + 2가 반환된다.

재귀 호출을 이해하려면 스택이 어떻게 사용되고, 지역변수나 매개변수가 함수가 호출될 때마다 새로 생성된다는 것을 이해해야 한다. 함수가 호출될 때 활성화 레코드가 스택에 만들어졌다가 종료될 때 사라지는 것들을 그림 6-15처럼 메모지를 이용해서 직접 확인해 보면 이해하는 데 도움될 것이다.

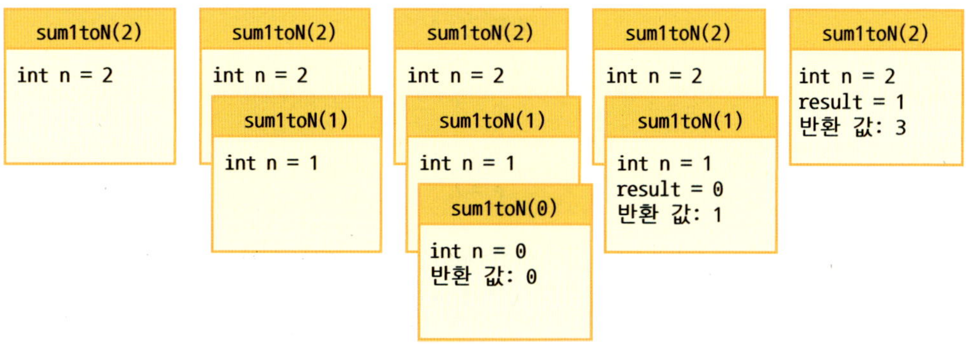

그림 6-15 sum1toN(2)가 실행될 때의 스택을 메모지로 확인

반복문과 재귀 호출

반복문으로 해결하는 문제는 모두 재귀 호출을 이용해서 해결할 수 있다. 그 반대로 재귀 호출을 이용해서 해결할 수 있는 문제는 반복문으로도 구현할 수 있다. 그럼에도 불구하고 두 가지 방법을 모두 이해하고 활용할 줄 알아야 하는 이유는 재귀나 반복 중에서 각자 더 적합한 경우가 있기 때문이다.

예를 들어, 1 + 2 + ... + n을 계산하는 프로그램에서 **코드 6-25**는 일반 반복문을 사용한 **코드 6-27**보다 간결하다. 일반적으로 재귀적 정의로 설명되는 알고리즘은 재귀 호출을 사용하는 것이 당연히 구현하기 쉽다.

코드 6-27

```
int f(int n)
{
    int sum = 0;
    for (int i = 0; i <= n; i++) {
        sum += i;
    }
    return sum;
}
```

그러나 재귀 호출에 문제도 있다. 메모리 구조(그림 6-9)를 고려할 때, 스택과 힙 공간은 프로그램 실행 중에 서로 늘었다가 줄었다 하는 과정을 반복한다. 만약 두 개의 공간이 너무 커져서 서로 충돌한다면, 즉 더 이상 스택이나 힙으로 사용 가능한 메모리 공간이 없어지면 문제가 발생한다. 스택에 사용할 공간이 없어서 문제가 발생하는 것을 '스택 오버플로(Stack Overflow)'가 발생했다고 한다. 이 스택 오버플로가 발생하면 프로그램은 실행이 중단된다.

예를 들어, 그림 6-16은 비주얼 스튜디오에서 n에 100000을 입력해서 스택 오버플로가 발생하도록 만든 것을 보인다.

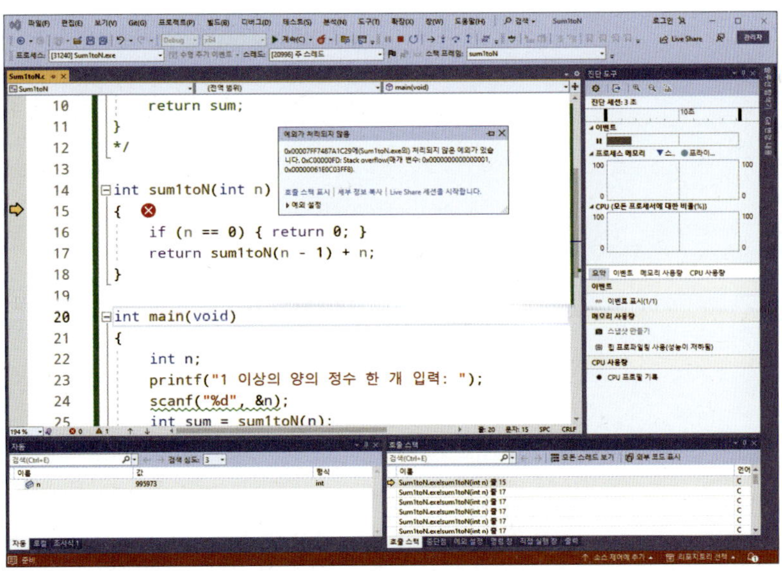

그림 6-16 스택 오버플로가 발생해서 프로그램 실행이 중단된 비주얼 스튜디오

잠깐만요 **재귀 호출 또는 반복문 중 어떤 것을 선택할 것인가?**

C 언어는 재귀보다는 반복문이 더 적합한 언어이다. 따라서 대부분은 반복문을 선택할 확률이 높고, 비슷한 수준으로 작성된 코드라면 반복문이 재귀 호출보다 더 효율적이며, 스택 오버플로 같은 문제도 발생하지 않는다. 이를 개선하는 꼬리 재귀(tail-recursion)와 같은 방법이 있지만, 모든 코드에 적용하기는 어렵다.

하지만 다음에 설명하는 예시와 같이 문제가 이미 재귀적으로 설명되는 것들이 있다. 그런 경우에는 당연히 재귀 알고리즘이 더 적합할 수 있다. 지금 이 내용들을 모두 이해할 필요는 없다. 좀 더 궁금하거나 알아보고 싶다면 인터넷을 통해 코드를 생성해서 추가적으로 살펴본다.

- 디렉토리와 서브 디렉토리가 있는 디렉토리에서 파일 이름들을 모두 출력
  - 서브 디렉토리는 결국 디렉토리이다. 따라서 재귀적 정의가 된다.
- 서브 디렉토리를 포함해서 파일들이 차지하는 공간의 크기를 알아보는 것들
- 자료 구조 중 한 가지인 트리(tree) 구조를 사용하는 알고리즘
  - 트리의 정의는 노드와 자식이 트리인 구조이다.
- 자료구조에서 주로 다루는 퀵 정렬(quick sort)이나 합병 정렬(merge sort) 등

프로그래밍은 적절한 선택을 해서 효율적인 코드를 구현하는 것이 목적이다. 필요에 따라 반복문 또는 재귀 호출을 적절히 선택해서 사용할 수 있도록 두 가지를 모두 학습한다.

PROGRAMMING

6.8 매크로 함수

C 언어의 전처리기는 인자를 사용하는 매크로를 지원하고, 선언은 다음과 같이 한다.

```
#define 매크로_이름(인자1, 인자2, ...) 치환할_값
```

매크로를 선언할 때 괄호를 붙이고 그 안에 인자를 지정한다. 그다음 인자로 전달되는 내용을 어떻게 조합해서 치환할 것인지 치환할_값에 지정한다.

인자를 사용하는 매크로는 함수를 호출하는 것과 비슷해서 매크로 함수라고 한다. 다음은 매크로 함수를 선언할 때 주의할 점들이다.

- 인자 개수는 제한 없다. 인자 이름은 식별자 규칙을 따른다.
- 매크로_이름과 괄호 사이에 공백이 있으면 안 된다. 공백이 있으면 치환할_값이 괄호로 시작하는 일반 매크로 상수로 처리된다.
- 치환할_값의 코드는 대부분 인자1, 인자2 등을 포함하는 표현식이나 명령문이다.
- 치환할_값의 코드에서 인자1, 인자2 등을 사용할 때 (인자1), (인자2)처럼 괄호로 감싸서 사용한다.
- 매크로 함수 사용은 매크로_이름(표현식1, 표현식2, ...) 형태로 사용한다.
- 매크로 함수를 여러 줄로 표현하려면 마지막 줄을 제외한 각 줄의 끝에 '\'를 작은따옴표없이 붙인다.

코드 6-28과 그림 6-17은 매크로 함수가 선언되는 것과 사용되는 예시이다.

코드 6-28

```
#define PRINT(msg)    printf((msg))
#define MUL(n1, n2)   ((n1) * (n2))
```

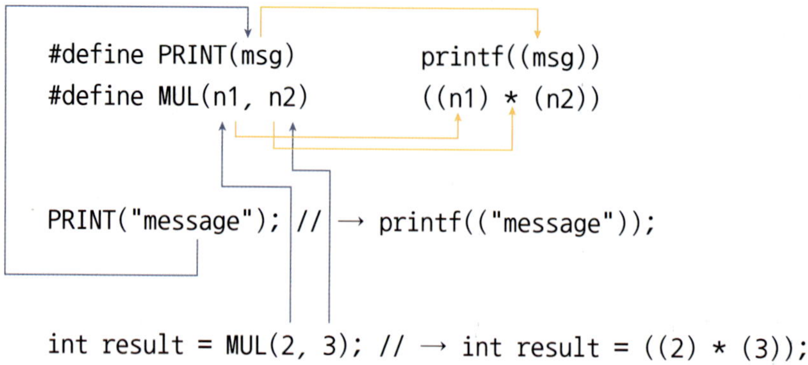

그림 6-17 매크로 함수 선언 및 사용

그림 6-17처럼 PRINT(msg)는 printf((msg))로 치환된다. PRINT() 매크로에 전달되는 msg 인자는 printf() 함수에 괄호에 감싸져서 전달된다. 즉, PRINT("message")가 사용되면 msg에 해당되는 "message"가 ("message") 형태로 printf()에 전달된다.

MUL() 매크로를 사용하는 것도 비슷하다. MUL() 매크로의 n1과 n2에 해당되는 값인 2와 3은 (n1 * n2)에서 n1과 n2를 치환해서 ((2) * (3))으로 변환된다.

치환할_값의 (2)는 2이므로 치환할_값에 있는 인자를 괄호로 감싸는 것이 쓸데없는 코드처럼 보일 수 있다. 하지만 매크로 함수의 인자는 연산 형태의 표현식이 될 수 있어 모든 인자를 괄호로 감싸는 것이 안전하다.

예를 들어, **코드 6-29**를 살펴보자. MUL()에 2와 3 + 4, 즉 2와 7을 전달하고 14를 result에 저장할 것이라고 예상해 보자.

코드 6-29

```
int result = MUL(2, 3 + 4); --> int result = ((2) * (3 + 4));
```

매크로 함수를 선언할 때 인자에 괄호를 붙이면 예상대로 결과를 얻을 수 있다. 매크로 함수에는 다음과 같이 코드의 변수나 다른 표현식을 인자로 전달하는 것도 가능하다.

```
int n = 4;
int result = MUL(2, n + 3); // --> int result = ((2) * (n + 3)) ;
```

만약 인자를 감싸는 괄호가 없다면 #define MUL(n1, n2)   (n1 * n2), 다음과 같이 계산되므로 원하는 결괏값을 얻지 못한다.

```
int result = MUL(2, 3 + 4); --> int result = 2 * 3 + 4; // 괄호가 없어서 10이 됨
```

매크로 함수를 만들 때 여러 구문을 묶어서 정의할 수 있다. **코드 6-30**은 전달되는 인자 두 개의 값을 서로 교환하는 SWAP_INT() 함수를 매크로로 구현한 것이다.

코드 6-30 SwapInt.c

```
#define _CRT_SECURE_NO_WARNINGS
#include <stdio.h>
        ← 두 개 인자를 교환하는 코드 작성
#define SWAP_INT(x, y) int t = (x); (x) = (y); (y) = t;

int main(void)
{
    int a = 5;
    int b = 4;
    printf("Before SWAP: a = %d, b = %d\n", a, b);
    SWAP_INT(a, b); ← 매크로 함수를 이용해서 a와 b의 값을 교환
    printf("After SWAP: a = %d, b = %d\n", a, b);
    return 0;
}
```

<실행 결과>

```
Before SWAP: a = 5, b = 4
After SWAP: a = 4, b = 5
```

매크로를 여러 줄에 표현하려면 마지막 줄을 제외한 나머지 줄에 '\'를 붙여 매크로 정의가 아직 끝나지 않았다는 것을 보인다. **코드 6-31**은 SWAP_INT() 매크로 함수를 여러 줄에 정의한 것으로, 실행 결과는 **코드 6-30**과 같다.

코드 6-31 **SwapInt2.c**

```
#define _CRT_SECURE_NO_WARNINGS
#include <stdio.h>

#define SWAP_INT(x, y) \
    int t = (x);       \
    (x) = (y);         \
    (y) = t;

int main(void)
{
    int a = 5;
    int b = 4;
    printf("Before SWAP: a = %d, b = %d\n", a, b);
    SWAP_INT(a, b);
    printf("After SWAP: a = %d, b = %d\n", a, b);
    return 0;
}
```

SWAP_INT 매크로를 정의
마지막 줄에는 '\'를 붙이지 않음

새로운 매크로를 만들 때 기존 매크로를 사용할 수 있고, 매크로 함수를 정의할 때 기존의 정의된 매크로 상수를 사용하는 것도 가능하다. **코드 6-32**는 기존에 정의된 매크로를 이용해서 새로운 매크로를 만들고 화면에 출력한다.

코드 6-32 **UsePredefinedMacro.c**

```
1   #define _CRT_SECURE_NO_WARNINGS
2   #include <stdio.h>
3
4   #define INT1 5
5   #define INT2 (INT1 + 5)
6   #define MUL10(n) ((n) * INT2)
7
8   int main(void)
9   {
10      printf("INT2 = %d\n", INT2);
```

4줄에서 정의된 INT1을 사용해서 새로운 매크로 상수를 생성

5줄에서 정의된 INT2를 매크로 함수에서 사용

```
    printf("MUL10(5) = %d\n", MUL10(5));
    return 0;
}
```

<실행 결과>

```
INT2 = 10
MUL10(5) = 50
```


일반적으로 매크로는 가독성을 높이기 위해 함수 밖에 작성하지만, 매크로가 처음 사용되기 전에만 작성하면 되므로 코드 어느 곳에 위치해도 괜찮다. **코드 6-33**은 매크로 상수를 만들고 화면에 출력한다.

코드 6-33 **MacroFunc.c**

```
1   #define _CRT_SECURE_NO_WARNINGS
2   #include <stdio.h>
3
4   int main(void)
5   {
6       #define PI 3.141519
7       printf("Pi = %f\n", PI);
8
9       #define MAX(x, y) (((x) > (y)) ? (x) : (y))
10      printf("MAX(3, 5) = %d\n", MAX(3, 5));
11      return 0;
12  }
```

PI를 매크로 상수로 지정
7줄에서 PI를 사용하기 전에만 작성하면 코드 어디에 있어도 됨

x와 y를 받고 둘 중 큰 값을 반환하는 함수 구현. 마찬가지로 함수 사용 전에 정의되면 됨

<실행 결과>

```
Pi = 3.141519
MAX(3, 5) = 5
```

매크로 함수의 장단점

● 매크로 함수의 장점

매크로 함수를 일반 함수와 비교해서 먼저 장점부터 살펴보자.

- 매크로 함수는 함수보다 빠르다. 함수는 실행할 때 인자를 복사해서 전달하고, 매개변수나 지역변수 공간을 스택에 할당하는 등 여러 가지 작업이 수반된다. 그에 반해 매크로 함수는 컴파일 전에 텍스트를 치환하므로 실행할 때 추가되는 작업이 없다.
- 매크로 함수는 자료형을 구분하지 않는다. **코드 6-33**의 MAX() 매크로 함수는 x와 y가 > 연산자를 이용해서 비교할 수 있다면 어떤 자료형이라도 처리할 수 있다.
  - C 언어에서는 > 연산자를 사용할 수 있는 자료형이 정수 또는 실수 종류밖에 없어 double 형 인자 두 개를 받고, double 형을 반환하는 함수로 구현하는 것과 큰 차이가 없을 수 있다. 하지만 형 변환이 일어나는 것도 결국 실행 속도와 메모리 사용량에 영향을 미치기 때문에 매크로가 효율적이다.

● 매크로 함수의 단점

그러나 이러한 장점과 달리 아주 심각한 단점도 있다. MAX() 함수에 a++와 b++를 전달한다고 가정해 보자. a와 b는 정수 변수이고, 각각 1과 2로 초기화되어 있었다고 가정한다.

MAX()가 일반 함수였다면, a와 b 중에 큰 값을 반환하고 a와 b 값을 각각 1씩 증가시킨다. 이와 다르게 MAX() 매크로 함수는 다르게 동작하여 다음의 코드로 치환된다.

```
((a++) > (b++)) ? (a++) : (b++))
```

a와 b 중 큰 값으로 반환되는 변수는 두 번 증가되는 것이다. 따라서 결과가 예상과는 다르게 나온다. **코드 6-34**를 이용해서 확인해 본다.

코드 6-34 **MaxFunc.c**

```
#define _CRT_SECURE_NO_WARNINGS
#include <stdio.h>

```

```c
int max(int x, int y)
{
    return (x > y) ? x : y;
}
#define MAX(x, y) (((x) > (y)) ? (x) : (y))

int main(void)
{
    int a = 1;
    int b = 2;
    int m = max(a++, b++);
    printf("max(a, b) = %d, a = %d, b = %d\n", m, a, b);

    a = 1;
    b = 2;
    m = MAX(a++, b++);
    printf("MAX(a, b) = %d, a = %d, b = %d\n", m, a, b);
    return 0;
}
```

max() 함수를 호출
함수에 1, 2가 전달되고 각 변수들은 1씩 증가

MAX() 매크로로 치환
매크로 함수 인자에 1, 2가 전달되고 둘 중 작은 변수는 1, 큰 변수는 2가 증가

<실행 결과>

```
max(a, b) = 2, a = 2, b = 3
MAX(a, b) = 3, a = 2, b = 4
```

6.9 연습 문제

01 함수를 사용하는 목적으로 보기 어려운 항목을 모두 고르시오.

① 부품화
② 가독성
③ 재사용
④ 안전성
⑤ 암기력
⑥ 내부 교체
⑦ 협업 용이
⑧ 시각화

02 함수에서 return 문을 사용하는 목적으로 볼 수 있는 항목을 모두 고르시오.

① 함수 실행의 종료
② 값의 반환
③ 호출자의 식별
④ 인자의 출력

03 C 언어는 어떤 인자가 어떤 순서로 함수에 전달될지 정해져 있다(OX로 답하시오).

04 매개변수도 지역변수이므로, 함수 내에서 동일한 명칭으로 변수를 선언할 수 없다(OX로 답하시오).

05 전역변수, 지역변수는 모두 초기화 후에 사용해야 한다(OX로 답하시오).

06 랜덤 숫자를 발생하는 함수를 사용하려고 한다. 시드를 고정하면 항상 일정한 형태의 숫자들을 생성한다(OX로 답하시오).

07 이름이 충돌하는 경우에는 유효 범위가 좁은 영역에 있는 변수의 우선순위가 낮다. 전역변수 result, 지역변수 result가 충돌한다고 했을 때, 전역변수가 지역변수를 가린다(OX로 답하시오).

08 기본 자료형을 함수의 매개변수로 전달하면, 함수 내에서 그 매개변수의 값을 변경해도 함수 바깥에 영향을 미치지 않는다(OX로 답하시오).

09 정적 지역변수의 생존 기간은 전역변수와 같다(OX로 답하시오).

10 함수 원형에 있는 매개변수의 이름과 함수를 정의할 때 매개변수의 이름이 다르면 오류가 발생한다(OX로 답하시오).

11 함수의 머리, 바디 부분을 함수 원형(function prototype)이라고 한다(OX로 답하시오).

12 정적 지역변수를 선언하기 위해 함수 안에 만들어지는 변수에 붙이는 키워드를 적으시오.

13 다음 코드에서 int x = 5, int y = 9라고 가정하고 swap(x, y)를 실행한 다음 x, y의 값을 적으시오.

```
void swap(int num1, int num2)
{
    int temp = num1;
    num1 = num2;
    num2 = temp;
}
```

14 함수의 매개변수나 지역변수들이 저장되는 메모리 공간을 지칭하는 용어를 적으시오.

15 #define MUL(n1, n2) ((n1) * (n2))라고 매크로를 정의하면, int result = MUL(2, n + 3);는 어떻게 변환되는지 적으시오.

16 두 점 (x1, y1), (x2, y2) 사이의 거리를 구하는 함수를 구현하시오. 두 점 사이의 거리를 계산하는 공식을 사용한다(〈3장〉 연습 문제 11번 참조).

17 삼각형 (x1, y1), (x2, y2), (x3, y3)의 면적을 계산해서 반환하는 함수를 구현하시오. 삼각형의 면적은 헤론의 공식을 사용한다(〈3장〉 연습 문제 18번 참조).

18 그림 6-18을 참고하여 마름모의 좌표 4개를 입력받고 면적을 계산해 반환하는 함수를 구현하시오. 이 함수에서는 문제 **17**번에서 구현한 삼각형의 면적을 구하는 함수를 사용한다.

19 그림 6-18을 참고하여 평행사변형 좌표 4개를 입력받고 면적을 계산해서 반환하는 함수를 구현하시오. 문제 **17** 번에서 구현한 삼각형의 면적을 계산하는 함수를 사용한다.

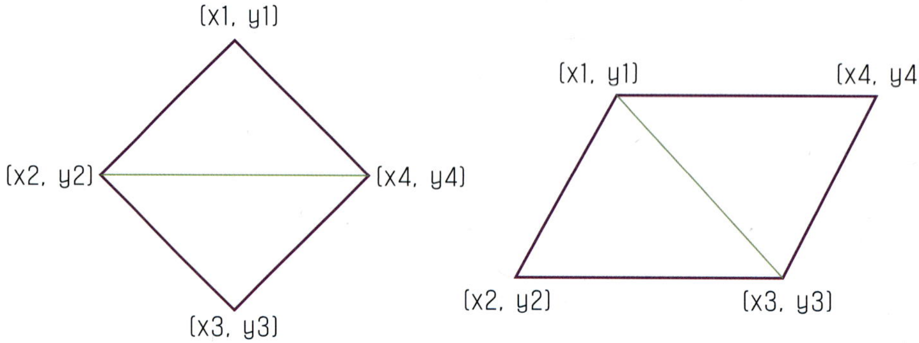

그림 6-18 마름모와 평행사변형

20 n1~n2-1 사이의 정수(n2-1은 포함)를 생성하는 난수 발생 함수를 구현하시오. 난수 발생 함수는 표준 C 라이브러리의 함수들을 사용한다.

21 반복문을 이용해서 unsigned char 정수를 이진수 형태의 정수(0과 1로 구성된 정수)로 변환해서 반환하는 함수를 구현하시오. 다음 표 6-4는 unsigned char 정수와 이진수 형태의 정수다.

표 6-4 정수를 이진수 형태의 정수로 변환

unsigned char 정수	이진수 형태의 정수	unsigned char 정수	이진수 형태의 정수
8	1000	84	1010100
154	10011010	32	100000
131	10000011	100	1100100

22 재귀 함수를 이용해서 문제 **21** 번을 구현하시오.

23 년/월/일 정보를 입력으로 전달받고 같은 년의 잔여일수를 계산해서 반환하는 함수를 구현하시오. 사용자로부터 오늘을 나타내는 년/월/일 정보를 입력받고 올해 남은 일수를 계산해서 출력하는 프로그램을 작성한다. 사용자는 오류 없는 년/월/일 정보를 입력할 것이라고 가정한다.

24 사용자로부터 자연수 n을 입력받고 1, 2, 3, ..., N을 순차적으로 출력하는 프로그램을 반복문을 사용하는 함수와 재귀 호출 함수를 이용해서 구현하시오.

25 표준 C 라이브러리의 〈math.h〉 선언된 pow(x, y) 함수는 xy를 반환한다. 비슷하게 xy를 반환하는 power() 함수를 반복문과 재귀 호출을 이용해서 구현한다. 단, y는 0 또는 양의 정수로 가정한다. power() 함수와 pow(x, y)와 같은 결과가 나오는지 확인하는 프로그램을 작성하시오.

```
double power(double x, unsigned y);
```

26 사용자로부터 정수를 입력받고, n1~n2 범위 밖이면 재입력을 요청해서 n1~n2 범위 내의 정수를 반환하는 int getInt(int x, int n1, int n2) 함수를 구현하고, 이 함수를 검수하는 main() 함수를 작성하시오.

27 문제 **26** 번에서 구현한 함수를 이용하여 실습문제 1의 **실습 6-11** 코드를 수정하시오.

28 〈4장〉 실습 문제 1의 **실습 4-1** 코드에서 중복되는 코드를 함수로 구현하고, 새로 구현된 함수를 사용하도록 전체 프로그램을 수정하시오.

29 〈6장〉 실습문제 1의 **실습 6-10** 코드를 매크로 함수로 구현하시오.

30 사용자로부터 정수 세 개를 입력받고 세 정수의 공약수를 찾는 프로그램을 작성한다. 프로그램 구현을 위해 세 개의 정수를 인자로 전달받고, 1을 제외한 공약수를 출력하고, 전체 공약수의 개수(1 제외)를 반환하는 함수를 구현한다. 다음은 10, 40, 70이 입력되었을 때의 실행 결과의 예를 보인다.

〈실행 결과〉

```
약수: 10 5 2
10, 40, 70의 공약수 개수: 3
```

31 친화수를 찾는 프로그램을 구현하시오. 친화수란 자신을 제외한 약수의 합의 약수의 합이 자신이 되는 것이다. 예를 들어, 220의 약수는 1, 2, 4, 5, 10, 11, 20, 22, 44, 55, 110이다. 220의 약수의 합은 284이다. 284의 약수는 1, 2, 4, 71, 142이고, 약수의 합은 220이다. 이런 경우 220과 284는 친화수이다. 사용자로부터 정수1~정수2 형태로 두 개의 정수를 입력받고, 첫 번째 정수를 num1, 두 번째 정수를 num2에 저장한다. num1~num2 사이에 있는 모든 친화수를 찾아서 화면에 출력한다. 다음은 10~1000 사이의 친화수를 출력한 것이다.

〈실행 결과〉

```
220과 284는 친화수
284와 220은 친화수
```

7장

배열

학 습 목 표

- 배열의 개념과 필요성을 이해한다.
- 1차원 배열을 선언하고 초기화한다.
- 함수에 배열을 전달하는 방법을 학습한다.
- 다차원 배열을 이해한다.

7.1 PROGRAMMING

배열의 필요성과 개념

배열(Array)은 같은 이름으로 동일한 자료형의 값들을 저장하고 사용할 수 있는 구조화된 자료형(structured data type)이다. 프로그래머는 자료형과 배열의 크기를 지정해서 배열을 생성하고 번호를 붙여 여러 변수에 쉽게 접근한다.

7 배열

배열의 필요성

지금까지는 많은 양의 자료를 저장하거나 다루지는 않았다. 반복문을 사용해서 정수 n까지의 소수를 출력하기는 했지만, 따로 저장하지 않고 출력만 했다. 하지만 프로그램을 작성하다 보면 여러 개의 값을 저장하고 사용해야 하는 경우도 있다.

요즘은 인터넷 뱅킹을 사용할 때 보안이 우수한 생체 인식 인증서나 OTP 등을 사용하지만, 보안카드의 숫자들을 입력하는 경우도 있다. 일반적으로 30여 개 숫자들로 구성된 보안번호를 기억하기는 어려워서 컴퓨터에 기록하거나 사진으로 촬영해 저장하기도 했으며, 모바일 앱 등에 저장하는 방법 등으로 확인했었다. 이러한 보안번호를 저장하고 검색하는 프로그램을 만들어 보자.

만약 보안번호가 30개라면, 이를 저장할 동일한 개수의 변수가 필요하다. 이를 위해 securityNum으로 시작하는 변수 이름에 일련번호를 붙여 변수를 선언한다.

```
int securityNum0;
int securityNum1;
int securityNum2;
...
int securityNum29;
```

이제 번호를 한 개씩 30회 입력받는다. 변수가 서로 다르므로 반복문 등은 사용할 수 없다.

```
scanf("%d", &securityNum0);
scanf("%d", &securityNum1);
...
scanf("%d", &securityNum29);
```

특정 번호에 대한 보안 코드를 검색하는 것도 변수 이름이 다르므로 반복문을 사용할 수 없다. 이러한 이유로 switch 문을 사용하는 것이 상대적으로 좋아 보인다.

```
switch (num) {
    case 0:
        printf("%d\n", securityNum0);
        break;

    case 1:
        printf("%d\n", securityNum1);
        break;
    ...

    case 29:
        printf("%d\n", securityNum29);
        break;
}
```

한 개 은행의 보안번호를 저장하고 사용하기 위해 꽤 긴 코드를 작성해야 하는 문제가 발생했다. 또한, 다른 은행의 보안카드도 가지고 있다면, 유사한 코드가 중복될 가능성이 높다.

보안을 강화하기 위해 번호를 100개 정도로 늘린다면 어떤 결과가 나타날까? 이러한 경우, 기존의 코드를 전부 수정해서 변수도 100개를 만들고, switch 문도 100개의 case를 추가해야 한다.

배열은 이렇게 관련된 자료들을 한 곳에 묶어 한 개 이름으로 접근하고 사용할 수 있도록 만든 것이다. 특히 반복문과 함께 사용하면 변수를 여러 개 만드는 것에 비해 훨씬 효율적인 코드를 작성할 수 있다.

배열의 개념

배열은 그림 7-1처럼 연속적으로 붙은 메모리 공간의 여러 값을 한 개의 변수 이름을 이용해서 접근하고 사용할 수 있도록 한다. 배열 공간에 있는 값들은 요소(element) 또는 원소라고 부르고, 각 요소가 저장된 메모리 공간은 0부터 시작하는 인덱스(index) 번호가 붙는다. 배열의 각 요소는 배열 변수 이름과 인덱스 번호를 조합(배열_변수_이름[인덱스])해서 접근할 수 있다.

그림 7-1은 30개의 보안번호를 저장한 배열을 보인다. 이 배열의 변수 이름은 securityNums이고, 각 요소는 securityNums[0] 또는 securityNums[10]처럼 사용할 수 있다.

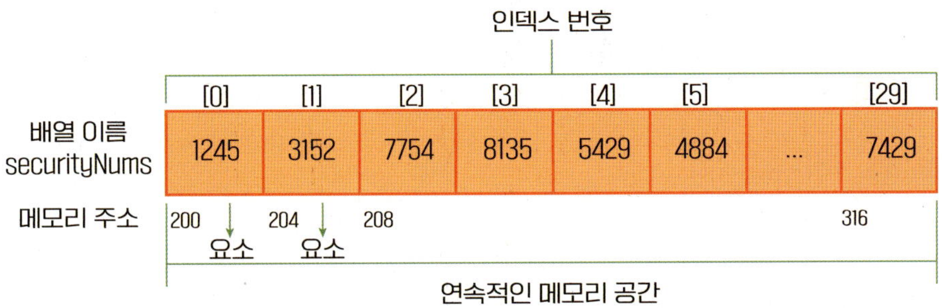

그림 7-1 보안번호를 저장한 배열이 메모리에 할당됨

배열의 특징을 살펴보자.

- 같은 종류의 자료들을 구조화된 형태로 메모리 공간에 저장하고 한 개의 이름으로 사용할 수 있다.
- 인덱스(index) 번호를 이용해서 자료들에 빠른 접근이 가능하다.
- 반복문과 함께 사용하면 각 요소에 접근하는 효율적인 코드를 작성할 수 있다.
- C 언어의 배열은 포인터 연산과 아주 밀접한 관계를 가지고 있다.

이 특징들 중에서도 마지막의 포인터 연산과의 관계는 〈8장〉에서 자세히 알아보기로 하고 여기에서는 세 가지를 중점적으로 살펴본다.

7.2 1차원 배열

1차원 배열은 앞서 살펴본 그림 7-1처럼 연속적인 메모리 공간에 순서대로 값을 저장하는 자료형이다.

배열 선언

다음은 배열을 선언하는 방법이다.

```
TYPE 배열_이름[요소_개수];
```

TYPE은 배열 요소에 저장되는 값의 자료형을 나타내고, C 언어의 배열은 순수형(homogeneous type)이라서 모든 요소는 같은 자료형으로 구성되고, 동일한 크기의 공간을 사용한다.

알아두세요 다른 자료형을 저장하면 혼합형(heterogeneous type)이라고 한다.

배열의 TYPE은 void를 제외한 C 언어의 거의 모든 자료형을 지정할 수 있다. 문자, 정수, 실수 같은 기본형뿐만 아니라 나중에 학습할 구조체, 공용체, 포인터 등을 사용할 수 있다.

배열_이름은 변수 이름을 정하는 것과 동일하다.

ANSI C에서 요소_개수는 배열의 크기를 나타내며 대부분 정수형 상수만 사용할 수 있다. 예외적으로 함수 내에서 배열을 선언하면서 매개변수의 값을 이용해서 배열을 선언하는 방법이 있고, C99부터는 변수나 상수 변수도 사용할 수 있다. **코드 7-1**은 C99 이상을 지원하는 GCC 컴파일러는 실행까지 되고, C99의 일부만 지원하는 비주얼 스튜디오 컴파일러(2022 버전)에서는 오류를 발생시킨다.

코드 7-1 ConstArray.c

```c
#define _CRT_SECURE_NO_WARNINGS
#include <stdio.h>

#define SIZE 10          // 상수 선언

int main(void)
{
    const int n = 15; // 상수 변수
    int m = 10;          // 변수
    int a[m];
    int b[n];
    int c[SIZE];
    int securityNums[30];

    a[0] = 1;
    printf("%d\n", a[0]);
    return 0;
}
```

- int a[m]; ← 변수로 배열 크기 지정 가능(C99 이상)
- int b[n]; ← 상수 변수로 배열 크기 지정 가능(C99 이상)
- int c[SIZE]; ← 상수로 배열 크기 지정(ANSI C 이상)
- int securityNums[30]; ← 네 자리 정수의 보안번호를 저장하는 배열인 securityNums 배열(그림 7-1)은 int 형으로 선언

배열 사용

배열의 각 요소는 배열_이름[인덱스_번호]로 읽고 쓰기가 가능한 접근을 한다. 크기 n인 배열의 인덱스 범위는 0~n - 1이고 1씩 증가한다.

예를 들어, 그림 7-1의 배열의 네 번째 요소는 securityNums[3]으로 표현한다.

- 배열의 요소는 변수와 비슷하다. 대입 연산자의 왼쪽에 두면 값을 저장할 수 있다(l-value로 사용).

```
배열_이름[인덱스] = 값;
```

- 일반 변수처럼 표현식의 일부나 함수에 값을 전달할 수 있다(r-value로 사용).

```
변수 = 배열_이름[인덱스];
func(배열_이름[인덱스]);
```

배열 요소에 저장되는 값이나 배열 요소의 값을 저장하는 변수는 당연히 같은 자료형이거나 함께 사용할 수 있는 자료형이어야 한다.

보안번호를 저장하고 화면에 출력해 본다.

```
securityNums[0] = 1245;
securityNums[1] = 3152;
printf("securityNums[0] = %d, securityNums[1] = %d\n", securityNums[0],
securityNums[1]);
```

배열의 인덱스는 정수 또는 정수형으로 있는 값이나 표현식을 사용한다. 표 7-1은 인덱스로 사용할 수 있는 코드의 몇 가지 예시를 보인다.

표 7-1 인덱스로 사용할 수 있는 것들과 설명

예시 코드	설명
securityNums[1]	상수
securityNums[n]	정수형(int, short, char, unsigned int 등) 변수
securityNums[n + 2]	정수형 값을 생성하는 표현식
securityNums[getIdx()]	정수형 값을 반환하는 함수
securityNums['a']	문자(char도 정수형으로 취급)
securityNums[AUG]	enum 자료형 값

정수형이 아닌 값은 인덱스로 사용할 수 없다. 예를 들어, 실수를 인덱스로 사용하면 오류가 발생한다.

```
securityNums[1.0] = 3; // 컴파일 오류
```

배열은 반복문과 함께 사용될 때 장점이 드러난다. 다음의 **코드 7-2**는 반복문을 이용해서 securityNums 값을 화면에 출력한다. 거의 비슷한 코드를 30번 반복해서 사용하지 않고, 반복문을 이용해서 간단하게 처리한다. 반복문의 장점은 배열의 크기가 변해도 코드가 크게 바뀌지 않는다는 것이다. **코드 7-2**에서 보안카드 번호가 50개로 늘어난다면, i < 30을 i < 50으로 변경하는 것으로 충분하다.

코드 7-2

```
for (int i = 0; i < 30; i++) {
    printf("보안카드 %d번째 숫자: %d\n", securityNums[i]);
}
```


인덱스 범위

C 컴파일러는 프로그래머가 배열의 인덱스를 사용할 때 배열의 크기 범위가 넘치는지 확인하지 않는다. 인덱스가 범위 안에 있는지 확인하는 것은 오로지 프로그래머의 몫이다.

배열 범위 밖의 인덱스를 사용하면 어떤 결과가 나타날지 모른다. 즉, 크기 n 배열의 인덱스가 i일 때, 항상 0 <= i < n이 만족되도록 주의해야 한다.

배열 범위 밖의 인덱스 공간을 접근할 때, 프로그램이 메모리를 잘못 사용하는 것을 감지하고 운영체제가 프로그램을 중지할 수 있다. 더 큰 문제는 중지되지 않고 실행되는 것처럼 보이는데 결과가 이상한 경우이다. 예를 들어, 범위 밖의 메모리 공간이 다른 변수가 위치한 곳이라면, 예상하지 못한 값으로 덮어 씌워질 수 있고, 그런 것이 이상한 오류로 이어질 수 있다.

알아두세요 유닉스 계열의 운영체제에서 배열 범위 밖의 인덱스를 사용하는 것처럼 메모리를 잘못 사용할 때 프로그램이 세그멘테이션 폴트(segmentation fault)를 발생하며 중지될 수 있다. 세그멘테이션 폴트는 프로그램 실행 중에 발생하는 오류이며, 주로 메모리를 잘못 접근할 때 발생한다.

코드 7-3은 세 개의 요소를 포함하는 배열에 값을 저장했다가 순차적으로 출력하는 프로그램으로, 문제없이 제대로 실행된다.

코드 7-3 **ErrorIndex.c**

```
#define _CRT_SECURE_NO_WARNINGS
#include <stdio.h>

#define SIZE 3

int main(void)
{
    int nums[SIZE];
    nums[0] = 4;
    nums[1] = 3;
    nums[2] = 9;
    //    nums[9] = 8;
    for (int i = 0; i < SIZE; i++) {
        printf("nums[%d] = %d\n", i, nums[i]);
    }
    return 0;
}
```

배열의 크기를 상수로 지정

SIZE 매크로 상수를 이용해서 요소가 세 개인 배열을 생성

배열 초기화

인덱스 번호와 요소 출력

<실행 결과>

```
nums[0] = 4
nums[1] = 3
nums[2] = 9
```

코드 7-4는 배열의 메모리 공간 밖에 값을 저장하며 오류를 만드는 것을 보인다. 세 개의 요소를 가진 배열을 선언하고, 네 번째 요소 공간에 값을 저장했다. 그런 후에 다섯 개의 요소를 화면에 출력한다. **코드 7-4**의 2줄은(#pragma warning(disable: 4789)) 비주얼 스튜디오 2022의 통합 개발 환경에서 컴파일할 수 있도록 추가한 코드이다.

코드 7-4 **ErrorIndex2.c**

```c
#define _CRT_SECURE_NO_WARNINGS
#pragma warning(disable: 4789)
#include <stdio.h>

#define SIZE 3

int main(void)
{
    int nums[SIZE];
    int n = 4;
    nums[0] = 4;
    nums[1] = 3;
    nums[2] = 9;
    nums[3] = 10;
    for (int i = 0; i < 10; i++) {
        printf("nums[%d] = %d\n", i, nums[i]);
    }
    printf("n = %d\n", n);
    return 0;
}
```

<실행 결과>

```
nums[0] = 4
nums[1] = 3
nums[2] = 9
nums[3] = 10
nums[4] = -20877296
n = 10
```

실행 결과에서 nums[4]는 메모리에 있던 쓰레기 값이 출력되므로, 책과는 다른 결과를 보일 수 있다. 주의해서 볼 부분은 n 변수의 값이다. 4로 초기화되어 있던 변수가 10으로 변경되었다.

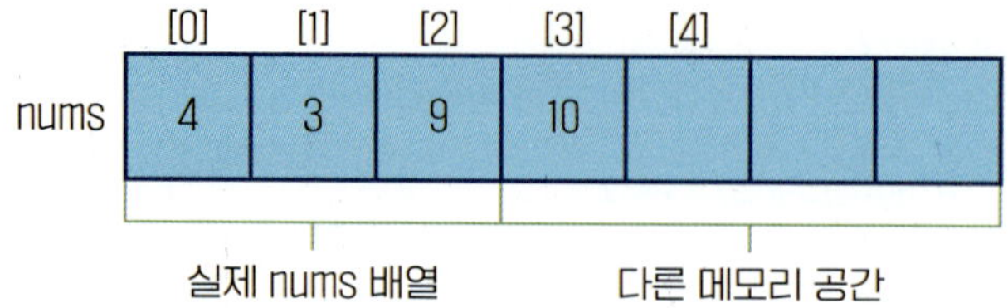

그림 7-2 잘못된 인덱스를 사용하는 상황의 메모리 공간

어떻게 이런 일이 생기는지 확인해 보자. 그림 7-2는 nums 배열과 n이 사용하는 메모리 공간을 보인다. nums 배열은 세 개의 정수로 구성되므로 4, 3, 9가 저장된 메모리 공간을 사용한다. 하지만 그 뒤에도 메모리는 있을 것이다. 배열 다음에 선언된 변수 n은 배열 공간 바로 다음 4바이트 공간을 사용한다. 그런데 nums 배열을 사용하면서 배열 크기보다 큰 인덱스인 3에 값을 저장하는 실수를 했다. C 컴파일러가 인덱스가 배열의 크기를 넘치는지 확인하지 않으면서 nums[3]에 해당되는 공간(변수 n의 공간)에 10을 저장한다. 그래서 변수 n 값이 잘못 변경되는 오류가 발생한다.

지금은 nums[3]이 배열의 공간 근처에 있는 메모리를 사용하는 것이라 다른 변수의 값이 변경되는 정도였다. 만약 nums[9999] 정도(혹은 더 큰 숫자도 괜찮다)로 바꾼 후에 실행해 보면 운영체제가 프로그램 실행을 중단하거나 제대로 실행되지 않을 수 있다.

sizeof( ) 연산자와 배열

sizeof(배열_이름)을 사용하면 배열의 모든 요소가 차지하는 메모리 공간의 크기를 반환한다. 배열의 크기가 N이라면 sizeof(배열 요소) * N이 반환된다. sizeof(배열_이름[인덱스])를 사용하면 배열 요소 한 개의 크기가 바이트 단위로 반환된다.

다음 **코드 7-5**를 살펴보자. nums의 크기는 sizeof(nums[0]) * SIZE와 같다.

코드 7-5 SizeArr.c

```
#define _CRT_SECURE_NO_WARNINGS
#include <stdio.h>

#define SIZE 5

```

```
int main(void)
{
    int nums[SIZE];
    printf("size of nums[0] = %d\n", sizeof(nums[0]));  ← 배열 요소 한 개의 크기 출력
    printf("size of nums = %d\n", sizeof(nums));  ← 배열 전체 공간의 크기 출력
    return 0;
}
```

〈실행 결과〉

```
size of nums[0] = 4
size of nums = 20
```


배열 초기화

배열을 선언할 때 전역변수로 만들어지거나 함수 안에서 static 키워드로 선언되는 정적 배열은 자동으로 0으로 초기화된다. 하지만 일반 지역변수로 선언되는 배열은 초기화되지도 않고 쓰레기(Garbage) 값이 존재한다. 이를 확인하기 위해 **코드 7-6**을 실행해 보자.

코드 7-6 **InitArr1.c**

```
#include <stdio.h>

int globalNums[5];

int main(void)
{
    static int staticNums[5];
    int localNums[5];

    for (int i = 0; i < 5; i++) {
        printf("globalNums[%d] = %d, staticNums[%d] = %d, localNums[%d] = %d\n", i, globalNums[i], i, staticNums[i], i, localNums[i]);
    }
    return 0;
}
```

코드 7-6은 전역 배열(globalNums), 정적 배열(staticNums), 지역 배열(localNums) 변수들을 선언하고 있는 그대로의 배열 요소 값들을 출력한다.

〈실행 결과〉

```
globalNums[0] = 0, staticNums[0] = 0, localNums[0] = 1
globalNums[1] = 0, staticNums[1] = 0, localNums[1] = 0
globalNums[2] = 0, staticNums[2] = 0, localNums[2] = 2
globalNums[3] = 0, staticNums[3] = 0, localNums[3] = 0
globalNums[4] = 0, staticNums[4] = 0, localNums[4] = -679603328
```

예상한 것처럼 globalNums와 staticNums는 몇 번 실행해도 0을 출력한다. 하지만 localNums는 실행할 때마다 값이 조금 변경되기도 하고 컴파일러에 따라 다른 값을 출력한다.

배열의 초기화는 전역 또는 정적 배열을 0이 아닌 다른 값으로 초기화시키거나 지역변수로 선언되는 배열을 초기화시킬 때 사용한다.

- 선언한 뒤에 초기화
- 선언하면서 초기화

● 선언 후 초기화

선언한 뒤에 초기화하는 것은 요소 값을 직접 값을 저장하거나 반복문을 이용할 수 있다.

```
securityNums[0] = 1234;
securityNums[28] = 5532;
for (int i = 0; i < 30; i++) {
    securityNums[i] = 0;
}
```

첫 번째와 29번째 요소의 값 저장

반복문을 이용해서 배열의 모든 요소를 0으로 초기화

보안번호를 1000부터 9999까지의 정수를 무작위로 생성해서 초기화하고 화면 출력하는 프로그램을 작성해 본다. 실행 결과는 너무 길어서 중간 부분을 생략했다.

코드 7-7 SecurityNums.c

```c
1   #define _CRT_SECURE_NO_WARNINGS
2   #include <stdio.h>
3   #include <time.h>
4   #include <stdlib.h>
5
6   #define NUMS 30
7
8   // x~y 사이의 정수를 무작위로 생성해서 반환
9   #define RAND_INT(x, y) (rand() % ((y) - (x) + 1) + (x))
10
11  int randInt(int x, int y)
12  {
13      return rand() % (y - x + 1) + x;
14  }
15
16
17  int main(void)
18  {
19      srand(time(NULL));
20      int securityNums[NUMS];
21      for (int i = 0; i < NUMS; i++) {
22  //        securityNums[i] = RAND_INT(1000, 9999);
23          securityNums[i] = randInt(1000, 9999);
24      }
25      for (int i = 0; i < NUMS; i++) {
26          printf("securityNums[%d] = %d\n", i, securityNums[i]);
27      }
28      return 0;
29  }
```

- 6행: 배열의 크기를 상수로 지정
  이렇게 지정하면 배열의 크기가 변경되어도 코드 수정을 많이 하지 않음
- 9행: x~y 사이의 랜덤 정수를 생성하는 매크로 함수로 randInt() 함수와 하는 일이 같음
- 11~14행: x~y 사이의 랜덤 정수를 생성하는 함수로 RAND_INT()와 하는 일이 같음
- 19행: rand() 함수를 사용하기 전에 시드(seed) 값 지정
- 20행: 배열을 선언. 5줄에서 선언한 상수를 사용해 배열 크기가 변경되어도 코드 변경을 최소화시킴
- 21~24행: 무작위로 1000~9999 사이의 정수를 생성해서 배열에 저장
  randInt()나 RAND_INT() 함수 모두 사용 가능
- 25~27행: 보안카드 번호 출력

<실행 결과>

```
securityNums[0] = 3935
securityNums[1] = 8959
...
securityNums[28] = 8795
securityNums[29] = 5483
```

● 선언하면서 초기화

배열을 선언하면서 초기화하는 방법이다. 배열을 선언하고 중괄호 안에 배열 요소의 값을 지정한다. 중괄호 안에 선언되는 요소 값들을 초기자(initializer)라고 부른다. 초기자의 값은 상수나 변수뿐만 아니라 표현식을 사용할 수 있다.

```
TYPE 배열_이름[] = { 값0, 값1, ..., 값n-1 };
TYPE 배열_이름[요소_개수] = { 값0, 값1, ..., 값n-1 }; // 요소_개수가 n
```

배열을 선언하면서 초기화할 때 요소_개수를 명시하지 않으면, 컴파일러가 초기자의 개수로 배열 크기를 정한다. **코드 7-8**은 nums 배열을 5개 정수를 요소로 가지는 배열로 선언한 것이다.

코드 7-8

```
int nums[] = { 1, 2, 3, 4, 5 };
```

코드 7-8은 다음과 같은 형태로 작성한 것과 같다.

```
int nums[5] = { 1, 2, 3, 4, 5 };
```

그런데 **코드 7-8**처럼 배열의 개수가 지정되지 않았을 때, 프로그래머는 배열의 크기를 어떻게 확인할까? 물론 프로그래머가 초기자를 명시하니 개수를 모를리 없지만, 개수를 코드로 확인하는 방법이 있다. sizeof(배열_이름)을 배열의 자료형(TYPE) 또는 배열의 첫 번째 요소의 바이트 크기로 나누면 요소_개수를 확인할 수 있다.

```
배열_크기 = sizeof(배열_이름) / sizeof(TYPE)
배열_크기 = sizeof(배열_이름) / sizeof(배열_이름[0])
```

첫 번째 요소 크기로 나누는 두 번째 방법을 매크로 함수로 만들어 보자.

```
#define ARRAY_SIZE(arr, element) (sizeof((arr)) / sizeof((element)))
```

배열을 크기 없이 초기화하고 ARRAY_SIZE() 매크로 함수를 이용해서 화면에 출력하는 프로그램을 작성한다.

코드 7-9 **InitArr2.c**

```
#define _CRT_SECURE_NO_WARNINGS
#include <stdio.h>

#define ARRAY_SIZE(arr, element) (sizeof((arr)) / sizeof((element)))

int main(void)
{
    int nums[] = { 1, 2, 3, 4, 5 };
    printf("size of nums = %d\n", ARRAY_SIZE(nums, nums[0]));
    for (int i = 0; i < ARRAY_SIZE(nums, nums[0]); i++) {
        printf("nums[%d] = %d\n", i, nums[i]);
    }

    double nums2[] = { 1.1, 2.2, 3.3 };
    printf("size of nums2 = %d\n", ARRAY_SIZE(nums2, nums2[0]));
    for (int i = 0; i < ARRAY_SIZE(nums2, nums2[0]); i++) {
        printf("nums[%d] = %f\n", i, nums2[i]);
    }
    return 0;
}
```

int 배열을 선언하고 초기화

ARRAY_SIZE()를 이용해서 nums 배열의 크기 출력

nums 배열의 요소들을 출력 for 문에서 ARRAY_SIZE() 매크로 사용

double 형 배열을 선언하고 초기화

ARRAY_SIZE()를 이용해서 nums2 배열의 크기 출력

nums2 배열의 요소들을 출력 for 반복문에서 ARRAY_SIZE() 매크로 사용

<실행 결과>

```
size of nums = 5
nums[0] = 1
nums[1] = 2
nums[2] = 3
nums[3] = 4
nums[4] = 5
size of nums2 = 3
nums[0] = 1.100000
nums[1] = 2.200000
nums[2] = 3.300000
```

코드 7-9처럼 요소 개수를 비우고 초기화하는 것은 초기자의 개수가 많을 때 주로 사용하고, 오류 발생 가능성을 줄여준다.

배열의 크기를 정하고 초기화하는 방법도 있다. 이 경우 배열 요소의 개수와 초기자 값의 개수에 따라 표 7-2처럼 세 가지 경우를 고려할 수 있다.

표 7-2 배열을 초기화할 때 요소 개수와 값의 개수 관계 및 설명

요소 개수와 초깃값 개수의 관계	설명
요소 개수 == 초깃값 개수	첫 번째 배열 요소(인덱스 0)부터 초기자의 값을 순서대로 저장한다.
요소 개수 〉 초깃값 개수	첫 번째 배열 요소부터 초기자의 값을 순서대로 저장하고, 남는 공간은 0에 해당하는 값(float이나 double 형은 0.0f 또는 0.0, char 형은 널 문자('\0'), 포인터는 NULL 등)으로 저장한다.
요소 개수 〈 초깃값 개수	배열 요소를 순서대로 초깃값으로 채우지만, 컴파일러에 따라 경고 또는 오류가 발생할 수 있다.

표 7-2를 참고하여 예제 코드를 작성하고, 어떻게 배열 요소가 채워지는지를 그림으로 확인한다.

❶ 배열 요소와 초기자 개수 일치

순서대로 값을 배열 요소에 저장한다.

```
int num1[5] = { 1, 2, 3, 4, 5 };    // 요소_개수 == 초깃값 개수
```

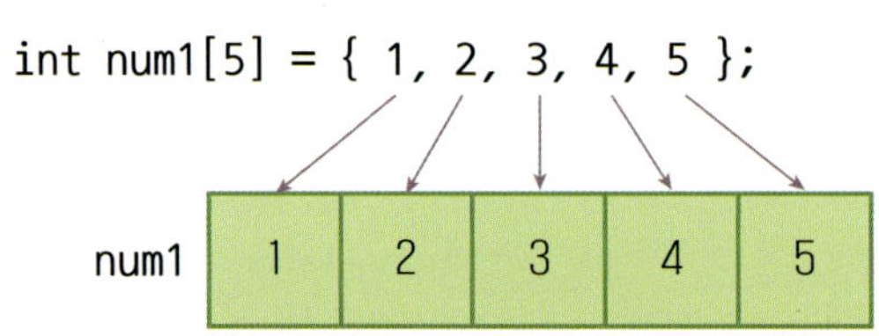

그림 7-3 요소_개수와 초깃값 개수가 일치

❷ 요소 개수가 초기자 개수보다 클 때

초기자의 값을 인덱스 0부터 순서대로 요소에 채우고 남는 공간은 0에 해당하는 값으로 채운다.

```
int num2[5] = { 1, 2, 3 };
```

지역변수 형태로 선언된 배열도 일단 초기화 코드를 사용하면, 비어 있는 나머지 요소들도 0에 준하는 값으로 초기화된다.

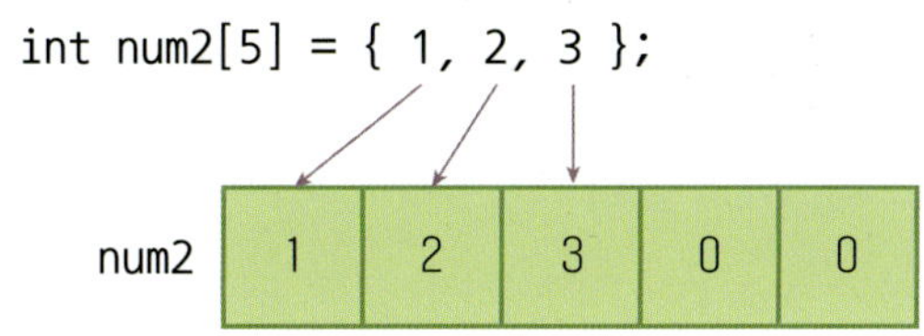

그림 7-4 요소_개수 〉 초깃값 개수

❸ 초기자 개수가 요소 개수보다 클 때

배열의 모든 요소를 채울 때까지 초기자의 값을 순서대로 저장한다. 단 컴파일러에 따라 경고 또는 오류가 발생한다. 예를 들어, GCC는 경고가 발생하지만, 실행은 가능하다. 비주얼 스튜디오는 컴파일 오류가 발생해서 더 진행할 수 없다.

```
int num2[5] = { 1, 2, 3, 4, 5, 6 };
```

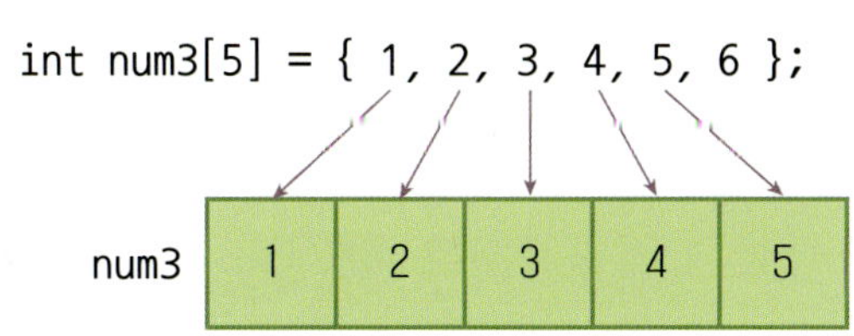

그림 7-5 요소_개수 〈 초깃값 개수

코드 7-10을 실행해서 표 7-2를 다시 확인해 보자.

코드 7-10 **InitArr3.c**

```c
#define _CRT_SECURE_NO_WARNINGS
#include <stdio.h>

#define SIZE 5

int main(void)
{
    int num1[SIZE] = { 1, 2, 3, 4 , 5 };   // 요소_개수 == 초깃값 개수
    int num2[SIZE] = { 1, 2, 3 };          // 요소_개수 > 초깃값 개수
    int num3[SIZE] = { 1, 2, 3, 4, 5, 6 }; // 요소_개수 < 초깃값 개수

    for (int i = 0; i < SIZE; i++) {
        printf("num1[%d] = %d, num2[%d] = %d, num3[%d] = %d\n", i, num1[i], i, num2[i], i, num3[i]);
    }
    return 0;
}
```

<실행 결과>

```
num1[0] = 1, num2[0] = 1, num3[0] = 1
num1[1] = 2, num2[1] = 2, num3[1] = 2
num1[2] = 3, num2[2] = 3, num3[2] = 3
num1[3] = 4, num2[3] = 0, num3[3] = 4
num1[4] = 5, num2[4] = 0, num3[4] = 5
```

잠깐만요 매개변수에 배열 크기 지정

배열 초기화 코드 중에 다음처럼 초기화 끝이 쉼표(콤마)로 끝나는 경우가 있다.

```c
int num4[5] = { 1, 2, 3, };
```

이 코드도 처음 세 요소를 1, 2, 3으로 초기화하고 나머지를 0으로 초기화한다. C 언어에서는 초기자 끝에 쉼표를 붙일 수 있고, 아무런 의미없이 무시된다. C++ 언어에서는 쉼표가 붙으면 컴파일 오류가 발생하므로, 가능하면 쉼표 없이 사용하는 것이 좋다.

배열과 대입 연산

배열은 요소별로 값을 저장하거나 접근하는 것만 가능하고, 배열 전체를 대입 연산에 사용할 수 없다.

배열을 선언하고 초기화할 때 중괄호에 초기자를 지정해서 배열 요소 각각에 값을 저장할 수 있었다.

```
int arr[2] = { 1, 2 };
```

이렇게 배열 전체 또는 일부에 값을 여러 개 동시에 저장하는 것은 초기화할 때만 가능하다. 일반 대입 연산에서는 요소별로 값을 저장하거나 사용해야 한다.

예를 들어, 다음 코드를 컴파일하면 오류가 발생한다.

```
int arr[2];
arr = { 1, 2 }; // 절대 불가
```

배열을 초기화할 때 다른 배열을 저장하는 것은 안 된다. 배열의 전체 요소를 다른 배열에 한 번에 대입하는 방법도 없다. 다음 **코드 7-11**은 오류가 발생하는 몇 가지 경우를 나타낸다.

코드 7-11

```
#define SIZE 2

int arr1[SIZE] = { 1, 2 };
int arr2[SIZE] = arr1; // 컴파일 오류 발생
int arr3[SIZE];
arr3 = arr1;            // 컴파일 오류 발생
```

배열 간에 값들을 복사하려면 요소별로 접근해서 값을 저장해야 한다. **코드 7-12**는 **코드 7-11**을 제대로 동작하도록 수정한 것이다.

코드 7-12

```c
#define SIZE 2

int arr1[SIZE] = { 1, 2 };
int arr2[SIZE] = { arr1[0], arr1[1] };
int arr3[SIZE];
arr3[0] = arr1[0];
arr3[1] = arr1[1];
```

배열의 요소 개수가 많다면 반복문을 이용하는 것이 효율적이다.

코드 7-13

```c
#define SIZE 5

int arr1[SIZE] = { 1, 2, 3, 4, 5 };
int arr2[SIZE];

for (int i = 0; i < SIZE; i++) {
    arr2[i] = arr1[i];
}
```

PROGRAMMING

7.3 함수와 배열

함수에 배열 요소 전달

함수에 배열의 요소를 전달하는 것은 변수를 전달하는 것과 동일하다.

TV 크기를 나타내는 실수(double) 5개 배열을 각각 32, 42, 55, 65, 75인치(센티미터로 저장)로 초기화시킨 후, 함수에 한 개씩 전달해서 화면에 출력하는 프로그램을 작성해 보자. 1인치(inch)는 2.54cm로 계산하고, 배열을 선언하면서 값을 초기화한다.

```
double tvSizes[] = { 32 * 2.54, 42 * 2.54, 55 * 2.54, 65 * 2.54, 75 * 2.54 };
```

double 값 한 개를 전달받아 화면에 출력하는 함수를 작성한다.

```
void printTVSize(double size) { printf("TV size: %f cm\n", size); }
```

함수에 배열 요소를 한 개씩 전달해서 화면에 출력한다.

```
printTVSize(tvSizes[0]); // 첫 번째 요소의 값을 함수에 복사해서 전달
```

작성한 코드를 참고하여 전체 프로그램을 작성해 본다.

코드 7-14 PrintTVSize.c

```
#define _CRT_SECURE_NO_WARNINGS
#include <stdio.h>

#define ARRAY_SIZE(arr, element) (sizeof((arr)) / sizeof((element)))
```

배열 크기를 반환하는 매크로 함수

```
void printTVSize(double size) { printf("TV size: %f cm\n", size); }

int main(void)
{
    double tvSizes[] = { 32 * 2.54, 42 * 2.54, 55 * 2.54, 65 * 2.54, 75 * 2.54 };

    for (int i = 0; i < ARRAY_SIZE(tvSizes, tvSizes[0]); i++) {
        printTVSize(tvSizes[i]);
    }
    return 0;
}
```

배열 선언. 초기자의 값으로 표현식을 사용하고 있음

배열의 각 요소를 printTVSize() 함수에 전달해서 출력

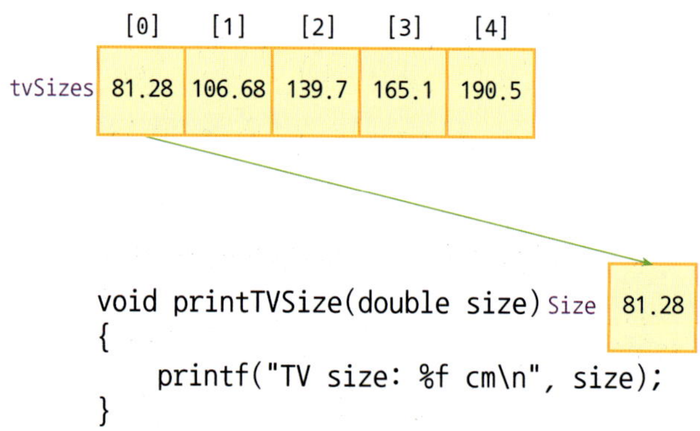

그림 7-6 코드 7-14 동작 방법

그림 7-6은 프로그램이 동작하는 방법을 보인다. 배열 tvSizes의 요소 하나하나가 printTVSize()의 size 매개변수에 전달되고, printTVSize()에서는 전달된 값을 화면에 출력한다.

<실행 결과>

```
TV size: 81.280000 cm
TV size: 106.680000 cm
TV size: 139.700000 cm
TV size: 165.100000 cm
TV size: 190.500000 cm
```

함수에 배열 전달

함수에 배열을 인자로 전달할 때는 배열의 이름을 사용한다.

예를 들어, **코드 7-14**의 tvSizes 배열을 printTVSizes() 함수에 전달한다고 했을 때, 다음과 같이 작성해야 한다. 여기서 printTVSizes() 함수는 배열을 전달받고 모든 요소의 내용을 화면에 출력한다고 가정한다.

```
printTVSizes(tvSizes); // 함수를 호출하면서 배열을 입력으로 전달
```

배열의 이름을 인자로 전달하면, 배열 전체를 함수로 전달하라는 의미가 된다.

배열을 전달받는 함수의 매개변수는 배열 선언과 비슷하지만, 요소 개수를 표시하지 않고 빈 대괄호([])를 붙인다.

코드 7-15는 printTVSizes() 함수를 구현한다. printTVSizes()에 전달되는 tvSizes 배열 크기가 5개 요소인 것을 알고 있으니 해당 개수만큼 출력한다.

코드 7-15

```
void printTVSizes(double sizes[])
{
    for (int i = 0; i < 5; i++) {
        printf("TV size: %f cm\n", sizes[i]);
    }
}
```

코드 7-16과 같이 전체 코드를 작성하고, 함수가 동작하는 것을 확인한다.

코드 7-16 **PrintTVSizes.c**

```
#define _CRT_SECURE_NO_WARNINGS
#include <stdio.h>

코드 7-15 삽입

```

```c
int main(void)
{
    double tvSizes[] = { 81.28, 106.68, 139.70, 165.10, 190.50 };

    printTVSizes(tvSizes);
    return 0;
}
```

<실행 결과>

```
TV size: 81.280000 cm
TV size: 106.680000 cm
TV size: 139.700000 cm
TV size: 165.100000 cm
TV size: 190.500000 cm
```

함수에 배열 크기 함께 전달

그런데 printTVSizes() 함수에서 i < 5처럼 직접 개수를 입력한 이유는 무엇일까? 이렇게 구현하면 printTVSizes() 함수는 요소 개수가 5개인 배열만 사용할 수 있는데 말이다.

코드 7-14의 ARRAY_SIZE() 매크로 함수를 사용하면, 개수가 다른 배열이 전달되어도 사용할 수 있지 않을까? 답은 "아니오"이다. 함수에서 ARRAY_SIZE()를 사용할 수 없는 이유를 이해하려면, 함수에 배열이 전달되는 방법을 알아야 한다.

〈6장〉에서 C 언어는 함수에 인자를 전달할 때 인자의 값을 매개변수의 새로운 메모리 공간에 복사해서 전달하는 값 전달 방식을 사용한다고 했다. 그렇다면 배열도 값 전달 방식을 사용할 텐데, 배열을 전부 복사해서 전달하는 것일까?

질문의 답을 찾기 위해 매개변수로 전달된 배열의 크기를 출력하는 **코드 7-17**을 이용해서 확인해 본다. 여기서는 64비트용 프로그램으로 컴파일했다.

코드 7-17 **PrintArrSize.c**

```c
#define _CRT_SECURE_NO_WARNINGS
#include <stdio.h>

void printArrSize(int arr[])
{
    printf("sizeof(arr) = %zu\n", sizeof(arr));
    printf("sizeof(arr[1]) = %zu\n", sizeof(arr[1]));
}

int main(void)
{
    int nums[] = { 1, 2, 3, 4, 5 };
    printf("sizeof(nums) = %zu\n", sizeof(nums));
    printArrSize(nums);
    return 0;
}
```

<실행 결과>

```
sizeof(nums) = 20
sizeof(arr) = 8
sizeof(arr[1]) = 4
```

실행 결과를 확인하면 arr의 크기가 sizeof(int) * 5인 20이 아니라 8이다. 하지만 arr[1]의 크기는 제대로 4바이트라고 출력된다. 왜 이런 결과가 나오는 것일까?

함수에 배열이 전달되는 과정

배열 변수 이름은 배열의 시작 주소를 나타내는 상수 변수다. 배열을 선언할 때 배열 변수는 첫 번째 요소의 메모리 주소가 저장하고, 그 값은 배열이 사라질때까지 변하지 않는다.

C 언어에서 배열을 함수에 인자로 전달하면 배열 전체가 복사되는 것이 아니라, 그림 7-7처럼 배열의 시작 주소(첫 번째 배열 요소의 주소)만 전달된다.

알아두세요 배열의 주소와 인덱스를 이용해서 특정 위치에 있는 요소에 접근하는 것은 〈8장〉에서 설명한다. 여기서는 배열의 이름과 인덱스를 이용해서 요소에 접근한다는 것만 기억하자.

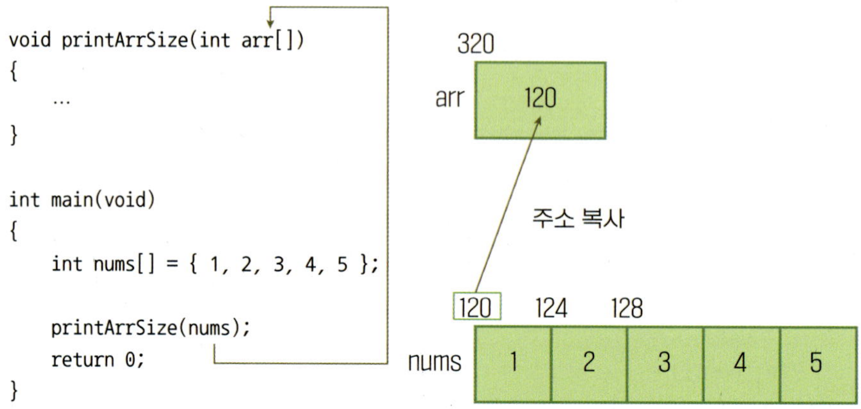

그림 7-7 인자로 배열을 함수에 전달하는 과정

배열을 전달받는 매개변수는 배열의 시작 주소만 가지고 있는 변수이므로 sizeof() 연산자가 64비트 주소의 크기인 8바이트의 8을 반환한 것이다. 따라서 함수에 전달되는 배열은 **코드 7-14**의 ARRAY_SIZE()와 같은 매크로 함수로 크기를 알아낼 수 없다.

그렇다면 여기서 의문이 생긴다. 배열의 이름도 시작 주소라고 했는데 sizeof(배열_이름)은 왜 메모리 주소의 크기가 아닌 배열 전체 요소가 차지하는 공간의 크기를 반환하는 것일까? 그 이유는 C 언어에서 배열 이름을 처리하는 방법이 다르기 때문에 "그냥 원래 그래. 그게 C 언어 배열의 특징이야."라는 정도로 설명할 수밖에 없다.

배열 이름과 배열의 첫 번째 요소의 주소, 배열을 받은 매개변수의 값을 화면에 출력해서 모두 같은 주소인 것을 확인한다.

코드 7-18 **ArrayAddress.c**

```c
#define _CRT_SECURE_NO_WARNINGS
#include <stdio.h>

void printArrAddr(int arr[])
{
```

```c
    printf("address of arr = %p\n", arr);
}

int main(void)
{
    int nums[] = { 1, 2, 3, 4, 5 };
    printf("address of nums = %p\n", nums);
    printf("address of nums[0] = %p\n", &nums[0]);
    printArrAddr(nums);
    return 0;
}
```

매개변수 arr에 저장된 값이 출력됨

배열 이름 nums의 값을 출력
배열의 시작 주소가 출력됨

배열의 시작 주소(배열 첫 번째 요소의 시작 주소)를 출력

<실행 결과>

```
address of nums = 000000c7ecbffae0
address of nums[0] = 000000c7ecbffae0
address of arr = 000000c7ecbffae0
```

코드 7-18을 컴파일해서 실행시키면 주소는 다른 결과가 출력되겠지만, nums, nums[0], arr의 주소가 동일할 것이다.

잠깐만요 **매개변수에 배열 크기 지정**

함수에서 매개변수를 선언할 때 배열의 개수를 입력하지 않는다고 했지만, 개수를 지정해도 되고 **코드 7-16**의 printTVSizes() 함수를 다음과 같은 형태로 구현해도 된다.

```c
void printTVSizes(double sizes[5]) { ... }
```

함수의 매개변수를 이렇게 5개의 배열로 선언하면, 마치 개수가 5개인 배열만 전달할 수 있는 것 같다. 하지만 배열은 시작 주소만 전달되기 때문에 크기는 중요하지 않다. 예를 들어, 함수의 매개변수를 double sizes[5]가 아니라 double sizes[3]이라고 변경해도 컴파일되고 프로그램은 제대로 실행된다.
C 언어에서 배열은 첫 번째 요소의 시작 주소만 전달된다는 것을 명심하자. 함수의 매개변수에 1차원 배열의 크기를 지정하지 않는 것은 어떤 크기의 배열도 전달할 수 있는 것처럼 보이게 만든 것이다.

- **함수에 배열과 크기 함께 전달**

배열을 함수에 전달할 때 배열의 시작 주소만 복사되어 매개변수에 저장되므로, 함수에서는 배열의 전체 크기를 알 수 없다. 따라서 함수를 만들 때 배열을 매개변수로 선언하면, 배열 요소의 개수도 함께 전달받아야 한다.

코드 7-19에서 printTVSizes() 함수를 요소 개수를 함께 전달받도록 다시 구현하고 사용해 본다. 실행 결과는 **코드 7-16**의 결과와 같으므로, 따로 보이지 않는다.

코드 7-19 **PrintTVSizes2.c**

```c
#define _CRT_SECURE_NO_WARNINGS
#include <stdio.h>

#define ARRAY_SIZE(arr, element) (sizeof((arr)) / sizeof((element)))

void printTVSizes(double sizes[], int size)
{
    for (int i = 0; i < size; i++) { // 배열의 크기만큼 출력
        printf("TV size: %f cm\n", sizes[i]);
    }
}

int main(void)
{
    double tvSizes[] = { 81.28, 106.68, 139.70, 165.10, 190.50 };

    printTVSizes(tvSizes, ARRAY_SIZE(tvSizes, tvSizes[0]));
    return 0;
}
```

함수에서 전달받은 배열 수정

함수에 배열을 전달하면 함수 내부에서 배열의 내용을 수정할 수 있음에 주의한다.

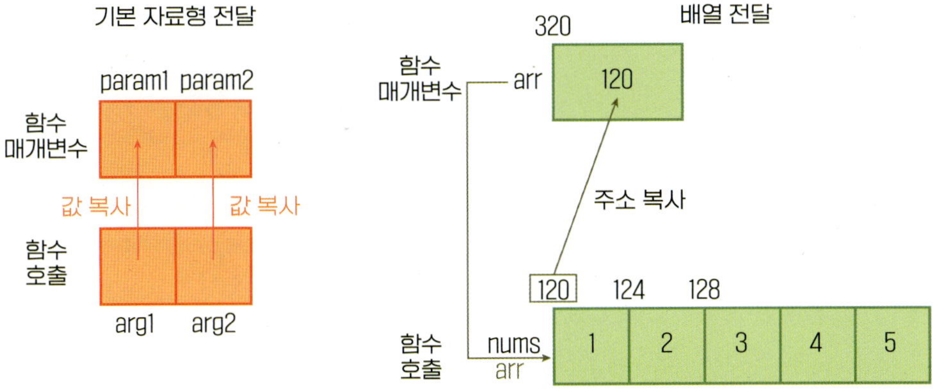

그림 7-8 기본 자료형 변수와 배열이 함수에 전달될 때 발생하는 모습

그림 7-8은 기본 자료형 변수와 배열이 함수에 전달되는 것을 표현했다. 함수에서 기본 자료형의 매개변수는 호출하는 코드의 변수와는 다른 메모리 공간을 사용한다. 따라서 함수 내에서 param1이나 param2 변수의 값이 변경되어도 arg1이나 arg2 변수들은 원래 값을 유지한다.

배열이 전달되는 것을 살펴보면 nums 배열의 주소 값이 arr 변수에 복사되어 저장된다. 주소만 복사되지만, 배열의 이름이 주소를 담은 변수에 해당되므로 arr 매개변수는 nums 배열에 새로운 이름으로 붙은 것이다. 따라서 arr 변수를 이용해서 배열의 요소 값을 변경하면 그대로 nums 배열에 반영된다.

다음 예제 프로그램을 이용해서 확인해 본다. 이 프로그램에서는 main()에서 배열을 1~5로 초기화한 후 increaseArray() 함수에 전달하고, 함수에서는 배열의 모든 요소를 1씩 증가시킨다.

코드 7-20 **IncreaseArr.c**

```
#define _CRT_SECURE_NO_WARNINGS
#include <stdio.h>

void increaseArray(int arr[], int size)
{
    for (int i = 0; i < size; i++) {
        arr[i]++;  // nums 요소를 1씩 증가시킴
```

```
    }
}

int main(void)
{
    int nums[5] = { 1, 2, 3, 4, 5 };
    increaseArray(nums, 5);
    for (int i = 0; i < 5; i++) {
        printf("%d ", nums[i]);
    }
    return 0;
}
```

<실행 결과>

```
2 3 4 5 6
```

● 배열 요소 교환

배열은 함수 안에서 수정되면 밖에도 영향을 미치기 때문에 배열과 인덱스 번호 두 개를 입력받고 배열의 요소 위치를 서로 교환하는 함수는 **코드 7-21**에서 보인 것처럼 쉽게 구현할 수 있다. swapArrayElements(arr, 1, 2)는 arr[1]과 arr[2]의 값을 서로 교환해서 저장한다.

코드 7-21

```
void swapArrayElements(int arr[], int idx1, int idx2)
{
    int temp = arr[idx1];
    arr[idx1] = arr[idx2];
    arr[idx2] = temp;
}
```

- int temp = arr[idx1]; ← 교환할 배열의 요소 한 개(arr[idx1])를 임시 변수 temp에 저장
- arr[idx1] = arr[idx2]; ← 임시 변수에 값을 복사한 요소 공간에 다른 요소 값(arr[idx2])을 저장
- arr[idx2] = temp; ← arr[idx2]에 temp 값을 저장

배열 요소 교환 함수를 사용하는 코드를 구현해 본다.

코드 7-22 SwapArrayElement.c

```c
#define _CRT_SECURE_NO_WARNINGS
#include <stdio.h>

#define SIZE 6

코드 7-21 삽입

void printArrayElements(int arr[], int size)
{
    for (int i = 0; i < size; i++) {
        printf("%d ", arr[i]);
    }
    printf("\n");
}

int main(void)
{
    int nums[SIZE] = { 4, 9, 7, 8, 6, 5 };

    printArrayElements(nums, SIZE);
    swapArrayElement(nums, 2, 4);
    printArrayElements(nums, SIZE);
    return 0;
}
```

- 배열 요소 출력 함수
- 배열 선언
- 배열 요소를 변경하기 전에 원본을 출력
- 배열의 세 번째와 다섯 번째 요소를 교환
- 교환 결과를 확인하기 위해 다시 출력

<실행 결과>

```
4 9 7 8 6 5
4 9 6 8 7 5
```

함수에서 매개변수 배열 변경 방지

코드 7-22의 printArrayElements() 함수는 배열 arr의 요소를 화면에 출력할 뿐, 배열의 내용을 변경하지 않는다. 이렇게 함수 안에서 배열의 값을 변경하지 않는다면, 아예 함수를 구현할 때 배열의 내용을 수정할 수 없도록 지정하면 좋을 것이다.

함수 내부에서 매개변수로 전달받은 배열을 수정할 수 없도록 만들려면, 배열 선언 전에 const 키워드를 붙인다. 그러면 함수 내부에서 배열의 값을 수정하려 할 때 컴파일러 오류가 발생한다. 예를 들어, **코드 7-22**의 printArrayElements() 함수 내부에서 매개변수로 전달된 arr 배열의 내용을 수정할 수 없게 하려면, **코드 7-23**과 같이 int arr[] 앞에 const를 추가한다. const가 붙은 것을 제외하면 printArrayElements() 함수의 코드는 동일하다.

코드 7-23

```
void printArrayElements(const int arr[], int size)
{
    for (int i = 0; i < size; i++) {
        printf("%d ", arr[i]);
    }
    printf("\n");
}
```

매개변수를 이용한 배열 선언

일반적으로 배열을 선언할 때 요소 개수 지정은 상수만 사용하고, 이미 선언된 배열의 크기는 한 번 정해지면 더 이상 변경할 수 없다. 이렇게 선언된 배열은 컴파일할 때 크기가 정해진다. 그런데 C99에서는 함수 내부에서 지역변수로 배열을 선언할 때 함수의 매개변수를 이용해서 요소의 개수를 지정할 수 있다. 이렇게 선언되는 배열은 실행 중에 크기가 결정된다. C99 이후에 지원하는 내용이고 비주얼 스튜디오 2022에서는 컴파일할 수 없다.

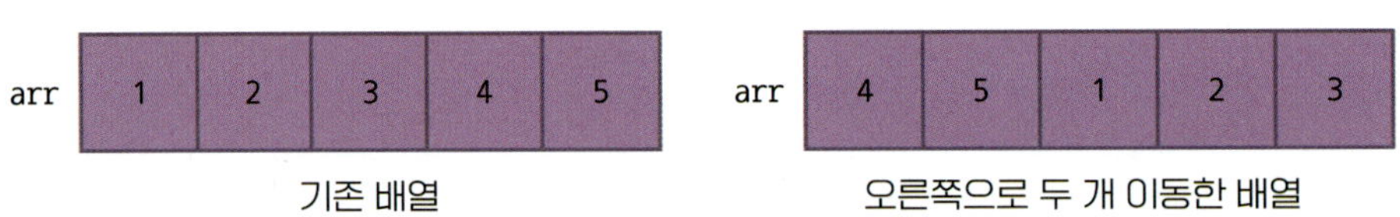

그림 7-9 배열의 요소를 오른쪽으로, 마지막 요소를 첫 번째 위치로 이동

배열의 요소를 특정 개수만큼 오른쪽 방향으로 회전시키는 함수를 작성해 보자. 그림 7-9와 같이 요소 이동 과정에서 배열의 마지막 요소는 첫 번째 요소 위치로 이동한다.

함수는 배열(arr), 배열 크기(size), 오른쪽으로 몇 개(n) 이동할 것인지 매개변수로 전달받는다.

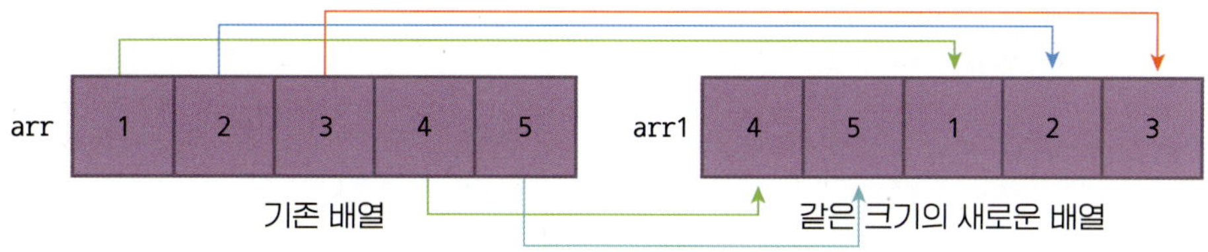

그림 7-10 함수 구현 방법

함수 구현 방법은 그림 7-10처럼 똑같은 크기의 배열을 만들고 기존 배열의 요소들을 새로 생성한 배열의 n+1번째(인덱스 n) 요소부터 순서대로 저장한다. 새로 생성한 배열의 끝까지 채운 후에 다시 첫 번째 요소부터 채운다.

마지막으로 새로 생성한 배열의 내용을 기존 배열에 다시 복사하여 배열 요소를 이동하는 함수를 보인다.

코드 7-24

```
int shiftArray(int arr[], int size, int n)
{
    int arr1[size];

    for (int i = 0; i < size - n; i++) {
        arr1[i + n] = arr[i];
    }
    for (int i = size - n, j = 0; i < size; i++, j++) {
        arr1[j] = arr[i];
    }
    for (int i = 0; i < size; i++) {
        arr[i] = arr1[i];
    }
}
```

원본 배열과 배열 크기, 이동할 요소 개수를 전달받음

원본 배열의 크기와 동일한 배열을 생성

arr 처음 요소부터 새로운 배열 arr1의 n 위치로 요소 복사 시작. arr1의 끝에 도달할 때까지 복사

arr에 남은 요소가 있다면 arr1의 처음부터 복사 시작

arr1의 모든 내용을 arr에 다시 순차적으로 복사 시작

코드 7-25는 배열의 요소를 출력하는 함수와 검수 코드이다. 배열의 크기를 5개와 7개로 만들어서 shiftArray()가 제대로 동작하는지 확인한다.

코드 7-25 DynamicArray.c

```c
#define _CRT_SECURE_NO_WARNINGS
#include <stdio.h>

코드 7-24 삽입

void printArray(int arr[], int size)
{
    for (int i = 0; i < size; i++) {
        printf("%d ", arr[i]);
    }
    printf("\n");
}

#define SIZE 5
#define SIZE2 7

int main(void)
{
    // 5개 요소 배열을 오른쪽으로 2개 이동
    int arr[SIZE] = { 1, 2, 3, 4, 5 };
    printArray(arr, SIZE);
    shiftArray(arr, SIZE, 2);
    printArray(arr, SIZE);

    // 7개 요소 배열을 오른쪽으로 4개 이동
    int arr2[SIZE2] = { 1, 2, 3, 4, 5, 6, 7 };
    printArray(arr2, SIZE2);
    shiftArray(arr2, SIZE2, 4);
    printArray(arr2, SIZE2);
    return 0;
}
```

배열 요소 출력 함수

5개 요소의 배열을 전달해서 오른쪽으로 2개 이동

7개 요소의 배열을 전달해서 오른쪽으로 4개 이동

<실행 결과>

```
1 2 3 4 5
4 5 1 2 3
1 2 3 4 5 6 7
4 5 6 7 1 2 3
```

사용자로부터 문자를 입력받고 출력하는 프로그램

이 내용도 C99에서 지원하는 내용이므로 비주얼 스튜디오 2022는 지원하지 않는다. 사용자로부터 입력받은 문자를 출력하는 프로그램을 작성한다. 처음에 몇 개까지 문자를 입력할지 확인하고, 배열을 할당하고 입력받는 함수를 구현한다. 입력받을 때 배열의 공간이 모두 채워지거나 '0'이 입력되면, 저장한 내용을 모두 출력한다. 출력 함수는 문자가 저장된 배열과 크기를 전달받는다.

사용자가 입력하는 최대 문자 개수가 n이라고 가정할 때, 사용자는 1~n개의 문자를 입력할 수 있다. n이 10이면, 사용자가 두 글자 입력 후 '0'을 입력하면 '0'까지 세 글자가 저장되고, 출력 함수에 배열 크기를 3이라고 전달한다.

문자 배열을 출력하는 함수는 간단하다. 배열과 크기를 전달받고, 반복문을 이용해서 배열의 요소들을 한 개씩 같은 줄(line)에 출력한다. 요소를 모두 출력한 후 줄바꿈을 한다.

코드 7-26

전달된 문자 배열과 배열 크기에 맞춰 배열에 있는 글자들을 한 개씩 출력하는 함수를 구현
함수 내부에서 s 배열의 내용을 수정하지 않으므로 s 배열에 const를 붙임

```
void printChars(const char s[], int size)
{
    printf("문자 배열 출력: ");
    for (int i = 0; i < size; i++) {
        printf("%c ", s[i]);
    }
    printf("\n");
}
```

함수에 주어진 배열에서 size - 1까지
문자를 한 개씩 공백을 두고 출력

사용자가 입력할 최대 문자를 전달받고 배열을 선언한 다음 문자를 입력받는 함수를 작성한다. '0'을 입력받거나 정해진 개수(n)의 문자를 입력받는 알고리즘은 다음과 같다.

```
count = 0  // 배열의 첫 번째 요소 인덱스
글자 입력받고 배열의 count 인덱스에 한 개씩 저장(인덱스 증가 포함)
count를 1 증가
만약 글자가 '0'이 아니거나 count가 n 미만이라면 처음부터 반복
```

코드 7-27은 알고리즘을 구현한다(5~10줄).

코드 7-27

```
1  void getAndPrintChars(int n)
2  {
3      char chars[n];  // n개의 문자를 저장할 수 있는 배열 선언
4      int count = 0;  // 사용자가 입력하는 문자의 개수
5      do {
6          printf("문자 한 개를 입력하세요: ");
7          scanf("%c", &chars[count]);
8          getchar(); // 엔터 키의 줄 바꿈 문자 제거
9          count++;
10     } while (chars[count - 1] != '0' && count < n);
11     printChars(chars, count);
12 }
```

- 사용자가 입력한 최대 문자 개수만큼 배열 선언 (3줄)
- 사용자가 입력한 문자 개수를 세는 변수 (4줄)
- 문자 입력받고 배열에 저장 사용자가 '0'을 입력하거나 최대 개수만큼 문자가 입력되면 종료 (5~10줄)
- 입력한 문자들을 화면에 출력 (11줄)

사용자가 한 글자(예 : 'a') 입력 후 엔터키를 누르면 입력 버퍼는 그림 7-11과 같이 입력한 내용과 줄바꿈 문자를 포함한다. scanf()는 버퍼에서 글자 한 개만 읽고 종료하고, 버퍼에는 줄바꿈 문자가 남는다. 그래서 getchar() 함수를 이용해서 버퍼에 있는 줄바꿈 문자를 제거한다. getchar()의 반환 값인 줄바꿈 문자는 사용하지 않으므로 무시한다.

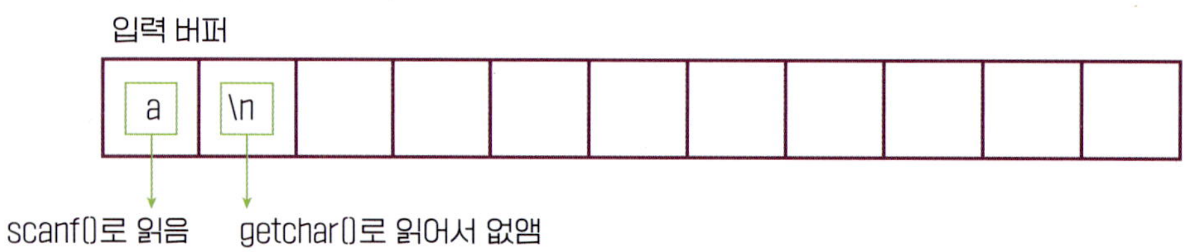

그림 7-11 문자를 읽을 때의 입력 버퍼 모습

코드 7-28은 알고리즘과 작성한 코드를 포함한 전체 코드이다.

코드 7-28 **InputChars.c**

```
#define _CRT_SECURE_NO_WARNINGS
#include <stdio.h>

코드 7-26 삽입

코드 7-27 삽입

int main(void)
{
    int n;
    printf("최대로 입력할 문자의 개수를 입력하세요: ");
    scanf("%d", &n);
    getchar(); // 엔터 키를 누를 때 생기는 줄바꿈 문자 제거
    getAndPrintChars(n);
    return 0;
}
```

- 사용자가 최대로 입력할 문자의 개수 받기
- scanf() 함수 사용 후 버퍼에 남아 있는 엔터 키의 줄바꿈 문자 제거
- getAndPrintChars() 함수에 최대 개수를 전달해서 숫자를 입력받고 화면에 출력

중간에 0을 입력하는 경우와 최대 개수의 글자를 입력하는 두 가지 경우를 실행해 본다.

<실행 결과>

```
최대로 입력할 문자의 개수를 입력하세요: 10
문자 한 개를 입력하세요: a
문자 한 개를 입력하세요: b
문자 한 개를 입력하세요: 0
문자 배열 출력: a b 0
```

<실행 결과>

```
최대로 입력할 문자의 개수를 입력하세요: 3
문자 한 개를 입력하세요: a
문자 한 개를 입력하세요: b
문자 한 개를 입력하세요: c
문자 배열 출력: a b c
```

약수를 찾아서 출력하는 프로그램

사용자로부터 입력받은 1보다 큰 정수 n과 n의 약수를 저장할 배열, 그리고 배열의 크기를 약수를 찾아서 저장하는 함수에 전달한다. 약수를 구하는 함수는 주어진 배열에 저장한다. main()에서는 약수 배열을 다시 출력하는 함수에 전달한다.

먼저 main() 함수부터 생각해 본다. 사용자로부터 입력받는 코드는 이미 여러 번 작성했기 때문에 더 설명하지 않는다. 약수를 저장하려면 배열이 필요하다. 그런데 사용자가 입력한 정수 n의 약수가 몇 개인지 모르기 때문에 배열의 크기를 어떻게 정해야 할지 모른다. 여기서는 100개까지 저장하고 약수가 100개 이상이면, 100개까지만 출력한다고 표시하자.

약수를 찾는 코드도 반복문에서 다뤘다. 이전에는 약수를 화면에 출력했고, 지금은 배열에 저장한다. 매개변수로 전달받은 배열에 약수를 찾아서 저장하는 함수를 작성한다. 배열의 크기도 매개변수를 통해서 받는다. 배열의 어느 요소까지 약수를 저장했는지 관리하기 위해 변수가 한 개 필요하다. 이 변수는 현재 약수가 저장되어 있는 배열의 마지막 인덱스(index) 값을 가진다. 배열 크기 이상의 약수가 있으면 공간이 부족함을 나타내는 값 0을 반환한다. 약수 개수가 배열 크기보다 작다면, 찾은 약수의 개수를 반환한다.

코드 7-29

```
int findDivisors(int num, int divisors[], int size)
{
    int count = 0;
    for (int i = 1; i <= num; i++) {
        if (num % i == 0) {
            divisors[count] = i;
            count++;
            if (count >= size) { return 0; }
        }
    }
    return count;
}
```

num은 약수를 찾을 정수
divisos[]는 약수를 저장할 배열
size는 배열 크기

약수를 저장한 위치를 기록할 변수

약수이면 배열에 추가하고 위치 변수를 1 증가시킴

약수를 배열을 꽉 채울 정도로 찾았으면 0 반환

약수를 찾은 후 함수에 전달해서 출력해야 한다. **코드 7-30**의 printArrayElements() 함수를 사용한다. 전체 코드를 작성해서 실행해 본다.

코드 7-30 **PrintDivisors.c**

```
#define _CRT_SECURE_NO_WARNINGS
#include <stdio.h>

#define SIZE 100 // 배열 크기
// #define SIZE 10 // 검수용 배열 크기

코드 7-29 삽입

코드 7-23 삽입

int main(void)
{
    int divisors[SIZE];
    int count = 0;
    int n;

     printf("약수를 찾아서 출력할 1보다 큰 양의 정수를 입력하세요: ");
     scanf("%d", &n);
    count = findDivisors(n, divisors, SIZE);
    if (count == 0) {
        printf("%d개의 약수를 찾았습니다. 배열 공간이 부족해서 중단합니다\n", SIZE);
    }
    printArrayElements(divisors, count);
    return 0;
}
```

매크로 상수로 배열 크기 지정

약수 개수가 배열 크기보다 큰 경우를 확인

약수를 찾아서 배열에 저장
배열 크기보다 약수 개수가 많으면 중단

약수 출력

<실행 결과>

```
약수를 찾아서 출력할 1보다 큰 양의 정수를 입력하세요: 2023923920
1 2 4 5 8 10 16 20 29 40 58 80 116 145 232 290 464 580 1160 2320 872381 1744762
3489524 4361905 6979048 8723810 13958096 17447620 25299049 34895240 50598098
69790480 101196196 126495245 202392392 252990490 404784784 505980980 1011961960
2023923920
```

약수 개수가 배열 크기보다 클 때를 확인하기 위해 **코드 7-30**에서 SIZE를 10으로 변경하고 다시 컴파일해서 실행한다.

<실행 결과> (SIZE가 10일 때)

```
약수를 찾아서 출력할 1보다 큰 양의 정수를 입력하세요: 2023923920
10개의 약수를 찾았습니다. 더 이상 배열 공간이 부족해서 찾을 수 없습니다
1 2 4 5 8 10 16 20 29 40
```

잠깐만요 **함수에서 배열 반환**

C 언어의 함수는 배열을 반환할 수 없다. 하지만, 포인터를 이용해서 배열에 해당하는 메모리 공간의 주소를 반환하는 것은 가능하다. 다만 함수 내부에서 선언된 배열은 함수 실행이 종료할 때 사라지므로, 함수 밖으로 반환할 수 없다. 전역변수로 선언된 배열의 주소나 동적 할당을 받아 만들어진 메모리 공간은 괜찮다. 일반적으로 전역변수로 선언된 배열은 굳이 반환할 필요가 없고(프로그램의 다른 코드에서 이미 전역변수를 사용할 수 있으므로), 주로 배열의 메모리 주소를 반환하는 것은 동적 할당 받은 메모리 공간이다. 포인터는 〈8장〉에서 동적 할당은 〈11장〉에서 다룬다.

다차원 배열

다차원 배열(multi-dimensional array)란 2차원 이상의 배열을 말하며, 배열의 차원이 높아질수록 더 어려워진다. 2차원 배열은 자주 사용하고, 3차원 이상의 배열은 사용 빈도가 떨어진다.

이 책에서는 2차원 배열까지 자세히 설명하고, 3차원 배열은 간단하게 다룬다. 2, 3차원 배열의 구조를 이해하면 그 이상의 배열도 만들 수 있을 것이다.

2차원 배열

5개의 정수를 저장할 수 있는 1차원 배열을 선언해 본다.

```
int arr[5] = { 1, 2, 3, 4, 5 };
```

arr 배열의 메모리 구조는 그림 7-12와 같다. 1차원 배열의 요소는 열(column)을 나타낸다. 즉, 5개 정수를 저장하는 1차원 배열은 5개의 열을 가진 배열이다.

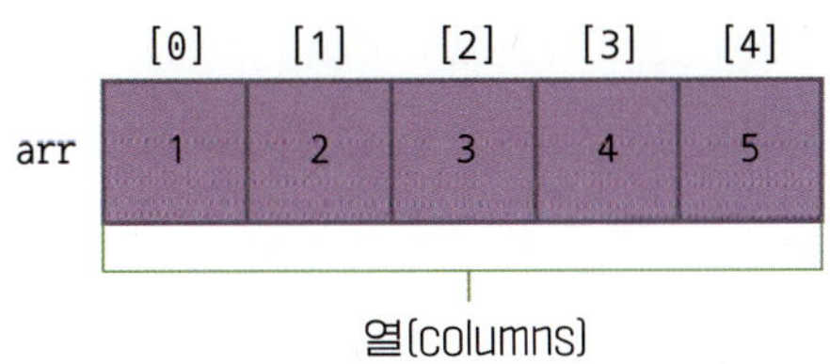

그림 7-12 1차원 배열의 메모리 구조

2차원 배열은 그림 7-13처럼 열(column)과 행(row)으로 구성된 표라고 볼 수 있다.

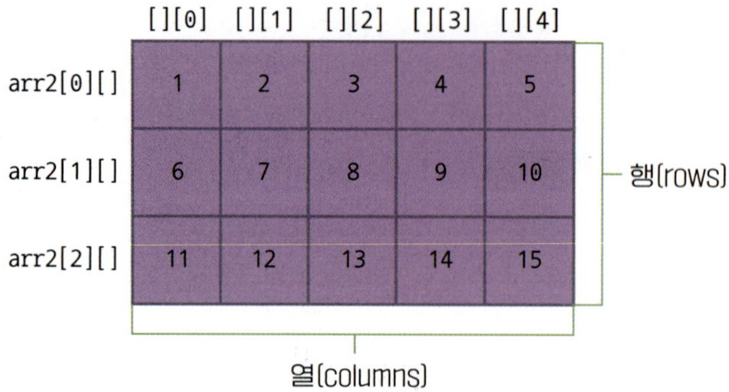

그림 7-13 2차원 배열의 개념도

2차원 배열의 선언과 메모리 구조

2차원 배열을 선언하는 방법은 다음과 같다.

```
TYPE 배열_이름[ROWS][COLUMNS];
```

2차원 배열의 첫 번째 대괄호는 7-13과 같이 만들어지는 표에서 행(row)의 개수를 나타내고, 두 번째 대괄호에는 열(column)의 개수를 적는다. 3개의 행과 5개의 열로 구성되는 정수형 2차원 배열을 선언해 본다.

```
int arr2[3][5];
```

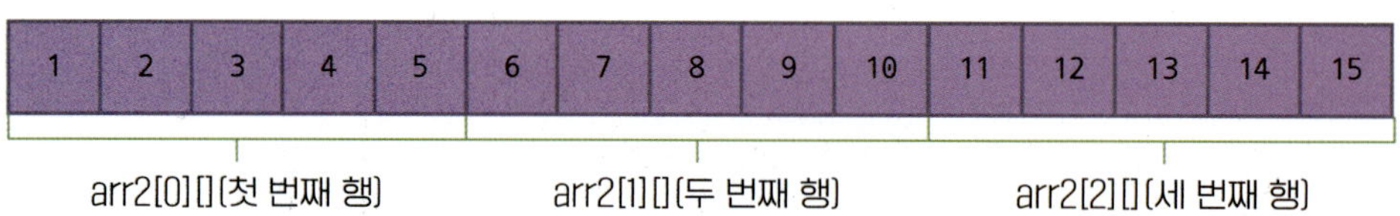

그림 7-14 2차원 배열의 메모리 저장 구조

C 언어의 2차원 배열은 그림 7-14처럼 메모리에 저장된다. 즉, 5개 열로 구성된 배열 세 개를 연속적인 메모리 공간에 순차적으로 나열한 것이다.

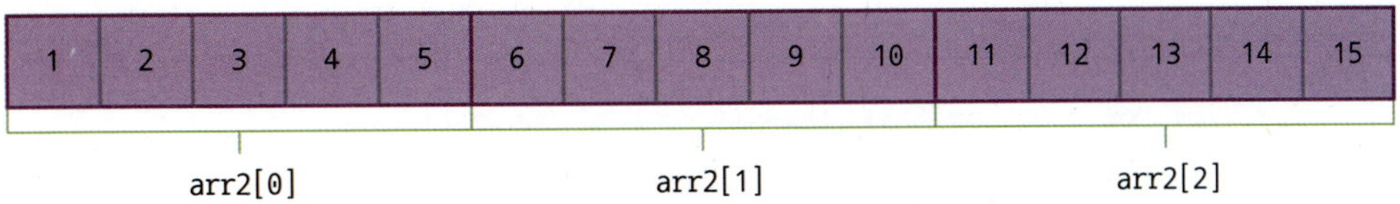

그림 7-15 2차원 배열은 1차원 배열의 배열

그림 7-14를 다시 그려보면 그림 7-15처럼 생각할 수 있어 5개씩의 정수 묶음(1차원 배열)을 요소로 가지는 또 다른 1차원 배열이라고 볼 수 있다. 이때 2차원 배열의 요소가 되는 1차원 배열을 '부분 배열'이라고 한다.

2차원 배열 사용

배열의 요소는 배열_이름[행][열] 형태로 사용한다. 그림 7-13에서 arr2[0][0] 값은 1이고, 비슷하게 arr2[1][3]에는 9가 저장되어 있다.

arr2에 1~15를 저장해 본다. 2차원 배열에서 두 번째 대괄호를 생략하고 arr2[0], arr2[1], arr2[2]처럼 표현하면 각각 요소 5개씩의 1차원 배열을 나타낸다.

2차원 배열을 반복문으로 접근하려면 arr2[0]~arr2[2]까지 반복하는 반복문 안에 arr2[row][0]~arr2[row][4]까지 출력하는 또 다른 반복문이 포함되는 중첩 반복문이 필요하다(arr2[row]에서 row는 0~2). 그림 7-16과 **코드 7-31**은 중첩 반복문을 이용해서 2차원 배열의 요소에 접근하며, 요소 값을 1~15까지 간단한 계산을 통해 저장하는 것을 보인다. 바깥쪽 반복문은 행(row)을, 안쪽 반복문은 열(column)을 담당한다.

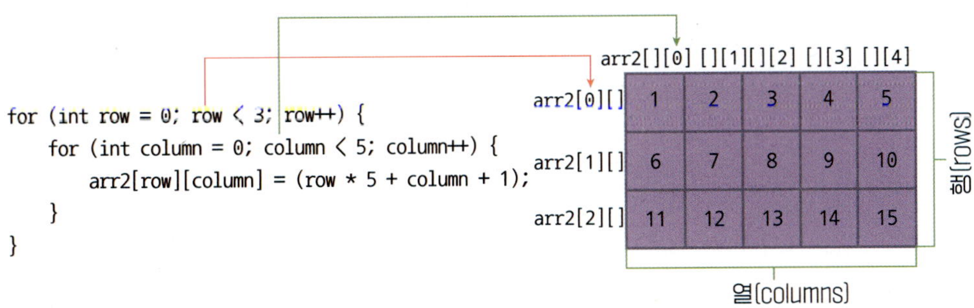

그림 7-16 2차원 배열 요소에 접근하는 중첩 반복문의 사용법

코드 7-31

```
for (int row = 0; row < 3; row++) {
    for (int column = 0; column < 5; column++) {
        arr2[row][column] = (row * 5 + column + 1);
    }
}
```

간단한 수식을 이용해서 1~15까지의 값을 지정

arr2를 화면에 출력하는 코드를 작성해 보자. 중첩 반복문 코드는 대입할 때와 동일하고 대입 연산 대신 출력 코드를 사용한다.

코드 7-32

```
for (int i = 0; i < 3; i++) {
    for (int j = 0; j < 5; j++) {
        printf("%d\n", arr2[i][j]); // 대입 대신 출력 코드 사용
    }
}
```

arr2 배열에 1~15를 저장하고 arr2[0][0]과 arr2[1][3], 두 개의 값을 출력한다.

코드 7-33 **Init2DArr.c**

```
#include <stdio.h>

#define ROWS 3
#define COLUMNS 5

int main(void)
{
    int arr2[ROWS][COLUMNS];

    for (int row = 0; row < ROWS; row++) {
        for (int column = 0; column < COLUMNS; column++) {
            arr2[row][column] = (row * COLUMNS + column + 1);
        }
```

```
        }
        printf("a[0][0] = %d, a[1][3] = %d\n", arr2[0][0], arr2[1][3]);
        return 0;
    }
```

<실행 결과>

```
a[0][0] = 1, a[1][3] = 9
```

2차원 배열 초기화

코드 7-34는 arr2[3][5]를 선언하면서 초기화한다. 2차원 배열의 초기화는 그림 7-17처럼 행(row) 단위로 초기화한 것들을 묶는 것으로 보인다.

코드 7-34

```
int arr2[3][5] = { { 1, 2, 3, 4, 5 }, { 6, 7, 8, 9, 10 }, { 11, 12, 13, 14, 15 } };
```

2차원 배열의 초기화는 그림 7-17처럼 행(row) 단위로 초기화시킨 것들을 묶는다.

```
int arr2[3][5] = { {  1,  2,  3,  4,  5 },
                   {  6,  7,  8,  9, 10 },
                   { 11, 12, 13, 14, 15 } };
```

그림 7-17 2차원 배열을 행(row)별로 초기화

2차원 배열을 1차원 배열의 배열로 생각하면, 그림 7-18처럼 1차원 배열을 초기화한 것들을 요소로 삼는 2차원 배열을 초기화한다고 볼 수 있다.

```
int arr2[3][5] = { { 1, 2, 3, 4, 5 }, { 6, 7, 8, 9, 10 }, { 11, 12, 13, 14, 15 } };
```

1차원 배열 / 1차원 배열 / 1차원 배열

1차원 배열의 배열 → 2차원 배열

그림 7-18 2차원 배열을 1차원 배열의 조합으로 초기화

일부 요소의 값을 지정하지 않고 0에 준하는 값으로 초기화할 수 있다. 1차원 배열에서 했던 것처럼 일부 값이 부여되지 않으면 앞부터 한 개씩 채우고 나머지 요소들은 0으로 지정한다.

코드 7-35

```
int arr2[3][5] = { { 1, 2, 3, 4, 5 },
                   { 6, 7, 8 }
                 };
```

코드 7-35는 첫 번째 행은 1, 2, 3, 4, 5, 두 번째 행은 6, 7, 8, 0, 0, 세 번째 행은 0, 0, 0, 0, 0으로 초기화한다.

2차원 이상의 배열도 프로그래머가 요소 개수를 사용하지 않고 초기화하면 컴파일러가 빈 개수를 채울 수 있다. 단, 첫 번째 대괄호인 행의 개수만 생략할 수 있다.

arr2의 개수를 정하지 않고 초기화하는 것을 **코드 7-36**은 **코드 7-35**와 동일하게 초기화한다.

코드 7-36

```
int arr2[][5] = { { 1, 2, 3, 4, 5 },
                  { 6, 7, 8 }
                };
```

두 번째 대괄호, 즉 열을 나타내는 것이 생략되면 2차원 배열이 몇 개의 요소를 가지는 1차원 배열의 배열인지 확인할 수 없다. 만약 **코드 7-36**에서 두 번째 대괄호에 있는 5가 생략되었다고 가정하면, 첫 번째 행은 5개, 두 번째 행은 3개, 세 번째 행은 0개의 요소가 있다. 그렇다면 행에 5개의 열이 필요한지 아니면 그 이상이 필요한지 알 수 없다.

예를 들어, 열의 개수가 10개인데 그 중에서 5개, 3개만 초기화하고 나머지는 0으로 지정하는 것인지 컴파일러는 알 수 없다. 따라서 컴파일러가 다차원 배열의 요소 개수를 알아서 지정하도록 하려면 배열의 첫 번째 인덱스 부분만 비우고, 나머지는 명시해야 한다.

첫 번째 인덱스 크기가 정해지지 않았다면 다음 공식을 이용해서 구할 수 있다.

```
행의 개수 = sizeof(배열_이름) / sizeof(배열_요소의_자료형) / (열의 개수)
행의 개수 = sizeof(배열_이름) / sizeof(가장 작은 배열_요소 한 개) / (열의 개수)
```

예를 들어, **코드 7-37**의 arr2의 행 개수를 찾는다면 다음과 같이 계산한다.

```
sizeof(arr2) / sizeof(arr2[0][0]) / 5;
```

행의 개수를 확인하는 코드를 작성한다.

코드 7-37 **RowsOf2DArr.c**

```c
#define _CRT_SECURE_NO_WARNINGS
#include <stdio.h>

int main(void)
{
    int arr2[][5] = { { 1, 2, 3, 4, 5 }, { 6, 7, 8 }, { 11, 12 } };
    int rows = sizeof(arr2) / sizeof(arr2[0][0]) / 5;
    printf("rows = %d\n", rows);
    return 0;
}
```

<실행 결과>

```
rows = 3
```

C 언어에서 다차원 배열은 1차원 배열처럼 취급할 수 있다. 그림 7-14의 2차원 배열 arr2는 1차원 배열 int arr[15]와 메모리 저장 방법이 동일하다. 1차원의 연속적인 메모리 공간에 15개의 요소가 배치되어 있다. 그래서 C 언어는 다차원 배열을 1차원 배열인 것처럼 초기화하는 기능을 제공한다. **코드 7-34**와 **코드 7-38**은 arr2 배열을 동일한 값으로 초기화한다.

코드 7-38

```
int arr2[3][5] = { 1, 2, 3, 4, 5, 6, 7, 8, 9, 10, 11, 12, 13, 14, 15 };
```

두 번째 인덱스의 5로 인해 3행이 있다는 것을 알 수 있으므로, **코드 7-38**처럼 초기화할 때 다음 코드와 같이 첫 번째 인덱스는 생략해도 된다.

```
int arr2[][5] = { 1, 2, 3, 4, 5, 6, 7, 8, 9, 10, 11, 12, 13, 14, 15 };
```

이번에는 한 줄에 한 행의 배열을 모두 출력하는 전체 코드를 작성한다.

코드 7-39 **Print2DArr.c**

```
#define _CRT_SECURE_NO_WARNINGS
#include <stdio.h>

#define ROWS 3
#define COLUMNS 5

int main(void)
{
    int arr2[ROWS][COLUMNS] = { { 1, 2, 3, 4, 5 }, { 6, 7, 8, 9, 10 }, { 11, 12, 13, 14, 15 } };

    for (int row = 0; row < ROWS; row++) {
        for (int column = 0; column < COLUMNS; column++) {
            printf("%d ", arr2[row][column]);
        }
        printf("\n");
    }
    return 0;
}
```

arr2[0][]~arr2[2][]까지 변경하며 배열에 접근하는 반복문

arr2[row][0]~arr2[row][4]까지 변경하며 배열에 접근하는 반복문

배열의 요소 출력
같은 행의 요소는 공백 문자로 분리

한 행의 요소들이 모두 출력되었으므로, 줄바꿈 문자를 출력
다음 행(row)은 다음 줄에서 출력

<실행 결과>

```
1 2 3 4 5
6 7 8 9 10
11 12 13 14 15
```

함수에 2차원 배열 전달

함수에 2차원 배열을 전달하는 방법은 두 가지이다.

- 매개변수에 2차원 배열의 크기를 정확하게 표기하기
- 매개변수에 2차원 배열의 첫 번째 인덱스 부분을 비우기

코드 7-39를 수정해서 arr2를 전달받아 화면에 출력하는 함수 원형을 작성해 보자.

```
void print2DArray(const int arr[3][5], int size); // 배열 크기를 명확하게 명시
void print2DArray(const int arr[][5], int size);  // 첫 번째 인덱스를 생략
```

두 가지 모두 열의 개수를 나타내는 두 번째 인덱스 부분은 고정되어 있다. 초기화할 때와 마찬가지로 첫 번째 인덱스 부분만 생략할 수 있다. 이는 3차원 이상에서도 마찬가지로 첫 번째만 생략 가능하다. 이 함수도 배열의 내용을 변경하지 않아 const를 붙였다.

arr2를 전달받아 화면에 출력하는 함수와 이를 사용하는 main() 함수를 구현해 보자.

코드 7-40 **Print2DArr2.c**

```
#define _CRT_SECURE_NO_WARNINGS
#include <stdio.h>

#define ROWS 3
#define COLUMNS 5

void print2DArray(const int arr[][COLUMNS], int size)
{
    for (int i = 0; i < size; i++) {
        for (int j = 0; j < COLUMNS; j++) {
            printf("%d ", arr[i][j]);
        }
        printf("\n");
    }
```

```c
}

int main(void)
{
    int arr2[ROWS][COLUMNS] = { { 1, 2, 3, 4, 5 }, { 6, 7, 8, 9, 10 }, { 11, 12, 13, 14, 15 } };

    print2DArray(arr2, ROWS);
    return 0;
}
```

실행 결과는 **코드 7-39**와 같다.

<실행 결과>

```
1 2 3 4 5
6 7 8 9 10
11 12 13 14 15
```

함수에 다차원 배열의 부분 배열 전달

1차원 배열의 이름이 배열의 시작 주소를 나타내는 것처럼, 2차원 배열의 이름도 2차원 배열의 시작 주소를 나타낸다. 또한, 2차원 배열의 첫 번째 인덱스는 행을 이루는 1차원 부분 배열의 시작 주소를 나타내는 변수가 된다.

코드 7-40의 arr2를 다시 살펴보자.

arr2는 arr2[ROWS][COLUMNS] 배열의 시작 주소를 나타낸다. arr2[0], arr2[1], arr2[2]는 그림 7-19와 같이 부분 배열의 주소를 나타내는 변수로 사용할 수 있다.

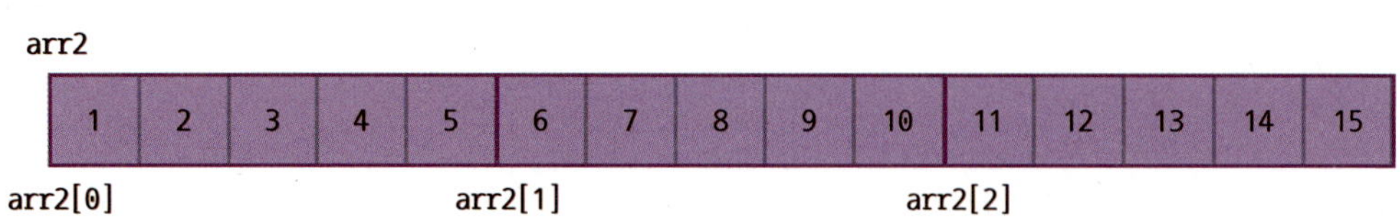

그림 7-19 2차원 배열의 이름[인덱스] 1차원 부분 배열의 주소를 나타냄

부분 배열의 메모리 주소를 확인하는 프로그램을 작성한다.

코드 7-41 TwoDArrAddr.c

```
#define _CRT_SECURE_NO_WARNINGS
#include <stdio.h>

int main(void)
{
    int arr2[3][5];

    printf("arr2 = %p\n", arr2);
    printf("address of arr2[0][0] = %p\n", &arr2[0][0]);
    printf("arr2[0] = %p\n", arr2[0]);
    printf("arr2[1] = %p\n", arr2[1]);
    printf("address of arr2[1][0] = %p\n", &arr2[1][0]);
    printf("arr2[2] = %p\n", arr2[2]);
    printf("address of arr2[2][0] = %p\n", &arr2[2][0]);
    return 0;
}
```

arr2, arr2[0][0]의 주소, arr2[0]는 모두 동일한 주소

arr2[1]과 arr2[1][0]의 주소는 동일

arr2[2]과 arr2[2][0]의 주소는 동일

실행 결과를 살펴보면 arr2와 arr2[0]은 모두 배열의 시작 주소이다. arr2[1]은 arr2[1][0]의 메모리 주소와 arr2[2]는 arr2[2][0]의 시작 주소와 같다.

<실행 결과>

```
arr2 = 0000002bc37ff920
address of arr2[0][0] = 0000002bc37ff920
arr2[0] = 0000002bc37ff920
arr2[1] = 0000002bc37ff934
address of arr2[1][0] = 0000002bc37ff934
arr2[2] = 0000002bc37ff948
address of arr2[2][0] = 0000002bc37ff948
```

코드 7-42는 1차원 배열을 전달받고 출력했던 **코드 7-23**의 printArrayElements() 함수를 활용해서 2차원 배열을 출력한다.

코드 7-42 **Print2DArrUsingSubarray.c**

```c
#define _CRT_SECURE_NO_WARNINGS
#include <stdio.h>

#define ROWS 3
#define COLUMNS 5

코드 7-23 삽입

int main(void)
{
    int arr2[ROWS][COLUMNS] = { { 1, 2, 3, 4, 5 }, { 6, 7, 8, 9, 10 }, { 11, 12, 13, 14, 15 }};

    for (int row = 0; row < ROWS; row++) {
        printArrayElements(arr2[row], COLUMNS);
    }
    return 0;
}
```

2차원 배열의 부분 배열인 arr2[0]~arr2[2]를 printArray() 함수에 전달해서 내용 출력

<실행 결과>

```
1 2 3 4 5
6 7 8 9 10
11 12 13 14 15
```

3차원 배열

3차원 배열을 선언하는 방법은 인덱스를 3개 사용한다. 2차원 배열이 1차원 배열을 요소로 가지는 것처럼 3차원 배열은 2차원 배열을 요소로 포함한다.

```
TYPE 배열_이름[DEPTH][ROWS][COLUMNS];
```

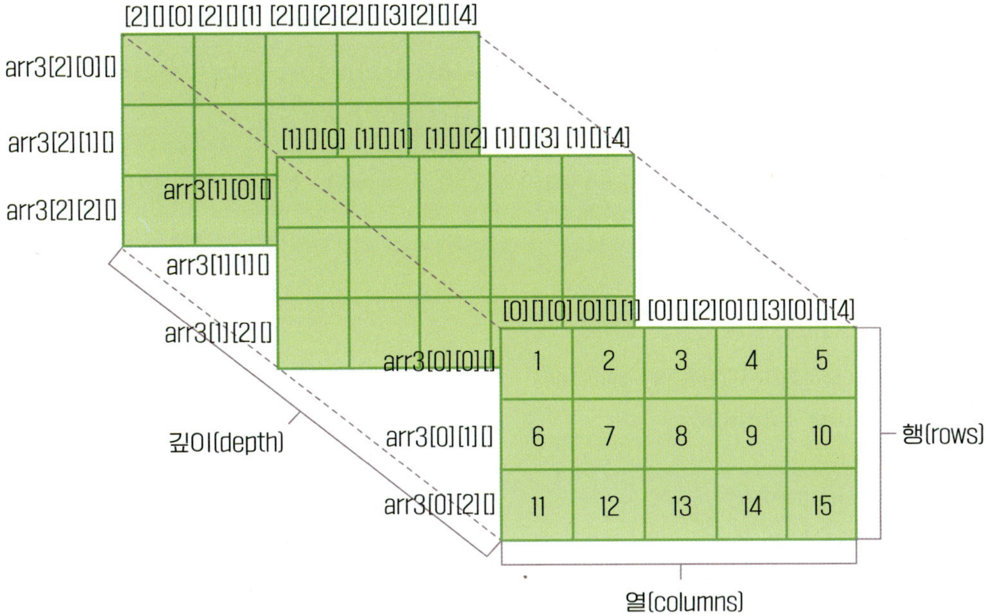

그림 7-20 3차원 배열의 개념도

그림 7-20은 다음에 선언된 arr3 배열의 구조를 보인다.

```
int arr3[3][3][5];
```

이렇게 선언된 arr3[0], arr3[1], arr3[2]는 arr2 배열 형태가 되고, arr2는 다시 arr1의 배열이 되므로, 결국 3차원 배열은 1차원 배열의 배열이 된다.

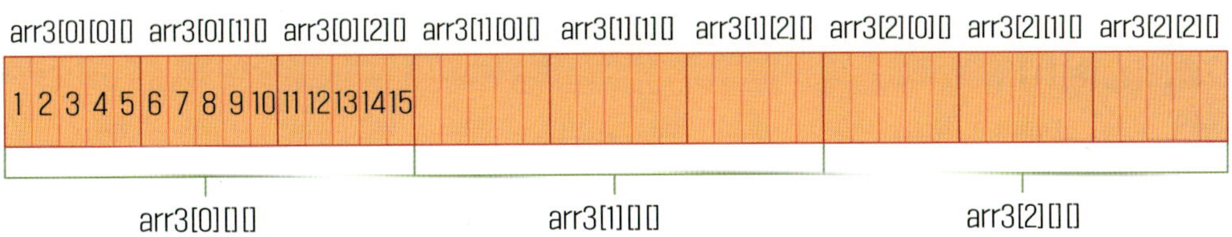

그림 7-21 3차원 배열의 메모리 저장 구조

그림 7-21과 같이 메모리에 저장되는 것도 2차원 배열과 비슷하다. 2차원 배열이 1차원 배열들을 일련의 연속적인 공간에 나열했던 것처럼 3차원 배열은 2차원 배열을 연속적으로 메모리 공간에 배치한다.

3차원 배열의 요소에 접근하는 것은 배열_이름[DEPTH][ROWS][COLUMNS]으로 한다. 예를 들어, 그림 7-21에서 arr3[0][0][1]은 2고, arr3[1][0][4]는 20이다. 3차원 배열에 대한 반복문은 세 번 중첩된다고 보면 된다(배열의 차원과 중첩 수는 보통 일치).

다음은 3차원 배열을 선언한 후 1~45까지의 값으로 채우고, 일부를 화면 출력하는 프로그램이다.

코드 7-43 **Init3DArr.c**

```
#define _CRT_SECURE_NO_WARNINGS
#include <stdio.h>

#define DEPTH 3
#define ROWS 3
#define COLUMNS 5

int main(void)
{
    int arr3[DEPTH][ROWS][COLUMNS];
    for (int depth = 0; depth < DEPTH; depth++) {
        for (int row = 0; row < ROWS; row++) {
            for (int column = 0; column < COLUMNS; column++) {
                arr3[depth][row][column] = depth * ROWS * COLUMNS + row * COLUMNS + column + 1;
            }
        }
    }
    printf("arr3[0][0][1] = %d, arr3[1][0][4] = %d\n", arr3[0][0][1], arr3[1][0][4]);
    return 0;
}
```

간단한 계산을 통해 1~45까지의 값 지정

3차원 배열의 모든 요소를 사용하려면 3번 중첩되는 반복문 사용

<실행 결과>

```
arr3[0][0][1] = 2, arr3[1][0][4] = 20
```

3차원 배열을 초기화하는 것은 2차원 배열을 중괄호로 묶어서 초기화한다.

다음 코드에서 arr3을 초기화한다.

```
int arr3[3][3][5] = { { { 1, 2, 3, 4, 5 }, { 6, 7, 8, 9, 10 }, { 11, 12, 13, 14, 15 } },
          { { 16, 17, 18, 19, 20 }, { 21, 22, 23, 24, 25 }, { 26, 27, 28, 29, 30 } },
          { { 31, 32, 33, 34, 35 }, { 36, 37, 38, 39, 40 }, { 41, 42, 43, 44, 45 } } };
```

3차원 배열에서도 첫 번째 인덱스에 해당하는 배열 크기를 지정하지 않으면 컴파일러가 유추해서 지정한다. 단, 이 경우에도 가장 첫 번째 인덱스만 생략할 수 있다.

```
int arr3[][3][5] = { { { 1, 2, 3, 4, 5 }, { 6, 7, 8, 9, 10 }, { 11, 12, 13, 14, 15 } },
          { { 16, 17, 18, 19, 20 }, { 21, 22, 23, 24, 25 }, { 26, 27, 28, 29, 30 } },
          { { 31, 32, 33, 34, 35 }, { 36, 37, 38, 39, 40 }, { 41, 42, 43, 44, 45 } } };
```

3차원 배열을 출력한다.

코드 7-44 **Print3DArr.c**

```
#define _CRT_SECURE_NO_WARNINGS
#include <stdio.h>

#define DEPTH 3
#define ROWS 3
#define COLUMNS 5

int main(void)
{
    int arr3[][ROWS][COLUMNS] =
      { { { 1, 2, 3, 4, 5 }, { 6, 7, 8, 9, 10 }, { 11, 12, 13, 14, 15 } },
      { { 16, 17, 18, 19, 20 }, { 21, 22, 23, 24, 25 }, { 26, 27, 28, 29, 30 } },
      { { 31, 32, 33, 34, 35 }, { 36, 37, 38, 39, 40 }, { 41, 42, 43, 44, 45 } } };
    for (int depth = 0; depth < DEPTH; depth++) {  // arr3[]
        for (int row = 0; row < ROWS; row++) {
            for (int column = 0; column < COLUMNS; column++) {
                printf("%d ", arr3[depth][row][column]);
            }   // arr3[depth][row][0]~arr3[depth][row][4]까지 출력
```

```
            printf("\n");  ← 1차원 배열 출력이 끝나면 줄바꿈
        }
        printf("\n");  ← 2차원 배열의 출력이 끝나면 줄바꿈을 한 번 더 진행
    }
    return 0;
}
```

〈실행 결과〉

```
1 2 3 4 5
6 7 8 9 10
11 12 13 14 15

16 17 18 19 20
21 22 23 24 25
26 27 28 29 30

31 32 33 34 35
36 37 38 39 40
41 42 43 44 45
```

함수에 3차원 배열을 전달하는 것도 비슷하다. 배열의 크기를 명시하거나 첫 번째 인덱스만 생략할 수 있다. **코드 7-44**를 수정해서 함수로 전달해 출력한다. 실행 결과는 **코드 7-44**와 동일하다.

코드 7-45 **Print3DArr2.c**

```
#define _CRT_SECURE_NO_WARNINGS
#include <stdio.h>

#define DEPTH 3
#define ROWS 3
#define COLUMNS 5
                    print3DArr()은 출력만 하므로 const를 붙임
void print3DArr(const int arr[][ROWS][COLUMNS], int size)
```

```
{
    for (int depth = 0; depth < size; depth++) {
        for (int row = 0; row < ROWS; row++) {
            for (int column = 0; column < COLUMNS; column++) {
                printf("%d ", arr[depth][row][column]);
            }
            printf("\n");
        }
        printf("\n");
    }
}

int main(void)
{
    int arr3[][ROWS][COLUMNS] =
        { { { 1, 2, 3, 4, 5 }, { 6, 7, 8, 9, 10 }, { 11, 12, 13, 14, 15 } },
        { { 16, 17, 18, 19, 20 }, { 21, 22, 23, 24, 25 }, { 26, 27, 28, 29, 30 } },
        { { 31, 32, 33, 34, 35 }, { 36, 37, 38, 39, 40 }, { 41, 42, 43, 44, 45 } } };

    print3DArr(arr3, DEPTH);
    return 0;
}
```

3차원 배열도 1차원 배열처럼 초기화할 수 있다.

```
int arr3[DEPTH][ROWS][COLUMNS] = { 1, 2, 3, 4, 5, 6, 7, 8, 9, 10, 11, 12, 13, 14,
15, 16, 17, 18, 19, 21, 22, 23, 24, 25, 26, 27, 28, 29, 30, 31, 32, 33, 34, 35,
36, 37, 38, 39, 40, 41, 42, 43, 44, 45 };
```

PROGRAMMING

7.5 C 언어의 다차원 배열

여태까지 2차원 또는 3차원 배열을 설명했지만, 본래 C 언어는 다차원 배열의 개념이 없다. C 언어의 배열은 `void`를 제외한 어떤 종류의 자료형도 포함할 수 있고 심지어 배열을 요소로 포함하는 것도 가능하다.

2차원 배열은 1차원 배열을 요소로 포함하는 배열, 3차원 배열은 2차원 배열을 요소로 포함하는 배열이라고 설명한 것이 비슷한 맥락이다.

메모리에 저장되는 것도 마찬가지이다. 1차원 배열은 요소들을 연속적으로 나열한 것이다. 2차원 배열은 1차원 배열을 연속적으로 배치했다. 3차원 배열은 비슷하게 2차원 배열을 연속적으로 나열한 것이다.

기억하자. C 언어의 N차원 배열은 N − 1차원 배열을 요소로 가지는 배열에 불과하다.

7.6 연습 문제

01 C 컴파일러는 배열의 인덱스를 사용할 때 배열의 크기 범위를 넘는지 확인하지 않는다(OX로 답하시오).

02 전역이나 static 키워드로 함수 안에 만들어지는 배열은 모두 '\0'으로 초기화된다(OX로 답하시오).

03 다음 코드에 오류가 있는지 답하고, 오류가 있다면 수정하시오.

```
int arr[2];
arr = { 1, 2 };
```

04 배열을 선언하면서 초기화할 때 요소 개수를 명시하지 않으면, 컴파일러가 초기자의 개수로 배열 크기를 정한다(OX로 답하시오).

05 C 언어에서 함수에 배열을 전달하면 배열 전체의 복사본을 전달한다(OX로 답하시오).

06 배열은 함수 내에서 요소의 값을 변경하면 함수 밖에 영향을 미친다(OX로 답하시오).

07 1차원 배열의 이름은 배열의 시작 주소를 나타내는 변수이다. 2차원 배열은 1차원이 아니라서 이름이 2차원 배열이 시작하는 주소를 나타내지 않는다(OX로 답하시오).

08 2, 3차원 배열에서는 첫 번째 인덱스를 생략해도 된다. 컴파일러가 유추해서 지정하기 때문이다(OX로 답하시오).

09 C 언어의 N 차원 배열은 N – 1차원 배열을 요소로 가지는 배열이다(OX로 답하시오).

10 배열의 요소를 사용하는 맞는 방법을 모두 고르시오.

① 배열_이름[행][열]
② 배열_이름[열][행]
③ 배열_이름[행,열]
④ 배열_이름[열,행]

11 int arr2[3][5]를 임의의 수로 초기화하시오.

12 코드 7-40의 print2DArray(const int arr[][COLUMNS], int size)를 수정해서 함수 내부에서 arr 배열의 내용을 수정하는 코드를 삽입하고 본인이 사용하는 컴파일러에서 어떤 컴파일 오류가 발생하는지, const 배열 코드를 사용하는 다른 코드도 변경해보고 동일한 오류가 발생하는지 확인해 본다. 배열 코드를 사용하는 다른 코드도 변경해 보고 동일한 오류가 발생하는지 확인하시오.

13 표 7-3은 7일 동안 서울의 미세먼지 현황을 보인 것이다. PM2.5와 PM10 값을 배열에 초기화시킨 후 평균을 계산해서 화면에 출력하는 프로그램을 작성하시오.

표 7-3 미세먼지 현황

미세먼지 종류	3/20	3/21	3/22	3/23	3/24	3/25	3/26
PM2.5(초미세먼지)	25	26	20	32	70	81	20
PM10(미세먼지)	46	40	36	69	90	102	47

14 다항식에서 $a_nx^n+a_{n-1}x^{n-1}+...+a_0$에서 x 값을 사용자로부터 double 형으로 입력받고 결괏값을 화면에 출력하는 프로그램을 작성한다. 여기서 a_0, a_1, ..., a_n은 배열 a에 인덱스 0부터 n까지 순서대로 저장되어 있다고 가정한다. n을 10으로 설정하고, a_0에 1, a_1에 2, ..., a_n에 n+1을 저장한 다음 결괏값을 계산하는 프로그램을 작성하시오.

15 다항식 $a_nx^n+a_{n-1}x^{n-1}+...+a_0$을 계산하는 방법 중 또 다른 것은 $a_0+x(a_1+x(a_2+...+x(a_{n-1}+xa_n)))$ 형태로 변환해서 계산하는 것이다. 이렇게 변환해서 계산하는 방법을 호너법(Horner's method)이라고 부른다. a_0, a_1, ..., a_n이 배열 a에 인덱스 0부터 n까지 순서대로 저장되어 있다고 가정한다. n을 10으로 설정하고, a_0에 1, a_1에 2, ..., a_n에 n+1을 저장한 다음 사용자가 입력한 x에 대해 호너법을 이용해서 다항식을 계산하는 프로그램을 작성하시오.

16 학생들의 과제 성적이 표 7-4처럼 되어 있다고 가정하자. 2차원 배열에 학생들의 과제 성적을 초기화한다. 학생별 과제 성적의 평균을 구하되, 가장 점수가 낮은 것은 빼고 나머지 4개의 평균만 구해서 출력하는 프로그램을 작성하시오.

표 7-4 학생들의 과제 성적

학생 번호	과제 1	과제 2	과제 3	과제 4	과제 5
1	80	73	85	93	60
2	85	93	64	87	90
3	85	86	84	80	75
4	95	85	88	76	80

17 다음 문장을 문자 배열에 초기화시킨 후, 사용자가 입력한 글자들이 나타난 횟수를 찾아서 출력하는 프로그램을 작성하시오.

```
C is a general purpose programming language.
```

다음에 설명하는 과정을 차례대로 구현한다.

① 문자 배열을 선언하고 앞에서 보인 문자열로 한 글자씩 초기화한다(공백 문자는 배열에 포함하지 않는다).
② 사용자가 확인하고 싶어하는 5개 글자의 빈도수를 저장할 배열을 선언하고 0으로 초기화한다.
③ 사용자로부터 영문자 또는 특수 기호 5개를 입력받아 배열에 저장한다. 입력은 한 글자씩 5번 입력받고, 반복문을 이용해서 구현한다.
④ 사용자가 입력한 각 글자들을 ①에서 만든 문자 배열에서 찾고, 빈도수를 ②에서 선언한 배열에 저장한다. ②에서 선언한 배열에 저장하는 것은 ③에서 입력한 순서대로 한다. 예를 들어, ③에서 사용자가 'a', 'b', 'c', 'd', 'e'를 입력했다면 ②에서 배열의 첫 번째 요소는 'a'의 빈도수, 두 번째 요소는 'b'의 빈도수를 저장한다.
⑤ 어떤 글자가 몇 번 나타났는지 글자와 빈도수를 다음에 보인 형태로 화면에 출력한다.

```
글자: 횟수
글자: 횟수
...
```

18 가로 행(row)의 합을 구해 마지막 열(column)에 저장하고, 세로 열(column)의 합을 구해서 마지막 행(row)에 저장한다. (행5, 열5)의 값은 0으로 둔다. 정수형 2차원 배열을 전달받고, 행과 열의 합을 계산해서 배열을 채우는 함수를 구현하고, 이 함수를 호출한 후에 결과를 화면에 출력하시오.

표 7-5 가로 행과 세로 열

	열1	열2	열3	열4	열5
행1	12	32	34	52	0
행2	17	43	96	13	0
행3	19	36	46	53	0
행4	23	24	21	47	0
행5	0	0	0	0	0

19 배열의 요소를 오름차순(작은 것부터 큰 순서)으로 정렬하는 함수를 구현하고, 이를 이용해서 실수 배열을 정렬하는 프로그램을 작성하시오. 5개 요소를 가지는 실수 배열을 직접 초기화하고, 함수에 전달한다.

정렬 방법은 다음에 설명하는 선택 정렬 알고리즘을 사용한다. 정렬할 값들을 가지고 있는 배열 이름이 arr이고 배열에 n개의 요소가 있다고 가정한다.

알고리즘은 간단하다. 숫자가 적혀있는 카드가 여러 장 있다고 가정하자.

- 카드 전체를 확인하고 가장 큰 수를 뽑아서 가장 마지막 장과 바꾼다(가장 마지막 장은 정렬된 것이다).
- 마지막 장을 제외한 나머지 카드 중에서 가장 큰 수를 뽑아서 마지막에서 두 번째와 바꾼다.
- 이렇게 카드가 한 장 남을 때까지 반복한다.

이를 배열로 설명한 것이 다음과 같다.

```
arr[0]~arr[n - 1] 중에서 가장 큰 값을 찾아 arr[n - 1]과 서로 교체(swap)
arr[0]~arr[n - 2] 중에서 가장 큰 값을 찾아 arr[n - 2]와 교체
arr[0]~arr[n - 3] 중에서 가장 큰 값을 찾아 arr[n - 3]과 교체
...
arr[0]과 arr[1] 중에서 가장 큰 값을 찾아 arr[1]과 교체
```

20 m개 요소를 가진 실수 배열 A와 n개 요소를 가진 실수 배열 B가 있다고 가정하자. A와 B는 모두 오름차순으로 정렬되어 있다. A와 B의 요소들을 새로운 배열 C에 오름차순으로 정렬된 상태로 저장하는 프로그램을 작성하시오.

- C 배열은 m + n개 요소를 가짐

예를 들어, 배열 A의 요소가 { 1, 3, 7, 10, 15 }이고 B의 요소가 { 2, 4, 7, 11 }이라고 가정하면 C 배열에는 { 1, 2, 3, 4, 7, 7, 10, 11, 15 }가 저장된다.

알고리즘은 다음과 같다.

```
A[0]과 B[0]을 비교해서 작은 쪽을 C[0]에 저장하고 작은 쪽 배열과 C의 인덱스를 1
증가시킴(예: A[0]은 1, B[0]은 2)
A[1]과 B[0]을 비교해서 작은 쪽을 C[1]에 저장하고 작은 쪽 배열과 C의 인덱스를 1
증가시킴(예: B[0]이 작음)
A[1]과 B[1]을 비교
...
A나 B 중 한 개가 끝나면, 남는 배열의 나머지 요소들을 모두 C에 저장
```

21 문자 배열을 이용해서 아주 큰 정수를 표현하고 이들의 덧셈을 구현한다. 문자 배열을 이용하는 큰 정수는 최대 19자리까지 지정할 수 있고, 숫자 끝은 'A'라는 글자로 표시한다.

예를 들어, num1과 num2 배열이 문자열 정수를 표현한다. num1은 다음처럼 20개 문자(숫자 최대 19개 + 'A')를 포함하는 배열로 선언되고 1328392390293으로 초기화되었다. 그리고 num2를 34920939283로 초기화시킨다.

```
char num1[20] = { '1', '3', '2', '8', '3', '9', '2', '3', '9', '0', '2',
'9', '3', 'A'};
char num2[20] = { '3', '4', '9', '2', '0', '9', '3', '9', '2', '8', '3',
'A' };
```

num1 + num2를 계산해서 num3 배열에 저장한 후 화면에 출력하는 프로그램을 작성하시오.

- num1, num2, num3 등을 전달받아 화면에 출력하는 함수 구현
- 문자열로 표현하는 큰 정수 두 개를 함수에 전달받고, 세 번째 매개변수에 결과를 저장하는 add() 함수 구현
  - void add(char int num1[], char int num2[], char int num3[])
    - num3 = num1 + num2

힌트 : 결과를 저장하는 배열 외에 역순으로 되어 있는 임시 값을 저장하는 배열이 필요할 수 있다.

22 표 7-6은 사각형과 원의 면적을 계산하는데 필요한 정보들이다.

표 7-6 사각형과 원의 면적을 계산하는데 필요한 반지름 또는 좌표 정보

도형 종류	좌표 X1 또는 반지름	좌표 Y1	좌표 X2	좌표 Y2
원	20			
사각형	20	30	50	50
사각형	20	20	70	60
원	50			

표 7-6을 4행, 5열의 정수형 2차원 배열에 초기화하고 이를 이용해서 면적을 계산, 출력하는 프로그램을 작성하시오. 원 또는 사각형은 문자 'C' 또는 'R'로 빈 칸은 0으로 저장한다.

23 사용자에게 정수 몇 개를 입력할 것인지 입력받는다. 사용자가 입력한 정수 개수가 n이라고 할 때, n을 함수에 전달해서 n 크기의 배열을 함수 내부에 선언한다. 사용자로부터 n개의 정수를 입력받아 배열에 저장한 후 합과 평균을 구해서 화면에 출력하시오.

8장

포인터 1

학 습 목 표

- 포인터의 개념, 변수 선언 방법, 포인터 연산 등 사용법을 이해한다.
- 포인터 연산을 이용한 배열 사용 방법을 학습한다.
- 함수에 포인터를 전달하거나 포인터 매개변수 활용, 포인터 반환, 상수 포인터 등을 학습한다.
- 함수 포인터를 이해한다.
- void 포인터를 학습한다.

8.1 포인터와 필요성

포인터 자료형(pointer type 또는 줄여서 포인터형)은 메모리 주소를 표현한다. int 형 자료형의 변수가 정수를 저장할 수 있는 것처럼, 포인터 자료형으로 선언된 변수는 메모리 주소를 저장한다. 〈1장〉에서 설명한 것처럼 컴퓨터 메모리는 바이트 단위로 나뉘어 있고, 각 바이트 공간은 정수로 된 메모리 주소가 지정된다. 따라서 포인터 자료형은 바이트 단위의 메모리 주소를 나타내는 정숫값을 저장한다.

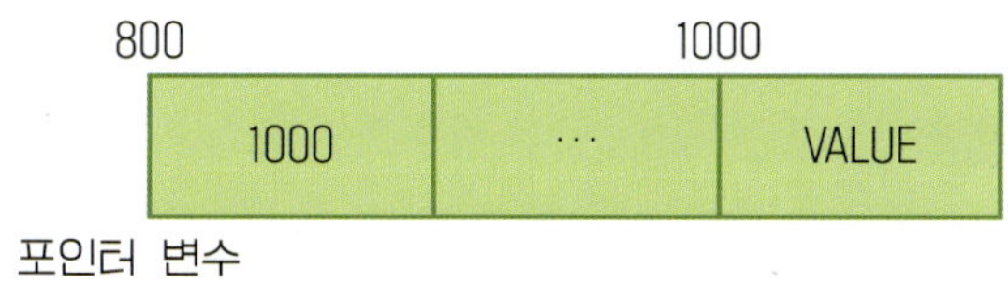

그림 8-1 포인터 변수를 이용해서 간접적으로 메모리 공간의 값을 사용하거나 변경 가능

그런데 단순하게 주소를 저장하는 포인터 자료형을 어떻게 사용할까? C 언어는 포인터 변수에 저장되어 있는 메모리 주솟값을 이용해서 간접적으로 그 메모리 주소 공간에 값을 저장하거나 주소 공간의 값을 사용할 수 있다. 만약 그림 8-1처럼 메모리 주소 800에 위치한 포인터 변수에 주소 1000이 저장되었다고 가정하자. 이때 800의 포인터 변수를 직접적으로 사용해 주소 1000에 위치한 VALUE 값을 사용하거나 다른 값으로 변경할 수 있다.

직접 메모리 공간을 접근하면 되는데, 왜 간접적으로 접근하는 포인터가 필요할까? 다음은 포인터의 필요성을 간략하게 보이고 이어서 각 내용을 설명한다.

- 동적할당받는 메모리 공간 사용
- 자료구조 구현
- 메모리를 직접 접근하고 사용하는 기능을 통한 하드웨어 조작
- 배열 구현

❶ 동적할당받는 메모리 공간 사용

C 언어를 포함한 많은 프로그래밍 언어들은 프로그램 실행 중에 사용자가 요청하는 크기의 메모리 공간을 임시로 할당 받아 사용하다가 필요 없을 때 반환하는 동적 할당(dynamic allocation) 기능을 제공한다(〈11장〉에서 자세히 다룬다). 동적 할당은 스터디 카페에서 잠시 공부하는 것과 비슷하다. 스터디 카페에서 자리를 예약하면 위치를 알아야 사용할 수 있는 것처럼 동적 할당 기능을 사용하려면 할당 받은 메모리 공간의 주소를 이용해서 값을 읽거나 쓰는 방법이 필요하다. 포인터 변수는 동적 할당을 통해 확보된 메모리 공간의 주소를 저장할 수 있을 뿐만 아니라, 그 주소 공간에 값을 저장하거나 공간에 있는 값을 사용할 수 있도록 한다.

❷ 자료구조 구현

대용량의 자료를 처리할 수 있는 자료구조를 구현할 수 있다. 배열은 컴파일할 때 정해진 개수의 자료를 빠르게 처리하는데 특화되어 있다. 하지만 프로그램을 구현하다 보면, 개수가 정확하게 정해지지 않은 자료를 처리하는 경우가 있다. 자료구조는 개수가 정해져 있지 않는 자료들을 효율적으로 처리하는 데 필수적인 기능이다. 자료구조를 구현하려면 동적 할당 기법과 포인터가 필요하다(〈11장〉에서 다룬다).

❸ 메모리를 직접 접근하고 사용하는 기능을 통한 하드웨어 조작

C 언어의 특징 중 한 가지가 메모리를 직접 접근(access)할 수 있는 저수준(low-level) 기능을 제공하는 것이다. 메모리에 직접 접근하려면, 주소를 이용해서 값을 읽고 쓸 수 있어야 하고, 포인터 변수가 이렇게 간접적으로 메모리에 접근할 수 있게 한다. C가 메모리 접근 같은 저수준의 기능을 제공하는 것은 운영체제 같은 시스템 소프트웨어를 만드는 데 유용하다. 운영체제의 가장 큰 기능은 하드웨어를 사용해서 프로그램들을 실행시키는 것이고, 이러한 과정에서 빈번하게 메모리를 직접 접근할 수 밖에 없다. 포인터는 C 언어가 시스템 소프트웨어 개발에 특화된 이유이기도 하다.

❹ 배열 구현

C의 배열은 포인터를 이용해서 구현되었다. 그래서 나중에 설명하겠지만, C 언어의 배열은 포인터 연산과 아주 밀접한 관련이 있다. 이 밖에도 포인터의 용도는 효율성, 함수 포인터 등 더 있다. 여기서는 포인터 변수의 정의와 용도, 1차원 배열과의 관계, 포인터 연산을 통한 배열 접근, 함수에 포인터 전달, 함수 포인터 등에 대해서 알아보고, 다음 장에서 문자열과 포인터, 포인터 배열, 다중 포인터 등에 대해서 알아볼 것이다.

PROGRAMMING

8.2 포인터 자료형 변수 사용

포인터 자료형 변수 선언 방법

포인터 자료형 변수 또는 줄여서 포인터 변수를 선언하는 방법을 살펴보자. 포인터형은 C 언어에서 지원하는 자료형에 *(asterisk) 글자를 붙여쓴다. 포인터의 *는 두 개의 피연산자를 취하는 곱셈 연산자와 구별해야 한다. 다음은 포인터 변수 선언 방법이다.

```
TYPE* 변수_이름 = [초깃값];
```

TYPE은 C 언어에서 사용할 수 있는 자료형이면 어떤 것이라도 사용할 수 있다. TYPE에 대해서는 잠시 후에 다시 설명하기로 하고, TYPE*이 포인터 자료형이라는 것에 집중하자. TYPE과 상관없이 포인터 변수는 메모리 주소를 저장할 수 있다.

당연한 얘기지만, 포인터 변수는 주소를 저장할 수 있는 공간(l-value)일 뿐만 아니라 변수 공간에 저장된 주솟값(r-value)을 나타내기도 한다.

포인터 변수를 선언하고 NULL 포인터로 초기화시켜 보자. 코드 8-1은 TYPE이 명시되지 않았으므로 아직 컴파일할 수 없다. 일단 포인터 변수는 이런 형태로 선언하고 초기화한다는 것만 이해하자.

코드 8-1 포인터 변수 선언 및 초기화

```
TYPE* ptr = NULL;
```

NULL 포인터

NULL 포인터는 주솟값이 없다는 의미의 상수(constant value)로, 포인터 변수를 초기화하거나 포인터 변수의 값이 유효한지 확인할 때 사용한다. **코드 8-1**처럼 변수를 NULL 포인터로 초기화하면, 해당 포인터 변수는 값이 없다는 의미이다. NULL 포인터는 주소 0을 나타내는 값이며, C 언어에서는 거짓(false)으로 취급하기도 한다.

다른 자료형 변수와 마찬가지로 포인터 변수도 초기화하지 않으면 변수가 생성되는 메모리 공간에 원래 있던 값을 메모리 주소로 인식한다. 기존 메모리 공간에 있던 값은 어떤 값인지 전혀 알 수 없는 쓰레기(garbage)이므로, 변수를 사용할 때 문제가 발생할 수 있다. 따라서 포인터 변수를 선언할 때는 NULL 포인터 또는 원하는 주소로 명확하게 초기화한다.

NULL 포인터는 stddef.h 헤더 파일에 선언되어 있어, 사용 전에 이 헤더 파일 또는 stddef.h를 사용하는 다른 헤더 파일을 포함(include)시켜야 컴파일 오류를 막을 수 있다. stddef.h를 포함하는 대표적인 헤더 파일로 stdio.h나 stdlib.h가 있다. **코드 8-2**는 NULL 포인터를 사용하기 전에 헤더 파일을 포함하는 것을 보인다.

코드 8-2 **NULL 포인터 사용을 위해 헤더 파일 포함**

```
#include <stddef.h>

TYPE* ptr = NULL;
```

잠깐만요 **stddef.h**

stddef.h는 C 표준 라이브러리에서 많이 사용하는 상수들을 정의하는 헤더 파일이다. stddef.h에 있는 상수 중에서 가장 흔하게 사용되는 것은 size_t와 NULL이다. size_t는 많은 표준 C 라이브러리 함수에서 양의 정수를 나타낼 때 많이 쓰이고, sizeof 연산자가 반환하는 값의 자료형이다.

포인터 자료형의 크기

그렇다면 포인터 자료형은 크기가 어떻게 될까? 다시 말해 메모리 주소는 몇 바이트일까? 메모리 주소의 크기는 하드웨어와 운영체제에 의해서 결정된다.

최근에 일반적으로 사용되는 컴퓨터와 운영체제는 64비트 시스템이다. 이는 포인터형 변수가 64비트, 즉 8바이트의 공간을 사용한다는 의미이다. 64비트를 지원하는 하드웨어라고 하더라도 32비트 운영체제를 사용하면 32비트, 즉 4바이트의 공간을 사용한다. 비주얼 스튜디오 컴파일러나 GCC는 32비트/64비트용 코드 생성을 선택할 수 있다. 어떤 종류의 코드를 생성하느냐에 따라 포인터 변수의 크기는 달라진다.

포인터 변수 사용과 간접 참조 연산자(*)

앞에서 설명한 것처럼 포인터 변수는 주로 변수에 저장된 메모리 주소를 이용해서 값을 간접적으로 참조(dereference)하는 것을 목적으로 사용한다.

간접 참조란 포인터 변수에 저장된 메모리 주소에 있는 값을 접근하는 것(읽거나 쓰는 것)이다. 간접 참조는 역참조라고 부르기도 하는데 여기서는 간접 참조라는 용어를 사용하기로 한다. 때로는 포인터 변수가 가리키는 메모리 공간의 값에 접근한다고도 한다.

포인터 변수로 간접 참조하는 방법은 변수 이름 앞에 간접 참조 연산자인 '*'를 붙인다. **코드 8-3**은 ptr 변수에 메모리 주소 1000을 저장한 후, ptr 변수를 간접 참조해서 메모리 주소 1000에 값을 저장하고, 읽어서 출력하는 코드이다.

코드 8-3은 간접 참조의 사용법을 보이기 위해 만든 코드로, TYPE이 명시되지도 않아 컴파일할 수 없는 코드이다. 또한 이렇게 직접 메모리 주소를 포인터 변수에 저장하는 경우도 거의 없다.

코드 8-3

```
TYPE* ptr = (TYPE*) 1000; // 정수 값을 메모리 주소로 변환해서 포인터 변수에 저장
*ptr = VALUE; // ptr에 주어진 주소에 VALUE 값을 저장
TYPE v = *ptr; // ptr에 주어진 주소에 있는 값 (VALUE)을 간접 참조를 통해 v 변수에 저장
```

그림 8-2는 **코드 8-3**가 실행되는 것을 보인다.

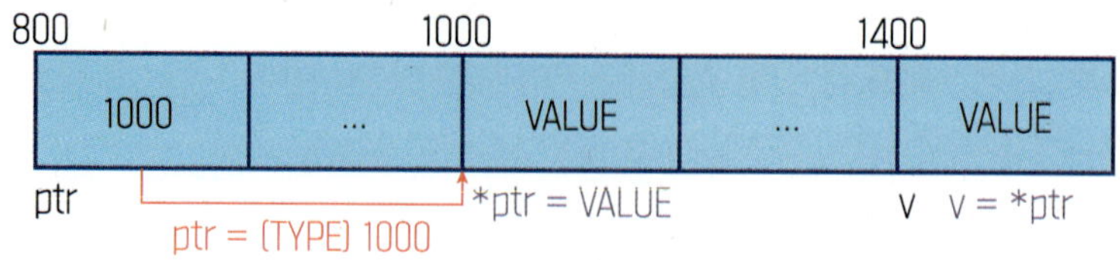

그림 8-2 포인터 변수를 이용해서 간접 참조

ptr 변수에 메모리 주소 1000을 저장한다. 주소는 정수이지만, C 언어에서는 일반 정수와 주소를 분리해서 다른 자료형으로 취급하므로, 포인터 변수에 저장하려면 정수를 주소로 형 변환한다.

코드 8-3의 둘째 줄에서는 ptr에 저장된 주소를 이용해서 간접 참조를 통해 1000번지에 VALUE를 저장한다. VALUE는 그냥 TYPE에 해당되는 값 중 하나라고 생각하고, 마지막 줄에서 ptr의 주소를 간접 참조해서 VALUE 값을 읽고 v 변수에 저장한다.

이렇게 간접 참조 연산자인 '*'를 포인터 변수와 함께 사용하면, 해당 주소의 공간 또는 값을 사용할 수 있다.

포인터 변수의 자료형(TYPE) 지정

포인터 변수를 선언할 때 TYPE은 왜 필요할까? 어차피 포인터 변수는 시스템과 운영체제에 의해서 정해진 크기의 메모리 주소를 저장하는데 말이다.

```
TYPE* ptr = NULL;
```

코드 8-3과 그림 8-2를 다시 살펴보자. 포인터 변수의 메모리 주소를 이용해서 주소 1000에 VALUE를 저장하거나 같은 메모리 주소에서 VALUE를 읽어 다른 곳(변수 v의 공간)에 저장한다. 이때 VALUE의 크기는 어떻게 알 수 있을까? 포인터 변수는 VALUE가 메모리 주소 1000부터 시작하는 것만 알려주며, 몇 바이트를 복사해야 하는지에 대해서는 알려주지 않는다.

TYPE은 간접 참조할 때 사용하는 값의 자료형을 나타내는 목적으로 사용된다. 그림 8-2에서 TYPE은 VALUE의 자료형을 나타내므로, VALUE가 사용하는 메모리 공간의 크기를 알 수 있다.

포인터 변수를 선언할 때 TYPE은 C 언어의 자료형, 즉 지금까지 봤던 char, short, int, long 또는 unsigned가 붙은 정수형들, float, double 등이 될 수 있다. 그 밖에 아직 다루지 않은 사용자가 만들 수 있는 자료형인 구조체 등을 사용할 수 있다.

TYPE에 따라 포인터 변수의 자료형이 달라진다. TYPE과 상관없이 포인터 변수가 메모리 주소를 저장하는 것은 동일하다. 하지만 간접 참조에서 사용하는 메모리 공간의 크기가 달라지므로 TYPE이 달라지면 다른 종류의 포인터 변수(다른 종류의 자료형)으로 인식한다.

포인터 변수는 TYPE 형 포인터 또는 TYPE 포인터라고 부른다. 예를 들어, int*는 int 형 포인터 또는 int 포인터라고 부른다. 비슷하게 float*는 float 형 포인터 또는 float 포인터라고 부른다. 다음 **코드 8-4**는 여러 가지 포인터 변수를 선언하는 것을 보인다.

코드 8-4

```
int* nPtr = NULL;
float* fPtr = NULL;
unsigned int* uPtr = NULL;
char* cPtr = NULL;
```

포인터와 주소 연산자

포인터 변수에 어떻게 주소를 저장할까? 저장하는 방법 중 한 가지는 **코드 8-5**처럼 주소 연산자를 이용해서 기존 변수의 주소를 저장하는 것이다.

코드 8-5 주소 연산자와 포인터 변수 사용

```
int* nPtr = NULL; // nPtr의 변숫값을 NULL로 초기화
int n = 5;
nPtr = &n;          // n 변수의 주소를 nPtr에 저장
*nPtr = 3;
```

- nPtr 변수를 선언하고 NULL로 초기화. nPtr은 n과는 다른 메모리 공간에 있는 포인터 변수(그림 8-3 참조)
- 주소 연산자를 이용해서 n의 주소 308을 nPtr에 저장
- nPtr의 메모리 주소를 간접 참조해서 3을 저장. 즉, 변수 n의 메모리 공간에 3을 저장

그림 8-3은 **코드 8-5**가 실행되는 모습을 보인다. nPtr 포인터 변수가 변수 n의 주소를 가지고 있을 때, "nPtr이 n을 가리킨다."라고 하여 그림 8-3과 같이 화살표로 표시하기도 한다.

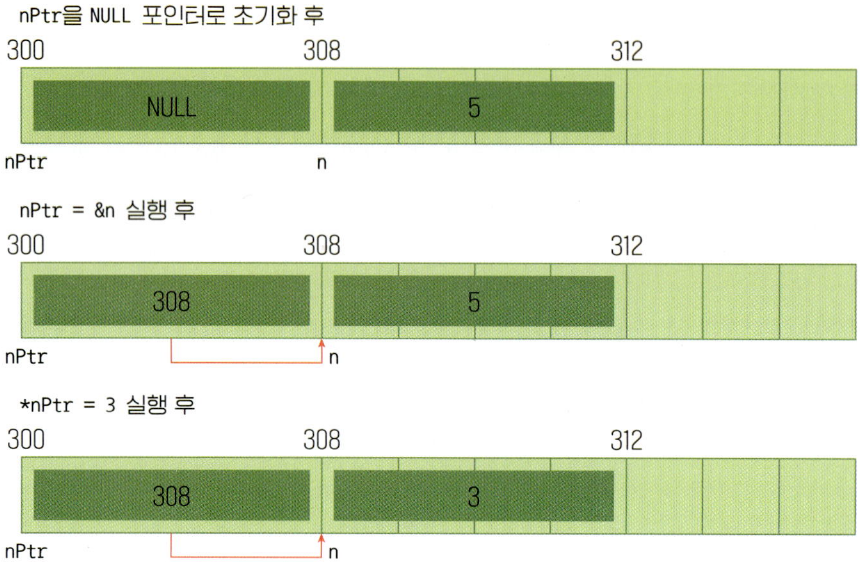

그림 8-3 **코드 8-5**가 실행되는 과정

포인터 형 변환

TYPE이 다른 포인터 변수는 다른 자료형으로 인식하므로 다음 코드에서 ptr2에 ptr1의 값을 저장할 때 컴파일 오류가 발생한다.

코드 8-6

```
TYPE1 var1;
TYPE1* ptr1 = &var1;
TYPE2* ptr2 = ptr1; // 컴파일 오류 (TYPE1과 TYPE2가 다른 자료형이라고 가정)
```

TYPE1이나 TYPE2가 메모리 주소임에도 불구하고, 대입 연산에서 컴파일러 오류가 발생하는 것은, 다른 자료형의 주소를 간접 참조할 때 문제가 발생할 수 있기 때문이다. 가령

4바이트 공간에 있는 정수를 8바이트의 double 형 포인터 변수를 이용해서 간접 참조하면 정수의 공간은 넘쳐서 double 값으로 인식하기 때문에 문제가 발생할 수 밖에 없다.

하지만 경우에 따라 메모리에 있는 특정 자료형의 값을 다른 자료형으로 처리해야 하는 경우가 있다. 예를 들어, 파일에 데이터를 쓰거나 네트워크를 통해 데이터를 전송할 때, 보통 바이트 단위의 데이터를 처리하는 형태의 함수들을 사용한다. 4바이트 정수를 파일에 저장하거나 네트워크로 전송한다면, 한 바이트씩 처리해야 한다. 즉, 정숫값을 네트워크로 전송한다면 바이트 단위로 전달해야 한다.

정숫값을 구성하는 각 바이트에 접근하려면 해당 공간을 char 또는 unsigned char로 접근해야 한다. 그렇다고 int 형 변수를 char로 변환하면 4바이트의 공간에 있는 값을 1바이트 공간에 저장된 값으로 변경하므로, 값이 변경될 수 있다. 따라서 다른 방법이 필요하다.

포인터의 형 변환은 이럴 때 유용하다. 정숫값이 저장된 메모리 공간의 시작 주소를 문자 포인터 변수에 저장하면 첫 번째 바이트에 접근할 수 있다. 여기에 포인터 연산과 간접 참조 기능을 사용하면, 그다음 바이트들도 접근할 수 있다. 포인터 연산은 잠시 후에 다루기로 하고, 여기서는 포인터 변수 사이의 형 변환을 먼저 살펴본다.

다른 자료형 포인터 사이에 값을 저장하려면 강제 형 변환을 사용한다. 포인터 형 변환은 변환할 값 앞에 (TYPE*)을 붙인다. 다음 코드는 TYPE1 형 포인터 변수인 ptr1에 저장된 주소를 변환해서 TYPE2 형 포인터 변수인 ptr2에 저장한다. ptr2를 사용하면 ptr1에 저장된 메모리 공간의 값을 TYPE2 형인 것처럼 접근할 수 있다.

```
TYPE2* ptr2 = (TYPE2*) ptr1; // TYPE1*형 ptr1의 주소를 변환해서 ptr2에 저장
```

그림 8-4는 **코드 8-7**이 동작하는 방법을 보인다. 그림에서 볼 수 있듯이, 변수 n에 저장된 값은 포인터 변수의 형 변환과는 전혀 관계없다. 동일한 메모리 공간의 값을 ptr은 int 형으로, ptr2는 unsigned 형으로 취급할 뿐이다. 특히 n의 값은 양수이므로, int 형이나 unsigned 형으로 처리해도 차이가 없다.

코드 8-7 Convert1.c

```
#define _CRT_SECURE_NO_WARNINGS
#include <stdio.h>
```

```c

int main(void)
{
    int n = 3;
    int* ptr1 = &n;
    unsigned int* ptr2 = (unsigned int*) ptr1;

    printf("*ptr2 = %u\n", *ptr2);
    return 0;
}
```

변수 n의 주소를 포인터 변수 ptr1에 저장

int 포인터 변수 ptr1을 unsigned int 포인터 변수 ptr2에 강제 형 변환해서 저장

ptr2를 간접 참조해서 ptr2의 주소에 있는 값(변수 n의 값)을 출력

<실행 결과>

```
*ptr2 = 3
```

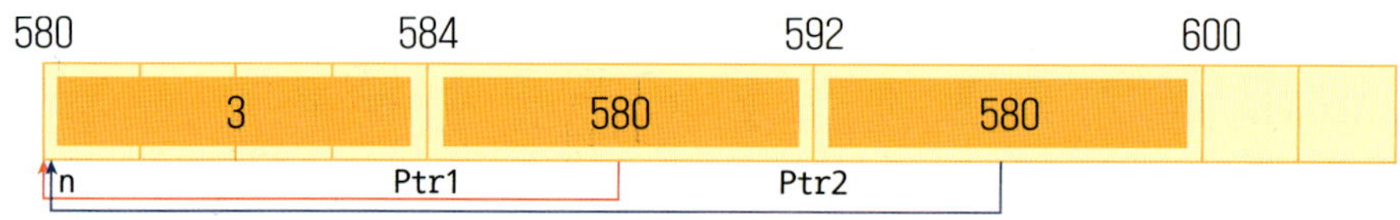

그림 8-4 int*를 unsigned int* 형으로 변환

잠깐만요 엔디안(endian)

- 엔디안은 2바이트 이상의 숫자 값을 저장할 때 값을 구성하는 바이트를 어떤 순서로 배치할 것인지 정한 것이다.
- 보통 빅 엔디안(big endian)/리틀 엔디안(little endian)으로 나눠지고, 컴퓨터의 CPU에 의해서 정해진다. 일부 CPU는 선택 가능한 경우도 있다.
- 빅 엔디안은 숫자를 순서대로 저장하는 방식이다. 예를 들어, 16진수로 0x12345678을 4바이트 정수로 저장할 때, 바이트 순서대로 0x12, 0x34, 0x56, 0x78 순서대로 저장된다.
- 리틀 엔디안은 숫자를 저장할 때 역순으로 저장한다. 0x12345678을 4바이트 정수로 저장하면, 0x78, 0x56, 0x34, 0x12 순서대로 저장한다.
  - 인텔의 CPU 또는 애플의 M1, M2 등은 리틀 엔디안을 사용한다.
  - 스파크(Sparc), MIPS, DEC의 CPU 등은 빅 엔디안을 사용한다.

* 빅 엔디안을 사용한다. 예를 들어, 인텔 CPU에서 동작해도 빅 엔디안을 사용한다.

정수를 메모리에 저장한 후 바이트 단위로 출력하는 프로그램

int 변수에 16진수 0A040E03을 저장하고 char* 형으로 변환해서 바이트 단위로 화면에 출력하는 프로그램을 작성한다. 이 과정에서 리틀 엔디안 시스템에서 메모리에 어떻게 값이 저장되는지 확인한다.

정수형 변수 n을 선언해 0A040E03을 저장하고, int* 포인터 변수에 n의 주소를 저장한다.

```
int n = 0x0A040E03; // n에 16진수로 0A040E03을 저장
int* ptr1 = &n;
```

ptr1을 char* 형으로 변환하고 첫 번째 바이트를 정수 형태로 출력하는 코드를 작성한다.

```
char* ptr2 = (char*) ptr1;
printf("%d\n", *ptr2);
```


그림 8-5는 형 변환해서 첫 번째 바이트를 출력하는 내용을 나타낸다.

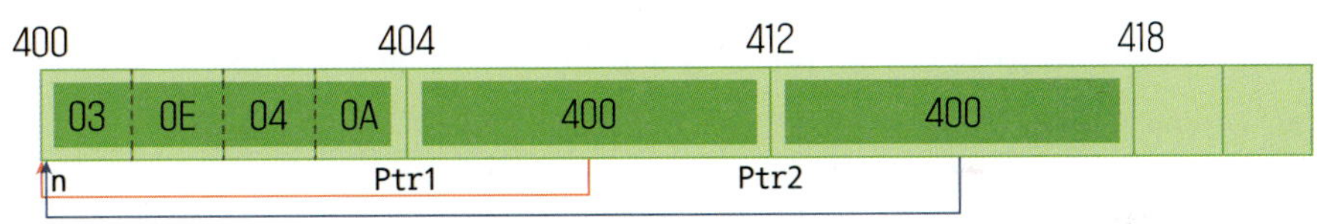

그림 8-5 int*를 char* 형으로 변환. 리틀 엔디안(little endian) 형태로 저장됨

코드 8-8 Convert2.c

```
#define _CRT_SECURE_NO_WARNINGS
#include <stdio.h>

int main(void)
{
    int n = 0x0A040E03;
    int* ptr1 = &n; // p는 n을 가리킴
    char* ptr2 = (char*) ptr1;
```

변수 n에 16진수로 0A040E03을 저장

ptr1이 n을 가리키도록 함

ptr2에 ptr1을 형 변환해서 저장
ptr2는 char*이므로 n에 바이트 단위로 접근

```
    for (int i = 0; i < sizeof(int); i++) {
        printf("%02X", ptr2[i]);
    }
    return 0;
}
```

바이트 단위로 n을 출력하되 2자리 16진수로 출력('A'~'F'는 대문자로 출력)하고 필요하면 앞에 0을 채워서 자릿수를 맞춤

리틀 엔디안(little endian)을 사용하는 컴퓨터에서 코드를 실행시키면, 0x0A040E03이 역순으로 출력된다.

〈실행 결과〉

```
03 0E 04 0A
```

어려운 포인터 변수 선언

포인터 변수 선언은 어렵고 복잡하다. 포인터 변수 선언의 문제를 살펴보고, 단순한 방법을 살펴본다.

지금까지 TYPE*이 포인터 자료형이라고 설명했다. 그런데 포인터 자료형을 선언할 때 *의 위치는 TYPE과 변수_이름 사이에에 있으면 공백이 몇 개 있든 상관없다.

코드 8-9

```
TYPE *ptr2;              // (1)
TYPE    *    ptr3        // (2)
```

코드 8-9는 포인터 변수를 선언하는 방법을 보인다. 지금까지 선언한 방법 외에 프로그래머들이 자주 사용하는 방법은 (1)처럼 *를 TYPE이 아니라 변수 이름에 붙이는 것이다. 하지만 (2)처럼 공백이 있어도 틀리지 않다.

같은 자료형의 포인터 변수 두 개 이상 선언한다면 **코드 8-10**의 (3)처럼 *를 변수에 붙이는 것이 좋다. (4)와 (5)도 문법적으로 오류가 없지만 코드의 가독성이 떨어진다.

코드 8-10

```
TYPE *ptr1, *ptr2;               // (3)
TYPE* ptr3, *ptr4;               // (4)
TYPE   * ptr5, *   ptr6, *ptr7;  // (5)
```

일반 자료형과 포인터 자료형 변수를 같이 선언하면 더 복잡해진다.

코드 8-11

```
TYPE *ptr1, var1, *    ptr2;
```


코드 8-11은 TYPE 포인터 변수인 ptr1과 ptr2, 그리고 일반 TYPE 형 변수인 var1을 선언한 것이다. 일반 변수와 포인터 변수의 차이는 *로 구별한다.

코드 8-10을 보면 TYPE*이나 * 중 어떤 것이 포인터 자료형인지도 애매하다. 형 변환할 때, (TYPE*)라고 입력했던 것을 생각하면 TYPE*이 포인터 자료형 같은데, **코드 8-10**을 보면 '*'가 포인터 자료형인 것 같다. C 언어는 TYPE을 그림 8-6과 같이 적용한다. 이해 못할 정도는 아니지만, 복잡하다.

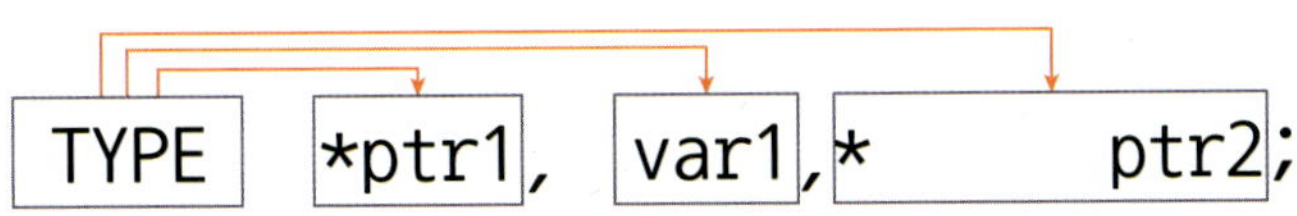

그림 8-6 TYPE이 변수에 적용되는 것을 나타냄

포인터 변수 선언 방법 정리

포인터 변수 선언 방법을 단순하게 정리해 보자.

- 변수는 한 줄에 한 개씩 선언한다.
- 만약 포인터 변수를 동시에 여러 개를 선언하고 싶다면 typedef를 사용한다.
- 포인터 변수와 일반 변수를 함께 선언하지 않는다.

가능하면 변수는 한 줄에 한 개만 선언한다. 특히 포인터 변수는 무조건 한 줄에 한 개만 생성하고 TYPE* 형태로 명시한다. 코드 줄(line) 수가 늘어나는 것을 고민하지 말자. 이런 경우는 코드가 한 줄 더 늘어나더라도 코드의 가독성을 높이는 것이 좋다.

코드 8-12는 **코드 8-11**을 다시 선언한 것이다.

코드 8-12

```
TYPE* ptr1;
TYPE var1;
TYPE* ptr2;
```

typedef를 사용하면 포인터 변수 선언이 쉬워진다. **코드 8-13**은 typedef를 사용해서 TYPE_POINTER이라는 이름으로 TYPE 포인터 자료형을 만들고 **코드 8-10**에서 선언한 것과 동일하게 변수를 선언한 것이다.

코드 8-13

```
typedef TYPE* TYPE_POINTER;

TYPE_POINTER ptr1, ptr2;
TYPE_POINTER ptr3, ptr4;
TYPE_POINTER ptr5, ptr6, ptr7;
```

typedef를 이용해서 TYPE*에 새로운 이름을 붙였다. 그런 후에 새로운 자료형의 이름을 이용해서 일반 변수 선언하듯이 포인터 변수를 선언한다. '*'를 어디에 붙여야 하는지 고민하지 않아도 되고 가독성은 높아진다.

마지막으로 여러 변수를 한 줄에 선언한다면 포인터 변수는 포인터 변수끼리, 일반 변수는 일반 변수끼리 묶어서 선언한다. 절대 **코드 8-11**처럼 포인터와 일반 변수를 한 줄에 함께 선언하지 않는다.

포인터 변수로 연산하는 프로그램

double 형 변수 d에 2.3을 저장하고 d의 주소를 포인터 변수에 저장한다. 포인터 변수를 이용해서 d의 값을 2배로 만든 후 출력하는 프로그램을 작성한다.

double 형 변수를 선언하고 값을 초기화한 후 d를 가리키는 포인터 변수를 만든다.

```
double d = 2.3;
double* ptrd = &d;
```

ptrd를 이용해서 d에 2를 곱한 다음 다시 ptrd에 저장하는 코드를 작성한다.

```
*ptrd = *ptrd * 2; // 또는 *ptrd *= 2;
```

마지막으로 d를 화면에 출력한다.

```
printf("d = %f\n", d);
```

코드 8-14 **Doubling.c**

```
#define _CRT_SECURE_NO_WARNINGS
#include <stdio.h>

int main(void)
{
    double d = 2.3;
    double* ptrd = &d;
    *ptrd *= 2;
    printf("d = %f\n", d);
    return 0;
}
```

<실행 결과>

```
d = 4.600000
```

PROGRAMMING

8.3 포인터 연산

포인터 변수의 주솟값에 덧셈, 뺄셈 등의 연산이 가능한데, 동작 방법이 기존 산술 연산과는 다르다. 사용할 수 있는 연산자들이 무엇인지 그리고 어떻게 동작하는지 알아본다.

표 8-1은 포인터 변수에 사용할 수 있는 연산, 결괏값의 자료형, 그리고 연산의 결괏값이 어떻게 되는지 설명한다.

표 8-1 TYPE 포인터 변수 p0과 p1에 사용할 수 있는 산술 연산자와 자료형

연산	결과 자료형	연산 결과
포인터 p0 + 정수 n	포인터(주소)	p0 + (n * sizeof(TYPE))
포인터 p0 - 정수 n	포인터(주소)	p0 - (n * sizeof(TYPE))
포인터 p1 - 포인터 p0	ptrdiff_t(signed 정수)	(p1 - p0) / sizeof(TYPE)

주소에 정수를 더하거나 빼면 주소가 된다. 강의실 번호(주소)를 이용해서 생각해 보자. 수업 듣는 강의실이 102호라고 가정할 때 다음 강의실(1을 더한 것)은 103호가 되고 이전 강의실(1을 뺀 것)은 101호가 된다. 아파트 건물을 생각해도 비슷하다. 101동 다음은 102동, 반대로 102동의 이전 동은 101동이다. 주소에 정수를 더하거나 빼면 주소가 된다.

주소에서 주소를 빼면 어떻게 될까? 102호 - 101호는 강의실 한 개 차이, 103호 - 101호는 강의실 두 개 차이다. 포인터 주소에서 주소를 빼면 비슷하게 정수로 된 차(difference)가 결괏값이다.

그런데 여기서 주의할 점이 있다. 포인터에 더하거나 뺄 때 정수의 단위는 메모리 주소의 단위인 1바이트가 아니라, 포인터 자료형의 크기라는 것이다. 강의실을 예로 다시 생각해 보자. 강의실의 다음 또는 이전을 얘기할 때 강의실의 크기를 기준으로 삼지 않았다. 101호가 폭이 10m이건 20m이건 다음 강의실은 102호로, 즉 강의실이 단위가 되는 것이다. 아파트의 동 번호라면, 아파트 건물이 더하기 빼기의 단위이다.

메모리도 비슷하다. 포인터의 다음 위치는 +1바이트가 아니라 포인터 자료형, 즉 TYPE의 크기에 비례하게 된다. 예를 들어 int 형이 4바이트라면, int 형 포인터에 1을 더하거나 빼는 것은 4바이트 단위로 증가하고 감소한다. 비슷하게 double 형 포인터를 증감하면 8바이트 단위로 계산한다.

포인터에서 포인터를 빼는 것도 TYPE을 기준으로 생각한다. 포인터 연산의 차는 TYPE의 개수로 나타난다. 바이트 단위가 아니다.

포인터 연산을 쉽게 생각하는 방법은 배열을 이용하는 것이다. **코드 8-15**를 살펴보자. int 형 배열을 만들고 세 번째 요소의 주소를 포인터 변수 p에 저장한다. 그림 8-7은 arr 배열과 포인터 연산(p + 1과 p - 1)의 관계를 보인다. 그림에서 볼 수 있듯이 p가 arr[2]의 주소를 가질 때 p + 1은 arr[3], p - 1은 arr[1]의 주소를 나타낸다. 즉, 포인터 연산의 덧셈 뺄셈은 배열로 볼 때 인덱스를 한 개 늘리고 줄이는 것이다. 포인터와 포인터를 빼는 것도 동일하다. p + 1에서 p를 빼는 것은 배열의 인덱스의 차로 보면 되고 결괏값은 1이다. 포인터 연산은 배열의 인덱스 연산이라고 생각하자. 실제 메모리 주소를 기준으로 계산하는 것이 아니다.

코드 8-15

```
int arr[4] = { 0, 1, 2, 3 };
int* p = &arr[2];
```

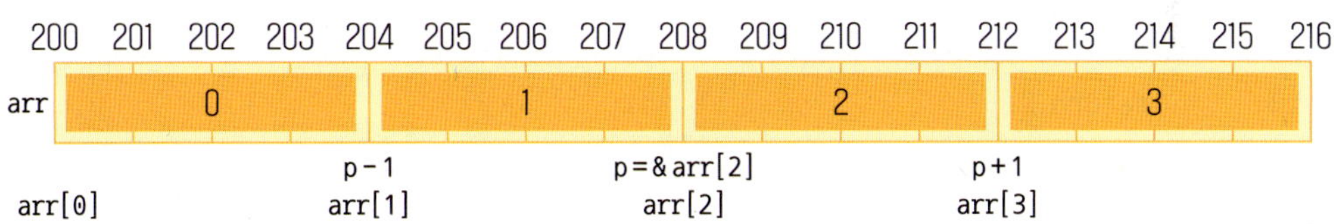

그림 8-7 정수형 포인터와 정수의 덧셈/뺄셈 연산

코드 8-16은 int와 double 형 배열을 선언한 뒤, 세 번째 요소의 주소를 포인터 변수에 저장한다. 그런 후에 1을 더하거나 빼서 변수에 저장한 후에 포인터 연산의 결과가 TYPE 형 크기만큼 변하는 것을 실제 메모리 주소를 이용해서 확인한다.

실행 결과에서 p1, p2, p0을 보면 4바이트씩 차이가 난다. double 형 변수인 dp1, dp2, dp0은 각각 8바이트의 차이가 보인다. 만약 char 포인터에 +1 또는 -1을 한다면 1바이트 차이가 날 것이다.

p2 - p1과 p2 - p0 또는 dp2 - dp1과 dp2 - dp0의 결괏값은 각각 1과 2인 것을 확인할 수 있다.

코드 8-16 **PtrArith.c**

```c
#define _CRT_SECURE_NO_WARNINGS
#include <stdio.h>

int main()
{
    int arr[4] = { 0, 1, 2, 3 };
    int* p1 = &arr[2];
    int* p2 = p1 + 1;
    int* p0 = p1 - 1;
    printf("p1 = %p\n", p1);
    printf("p2 = p + 1 = %p\n", p2);
    printf("p0 = p - 1 = %p\n", p0);
    printf("p2 - p1 = %td, p2 - p0 = %td\n", p2 - p1, p2 - p0);

    double darr[4] = { 0.0, 1.0, 2.0, 3.0 };
    double* dp1 = &darr[2];
    double* dp2 = dp1 + 1;
    double* dp0 = dp1 - 1;
    printf("dp1 = %p\n", dp1);
    printf("dp2 = dp + 1 = %p\n", dp2);
    printf("dp0 = dp - 1 = %p\n", dp0);
    printf("dp2 - dp1 = %td, p2 - dp0 = %td\n", dp2 - dp1, dp2 - dp0);
    return 0;
}
```

세 번째 배열 요소의 주소를 p1에 저장

p1 + 1은 int의 크기인 4바이트 증가

p1 - 1은 int의 크기인 4바이트만큼 감소

포인터의 차(ptrdiff_t 자료형)를 출력할 때 %td를 사용함

세 번째 배열 요소의 주소를 dp1에 저장

dp1 + 1은 double의 크기인 8바이트 증가

dp1 - 1은 double의 크기인 8바이트만큼 감소

<실행 결과>

```
p1 = 00000054435ff888
p2 = p + 1 = 00000054435ff88c
p0 = p - 1 = 00000054435ff884
p2 - p1 = 1, p2 - p0 = 2
dp1 = 00000054435ff870
dp2 = dp + 1 = 00000054435ff878
dp0 = dp - 1 = 00000054435ff868
dp2 - dp1 = 1, dp2 - dp0 = 2
```

포인터 변수는 증감 연산자(++, --)와 함께 사용될 수 있다. 증감 연산자에 따라 포인터 변수의 주소를 포인터 자료형의 크기 바이트만큼 증가시키거나 감소시킨다.

코드 8-17은 int와 double 형 포인터 변수에 증감 연산자를 사용하고 메모리 주소를 출력한다.

코드 8-17 **PtrIncDec.c**

```
1   #define _CRT_SECURE_NO_WARNINGS
2   #include <stdio.h>
3
4   int main()
5   {
6       int arr[] = { 0, 1, 2, 3 };
7       int* p1 = &arr[1];   ← arr 두 번째 요소의 주소를 p1에 저장
8       printf("처음 p1 주소 = %p\n", p1);
9       p1++;   ← p1을 1만큼 증가(주소로 보면 sizeof(int)만큼 증가)
10      printf("sizeof(int)만큼 증가된 p1 = %p\n", p1++); // 출력 후 증가   ← 9줄에서 증가된 p1의 주소 출력 후 다시 한번 sizeof(int)만큼 증가
11      printf("sizeof(int)만큼 증가된 p1 = %p\n", p1);   ← 10줄에서 증가된 p1의 주소 출력
12      p1--;   ← p1에서 1 감소(주소로 보면 sizeof(int)만큼 감소)
13      printf("sizeof(int)만큼 감소된 p1 = %p\n", p1);   // 감소된 주소 출력
14
15      double darr[] = { 0.0, 1.0, 2.0, 3.0 };
16      double* dp1 = &darr[1];   ← darr 두 번째 요소의 주소를 dp1에 저장
17      printf("처음 dp1 = %p\n", dp1);
18      dp1++;   ← dp1의 주소를 sizeof(double)만큼 증가
19      printf("sizeof(double)만큼 증가된 dp1 = %p\n", dp1);   ← 증가된 dp1의 주소를 출력
20      return 0;
21  }
```

<실행 결과>

```
처음 p1 주소 = 00000024de9ff644
sizeof(int)만큼 증가된 p1 = 00000024de9ff648
sizeof(int)만큼 증가된 p1 = 00000024de9ff64c
sizeof(int)만큼 감소된 p1 = 00000024de9ff648
처음 dp1 = 00000024de9ff628
sizeof(double)만큼 증가된 dp1 = 00000024de9ff630
```

8.4 포인터와 배열

PROGRAMMING

포인터 연산을 배열의 인덱스로 설명하기도 했지만, 실제 C 언어의 포인터는 배열과 밀접하게 관련되어 있다. 특히 배열에서 인덱스를 이용해서 접근(access)하는 것은 모두 포인터 연산을 이용하는 것이 C 언어의 특징이다.

배열 이름은 배열의 시작 주소

배열의 변수 이름은 배열의 시작 주소를 나타내는 포인터 변수라고 볼 수 있다. 하지만 일반 포인터 변수와는 달리 배열 변수는 다른 주소를 저장할 수 없다.

포인터 변수와 배열

코드 8-15와 그림 8-7에서 본 것처럼 포인터 변수에 배열의 시작 주소 또는 배열 요소의 주소를 저장하면 포인터 연산을 통해 요소 각각에 접근할 수 있다.

배열 요소의 주소를 포인터 변수에 저장해서 값을 변경하는 코드를 살펴보자.

코드 8-18 ArrPtr2.c

```c
#define _CRT_SECURE_NO_WARNINGS
#include <stdio.h>

int main()
{
    int arr[] = { 0, 1, 2, 3 };

    printf("arr[0] = %d, arr[1] = %d\n", arr[0], arr[1]);
```

```
9        int* p0 = &arr[0];
10       *p0 = 3;
11       int* p1 = &arr[1]; // arr의 두 번째 요소의 주소 저장
12       *p1 = 5; // 포인터 변수로 arr의 두 번째 요소를 변경
13       printf("arr[0] = %d, arr[1] = %d\n", arr[0], arr[1]);
14       return 0;
15   }
```

arr[0]의 주소를 p0에 저장하고 간접 참조로 3을 저장 arr[0] = 3과 동일한 코드

arr[1]의 주소를 p1에 저장하고 간접 참조로 5를 저장 arr[1] = 5와 동일한 코드

9~12줄에서 포인터 변수를 이용해서 변경한 arr[0]과 arr[1]을 다시 출력

<실행 결과>

```
arr[0] = 0, arr[1] = 1
arr[0] = 3, arr[1] = 5
```


포인터 변수를 선언하고 배열의 시작 주소를 저장해 본다. 먼저 포인터 변수에 배열 이름을 저장한다.

```
int* parr = arr; // parr 포인터 변수에 arr 배열의 시작 주소 저장
```

이렇게 포인터 변수가 배열의 시작 주솟값을 가지면 포인터 변수를 기존 배열 변수와 동일하게 사용할 수 있다. **코드 8-19**는 배열 변수 arr 대신 parr을 이용해서 배열의 요소를 화면에 출력하는 코드이다.

코드 8-19

```
for (int i = 0; i < 4; i++) {
    printf("arr[%d] = %d\t", i, parr[i]);
}
```

arr[i] 대신 parr[i]를 사용

<실행 결과>

```
arr[0] = 0     arr[1] = 1     arr[2] = 2     arr[3] = 3
```

잠깐만요 포인터 변수를 배열처럼 접근하기

포인터를 배열처럼 사용할 수 있으므로 포인터 변수가 가리키는 메모리 공간을 참조할 때 간접 참조 연산자인 * 대신 배열을 나타내는 []를 이용해서 접근하는 것도 가능하다. **코드 8-20**처럼 변수 한 개를 가리키는 포인터 변수를 만들었다고 하자.

코드 8-20

```
int a = 5;
int* pa = &a;
```

포인터 변수 pa를 이용해서 변수 a에 접근한다면 *pa라고 쓰겠지만, pa[0]라고 쓸 수도 있다. 마치 포인터 변수를 한 개의 요소를 가지는 배열로 처리하는 것과 비슷하다. 다음 코드는 **코드 8-19**와 동일한 결과가 출력된다.

```
*pa = 5;
pa[0] = 5;
```

하지만 이론상 이렇게 사용할 수 있다는 것이지 일반적으로 *pa를 사용한다.

포인터 연산으로 배열 요소 접근

배열을 가리키는 포인터 변수와 포인터 연산을 이용하면, 특정 인덱스에 위치한 배열 요소에 접근할 수 있다.

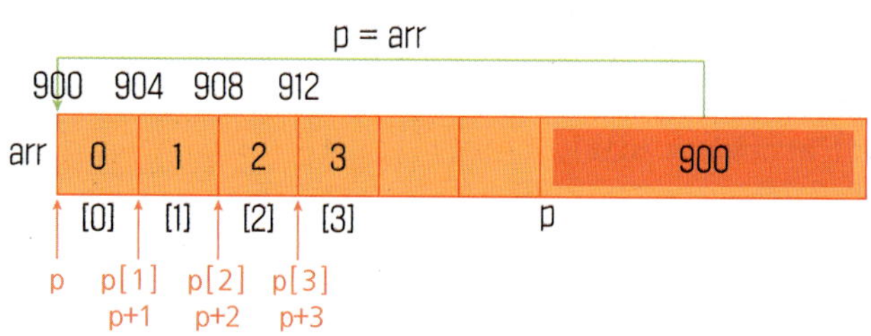

그림 8-8 배열의 인덱스와 포인터 연산

그림 8-8은 배열의 요소 위치를 포인터 연산 형태로 보인 것이다. int* 형 변수 p에 arr을 저장하면 arr[0]은 p[0], *(p + 0)로 접근할 수 있고, 비슷하게 arr[1]은 p[1] 또는 *(p + 1)과 동일하다.

코드 8-21은 배열의 인덱스와 포인터 변수의 인덱스, 그리고 포인터 연산을 이용해서 배열의 요소들에 접근해서 화면에 값을 출력하는 코드이다.

코드 8-21 **ArrPtr4.c**

```c
#define _CRT_SECURE_NO_WARNINGS
#include <stdio.h>

int main()
{
    int arr[] = { 0, 1, 2, 3 };
    int* p = arr;
    for (int i = 0; i < 4; i++) {
        printf("arr[%d] = %d, p[%d] = %d, *(p + %d) = %d\n", i, arr[i], i, p[i], i, *(p + i));
    }
    return 0;
}
```

<실행 결과>

```
arr[0] = 0, p[0] = 0, *(p + 0) = 0
arr[1] = 1, p[1] = 1, *(p + 1) = 1
arr[2] = 2, p[2] = 2, *(p + 2) = 2
arr[3] = 3, p[3] = 3, *(p + 3) = 3
```

배열을 포인터로 접근하면 배열의 시작 위치를 0이 아닌 다른 인덱스인 것처럼 처리할 수 있다.

예를 들어, 배열의 중간 인덱스부터 새로운 배열처럼 취급해야 한다면, 포인터 변수에 중간 인덱스의 주소를 저장하면 된다.

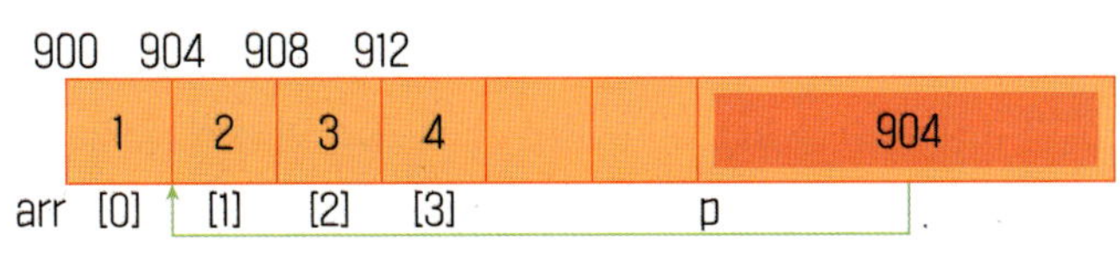

그림 8-9 포인터 변수 p가 arr[1]의 주소를 가리키도록 함

코드 8-22는 그림 8-9처럼 포인터 변수에 arr 배열의 두 번째 요소의 주소를 저장해서 마치 새로운 배열인 것처럼 접근한다. 즉, arr[1]~arr[3]까지의 배열을 p[0]~p[2]까지 3개의 요소를 가진 배열인 것처럼 다루고 있다.

코드 8-22 ArrPtr5.c

```c
#define _CRT_SECURE_NO_WARNINGS
#include <stdio.h>

int main()
{
    int arr[] = { 0, 1, 2, 3 };
    int* p = &arr[1];
    printf("포인터 변수 p는 arr[1]의 주소로 저장됨\n");
    for (int i = 0; i < 3; i++) {
        printf("arr[%d] = %d, p[%d] = %d, *(p + %d) = %d\n", i + 1, arr[i + 1], i, p[i], i, *(p + i));
    }
    return 0;
}
```

<실행 결과>

```
포인터 변수 p는 arr[1]의 주소로 저장됨
arr[1] = 1, p[0] = 1, *(p + 0) = 1
arr[2] = 2, p[1] = 2, *(p + 1) = 2
arr[3] = 3, p[2] = 3, *(p + 2) = 3
```

포인터 변수와 증감 또는 복합 연산자로 배열 요소 접근

포인터 변수를 ++/-- 연산자와 함께 사용할 수 있다. ++/-- 연산자는 주소를 sizeof(TYPE)만큼 증가 또는 감소시킨다.

그림 8-10처럼 p 변수의 주소를 arr에서부터 한 개 요소만큼씩 증가시키면서 다음 요소를 가리킨다.

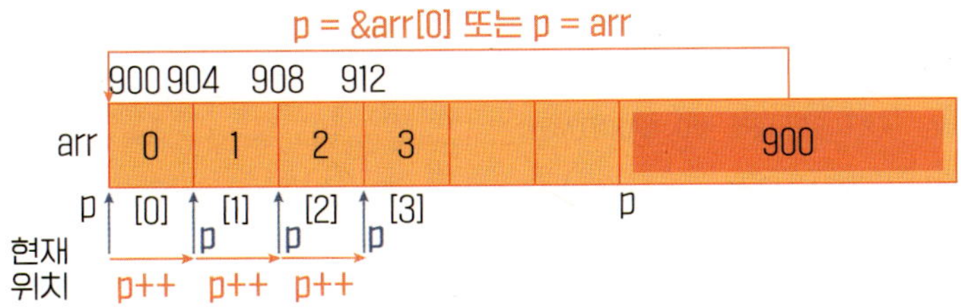

그림 8-10 p를 증가시키면서 다음 요소를 가리킴

코드 8-23은 p를 arr과 같은 주소를 갖도록 하고, 1만큼 증가시켜 arr[1]을 가리키는지 메모리 주소와 값을 출력해서 확인하는 코드이다.

코드 8-23 ArrPtr6.c

```
#define _CRT_SECURE_NO_WARNINGS
#include <stdio.h>

int main()
{
    int arr[] = { 0, 1, 2, 3 };
    int* p = arr;  ← 포인터 변수 p를 arr[0]의 주소를 가리키게 함
    printf("포인터 변수 p는 arr[0]의 주소로 저장됨\n");
    printf("&arr[0] = %p, p = %p, arr[0] = %d, *p = %d\n", &arr[0], p,
arr[0], *p);  ← arr[0]과 p의 주소와 값을 출력해서 같은 내용을 가지고 있는 것을 확인
    p++;  ← p를 1만큼 증가시킴. p에 저장된 주소가 sizeof(int) 바이트만큼 증가됨. p가 arr[1]을 가리킴
    printf("&arr[1] = %p, p = %p, arr[1] = %d, *p = %d\n", &arr[1], p,
arr[1], *p);  ← arr[1]과 p의 주소가 같은 주소를 보이는 것을 확인
    return 0;
}
```

<실행 결과>

```
포인터 변수 p는 arr[0]의 주소로 저장됨
&arr[0] = 0000005043dff9e0, p = 0000005043dff9e0, arr[0] = 0, *p = 0
&arr[1] = 0000005043dff9e4, p = 0000005043dff9e4, arr[1] = 1, *p = 1
```

코드 8-24는 p를 arr[0]의 주소부터 한 개씩 증가시키면서 배열 전체를 출력하는 코드이다.

코드 8-24 **ArrPtr7.c**

```c
#define _CRT_SECURE_NO_WARNINGS
#include <stdio.h>

int main()
{
    int arr[] = { 0, 1, 2, 3 };
    int* p = &arr[0]; // p = arr; 과 같음
    for (int i = 0; i < 4; i++, p++) {
        printf("arr[%d] = %d, *p = %d\n", i, arr[i], *p);
    }
    return 0;
}
```

p가 배열의 시작 주소를 가리키도록 함

배열 요소를 0부터 3까지 증가시키면서 arr[i]를 출력
동시에 p도 1씩 증가시키면서 *p를 출력함

<실행 결과>

```
arr[0] = 0, *p = 0
arr[1] = 1, *p = 1
arr[2] = 2, *p = 2
arr[3] = 3, *p = 3
```

코드 8-25는 p를 arr[3]의 주소부터 시작해서 한 개씩 감소시키면서 배열 전체를 출력하는 코드를 작성한다.

코드 8-25 **ArrPtr8.c**

```c
#define _CRT_SECURE_NO_WARNINGS
#include <stdio.h>

int main()
{
    int arr[] = { 0, 1, 2, 3 };
    int* p = &arr[3];
    for (int i = 3; i >= 0; i--, p--) {
        printf("arr[%d] = %d, *p = %d\n", i, arr[i], *p);
    }
```

```
        return 0;
}
```

<실행 결과>

```
arr[3] = 3, *p = 3
arr[2] = 2, *p = 2
arr[1] = 1, *p = 1
arr[0] = 0, *p = 0
```

당연한 얘기이지만, 포인터 변수와 복합 연산자를 사용하는 것도 가능하다. 예를 들어, 다음 코드는 p를 2만큼 증가시켜 arr[2]의 주소를 가리키도록 만든다.

```
int arr[] = { 0, 1, 2, 3 };
int* p = arr;
p += 2;
```


배열 인덱스 연산자 []

배열에서 인덱스를 이용해서 요소에 접근하는 것이 포인터 연산으로 이뤄진다고 했다. 이 부분을 자세히 알아본다.

C 언어에서 배열의 요소에 접근할 때 사용하던 대괄호([])는 두 개의 피연산자를 취하는 이항(binary) 연산자로, '배열 인덱스 연산자(array subscript operator)' 또는 줄여서 '인덱스 연산자'라고 부른다. 일반적으로 다른 프로그래밍 언어에서는 배열에서 사용하는 대괄호를 연산자로 취급하지 않는데, 이는 C와 C++ 언어의 특징이라고 볼 수 있다. 인덱스 연산자는 다음과 같이 두 개의 피연산자를 사용한다.

```
op1[op2]
```

op1과 op2 중 하나는 포인터(메모리 주소를 생성하는 표현식)이고, 또 다른 하나는 정수를 생성하는 표현식이다.

op1[op2]는 *((op1) + (op2))로 실행된다. 표 8-1에서 설명한 것처럼 포인터와 정수의 덧셈으로 만들어지는 메모리 주소를 간접 참조하는 것이다.

일반적으로 op1은 배열 이름이나 포인터 변수를 사용했고, op2는 인덱스를 나타내는 정수를 사용했다. 하지만 **코드 8-26**처럼 op1과 op2를 바꿔 사용해도 동일한 결과를 보인다.

코드 8-26 **IndexOp.c**

```
#define _CRT_SECURE_NO_WARNINGS
#include <stdio.h>

int main(void)
{
    int arr[] = { 0, 1, 2, 3 };
    printf("arr[1] = %d\n", arr[1]);
    printf("1[arr] = %d\n", 1[arr]);
    return 0;
}
```

일반적인 사용처럼 배열_이름[인덱스] 순서로 사용

인덱스[배열_이름] 형태로 사용해도 동일함

<실행 결과>

```
arr[1] = 1
1[arr] = 1
```

배열 이름은 첫 번째 요소의 주소를 나타내기 때문에 배열의 인덱스는 0 이상만 사용할 수 있다. *(arr + 0)이 첫 번째 요소가 된다.

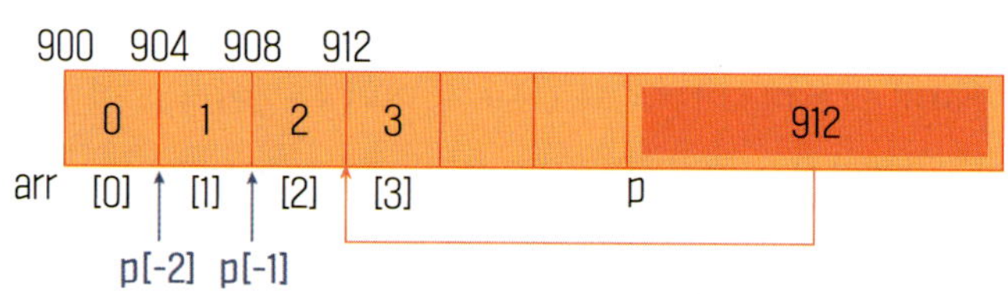

그림 8-11 포인터는 음수로 된 인덱스로 접근 가능

하지만 포인터 연산을 이용하면 배열의 요소에 접근할 때 음수 인덱스를 사용할 수 있다. **코드 8-27**은 그림 8-11과 같이 음수로 된 인덱스로 배열의 앞부분에 접근하는 것을 보인다.

코드 8-27 **IndexOp2.c**

```c
#define _CRT_SECURE_NO_WARNINGS
#include <stdio.h>

int main()
{
    int arr[] = { 0, 1, 2, 3 };
    int* p = &arr[3];
    printf("포인터 변수 p는 arr[3]의 주소로 저장됨\n");
    printf("arr[%d] = %d, p[%d] = %d, *(p + %d) = %d\n", 2, arr[2], -1, p[-1], -1, *(p - 1));
    printf("arr[%d] = %d, p[%d] = %d, *(p + %d) = %d\n", 1, arr[1], -2, p[-2], -2, *(p - 2));
    return 0;
}
```

변수 arr[3]을 가리키도록 함

p 변수에 음수 인덱스를 이용해 arr[2]와 arr[1]을 확인하는 코드 작성

<실행 결과>

```
포인터 변수 p는 arr[3]의 주소로 저장됨
arr[2] = 2, p[-1] = 2, *(p + -1) = 2
arr[1] = 1, p[-2] = 1, *(p + -2) = 1
```

포인터 연산자의 우선순위

〈3장〉에서 살펴봤던 연산자 우선순위를 보면 배열 인덱스 연산자인 []는 가장 높은 우선순위를 보인다. 간접 참조 연산자는 ++, --(전위 연산 : 연산자가 변수 앞에 붙음)과 함께 세 번째 우선순위에 있다.

이러한 우선순위가 포인터 연산에 영향을 미치는지 알아보자. 배열을 선언하고 포인터 변수로 배열을 가리키도록 한다.

코드 8-28

```c
int arr[] = { 0, 1, 2, 3 };
int* p = arr;
```

p[1]은 arr[1]과 같고, p[1]은 *(p + 1)로 표현할 수 있다. 그런데 *(p + 1)과 *p + 1은 완전히 다른 표현 방법이다. 표 8-2는 두 연산의 차이를 보인다.

표 8-2 *(p + 1)과 *p + 1의 차이

연산	설명
*(p + 1)	(p + 1)을 계산하고 그 메모리 주소를 이용해서 간접 참조를 처리한다.
*p + 1	p의 메모리 주소를 간접 참조한 후 그 값에 1을 더한다. *의 우선순위가 +보다 높아 *p가 먼저 처리된다. 즉, p[0] + 1이 된다.

다음 예제를 이용해서 학습해 보자.

코드 8-29 PtrRef1.c

```c
#define _CRT_SECURE_NO_WARNINGS
#include <stdio.h>

int main(void)
{
    int arr[] = { 0, 2, 4, 6 };
    int* p = arr;
    printf("*(p + 1) = %d\n", *(p + 1));
    printf("*p + 1 = %d\n", *p + 1);
    return 0;
}
```

<실행 결과>

```
*(p + 1) = 2
*p + 1 = 1
```

포인터는 증감 연산자와도 자주 사용되므로 증감 연산자가 앞에 놓일 때, 뒤에 있을 때, 괄호의 유무에 따라 어떻게 동작하는지를 표 8-3에서 설명한다. 편의상 **코드 8-27**에서 선언된 배열과 포인터 변수를 이용한다.

표 8-3 포인터와 증감 연산자가 사용될 때의 동작 방법 설명

연산	설명
*p++	*보다 ++(후위 연산 : 변수 뒤에 있을 때)의 우선순위가 높다. 따라서 *(p++)를 계산한다. p++는 p 변수의 값을 사용하고, 나중에 1 증가시키므로 *p를 사용하고 p++가 실행되는 것과 동일하다. 콤마 연산자를 이용해서 표현하면 *p, p++와 같다.
(*p)++	*p를 계산하고 그 값을 1만큼 증가시킨다. p가 가리키는 메모리 공간의 값을 1 증가시킨다.
*++p	*와 ++(전위 연산 : 변수 앞에 있을 때)의 우선순위는 같다. 순서에 따라 *를 먼저 처리하는데 *은 오른쪽부터 왼쪽 방향으로 처리된다. 따라서 *++p는 *(++p)와 같다. p를 1 증가시킨 후 *p를 처리한다. 콤마 연산자를 이용해서 표현하면 p++, *p다.
++*p	순서에 따라 ++를 먼저 처리해야 하는데, 이것도 역시 오른쪽에서 왼쪽으로 처리된다. 따라서 ++(*p)와 같다. p가 가리키는 메모리 공간의 값을 1만큼 증가시킨다.

표 8-3에서 가장 흔하게 사용하는 것은 *p++ 연산이다. 이 코드도 다음에 보인 것처럼 두 줄에 나누어서 작성하는 것이 좋다. 하지만 *p++ 형태의 코드는 워낙 많이 사용되는 방법이어서 그 의미를 명확하게 기억해 두어야 한다.

```
*p
p++
```

두 번째로 많이 사용되는 것은 (*p)++ 연산이다. 상대적으로 세 번째와 네 번째 연산은 거의 사용하는 경우가 적다.

코드 8-30을 실행하고 출력 결과를 확인하면서 학습해 보자.

코드 8-30 **PtrRef2.c**

```c
#define _CRT_SECURE_NO_WARNINGS
#include <stdio.h>

int main(void)
{
    int arr[] = { 0, 1, 2, 3 };
    int* p = arr;
```

```
8       for (int i = 0; i < 4; i++) {
9           printf("arr[%d]의 주소: %p\n", i, &arr[i]);
10      }
11      printf("*p++ = %d\t", *p++);
12      printf("*p = %d\t", *p);
13      printf("p = %p\n", p);
14      p = arr;
15      printf("(*p)++ = %d\t", (*p)++);
16      printf("*p = %d\t", *p);
17      printf("p = %p\n", p);
18      p = arr;
19      printf("*++p = %d\t", *++p);
20      printf("*p = %d\t", *p);
21      printf("p = %p\n", p);
22      p = arr;
23      printf("++*p = %d\t", ++*p);
24      printf("*p = %d\t", *p);
25      printf("p = %p\n", p);
26      return 0;
27  }
```

arr[0]~arr[3]의 주소 출력
뒤에 p의 주소를 출력할 때 어떤 요소를 가리키는지 확인할 때 필요

*p++의 결과 출력
*p의 값을 출력한 후, p++ 실행
p는 arr[1]을 가리킴

연산 과정을 이해하기 쉽게 p를 다시 배열 시작 부분을 가리키도록 변경

*p를 출력 후 *p 값을 1 증가
p는 변경 안 됨
arr[0]이 1 증가되어 1이 됨

연산 과정을 이해하기 쉽게 p를 다시 배열 시작 부분을 가리키도록 변경

p를 1 증가시킨 후 *p 출력
p가 arr[1]을 가리키게 된 후 *p를 출력

연산 과정을 이해하기 쉽게 p를 다시 배열 시작 부분을 가리키도록 변경

*p의 값을 1 증가시킨 후 출력
p는 변경 안 됨
14~16줄에서 arr[0]이 1이 되었으므로 여기서 1이 더 증가되어 2가 출력됨

<실행 결과>

```
arr[0]의 주소: 0000006c23dffda0
arr[1]의 주소: 0000006c23dffda4
arr[2]의 주소: 0000006c23dffd
arr[3]의 주소: 0000006c23dffdac
*p++ = 0        *p = 1  p = 0000006c23dffda4
(*p)++ = 0      *p = 1  p = 0000006c23dffda0
*++p = 1        *p = 1  p = 0000006c23dffda4
++*p = 2        *p = 2  p = 0000006c23dffda0
```

배열 == 포인터?

배열과 포인터는 같은 것일까? 답부터 말하면 아니다. 서로 밀접하게 관련되어 있는 것은 맞지만, 배열과 포인터가 같지는 않다. [] 연산자 때문에 배열이 포인터인 것처럼 동작한다고 했지만, 둘은 서로 다른 종류이다. 배열과 포인터에 대해 한 번 정리하고 가자.

- 배열 이름은 배열의 첫 번째 요소의 시작 주소를 나타낸다. 배열을 포인터에 저장하면 포인터 역시 첫 번째 요소를 가리킨다. 하지만 배열의 이름은 다른 주소를 가리키도록 변경할 수 없고, 포인터 변수는 다른 메모리 주소를 저장할 수 있다.
- 배열 이름을 sizeof 연산자에 전달하면 배열의 크기를 반환한다. 포인터 변수를 sizeof 연산자에 전달하면 메모리 주소의 크기를 반환한다.
- 포인터는 주소만 저장하는 변수이다. 포인터 변수 자체는 메모리 주소를 저장할 수 있는 공간만 있다. 값을 저장할 공간이 필요하면 동적 할당을 받고 그 메모리 주소를 포인터 변수에 저장해야 한다. 배열은 선언할 때 메모리 공간을 할당받는다.
- 함수의 반환_자료형에 포인터는 사용할 수 있지만, 배열은 사용하지 못한다.

```
int* f() { ... };  // 가능
int[] f() { ... }  // 불가능
```

이렇게 다른 점도 있지만, 배열과 포인터 연산은 서로 떼기 어려울 정도로 밀접하게 연결되어 있다. 배열의 인덱스 연산자는 포인터 연산을 통해서 이뤄지는 것과 나중에 설명하겠지만, 배열을 전달하는 것이 실제로 포인터로 전달되는 것도 둘 사이에 밀접한 연관성이 있다는 것을 보인다.

PROGRAMMING

8.5 함수와 포인터

함수를 호출하면서 인자로 포인터를 전달할 수 있다. 반대로 함수를 정의할 때 포인터 변수를 매개변수로 지정할 수 있다. 이렇게 함수에 포인터를 전달할 때, 두 가지 효과를 얻을 수 있다. 여기서는 함수에 인자로 포인터를 전달하는 방법과 효과에 대해서 살펴본다.

- 함수 내부에서 외부 변숫값을 변경할 수 있다.
- 크기가 큰 데이터를 함수에 전달할 때 효율적이다.

함수에 포인터 인자 전달

함수의 매개변수가 포인터면, 당연히 포인터 값(메모리 주소)을 전달할 수 있다. C 언어에서 함수에 포인터 인자를 전달하는 방법도 무조건 인자의 값을 복사해서 전달하는 '값 전달(pass by value)' 방식이다. 포인터를 인자로 전달하면 메모리 주소가 인자에서 매개변수로 복사되어 전달된다. **코드 8-31**은 포인터를 매개변수로 선언한 함수와 이를 사용하는 코드 일부를 보인다.

코드 8-31

```
void func(int* p)
{
    printf("p의 메모리 주소: %p, *p = %d\n", p, *p);
}

// 변수 선언 후 함수 호출
int a = 10;
int* pa = &a;
func(pa);           // func(&a)로 호출해도 됨
```

- int* 형 매개변수를 포함하는 func() 함수를 정의
- 변수 p에 저장되어 있는 주소와 그 주소를 간접 참조하는 값을 화면에 출력
- 변수 a의 주소를 포인터 변수 pa에 저장
- func() 함수를 호출하면서 pa에 저장된 주소의 값을 전달

9줄에서 func() 함수를 호출하면서 pa에 저장된 주소를 전달하는데, 8줄을 제거하고 바로 func(&a) 형태로 호출해도 된다. 여기서는 주소를 전달하는 것을 확실하게 보이기 위해 포인터 변수에 주소를 저장한 후 전달한다.

그림 8-12는 **코드 8-31**이 실행되는 과정을 보인다. 함수를 호출하면서 pa 변숫값이 p에 복사되고, 두 포인터 변수는 같은 변수 a를 가리킨다.

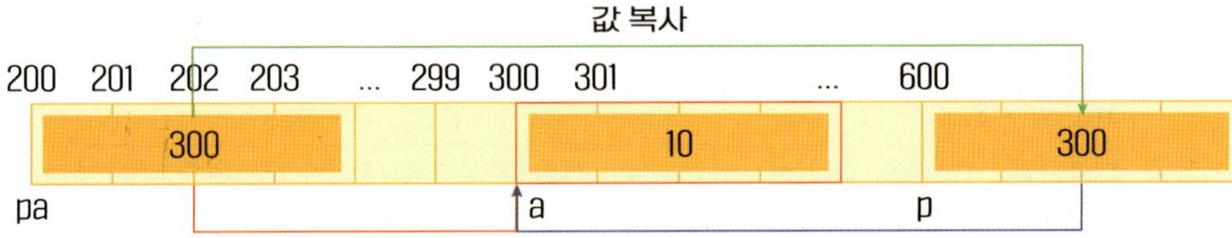

그림 8-12 함수를 호출하면서 포인터 값을 전달하는 과정

포인터 매개변수로 함수 외부 변숫값 변경

포인터를 이용하면 함수 내부에서 변경한 값을 함수 외부에 전달할 수 있다. 조금 더 정확하게 설명하면, 포인터 매개변수를 이용해서 함수 외부에서 선언된 변수값을 변경할 수 있다. 조금 더 정확하게 설명하면, 포인터 매개변수를 이용해서 함수 외부에서 선언된 변숫값을 변경할 수 있다. 이러한 포인터 매개변수 기능을 이용하면 함수에서 한 개 이상의 값을 반환하는 효과를 얻을 수도 있다.

코드 8-32는 사용자로부터 입력받은 정수 두 개를 반환하는 함수를 구현하고 사용하는 코드이다. 함수에서 값을 두 개 반환할 수 없으므로 포인터 매개변수를 이용해서 비슷한 효과를 만들어 낸다.

코드 8-32 scanf2.c

```
#define _CRT_SECURE_NO_WARNINGS
#include <stdio.h>

void readTwoInts(int* px, int* py)
{
    int a;
    int b;
```

```
    printf("정수 두 개를 입력하세요: ");
    scanf("%d %d", &a, &b);
    *px = a;
    *py = b;
}

int main()
{
    int x = 0;
    int y = 0;
    readTwoInts(&x, &y);
    printf("x = %d y = %d\n", x, y);
    return 0;
}
```

사용자로부터 정수 두 개를 입력받아 변수 a와 b에 저장

a와 b의 값을 px와 py가 가리키는 메모리 공간에 저장

readTwoInts() 함수를 호출할 때 변수 x와 y의 주소를 전달

<실행 결과>

```
정수 두 개를 입력하세요: 10 20
x = 10 y = 20
```

그림 8-13은 프로그램이 실행되는 과정이다.

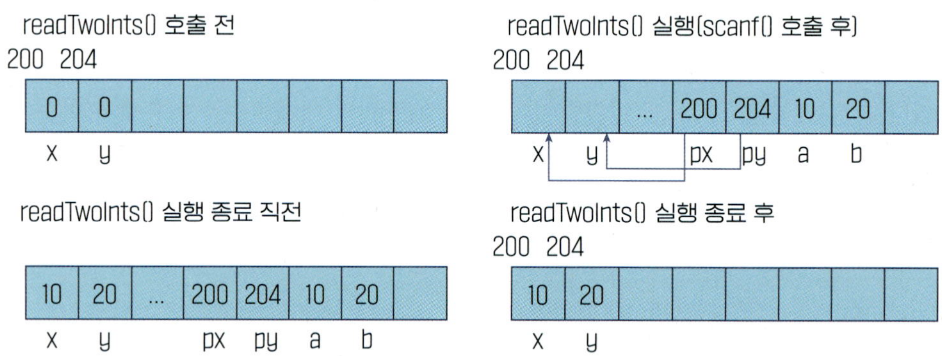

그림 8-13 포인터 매개변수를 이용해서 외부 변숫값을 변경

readTwoInts() 함수를 호출하기 전에는 main() 함수의 지역변수 x, y가 선언되고 초기화되었다. readTwoInts() 함수가 실행되면 px와 py는 x, y 변수를 가리킨다. **코드 8-32**의

9줄에서 사용자가 a와 b에 10과 20을 저장하면, 10과 11줄에서 px와 py가 가리키는 변수들인 x와 y에 10과 20이 저장된다.

여기서 중요한 부분은 포인터 매개변수 px와 py를 이용해 main() 함수에서 선언된 x와 y를 readTwoInts() 함수 안에서 변경한다는 점이다. 이렇게 포인터 매개변수를 사용하면 함수 외부에 생성된 변숫값을 호출되는 함수 내부에서 변경할 수 있다.

scanf() 함수도 포인터 매개변수를 사용한다. scanf() 함수의 내부 구현 코드를 자세히는 모르지만, **코드 8-32**의 9줄에서 a와 b의 주소를 전달받고 사용자가 입력한 값들을 scanf() 함수 외부에 선언된 변수인 a와 b의 메모리 공간에 저장하는 것은 유추할 수 있다.

코드 8-32의 9줄에서 a와 b의 주소를 scanf()에 전달하는 대신, **코드 8-33**처럼 px와 py의 값을 전달해서 코드를 간단하게 만들 수 있다.

코드 8-33

```
void readTwoInts(int* px, int* py)
{
    printf("정수 두 개를 입력하세요: ");
    scanf("%d %d", px, py);
}
```


포인터 매개변수로 함수에 큰 데이터 효율적 전달

함수에 인자를 전달할 때 인자의 값이 사용하는 메모리 공간이 크면 그 공간에 있는 모든 값을 매개변수의 공간에 복사해야 하므로 비효율적이다. 예를 들어, double 형 값 백만 개를 전달하면 함수에서 팔백만 바이트의 공간을 새로 확보하고 값을 모두 복사하는데 시간이 걸린다. 이럴 때 모든 값을 복사하는 대신, 메모리 공간의 시작 주소만 전달하면, 4~8바이트 정도만 복사하므로 훨씬 빠르다.

코드 8-34는 대용량 데이터를 복사하는 경우와 포인터로 전달하는 예를 보인다. 여기서 사용하는 구조체(struct)는 여러 가지 자료들을 묶어 새로운 자료형을 만드는 방법이다.

이 방법은 〈10장〉에서 좀 더 자세히 다룬다.

코드 8-34는 func()를 호출할 때는 8 * 1000000 + 4바이트를 복사하지만, func2()를 호출할 때는 4~8바이트(메모리 주소의 크기) 정도만 복사하기 때문에 훨씬 효율적이다.

코드 8-34 **StructPtr.c**

```c
typedef struct {
    int size;
    double arr[1000000]; // double형 백만개 데이터
} LARGE_DATA;

void func(LARGE_DATA d) { }    // 대용량 데이터를 값 복사 형태로 전달받음
void func2(LARGE_DATA* pd) {} // 대용량 데이터의 시작 주소만 전달받음

int main(void)
{
    LARGE_DATA data;

    func(data);      // 값 복사
    func2(&data);    // 시작 주소만 전달
}
```

- double 백만 개를 포함하는 대용량 구조체 선언 구조체 안에 배열이 포함되어 있으므로 LARGE_DATA는 8 * 1000000 + 4바이트 공간을 사용
- 구조체를 값 복사 형태로 전달받는 함수를 구현
- 구조체의 주소를 전달받는 함수를 구현
- 구조체 변수 선언 백만 개 double 자료형 값을 저장할 수 있는 배열을 생성
- 전역변수 data를 값으로 복사해서 전달 func() 함수에서는 LARGE_DATA 크기의 공간을 새로 생성하고 값을 복사해야 함
- 전역변수 data의 주소를 전달 func2() 함수에서는 주소에 해당되는 4~8바이트 공간을 생성하고 값을 복사

함수에 배열 전달

함수에 배열을 인자로 전달한다면, 배열 이름만 전달한다. 배열 이름은 배열의 시작 주소이므로, 결국 배열의 시작 주소를 전달한다.

정확하게 얘기하면, C 언어에서 함수에 배열을 전달하는 방법은 없다. 주소를 전달하고 포인터를 사용하는 방법뿐이다.

〈7장〉에서 매개변수를 선언할 때 배열로 표시한 것은 포인터를 학습하기 전이었기 때문이다. 일반적으로 배열을 인자로 전달받는 함수는 매개변수를 포인터로 지정한다.

함수에 배열을 전달해도 결국 시작 주소만 전달되기 때문에 보통 배열의 크기를 함께 전달하는 것이 좋다. 배열 이름이 시작 주소만 나타내므로 배열을 전달받는 함수는 배열에 요소가 몇 개 있는지 알 수 없기 때문이다.

코드 8-35의 getSum() 함수는 정수 배열과 크기를 전달받고 배열에 있는 모든 정수의 합을 반환한다. getSum() 함수는 계산 결과가 정수 범위를 벗어나는 오버플로(overflow)는 확인하지 않는다.

코드 8-35 GetSum.c

```
#define _CRT_SECURE_NO_WARNINGS
#include <stdio.h>

int getSum(int* arr, int size) // int getSum(int arr[], int size)로 쓸 수 있음
{
    int sum = 0;
    for (int i = 0; i < size; i++) {
        sum += arr[i];
    }
    return sum;
}

int main()
{
    int arr[4] = { 1, 2, 3, 4 };
    int sum = getSum(arr, 4);
    printf("sum = %d\n", sum);
    return 0;
}
```

정수 배열과 크기를 전달받고 배열에 있는 요소의 합을 계산해서 반환하는 함수

getSum() 함수를 호출해서 배열 요소의 합을 계산한 후 sum에 저장

<실행 결과>

```
sum = 10
```

코드 8-36의 getSumOfChars() 함수는 마지막 요소가 널 문자인 문자 배열을 전달받고, 배열에 있는 모든 문자의 아스키 코드 합을 반환한다. getSumOfChars() 함수도 오버플로를 확인하지 않는다. for 반복문 대신 while 문과 포인터 증가 연산을 이용해서 처리한다.

코드 8-36 GetSumOfChars.c

```c
#define _CRT_SECURE_NO_WARNINGS
#include <stdio.h>

int getSumOfChars(char* str)
{
    int sum = 0;
    char* p = str;

    while (*p != '\0') {
        sum += *p; // sum에 문자 코드(*p)를 더함
        p++;       // p를 다음 문자 위치로 이동시킴
    }
    return sum;
}

int main()
{
    char s[] = { 'h', 'e', 'l', 'l', 'o', '\0' };
    int sum = getSumOfChars(s);
    printf("sum = %d\n", sum);
    return 0;
}
```

문자열을 전달받고 널 문자를 만날 때까지 각 글자를 sum에 더해 합을 구한 다음 반환하는 함수를 구현

hello 문자열을 getSumOfChars() 함수에 전달해 hello 문자열 각 글자 코드의 합을 구함

<실행 결과>

```
sum = 532
```

함수에서 포인터 반환

함수의 반환 자료형으로 배열은 사용할 수 없지만, 포인터는 가능하다. 하지만 함수에서 포인터를 반환하는 것은 전역변수 또는 전역배열의 주소나 동적 할당(<11장>에서 설명)을 이용해서 만들어지는 메모리 주소여야 한다. 지역변수들은 함수 실행이 종료될 때 사라지므로, 주소를 반환해서는 안된다. 하지만 컴파일러가 이를 확인하지 않으므로 주의한다. 여기서는 전역변수를 포인터를 이용해서 반환하는 것을 보인다.

함수에서 포인터를 반환하려면 **반환_자료형**을 TYPE*으로 작성한다. **코드 8-37**은 전역배열의 요소 중 n보다 큰 첫 번째 요소의 주소를 반환하고, 큰 값이 배열에 없다면 NULL을 반환하는 함수를 구현한다. 예를 들어, n이 2라면, arr[2]의 주소를 반환한다. 참고로 이 코드는 전역변수의 주소를 반환하는 것을 보이려고 구현한 것이고, 전역변수를 함수에서 접근한다는 것과, 전역변수의 주소를 반환한다는 점에서 좋은 코드가 아니다. 이렇게 반환된 주소를 이용해서 다른 코드에서 전역변수의 값을 변경하면 코드 실행의 흐름을 따라가기 힘들고 오류가 발생할 가능성이 높다.

코드 8-37

```c
#define SIZE 4

int arr[] = { 1, 2, 3, 4};

int* getFirstElementGreaterThan(int n)
{
    for (int i = 0; i < SIZE; i++) {
        if (arr[i] > n) { return &arr[i]; }
    }
    return NULL;
}
```

코드 8-37을 사용하는 main() 함수를 구현한다.

코드 8-38 **ReturnPtr.c**

```c
#define _CRT_SECURE_NO_WARNINGS
#include <stdio.h>

코드 8-37 삽입

int main(void)
{
    int* p = getFirstElementGreaterThan(2);
    if (p != NULL) {
```

arr은 getFirstElementGreaterThan() 함수 밖에 선언된 배열이므로, getFirstElementGreaterThan() 함수가 종료되어도 사용 가능

```
        printf("배열 요소 중 2보다 큰 첫 번째 값 = %d\n", *p);
    }
    return 0;
}
```

getFirstElementGreaterThan() 함수가 반환한 주소를 이용해서 값을 출력

<실행 결과>

```
배열 요소 중 2보다 큰 첫 번째 값 = 3
```

함수에서 포인터를 반환하는 것은 동적 할당을 학습해야 제대로 활용할 수 있다. 동적 할당은 〈11장〉에서 더 다루기로 한다.

2차 방정식의 해를 구하는 함수를 구현하고 사용하는 프로그램

2차 방정식 ax^2+bx+c의 해를 구하기 위해 근의 공식을 이용하는 quadraticEqn() 함수를 구현한다.

$$x = \frac{-b \pm \sqrt{b^2 - 4ac}}{2a}$$

근의 공식을 이용하면 일반적으로 두 개의 해를 생성한다. b^2-4ac의 결괏값이 0이면 두 해의 값은 동일하고, 음수이면 해가 허수가 되는데 여기서 구현하는 함수에서는 해가 없는 것으로 처리한다.

표 8-4는 2차 방정식의 해를 구하는 함수의 매개변수와 결괏값을 표로 정리한 것이다.

표 8-4 quadraticEqn() 함수의 매개변수와 결괏값에 대한 설명

매개변수 또는 결괏값	설명
a, b, c	2차 방정식을 나타내는 계수
x1, x2	2차 방정식의 근을 반환하는 데 사용될 포인터 변수
결괏값	0 : 오류가 발생한다. b^2-4ac의 값이 음수인 경우 0을 반환한다. x1과 x2로 반환되는 변숫값은 어떻게 될지 모른다. 1 : 계산이 완료된다. b^2-4ac의 값이 0 또는 양수인 경우 1을 반환한다. x1과 x2로 반환되는 변숫값에는 해가 있다.

표 8-4의 함수를 구현하고 이를 사용해서 다음 2차 방정식에 대해 해를 구할 수 있다면 값을 출력하고, 해를 구할 수 없다면 적절한 문구를 화면에 출력하는 프로그램을 작성한다.

- $x^2 - 2x + 1$
- $4x^2 + 6x + 1$
- $5x^2 - 2x + 1$

quadraticEqn() 함수는 a, b, c에 해당하는 세 개의 인자를 전달받고, 해를 구할 수 있는지 없는지 0 또는 1을 반환한다. 또 해를 구할 수 있다면 해에 해당되는 값을 반환해야 한다. 함수가 세 개의 값을 반환할 수 없으므로, 해에 해당되는 값은 포인터 매개변수를 이용해서 반환하기로 한다.

2차 방정식의 계수는 a, b, c로 이름을 정하고, 해를 전달할 변수는 x1과 x2로 지정한다. 모든 변수는 double 형으로 지정한다.

코드 8-39는 표 8-4를 구현하고 함수를 호출하는 코드이다.

코드 8-39 2차 방정식의 해를 구하는 함수와 사용 코드

```
#include <math.h>  // sqrt() 함수 사용

int quadraticEqn(double a, double b, double c, double* px1, double* x2)
{
    double d = b * b - 4 * a * c;
    if (d < 0) { return 0; }
    *x1 = (-b + sqrt(d)) / (2 * a);
    *x2 = (-b - sqrt(d)) / (2 * a);
    return 1;
}
```

제곱근을 계산하는 sqrt() 함수를 사용하기 위해 math.h 헤더 파일을 포함시킴

quadraticEqn() 함수의 헤더. 계수를 전달받을 a, b, c와 해를 반환할 포인터 변수 px1과 px2를 사용

b^2-4ac를 계산한 후 변수 d에 저장

d 값이 음수면 오류 반환

해를 구해서 px1과 px2의 메모리 주소가 가리키는 메모리 공간에 저장

해를 구했으므로 1을 반환

quadraticEqn() 함수를 사용하는 코드를 작성한다.

```c
double s1;
double s2;
int r = quadraticEqn(1, -2, 1, &s1, &s2);
if (r > 0) { printf("s1 = %f, s2 = %f\n", s1, s2); }
else { printf("quadraticEqn() 함수는 허수인 해를 구할 수 없습니다.\n"); }
```

함수에 전달해서 해를 받아올 변수 선언

함수를 호출하면서 해를 받아올 변수의 주소 전달

함수의 결과가 0 이상이면 해를 구했다는 뜻이므로 값을 출력

함수가 호출된 후에 결괏값이 0 이상이면 해를 출력하고, 아니면 허수인 해를 구할 수 없다고 출력한다.

세 개의 2차 방정식을 풀어본다. 여기에서는 결과를 출력하는 코드가 반복되므로 함수로 만들어서 사용하기로 한다.

코드 8-40 QuadEqn.c

```c
#define _CRT_SECURE_NO_WARNINGS
#include <math.h>  // sqrt() 함수 사용
#include <stdio.h>

int quadraticEqn(double a, double b, double c, double* px1, double* px2)
{
    double d = b * b - 4 * a * c;
    if (d < 0) { return 0; }
    *px1 = (-b + sqrt(d)) / (2 * a);
    *px2 = (-b - sqrt(d)) / (2 * a);
    return 1;
}

void printResult(double x1, double x2, int r)
{
    if (r > 0) { printf("첫 번째 해 = %f, 두 번째 해 = %f\n", x1, x2); }
    else { printf("quadraticEqn() 함수는 허수인 해를 구할 수 없습니다.\n"); }
}

int main()
{
    double s1, s2;

```

이차 방정식의 해 두 개를 전달받아 화면에 출력하는 함수
이차 방정식의 해를 제대로 구했는지 알아야 하므로 quadraticEqn() 함수가 반환하는 값을 매개변수 r을 통해 전달받음

```c
    int r = quadraticEqn(1, -2, 1, &s1, &s2);
    printResult(s1, s2, r);
    r = quadraticEqn(4, 6, 1, &s1, &s2);
    printResult(s1, s2, r);
    r = quadraticEqn(5, -2, 1, &s1, &s2);
    printResult(s1, s2, r);

    return 0;
}
```

<실행 결과>

```
첫 번째 해 = 1.000000, 두 번째 해 = 1.000000
첫 번째 해 = -0.190983, 두 번째 해 = -1.309017
quadraticEqn() 함수는 허수인 해를 구할 수 없습니다.
```

PROGRAMMING

8.6 상수 포인터

함수에 메모리를 많이 사용하는 데이터를 인자로 전달할 때 매개변수를 포인터 변수로 선언하고 데이터의 시작 주소를 전달하는 것이 효율적이다. 그러나 주의하자. 메모리 주소를 포인터 매개변수로 전달할 때 함수 내부에서 함수 밖에 있는 내용을 수정할 위험이 있다.

배열을 함수에 전달하는 것도 마찬가지이다. 매개변수로 배열을 전달받은 함수 안에서 배열의 내용을 변경하면서 함수 밖에 있는 데이터도 변경되었다. **코드 8-41**의 changeArr() 함수는 전달받은 배열의 idx + 1번째 요소를 newValue 값으로 변경한다.

코드 8-41 ConstPtr1.c

```
#define _CRT_SECURE_NO_WARNINGS
#include <stdio.h>

void printArr(int* parr, int size)
{
    for (int i = 0; i < size; i++) {
        printf("%d ", parr[i]);
    }
    printf("\n");
}

void  changeArr(int* parr, int idx, int newValue)
{
    parr[idx] = newValue;
}

int main()
{
    int arr[] = { 1, 2, 3, 4 };
```

주어진 배열을 출력

주어진 배열 parr에서 인덱스 idx에 해당되는 요소에 newValue를 저장

```
    changeArr(arr, 2, 3 * 3);  ← arr[2]를 9로 변경
    changeArr(arr, 3, 4 * 4);  ← arr[3]을 16으로 변경
    printArr(arr, 4);
    return 0;
}
```

<실행 결과>

```
1 2 9 16
```

changeArr() 함수는 전달된 배열의 내용을 수정하는 함수로, 애초에 설계할 때부터 주어진 배열의 내용을 새로운 값으로 수정하도록 구현한 함수이다. 하지만 printArr() 함수는 어떨까? 이 함수는 주어진 배열의 내용을 출력만 하면 되므로 함수 내부에서 배열의 값을 변경하면 안 된다. 그런데 printArr() 함수를 구현하는 사람이 잘못해서 배열의 내용을 변경하면 어떻게 될까? 이러한 상황이 발생하지 않게 아예 변경하지 못하도록 방지하면 좋겠다.

상수 포인터는 포인터 변수 앞에 const 키워드를 붙이는 것으로, 포인터가 가리키는 메모리 공간의 값을 수정하지 못하게 const 키워드를 배열 매개변수 앞에 붙여 수정할 수 없도록 만드는 것과 비슷하다. 이렇게 상수 포인터를 붙이면 간접 참조하는 내용을 변경하려 할 때 컴파일러 오류가 발생하도록 만들 수 있다.

코드 8-42는 printArr()의 매개변수를 상수(const) 포인터 형태로 수정하고, 함수 내부에서 parr[0]의 값을 변경하도록 수정한 것이다.

코드 8-42 **ConstPtr2.c**

```
/* printArr()을 제외한 나머지 코드는 Constptr1.c와 동일함 */
void printArr(const int* parr, int size)
{
    parr[0] = 0;
    for (int i = 0; i < size; i++) {
        printf("%d ", parr[i]);
    }
    printf("\n");
}
```

비주얼 스튜디오 2022에서 **코드 8-41**을 컴파일할 때 오류가 발생하는 것을 확인할 수 있다.

```
D:\Books\CBook\Code\08>cl ConstPtr2.c
Microsoft (R) C/C++ Optimizing Compiler Version 19.36.32535 for x86
Copyright (C) Microsoft Corporation.  All rights reserved.

ConstPtr2.c
ConstPtr2.c(5): error C2166: l-value specifies const object
```

잠깐만요 const의 위치

C 언어에서는 변수를 선언할 때 const라는 키워드의 위치에 따라 다른 의미를 가진다. 예를 들어, const TYPE* 변수_이름 형태로 사용하면, 변수가 가리키는 내용을 수정할 수 없다. 포인터 변수에 저장된 메모리 주소 공간의 내용을 수정하지 못하고, 포인터 변수의 내용은 다른 메모리 주소로 변경할 수 있다.

그런데 TYPE* const 변수_이름 형태로 사용하면 const가 포인터 변수 자체에 적용된 것을 나타낸다. 즉, 포인터 변수의 값을 초기화한 이후에 다른 메모리 주소로 변경할 수 없음을 나타낸다. 단 포인터 변수가 가리키는 내용은 변경할 수 있다. 다음 코드를 통해 다른 점을 살펴보자.

```
int a = 3;
int* const p1 = &a;
const int* p2 = &a;
```

int*와 변수 p1 사이에 위치한 const는 p1을 수식한다. 즉, p1의 값을 변경할 수 없다는 의미이다. p1은 선언되면서 a의 주소로 초기화되며, 더 이상 변경할 수 없다. **코드 8-43**에서 p1에 b의 주소를 저장하려고 하면 컴파일 오류가 발생한다.

코드 8-43

```
int b = 4;
p1 = &b;
```

int* p2의 앞에 선언된 const는 p2가 가리키는 내용을 수정할 수 없음을 나타낸다. **코드 8-44**에서 p2에 b의 주소를 저장하는 것은 문제없지만, *p2에 다른 값을 저장하려 하면 컴파일 오류가 발생한다.

코드 8-44

```
p2 = &b; // 오류 발생 안 함
*p2 = 3;  // 컴파일 오류 발생
```

8.7 함수 포인터

함수 포인터는 함수 코드의 메모리 주소를 가리키는 포인터 변수이다. C 언어는 함수 포인터 변수에 함수의 시작 주소를 저장하고, 함수 포인터를 이용해서 저장된 함수를 호출할 수 있다. 즉, 변수를 이용해서 상황에 따라 다른 함수들을 저장한 후, 현재 저장된 함수를 호출하는 것이 가능하다. 함수 포인터를 이용하면 함수를 변수에 저장하는 것뿐만 아니라 함수를 다른 함수에 인자로 전달하고, 심지어 기존에 만들어진 함수를 함수의 반환 값으로 사용하는 것도 가능하다.

C 언어에서 함수 이름은 함수가 호출될 때 실행할 코드가 있는 메모리 공간의 시작 주소를 나타낸다. 이는 배열 이름이 배열이 사용하는 메모리 공간의 시작 주소를 나타내는 것과 비슷하다.

함수는 함수의 반환 자료형과 매개변수를 이용해서 구별한다. 함수의 반환 자료형, 매개변수의 개수와 자료형이 동일하면 같은 종류의 함수라고 볼 수 있다. 함수의 이름이나 매개변수의 이름은 중요하지 않다.

예를 들어, **코드 8-45**의 add()와 subtract() 함수는 이름이 다르고 매개변수의 이름도 다르지만 같은 종류의 함수라고 할 수 있고, increase() 함수는 매개변수의 종류나 개수가 다르므로 다른 종류의 함수이다.

코드 8-45

```
int add(int a, int b) { return a + b; }
int subtract(int x, int y) { return x - y; }
int increase(int a) { return a + 1; }
```

함수 포인터는 함수 코드의 시작 메모리 주소를 저장하는 변수이다. 단, 함수 포인터 변수는 반환 자료형과 매개변수의 개수 및 자료형이 일치하는 함수들만 저장할 수 있다.

함수 포인터 변수를 선언하는 것은 함수 원형(function prototype)을 쓰는 것과 비슷한데 변수 이름 앞에 '*'를 붙이고 괄호로 감싸준다.

```
반환_자료형 (*함수_포인터_변수_이름)(매개_변수_리스트);
```

앞에서 살펴본 add()나 subtract()처럼 int 값을 반환하고, int 자료형 인자 두 개를 입력으로 받는 함수들을 저장할 수 있는 포인터 변수를 선언한다. 함수 포인터 변수의 이름은 calculate라고 붙인다.

```
int (*calculate)(int a, int b);
```

함수 포인터 이름인 *calculate 주위에 괄호가 없으면 정수 두 개를 입력으로 받고 정수형 포인터 자료형인 int *를 반환하는 함수 원형(prototype)이 만들어진다. 함수 포인터가 아니라 일반 함수 원형을 선언하는 것이므로 주의한다.

```
int *calculate(int a, int b); // int*를 반환하는 함수 원형
```

변수를 만들었으니 calculate 변수에 add()와 subtract() 함수를 저장한다. 함수 이름이 함수 코드의 메모리 주소를 나타내는 값이라고 했다. 따라서 함수 포인터 변수에 함수 이름을 저장한다.

```
calculate = add;        // calculate() 변수에 add() 함수의 주소를 저장
calculate = subtract;   // calculate() 변수에 subtract() 함수의 주소를 저장
```

함수 포인터 이름을 함수 이름처럼 사용하면 저장된 함수를 호출할 수 있다. 앞에서 저장한 calculate 변수를 이용해서 subtract() 함수를 호출하는 코드는 다음과 같다.

```
int result = calculate(5, 3); // 5 - 3의 결과를 2에 저장
```

함수 포인터를 이용해서 add()와 subtract() 함수를 호출하고 그 결과를 출력하는 프로그램을 **코드 8-46**과 같이 구현했다.

코드 8-46 FuncPtr.c

```c
#define _CRT_SECURE_NO_WARNINGS
#include <stdio.h>

int add(int a, int b) { return a + b; }
int subtract(int x, int y) { return x - y; }

int main()
{
    int (*calculate)(int a, int b);

    calculate = add;            // calculate 변수가 add 함수를 가리키도록 함
    int result = calculate(2, 3);
    printf("calculate 변수를 이용해서 add(2, 3)을 호출한 결과: %d\n", result);
    calculate = subtract;       // calculate가 subtract 함수를 가리키도록 함
    result = calculate(5, 3);
    printf("calculate 변수를 이용해서 subtract(5, 3)을 호출한 결과: %d\n", result);
    return 0;
}
```

<실행 결과>

```
calculate 변수를 이용해서 add(2, 3)을 호출한 결과: 5
calculate 변수를 이용해서 subtract(5, 3)을 호출한 결과: 2
```

함수 포인터 자료형 선언

함수 포인터를 선언하면서 typedef를 붙이면 함수 포인터 자료형을 선언한다.

```c
typedef int (*CalculateFuncType)(int a, int b);
```

함수 포인터 자료형을 만들 때 매개변수의 이름은 생략할 수 있다. 다음과 같이 매개변수의 자료형만 있고 이름이 없더라도 올바른 표현이다.

```
typedef int (*CalculateFuncType)(int, int);
```

함수 포인터 자료형을 이용해서 변수를 선언할 수 있다.

```
CalculateFuncType calc1; // CalculateFuncType 함수 포인터 자료형으로 변수 calc1을 선언
```

코드 8-47은 CalculateFuncType 자료형 변수 두 개를 만들고 add()와 subtract() 함수를 각각 저장한 다음 호출한다.

코드 8-47 **FuncPtr2.c**

```
#define _CRT_SECURE_NO_WARNINGS
#include <stdio.h>

int add(int a, int b) { return a + b; }
int subtract(int x, int y) { return x - y; }

typedef int (*CalculateFuncType)(int a, int b);

int main()
{
    CalculateFuncType calc1 = add;  // calc1 변수가 add 함수를 가리키도록 함
    int result = calc1(2, 3);
    printf("calc1 변수를 이용해서 add(2, 3)을 호출한 결과: %d\n", result);
    CalculateFuncType calc2 = subtract; // calc2 변수가 subtract 함수를 가리킴
    result = calc2(5, 3);
    printf("calc2 변수를 이용해서 subtract(5, 3)을 호출한 결과: %d\n", result);
    return 0;
}
```

<실행 결과>

```
calc1 변수를 이용해서 add(2, 3)을 호출한 결과: 5
calc2 변수를 이용해서 subtract(5, 3)을 호출한 결과: 2
```

● 함수를 다른 함수에 인자로 전달

함수 포인터를 이용하면 함수를 다른 함수에 인자로 전달할 수 있다. 그렇게 하면 이른바 "일반화된 함수"를 만들고, 전달 함수를 바꿔가며 다양한 처리를 할 수 있다.

코드 8-48은 함수를 매개변수로 선언하는 함수를 보인다. calculator() 함수는 calc 변수에 전달받는 함수를 호출하고 그 결과를 출력하는 함수이다. calc에 어떤 일을 하는 함수가 전달되느냐에 따라 calculator() 함수가 하는 일이 달라진다.

코드 8-48

```
typedef int (*CalculateFuncType)(int a, int b);

void calculator(CalculateFuncType calc, int x, int y)
{
    int result = calc(x, y);
    printf("result = %d\n", result);
}
```

calculator() 함수는 매개변수로 CalculateFuncType 형 함수를 전달받도록 했다. 그리고 함수 내부에서 calc 변수를 이용해 함수를 호출하면서 매개변수 x와 y를 전달한다. 마지막으로 계산 결과를 화면에 출력한다.

calculator() 함수에 **코드 8-48**에서 만들었던 add()와 subtract() 함수를 전달한다.

```
calculator(add, 2, 3);       // result = 5 출력
calculator(subtract, 5, 2); // result = 3 출력
```

함수 포인터를 자료형 형태로 만들어서 사용했지만, 이렇게 직접 매개변수를 함수 포인터로 지정하는 것도 가능하다.

```
void calculator(int (*calc)(int a, int b), int x, int y) { // 코드 }
```

8.8 void 포인터 자료형

void 포인터 자료형은 자료형이 정해지지 않은 특별한 포인터 자료형이다. 자료형이 정해지지 않았다는 것은 다음과 같이 세 가지 특징을 가진다.

- void 포인터로 선언된 변수는 어떤 자료형의 포인터 값이라도 저장할 수 있다. 반대로 void 포인터 변수의 값을 특정 자료형의 포인터 변수에 저장한다면 반드시 형 변환을 해야 한다.
- 함수의 매개변수를 void 포인터로 선언하면, 그 함수를 호출할 때 어떤 자료형의 포인터라도 전달할 수 있다.
- void 포인터로 선언된 변수는 간접 참조를 통해 값을 저장하거나 사용할 수 없다. void 포인터는 자료형이 정해지지 않았기 때문에 간접 참조할 때 사용할 메모리 공간의 크기를 알 수 없으므로 간접 참조가 불가능하다.

알아두세요 void 형 포인터 또는 짧게 void 포인터로 부른다.

간접 참조를 할 수 없는 void 포인터는 왜 필요할까? 프로그램을 작성하다 보면 어떤 종류의 데이터든 모두 사용할 수 있도록 구현하는 경우가 있다. void 포인터는 이러한 상황에서 유용하게 사용할 수 있다.

코드를 통해서 void 포인터의 유용성을 살펴보자. **코드 8-49**는 void 포인터 변수를 사용하는 간단한 예시다. void 포인터 변수를 생성하고 일반 포인터 변수를 저장하고 반대로 void 포인터에서 일반 포인터로 형 변환하는 것뿐만 아니라, 함수에 포인터 변수를 전달해서 주소를 화면에 출력한다.

코드 8-49 VoidPtr1.c

```c
#define _CRT_SECURE_NO_WARNINGS
#include <stdio.h>

void printAddress(void* p)
{
    printf("주소 출력: %p\n", p);
}

int main()
{
    int n = 3; // 정수형 변수 선언
    double x = 4.3; // 실수 변수 선언

    int* pn = &n;
    double* px = &x;

    void* p = pn;  // (void*) pn으로 쓰지 않음
    pn = (int*) p;
    // *p = 3;     // void*는 자료형이 없기 때문에 오류가 발생함

    printAddress(pn); // printAddress(&n);
    printAddress(px); // printAddress(&x);
}
```

- printAddress 함수: 포인터 값인 메모리 주소를 전달받고 화면에 출력하는 함수 구현
- int* pn = &n;: int 형 포인터 변수를 선언하고 int 형 변수 주소 저장
- double* px = &x;: double 형 포인터 변수를 선언하고 double 형 변수 주소 저장
- void* p = pn;: void 포인터 변수를 선언하고 정수형 포인터 값을 저장(형 변환 안 해도 됨)
- pn = (int*) p;: void 포인터 값을 int 형 포인터 변수에 저장 이때 반드시 강제 형 변환을 통해 저장하는 포인터 변수 자료형으로 변경해야 함
- // *p = 3;: void 포인터는 간접 참조가 되지 않으므로 주석 처리. 주석을 풀면 오류가 발생
- printAddress(pn); printAddress(px);: 각각 pn과 px에 저장되어 있는 메모리 주소를 printAddress() 함수에 전달해서 화면에 출력 &n과 &x를 printAddress() 함수에 전달한 것과 동일

코드 8-49를 컴파일해서 실행하면 16진수 형태의 메모리 주소 두 개가 출력된다.

<실행 결과>

```
주소 출력: 000000ae6efffaf4
주소 출력: 000000ae6efffae8
```

코드 8-49에서 printAddress() 함수는 전달받은 포인터 변수에 있는 메모리 주소를 화면에 출력한다. 이 함수는 어떤 종류의 포인터가 전달될지 모르기 때문에 자료형이 없는 void 포인터 자료형으로 매개변수를 선언했다.

void 포인터가 어떤 포인터라도 전달받을 수 있기 때문에 int 형 포인터나 double 형 포인터 값을 문제없이 함수로 전달할 수 있다. 만약 printAddress() 함수의 매개변수를 특정 자료형의 포인터 변수로 구현했다면, 함수를 호출할 때마다 해당 포인터형으로 변환해야 하므로 번거롭다.

void 포인터와 함수 포인터를 함께 사용하는 프로그램

void 포인터 한 개를 인자로 전달받고, 결괏값은 반환하지 않는 함수 포인터를 자료형으로 선언한다.

```
typedef void (*FuncPtr)(void* p);
```

FuncPtr 함수와 void 포인터를 매개변수로 가지는 함수를 구현한다. 이 함수는 전달된 FuncPtr 함수를 호출하면서 함께 전달받는 void 포인터를 FuncPtr 함수에 전달한다.

코드 8-50

```
void doSomething(FuncPtr func, void* ptr)
{
    func(ptr);
}
```

FuncPtr 형 함수를 몇 개 구현한다. 간단하게 전달받는 void 포인터를 double과 int 형 포인터로 변환한 다음 화면에 출력한다.

코드 8-51

```
void printDouble(void* p)
{
    double* ptr = (double*) p;
    printf("%f\n", *ptr);
}

```

```c
void printInt(void* p)
{
    int* ptr = (int*) p;
    printf("%d\n", *ptr);
}
```

double 변수와 int 변수를 생성하고 값을 저장한다. 그다음 doSomething() 함수에 printDouble() 함수와 printInt() 함수를 함께 전달한다.

```c
double d = 2.3;
int n = 3;

doSomething(printDouble, &d); // (1)
doSomething(printInt, &n);    // (2)
```


doSomething() 함수를 호출하면서 printDouble() 함수와 변수 d의 주소를 전달했다. doSomething() 함수는 func를 호출하면서 ptr을 전달한다. 이는 printDouble() 함수를 호출하면서 d의 주소를 전달하는 것과 마찬가지이다. printDouble() 함수에서는 void 포인터로 된 p를 다시 double 자료형으로 바꿔 간접 참조를 통해 화면에 출력한다. printInt() 함수도 비슷하게 동작한다.

코드가 실행되면 (1)은 2.3을, (2)는 3을 화면에 출력한다. main() 함수를 구현해서 실행시켜 보자.

코드 8-52 **DoSomething.c**

```c
#define _CRT_SECURE_NO_WARNINGS
#include <stdio.h>

typedef void (*FuncPtr)(void* p);

코드 8-50 삽입

코드 8-51 삽입
```

```c
int main()
{
    double d = 2.3;
    int n = 3;

    doSomething(printDouble, &d);
    doSomething(printInt, &n);
    return 0;
}
```

<실행 결과>

```
2.300000
3
```

여기서는 간단히 살펴봤지만, void 포인터 매개변수를 활용하면 좀 더 여러 가지 다양한 작업들을 할 수 있는 일반화된 함수를 구현할 수 있다.

표준 C 라이브러리 함수 중에 데이터를 정렬하거나 검색하는 함수들인 qsort()나 bsearch() 함수 등이 함수 포인터와 void 포인터를 사용하는 좋은 예가 된다.

잠깐만요 C 언어의 qsort() 함수

qsort() 함수는 배열에 있는 값을 순서대로 다시 재배치(정렬)한다. qsort() 함수는 주어진 데이터의 종류에 관계없이 정렬할 수 있도록 구현된 일반화된 함수이다. qsort() 함수는 배열에 어떤 데이터가 들어있는지 모르고, 배열 요소를 모르기 때문에 어떻게 비교해야 할 지도 모른다. 그래서 사용자가 배열의 요소에 대한 정보들을 전달해야 한다. 다음은 qsort() 함수 원형과 매개변수에 대한 설명이다. qsort() 함수는 stdlib.h에 선언되어 있다.

```c
void qsort(void *arr, size_t n, size_t size, int (*compare)(const void *,
const void *));
```

- arr : 정렬하려고 하는 데이터를 담고 있는 배열의 시작 주소이다.
- n : 배열에 포함되어 있는 데이터 요소 개수이다.
- size : 배열의 한 개 요소의 크기(바이트 단위로 표시)이다.
- compare() : 배열 요소의 크기를 비교해서 음수, 0, 양수를 반환하는 함수이다. 첫 번째 인자가 두 번째 인자보다 작으면 음수, 같으면 0, 크면 양수를 반환한다.

int* p2의 앞에 선언된 const는 p2가 가리키는 내용을 수정할 수 없음을 나타낸다. **코드 8-53**에서 p2에 b의 주소를 저장하는 것은 문제없지만 *p2에 다른 값을 저장하려 하면 컴파일 오류가 발생한다.

예제 코드를 이용해서 qsort() 함수 사용 방법에 대해 더 자세히 알아본다.

코드 8-53 Qsort.c

```c
#define _CRT_SECURE_NO_WARNINGS
#include <stdio.h>
#include <stdlib.h>

int compare(void* x, void* y)
{
    int* pnum1 = (int*) x;
    int num1 = *pnum1;
    int num2 = *((int*) y); // 앞 두 줄을 한 줄로 줄인 형태

    if (num1 < num2) return -1;
    if (num1 > num2) return 1;
    return 0;
}

int main()
{
    int arr[] = { 3, 1, 4, 1, 7, 10, 2, 6, 4, 3, 5 };
    int n = sizeof(arr) / sizeof(int);

    qsort(arr, n, sizeof(int), compare);

    for (int i = 0; i < n; i++) {
        printf("%d ", arr[i]);
    }

    return 0;
}
```

두 개 정수를 비교해서 음수, 0, 또는 양수를 반환하는 함수
qsort()는 배열의 요소와 크기 비교를 어떻게 해야 할지 모르므로 사용자가 비교 함수를 제공해야 함
그러나 데이터의 종류를 모르므로 어떤 자료형의 포인터라도 받을 수 있는 void 포인터를 사용
compare()를 구현하는 사용자는 비교할 데이터를 알고 있으니 자료형을 적절히 변환한 후에 비교해 결괏값 반환

정수 배열을 선언하고 초기화

배열에 있는 요소의 개수를 확인
sizeof(배열_이름)은 배열이 차지하는 전체 메모리 공간의 크기를 바이트 수로 반환하므로 개별 요소의 바이트 수를 sizeof(int)로 나누어 확인

qsort()를 호출
정수 배열, 배열 요소의 개수, 한 개 요소의 크기를 바이트로 표시한 값, 데이터를 비교하는 함수를 전달
함수가 호출되면 오름차순으로 정렬된 데이터들이 배열에 들어감
compare()에서 num1이 num2보다 작을 때 1, num1이 num2보다 클 때 -1을 반환하면 내림차순으로 정렬 가능

〈실행 결과〉

```
1 1 2 3 3 4 4 5 6 7 10
```

8.9 연습 문제

01 포인터 변수는 NULL로 초기화하면, 값이 없다는 의미이다(OX로 답하시오).

02 메모리 주소 크기(예 : 32비트)의 바이트 수는 하드웨어와 운영체제에 의해서 결정된다(OX로 답하시오).

03 포인터 자료형의 올바른 선언이 아닌 항목을 모두 고르시오.

- TYPE은 C 언어의 자료형 중 한 개이다.

① `TYPE* ptr2;`

② `TYPE *ptr2;`

③ `TYPE * ptr3;`

④ `TYPE     *     ptr4`

⑤ `TYPE ptr4*`

04 위 문제에서 TYPE에 적합한 자료형은 char, short, int, long, float, double이 가능하지만, 사용자 정의 자료형인 구조체는 가능하지 않다(OX로 답하시오).

05 다음은 변수 d를 2배로 만드는 코드이다. (A)에 들어갈 올바른 코드를 고르시오.

```
double d = 2.3;
double* ptrd = &d;
(  A  ) *= 2;
```

① `ptrd`

② `*ptrd`

③ `&ptrd`

06 int 자료형이 4바이트를 점유한다고 가정했을 때, int 형 포인터에 1을 더하면 주소는 몇 바이트가 증가하는지 고르시오.

① 1바이트　　② 2바이트

③ 4바이트　　④ 8바이트

07 int arr[] = { 0, 1, 2, 3 }이라고 선언했을 때, arr 배열의 시작 주소를 표현할 수 있는 방법 두 가지를 작성하시오.

08 포인터 매개변수를 사용하면 함수 외부에서 생성된 변숫값을 함수 내부에서 변경할 수 없다(OX로 답하시오).

09 함수의 매개변수에는 포인터를 적용할 수 있지만, 반환 변수는 포인터를 적용할 수 없다(OX로 답하시오).

10 상수 포인터는 포인터 변수 앞에 const 키워드를 붙이는 것으로, 포인터가 가리키는 메모리 공간의 값을 수정하지 못하게 막는다(OX로 답하시오).

11 매개변수의 이름, 개수, 자료형이 동일하면 같은 종류의 함수라고 볼 수 있다(OX로 답하시오).

12 자료형이 정해지지 않은 특별한 포인터 자료형을 고르시오.

① NULL

② void*

③ typedef

④ unsigned char*

13 정수형 배열과 배열의 크기를 입력받아 배열 요소의 최댓값과 최솟값을 반환하는 함수를 구현하고, 이를 활용하는 프로그램을 작성하시오.

- C 언어 함수는 한 개의 값만 반환할 수 있으므로 포인터를 활용한 매개변수 형태로 최댓값과 최솟값을 반환한다.

14 정수(int)형 배열로 구성된 데이터를 암호화(encoding)시키고 복호화(decoding)시키는 함수를 구현하시오.

- 암호화 과정은 정수 배열의 모든 바이트(unsigned char)에서 10을 빼고, 복호화 과정은 다시 10을 더한다.
- 정수형 배열을 인자로 전달받아 암호화시키는 encoding( ) 함수와 복호화시키는 decoding( ) 함수를 구현하고, 이를 활용해서 정수 배열을 원본 상태에서 출력, 암호화시킨 출력, 복호화시킨 다음 출력하는 프로그램을 작성한다.

15 int가 4바이트를 사용하고 short가 2바이트를 사용한다고 했을 때, int 변수에는 short 값 두 개를 저장할 수 있다. short 형 변수 두 개를 선언하고 값을 각각 12398과 22322로 초기화하고, 포인터를 활용해서 int 변수에 short 형 변수 두 개를 12398, 22322 순서대로 정리한 다음 int 변수의 값을 화면에 출력하시오.

16 코드 8-48을 참조해서 계산기 프로그램을 구현한다. 사용자로부터 문자 형태로 연산자(+, −, *, /, %)와 정수 형태의 피연산자를 2개 입력받는다. 사용자가 입력한 연산자의 종류에 따라 덧셈, 뺄셈, 곱셈, 나눗셈, 나머지 연산을 처리하는 함수들을 calculator() 함수에 전달해서 처리하는 프로그램을 구현하시오.

17 〈7장〉에서 C 언어는 일반적인 함수 구현 방법으로는 swap() 함수를 구현할 수 없다고 했다. 포인터를 이용해서 전달받은 두 개의 값을 교환하는 swap() 함수를 구현하시오.

18 표준 C 언어 라이브러리에는 메모리 공간을 복사하는 memcpy(), 메모리에 있는 내용을 비교하는 memcmp(), 메모리 공간에 특정 값을 채우는 memset() 함수가 있다. 이 함수들에 대해 찾아보고, 동일한 일을 하는 MemCpy(), MemCmp(), MemSet() 함수를 구현한 다음 이들을 활용하는 프로그램을 작성하시오.

19 표준 C 라이브러리에는 bsearch()라는 이진 탐색 함수가 있다. bsearch() 함수 사용법을 찾아보고 이를 사용하는 간단한 프로그램을 작성하시오.

20 인텔(AMD 포함)이나 애플의 맥 컴퓨터가 사용하는 데이터 저장 방법은 리틀 엔디안 포맷(little-endian format)이다. 정수(int) 변수 x를 0x7f569a4f로 초기화한다. x가 메모리에 어떻게 저장되어 있는지 화면에 출력해서 리틀 엔디안 포맷으로 저장되어 있음을 확인한다. 새로운 정수형 변수 newX를 선언하고, newX의 첫 번째부터 네 번째 바이트에 순서대로 0x7f, 0x56, 0x9a, 0x4f(빅 엔디안 포맷 형태)를 저장한 후 화면에 정숫값을 출력하시오.

21 이미지 압축을 위해 사용하는 RLE(Run-Length Encoding)는 연속적으로 나타나는 바이트 데이터를 개수 + 데이터 형태로 표현해서 데이터의 길이를 줄인다.

예를 들어, 다음과 같은 배열이 있다고 가정한다.

코드 8-54

```
unsigned char data[] = { 0xFF, 0x00, 0x3C, 0x3C, 0x3C, 0xFF, 0xFF,
0xFF, 0xFF, 0xDF, 0x1E, 0x1E, 0x3B, 0x3B, 0x3B };
```

data 배열을 그림으로 표현하면 그림 8-14와 같다.

data

압축 전	FF	00	3C	3C	3C	FF	FF	FF	FF	DF	1E	1E	3B	3B	3B

그림 8-14 압축 전 배열 요소

data의 시작은 0xFF인데 한 개만 있다. 이걸 압축하면 개수인 0x01과 값 0xFF가 된다. 두 번째 요소인 0x00도 마찬가지로 한 개밖에 없으므로, 0x01, 0x00이 된다. 세 번째 값은 0x3C이고 세 개가 연속적으로 나오므로 0x03, 0x3C가 압축된 내용이 된다. 비슷하게 나머지 데이터들을 처리한 것은 그림 8-15와 같다.

압축 후	01	FF	01	00	03	3C	04	FF	01	DF	02	1E	03	3B	

그림 8-15 압축 후 배열 요소

RLE 압축 기법을 구현하는 encodingRLE()와 압축된 데이터를 해제하는 decodingRLE() 함수를 구현한다. **코드 8-55**는 두 함수의 원형을 보인다. 두 함수 모두 src가 가리키는 배열의 데이터를 압축 또는 해제해서 dest가 가리키는 배열에 저장한다. 두 함수 모두 dest에는 압축 또는 해제된 데이터를 충분히 담을 수 있는 공간이 있다고 가정한다.

코드 8-55

```
int encodingRLE(unsigned char* src, int size, unsigned char* dest);
int decodingRLE(unsigned char* src, int size, unsigned char* dest);
```

구현된 두 함수에 **코드 8-54**의 배열을 전달하고 압축한 후 배열의 내용을 출력하시오. 배열의 요소는 16진수 정수형으로 출력한다.

22 WAVE 사운드 파일은 시작 36바이트의 헤더(header)와 나머지 데이터 부분으로 저장되어 있다. 그림 8-16은 그중에서 처음 24바이트의 헤더 구조를 보인다.

헤더의 첫 번째 네 바이트는 'R', 'I', 'F', 'F'라는 글자들을 저장하고 있고, 그다음 4바이트는 Chunk Size를 나타내고 다시 'W', 'A', 'V', 'E'라는 네 글자가 있다. 연이어서 나오는 두 번째 헤더 부분의 첫 4바이트는 'f', 'm', 't', ' '로 구성된다. 다음 4바이트인 subchunk1 size는 정수 16이 저장된다.

그다음 2바이트는 오디오 형식, 2바이트는 스테레오인지 나타나는 내용이 포함된다.

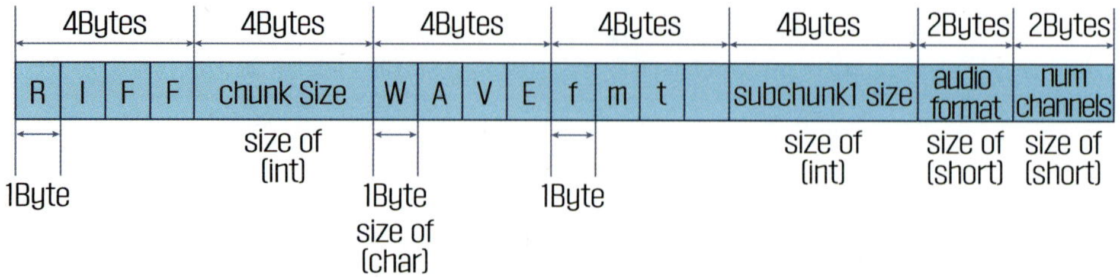

그림 8-16 WAV 파일 저장 포맷

```
unsigned char waveData[] = { 0x52, 0x49, 0x46, 0x46, 0xd8, 0xa8, 0x3,
0x0, 0x57, 0x41, 0x56, 0x45, 0x66, 0x6d, 0x74, 0x20, 0x10, 0x0, 0x0,
0x0, 0x1, 0x0, 0x2, 0 };
```

waveData 배열에는 실제 WAV 파일에서 읽어들인 정보를 저장한 것이다. 다음 출력 예시를 참고하여 waveData의 헤더 내용을 화면에 출력하는 프로그램을 작성하시오.

〈출력 예시〉

```
R I F F
chunk Size = 239832
W A V E
f m t
subchunk1 size = 16
audio format = 1
number of channels = 2
```

9장

문자열, 포인터 2

학 습 목 표

- 문자열을 이해하고, 입출력 방법을 알아본다.
- 포인터 배열과 포인터의 포인터 등을 이해한다.
- 표준 C 라이브러리에서 제공하는 문자열 함수와 메모리 관련 함수들을 살펴본다.
- 명령행 인자를 사용한다.

9.1

PROGRAMMING

문자열 선언과 초기화

문자열(string)은 문자를 연속적으로 나열한 것이다. 지금까지는 문자열 상수를 주로 사용했다. 다음은 문자열 상수의 몇 가지 예를 보인다.

```
"hello"      "a"   "string"   "what a beautiful day!"
```

프로그래밍을 하다 보면 문자열을 다루는 경우가 상당히 많다. 당장 컴파일러가 코드를 분석하는 것도 문자열을 다루는 것이고, 오류 내용을 출력하는 것도 문자열을 사용한다. 그 밖에 입출력에서 사용했던 scanf()나 printf() 함수의 서식 문자열, 프로그램의 메뉴, 클릭하는 버튼의 내용 등 문자열을 사용하는 경우가 아주 많다. C 언어는 문자 배열 중에서 마지막 문자가 널 문자('\0' 또는 정수로 0)인 것을 문자열로 인식한다. 이때 마지막 글자는 문자열을 마무리하는 글자여서 종료 문자(terminal character)라고도 한다. 그림 9-1은 "Hello World" 문자열 상수가 메모리에 저장되어 있는 모습이다.

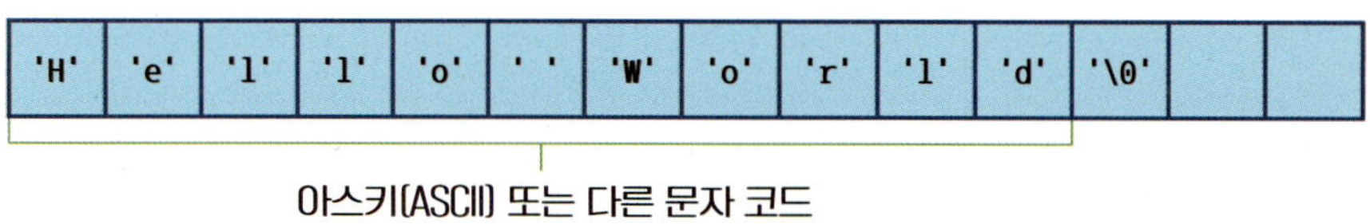

그림 9-1 문자열이 메모리에 저장되는 모습

C 언어는 문자열 자료형을 따로 제공하지 않기 때문에 문자열 선언은 문자 배열이나 문자 포인터를 사용한다. 다음은 문자열을 선언하는 방법들이다. 그림 9-1의 "Hello World"를 저장하는 문자열 변수를 선언하며 선언 방법을 자세히 살펴보자.

```
char 변수_이름[] = { 문자1, 문자2, ..., '\0' };
char 변수_이름[] = 문자열_상수;
char* 변수_이름 = 문자열_상수;
```

문자 배열 형태로 선언되는 문자열

문자열을 선언하는 첫 번째 방법은 문자 배열을 선언하고 문자들로 초기화하면서 마지막 글자를 널 문자로 지정하는 것이다.

```
char str1[] = { 'H', 'e', 'l', 'l', 'o', ' ', 'W', 'o', 'r', 'l', 'd', '\0' };
```

str1은 12개의 char로 구성된 배열이다. 각 요소는 'H', 'e', ... 등으로 초기화하지만, 마지막 글자로 널 문자를 지정한다. 마지막에 있는 널 문자로 인해 문자열로 취급되며, 만약 널 문자가 없다면 일반 문자 배열이 된다.

문자열의 문자 개수보다 더 큰 배열을 사용해도 된다. 예를 들어, 그림 9-1은 14개의 공간에 널 문자까지 12개의 글자를 저장한다. 그림 9-1처럼 배열을 선언하고 문자열을 초기화해 본다.


```
char str2[14] = { 'H', 'e', 'l', 'l', 'o', ' ', 'W', 'o', 'r', 'l', 'd', '\0' };
```

14개의 문자를 저장할 수 있는 공간에 널 문자를 포함해서 12개의 글자를 저장하고, 일반 배열처럼 나머지 2개 공간은 0으로 채워진다.

> **알아두세요** 배열에서 일부만 초기화하면 나머지는 0에 해당하는 값으로 채워지는 것을 기억하자.

str1 또는 str3

'H'	'e'	'l'	'l'	'o'	' '	'W'	'o'	'r'	'l'	'd'	'\0'

str2 또는 str4

'H'	'e'	'l'	'l'	'o'	' '	'W'	'o'	'r'	'l'	'd'	'\0'	'\0'	'\0'

그림 9-2 문자 배열이 메모리에 저장되는 모습

문자 배열을 선언하고, 문자열 상수로 초기화해서 문자열을 구성하는 방법도 있다.

```
char str3[] = "Hello World";
char str4[14] = "Hello World";
```

str3과 str4는 각각 str1과 str2를 선언한 것과 동일한 결과를 나타낸다. str3은 널 문자까지 12개의 문자(char)로 구성된 배열을 할당하고 문자열 상수에 있는 글자들로 초기화한다. str4는 14개의 문자 배열 공간에 12개의 문자(널 문자 포함)를 저장한다.

포인터 변수로 선언되는 문자열

문자열을 선언하는 세 번째 방법은 char 형 포인터 변수를 선언하고 문자열 상수로 초기화한다.

```
char* pstr = "Hello World";
```

str1~str4와 pstr은 다르다. 문자 배열 형태로 선언했던 문자열들은 그림 9-1과 같이 배열 공간을 확보하고 그 안에 문자열의 문자들을 저장한다. 포인터 변수로 선언하는 것은 그림 9-3과 같이 문자열 상수를 메모리에 생성(저장)하고 그 공간의 주소를 pstr 변수 공간에 저장한다. 즉, pstr이 문자열 상수가 위치한 곳을 가리킨다.

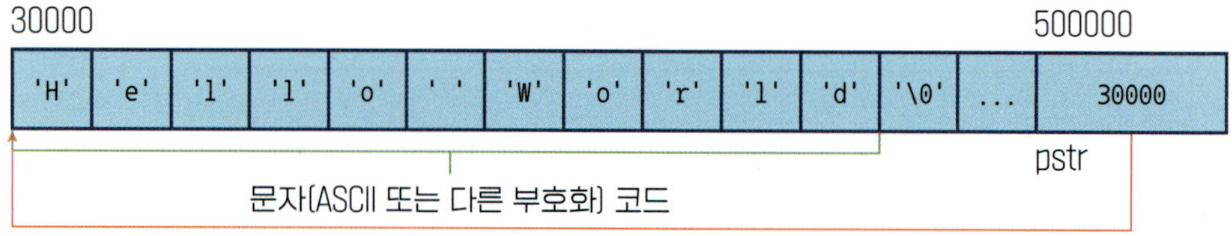

그림 9-3 포인터 변수에 문자열 상수를 초기화할 때 메모리에 저장되는 모습

포인터 변수와 문자 배열은 또 다른 차이가 있다. 문자 배열로 생성되는 문자열에서 배열 이름은 다른 배열이나 다른 문자열을 가리키도록 변경할 수 없다. 포인터 변수는 다른 문자열을 가리키거나 같은 문자열의 다른 위치를 가리키도록 변경할 수 있다.

코드 9-1은 문자 배열과 포인터 변수로 문자열을 선언하고 확인하는 프로그램으로, 특히 포인터 변수를 다른 문자열을 가리키도록 변경하는 것을 보인다.

printf()로 문자열을 출력할 때 서식에 %s를 사용한다. 지금까지는 문자열 상수를 출력할 때 사용했지만, 배열이나 포인터로 선언된 문자열 변수를 출력할 때도 같은 서식을 사용한다. 64비트로 컴파일되었다.

코드 9-1 **StrDelcaration.c**

```c
#define _CRT_SECURE_NO_WARNINGS
#include <stdio.h>

int main(void)
{
    char str1[] = { 'H', 'e', 'l', 'l', 'o', ' ', 'W', 'o', 'r', 'l', 'd', '\0' };
    char str2[14] = { 'H', 'e', 'l', 'l', 'o', ' ', 'W', 'o', 'r', 'l', 'd', '\0' };
    char str3[] = "Hello World";
    char str4[14] = "Hello World";
    char* pstr = "Hello World";

    printf("sizeof(str1) = %d, str1 = %s\n", sizeof(str1), str1);
    printf("sizeof(str2) = %d, str2 = %s\n", sizeof(str2), str2);
    printf("sizeof(str3) = %d, str3 = %s\n", sizeof(str3), str3);
    printf("sizeof(str4) = %d, str4 = %s\n", sizeof(str4), str4);
    printf("sizeof(pstr) = %d, pstr = %s\n", sizeof(pstr), pstr);
    // str1 = "New World"; // 컴파일 오류 발생
    pstr = "New World";
    printf("pstr = %s\n", pstr);
    return 0;
}
```

문자 배열의 크기와 문자열을 출력
문자 배열이 실제 문자열을 저장하고 있음

포인터 변수의 크기와 문자열 출력
포인터 변수가 주소를 저장하고 있음

주석을 해제하고 컴파일하면 오류 발생
배열은 초기화 때를 제외하면 문자열 바로 저장 불가

포인터 변수가 다른 문자열을
가리키도록 변경

변경된 문자열을 출력

<실행 결과>

```
sizeof(str1) = 12, str1 = Hello World
sizeof(str2) = 14, str2 = Hello World
sizeof(str3) = 12, str3 = Hello World
sizeof(str4) = 14, str4 = Hello World
sizeof(pstr) = 8, pstr = Hello World
pstr = New World
```

문자열 변경

문자 배열로 선언되는 문자열은 내용을 수정할 수 있다. **코드 9-2**는 그림 9-4처럼 "Hello"로 초기화한 문자 배열을 수정해서 "Help"로 변경한다.

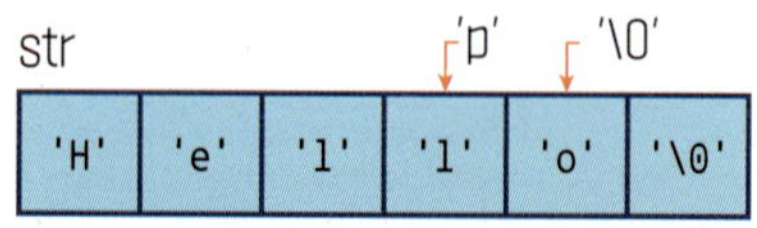

그림 9-4 "Hello"를 "Help"로 변경

코드 9-2 StrDeclaration2.c

```
#define _CRT_SECURE_NO_WARNINGS
#include <stdio.h>

int main()
{
    char str[] = "Hello";

    printf("str = %s\n", str);

    str[3] = 'p';
    str[4] = '\0';

    printf("str = %s\n", str);
    return 0;
}
```

'l'을 'p'로 변경

문자열을 끝내는 널 문자로 변경

<실행 결과>

```
str = Hello
str = Help
```

문자열 상수를 포인터 변수에 저장하면 내용을 변경할 수 없다. 문자열 상수는 다른 공간에 저장되어 있고, 변경하지 못하도록 보호된다.

그림 9-5는 비주얼 스튜디오 2022에서 **코드 9-3**을 컴파일한 후 실행시켰을 때 오류가 발생하는 것을 나타낸다. 컴파일러는 포인터 변수를 이용해서 메모리의 내용을 변경한다고 생각하고 코드를 생성하지만, 변경할 수 없는 영역을 수정하려고 하는 것이므로 실행 오류가 발생한다.

코드 9-3 StrDeclaration3.c

```c
#define _CRT_SECURE_NO_WARNINGS
#include <stdio.h>

int main()
{
    char* pstr = "Hello";

    printf("pstr = %s\n", pstr);

    pstr[3] = 'p';
    pstr[4] = '\0';

    printf("pstr = %s\n", pstr);
    return 0;
}
```

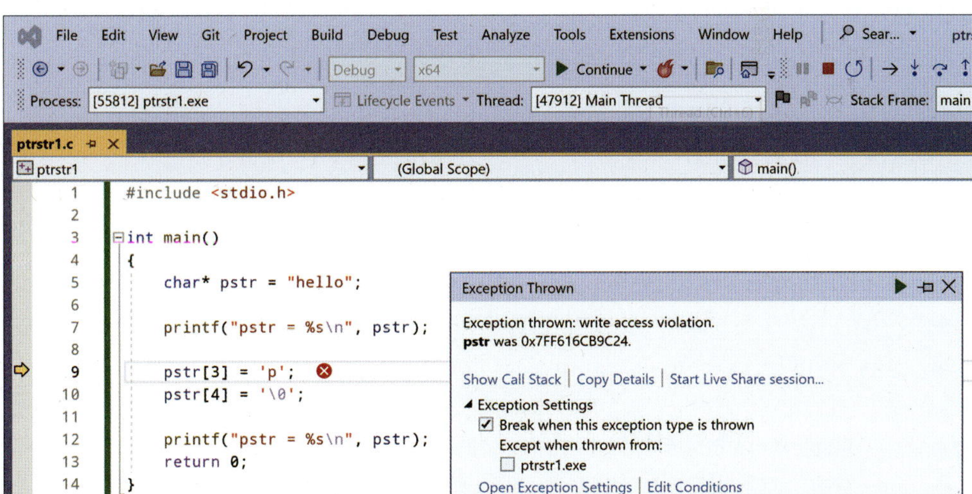

그림 9-5 포인터 문자열을 수정할 때 실행 오류 발생

문자열과 대입 연산

문자 배열에 문자열을 저장하는 것은 선언하면서 초기화할 때만 가능하다. 다음 코드에서 str에 문자열을 저장하는 것과 str2에 str을 저장하는 것은 모두 컴파일 오류가 발생한다.

```
char str[20] = "hello";
char st2[20];

str = "hello world";
str2 = str;
```

문자 배열의 문자열을 수정하려면 **코드 9-2**처럼 글자 단위로 변경하거나 표준 C 라이브러리에서 제공하는 strcpy() 함수를 사용한다. strcpy() 함수는 string.h에 선언되어 있고, 다음에 보인 함수 원형을 가진다.

```
#include <string.h>
char* strcpy(char* dest, const char* src);
```

strcpy() 함수의 dest 매개변수에는 복사할 문자열이 저장될 배열을, src에는 원본 문자열의 시작 주소를 전달한다. strcpy() 함수는 복사된 문자열의 시작 주소를 반환한다. strcpy() 함수는 dest에 전달되는 문자 배열이 원본 문자열을 복사하는 데 충분한 공간이 있는지 확인하지 않으므로 주의한다.

코드 9-4 **StrAssign.c**

```
#define _CRT_SECURE_NO_WARNINGS
#include <stdio.h>
#include <string.h>

int main()
{
    char str[] = "hello";
    char str2[10];

```

표준 헤더 파일인 string.h를 포함
string.h는 문자열 관련 함수들을 선언

```c
    printf("str = %s\n", str);
    strcpy(str2, str);
    printf("str2 = %s\n", str2);
    return 0;
}
```

원본 문자열을 출력

str2에 str의 문자열을 복사(저장)

str2에 복사된 문자열을 출력

<실행 결과>

```
str = hello
str2 = hello
```

문자열과 포인터 대입은 다르다. 예를 들어, 포인터 변수를 선언하고 str을 저장해 보자.

```c
char str[] = "hello";
char* pstr = str;
```

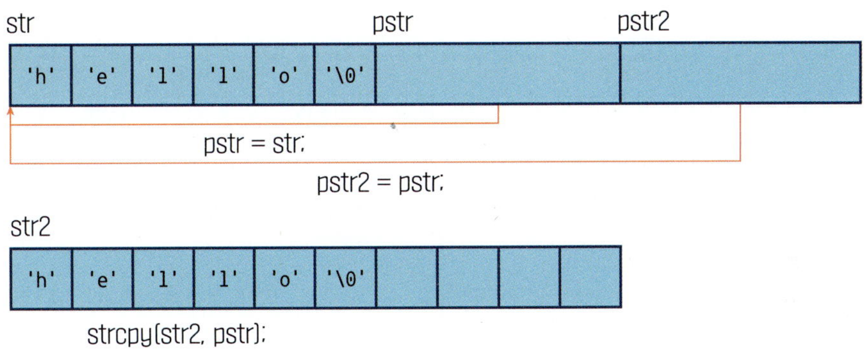

그림 9-6 문자열 대입 연산 동작 방법

그림 9-6과 같이 pstr은 str 배열의 시작 주소만 저장한다. 만약 또 다른 포인터 변수를 한 개 만들고 pstr을 저장해도 마찬가지로 주소가 복사되어 저장된다.

```c
char* pstr2 = pstr;
```

strcpy() 함수를 사용하면 그림 9-6처럼 문자열을 복사해서 새로 저장한다.

```
char str2[10];
strcpy(str2, pstr);
```

그림 9-7처럼 strcpy() 함수에 전달되는 두 문자열이 메모리에서 중첩되는 부분이 있다면 어떻게 될지 모른다. 이런 경우는 나중에 설명할 memmove() 함수를 사용해야 한다.

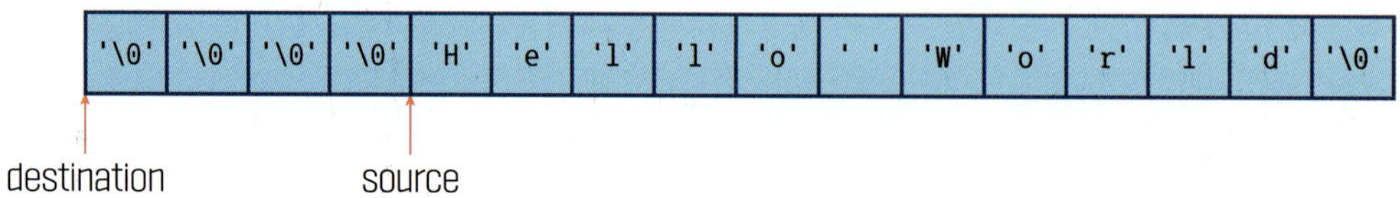

그림 9-7 복사하는 문자열의 메모리가 중첩되는 경우

문자열과 메모리 구조

함수 밖이나 정적 지역변수로 선언한 문자 배열은 전역변수가 저장되는 영역, 즉 데이터 영역에 만들어진다. 반대로 지역변수로 선언하는 문자 배열은 스택에 공간을 할당받는다. 문자열 상수는 프로그램에서 사용하는 상수들을 저장하는 곳에 만들어진다. 일반적으로 상수들은 데이터 영역에 저장된다. 그림 9-3과 같이 포인터 변수에 문자열 상수를 저장할 때 포인터 변수는 변수 선언 위치에 따라 데이터(전역 또는 정적 지역변수)나 스택(지역변수)에 저장된다.

PROGRAMMING

9.2 문자열과 포인터

문자열은 배열 인덱스나 포인터 연산 등을 통해 각 문자에 접근할 수 있다. 또한, 일반 배열과는 달리 종료 문자가 있어 배열의 크기를 알지 못해도 사용하기 쉽다.

문자열 출력

문자열의 문자들을 한 개씩 출력하는 코드를 작성하자. 첫 번째 방법은 기존 배열에서 사용한 방법으로 배열의 크기만큼 요소를 출력하는 것이다.

코드 9-5 **PrintChars1.c**

```
#define _CRT_SECURE_NO_WARNINGS
#include <stdio.h>

#define ARRAY_SIZE(arr, element) (sizeof((arr)) / sizeof((element)))

int main(void)
{
    char str[] = "Hello";
    for (int i = 0; i < ARRAY_SIZE(str, str[0]); i++) {
        printf("%c\t", str[i]); // 문자를 한 개씩 탭 문자로 분리해서 출력
    }
    return 0;
}
```

배열의 크기 계산

인덱스를 0부터 배열 크기 – 1까지 1씩 증가시키며 문자 출력

<실행 결과>

```
H	e	l	l	o
```

이렇게 출력하면 배열의 크기가 문자열의 길이보다 클 때, 문자열이 사용하지 않는 부분의 쓰레기 값을 출력할 수 있어 문제가 된다. **코드 9-6**을 살펴보자.

코드 9-6 **PrintChars2.c**

```
#define _CRT_SECURE_NO_WARNINGS
#include <stdio.h>
#include <string.h>

#define ARRAY_SIZE(arr, element) (sizeof((arr)) / sizeof((element)))

int main(void)
{
    char str[8] = { 'a', 'b', 'c', 'd', 'e', 'f', 'g', 'h' };
    strcpy(str, "Hello");
    for (int i = 0; i < ARRAY_SIZE(str, str[0]); i++) {
        printf("%c\t", str[i]); // 문자를 한 개씩 탭 문자로 분리해서 출력
    }
    return 0;
}
```

원하지 않는 문자들이 출력되는 것을 나타내기 위해 배열의 문자들을 초기화

strcpy() 함수는 원본 문자열(source)의 널 문자까지만 배열(destination)에 복사

<실행 결과>

```
H	e	l	l	o		g	h
```

str 배열에서 처음 5개 요소는 "Hello"의 글자들로 채워졌고, 'f'는 널 문자로 대체되어서 출력할 때 화면에 나타나지 않는다. 나머지 두 개 문자 'g'와 'h'는 출력되었다.

두 번째 방법은 배열의 크기를 계산하지 않고 종료 문자 전까지 출력한다. 배열 크기가 문자열 길이보다 커도 문제없다.

코드 9-7 **PrintChars3.c**

```
#define _CRT_SECURE_NO_WARNINGS
#include <stdio.h>
#include <string.h>

int main()
```

```c
{
    char str[8] = { 'a', 'b', 'c', 'd', 'e', 'f', 'g', 'h' };
    strcpy(str, "Hello");
    for (char* p = str; *p != '\0'; p++) {
        printf("%c\t", *p); // 문자를 한 개씩 탭 문자로 분리해서 출력
    }
    return 0;
}
```

p를 str[0]의 주소부터 시작해서 1씩 증가시키며 문자를 각각 출력
*p가 널 문자일 때까지 반복

실행 결과는 **코드 9-5**와 동일하다. **코드 9-7**처럼 같이 포인터 변수에 문자열의 시작 위치를 저장하고 포인터 변수를 증가시키면서 널 문자를 만날 때까지 요소들을 처리하는 것은 문자열을 다룰 때 자주 사용하는 방법이다.

코드 9-7을 수정해서 문자열을 함수로 전달받고 각 글자를 출력하는 printCharsInStr() 함수를 구현해서 사용하자. 매개변수는 문자열을 수정하지 않으므로 const char*로 정한다. 일반 배열과 달리 문자열을 함수에 전달할 때 배열의 크기 정보를 함께 전달하지 않아도 된다. 널 문자를 이용해서 문자열의 끝을 확인하면 된다. 문자열 출력 함수의 코드는 **코드 9-7**의 for 반복문 코드와 거의 같다.

코드 9-8 **PrintChars4.c**

```c
#define _CRT_SECURE_NO_WARNINGS
#include <stdio.h>

void printCharsInStr(const char* pstr)
{
    for (const char* p = pstr; *p != '\0'; p++) {
        printf("%c\t", *p); // 문자를 한 개씩 탭 문자로 분리해서 출력
    }
}

int main()
{
    char str[] = "Hello";
    printCharsInStr(str);
    return 0;
}
```

문자열의 시작 주소를 pstr 변수로 전달받음

포인터 변수 p를 pstr의 주소부터 시작해서 널 문자를 만나기 전까지 한 글자씩 출력

printCharsInStr() 함수에 문자열 str의 시작 주소를 전달

PROGRAMMING

9.3 문자열 입출력

표준 C 라이브러리에는 〈3장〉에서 설명했던 문자열 출력 함수 printf()와 puts() 함수 외에도 다양한 입출력 함수들이 있다. 이 중에서도 자주 사용하는 것들을 알아본다.

키보드로 문자열 입력받기

scanf() 함수에서 문자열을 입력받는 서식 지정자는 %s이고, 문자 배열의 시작 주소를 전달한다. 단, 문자열의 입력에 충분한 크기의 문자 배열을 선언해야 한다.

코드 9-9 ScanfStr1.c

```
#define _CRT_SECURE_NO_WARNINGS
#include <stdio.h>

int main(void)
{
    char str[20];  ← 문자열을 입력받는데 충분한 공간을 선언

    printf("문자열을 입력하세요: ");
    scanf("%s", str);  ← 문자열 입력. 배열 이름이 주소를 나타내므로 주소 연산자(&)를 사용하지 않음
    printf("str = %s\n", str);
    return 0;
}
```

〈실행 결과〉

```
문자열을 입력하세요: hello
str = hello
```

scanf() 함수는 입력받을 때 공백, 탭, 줄바꿈 문자 등에서 멈추고 그 이전까지의 값을 반환한다. 문자열을 입력받을 때도 마찬가지로 공백 없는 문자열만 입력받는다. **코드 9-9**를 다시 실행시키고 공백이 있는 문자열을 입력해 보자.

<실행 결과>

```
문자열을 입력하세요: hello world
str = hello
```

전체 문자열 대신 첫 번째 단어만 입력받은 것을 볼 수 있다. scanf() 함수를 한 번 더 호출하면 입력 버퍼에 있던 두 번째 단어가 입력된다. **코드 9-9**를 수정해서 **코드 9-10**처럼 scanf() 함수를 두 번 실행한다.

코드 9-10 **ScanfStr2.c**

```c
#define _CRT_SECURE_NO_WARNINGS
#include <stdio.h>

int main(void)
{
    char str[20];

    printf("문자열을 입력하세요: ");
    scanf("%s", str);
    printf("first str = %s\n", str);
    scanf("%s", str);
    printf("second str = %s\n", str);
    return 0;
}
```

<실행 결과>

```
문자열을 입력하세요: hello world
first str = hello
second str = world
```

scanf()에 서식 지정자로 %s를 사용할 때 일반 문자열로 된 서식이 섞이면 문제가 복잡해진다. 예를 들어, 쉼표로 분리되어 있는 값을 읽는 경우를 살펴보자. 과목_이름(문자열), 중간고사(정수), 기말고사(정수) 형태로 입력받는 것을 생각하며 **코드 9-11**을 실행해 보자.

코드 9-11 Scanf1.c

```c
#define _CRT_SECURE_NO_WARNINGS
#include <stdio.h>

int main(void)
{
    char subject[20];
    int midterm;
    int final;
    printf("과목_이름,중간고사 성적,기말고사 성적순으로 입력하세요: ");
    int converted = scanf("%s,%d,%d", subject, &midterm, &final);
    printf("subject = %s, midterm = %d, final = %d, converted = %d\n",
subject, midterm, final, converted);
    return 0;
}
```

입력 서식이 문자열, 정수, 정수 형태로 되어 있어 %s,%d,%d로 입력받음

코드를 실행하면 예상과 어긋난 결과가 나타난다.

```
과목_이름,중간고사 성적,기말고사 성적순으로 입력하세요: CProgramming,90,85
subject = CProgramming,90,85, midterm = 32758, final = 1087051017, converted = 1
```

scanf() 함수가 문자열을 읽을 때, 입력 내용인 CProgramming,90,85에 공백이 없으므로 한 개 문자열로 인식하고 출력한다. midterm과 final은 입력 버퍼에 남은 내용이 없으므로(줄바꿈 문자는 무시), 쓰레기 값이 출력된다. scanf() 함수는 서식 지정자에 맞게 변환되어 변수에 제대로 저장된 값의 개수를 반환한다. **코드 9-11**은 문자열만 제대로 저장되므로 converted에는 1이 저장된다.

쉼표(,) 사이에 공백을 넣어보자. scanf()는 문자열을 읽을 때 공백을 만나면 입력받는 것을 멈추므로, "CProgramming,"까지 문자열로 인식한다. 다음에 서식 문자열의 쉼표를 확인해야 하는데 공백 문자가 나오므로 함수가 종료된다.

```
과목_이름,중간고사 성적,기말고사 성적순으로 입력하세요: CProgramming, 90, 85
subject = CProgramming,, midterm = 32759, final = -545516279, converted = 1
```

공백을 쉼표 앞에 넣어도 결과는 비슷하다. “CProgramming”까지 읽고 공백에서 멈춘 다음 쉼표와 공백이 같지 않아 함수가 종료된다.

```
과목_이름,중간고사 성적,기말고사 성적순으로 입력하세요: CProgramming , 90 , 85
subject = CProgramming, midterm = 32758, final = -1260186359, converted = 1
```

이 문제를 해결하는 방법은 어떤 글자를 만나기 전까지는 모든 문자를 문자열에 포함하라고 지정하는 것이다. 다음 코드는 쉼표(,)전까지 나오는 모든 글자(공백 문자 포함)를 문자열로 읽어서 저장한다.

```
scanf("%[^,],%d,%d", subject, &midterm, &final);
```

% 다음에 나오는 [^글자]는 글자에 해당하는 내용이 나올 때까지 모든 입력 내용을 문자열로 취급해서 변수에 저장하라는 의미이다.

코드 9-12 Scanf2.c

```
#define _CRT_SECURE_NO_WARNINGS
#include <stdio.h>

int main(void)
{
    char subject[20];
    int midterm;
    int final;
    printf("과목_이름,중간고사 성적,기말고사 성적순으로 입력하세요: ");
    int converted = scanf("%[^,],%d,%d", subject, &midterm, &final);
    printf("subject = %s, midterm = %d, final = %d, converted = %d\n",
subject, midterm, final, converted);
    return 0;
}
```

첫 번째 쉼표를 만나면 문자열을 subject에 저장하는 것을 멈춤

<실행 결과>

```
과목_이름,중간고사 성적,기말고사 성적순으로 입력하세요: CProgramming,90,85
subject = CProgramming, midterm = 90, final = 85, converted = 3
```

한 번 더 실행하고 문자열에 공백을 추가해 본다. 쉼표를 만나기 전에 있는 공백도 모두 입력 내용으로 읽어 배열에 저장하는 것을 확인할 수 있다.

<실행 결과>

```
과목_이름,중간고사 성적,기말고사 성적순으로 입력하세요: C Programming , 90, 85
subject = C Programming , midterm = 90, final = 85, converted = 3
```

다음 코드는 줄바꿈 문자가 입력되기 전까지 문자열로 입력받는다.

```
scanf("%[^\n]", subject);
```

'쉼표(,)', '콜론(:)', '마이너스(-)'와 같이 값을 분리하는 글자들이 있는 서식은 앞에서 설명한 방법(%[^글자])으로 서식에 맞춰 값을 읽는 것이 가능하다. 하지만 문자열이 포함된 좀 더 복잡한 서식이라면, scanf()를 사용해서 입력받는 것이 어렵다. 오히려 gets()나 fgets() 같이 문자열을 통째로 입력받는 함수를 사용한 후에 문자열을 직접 서식에 맞춰 값을 분리하는 것이 낫다. 두 함수는 stdio.h에 포함되어 있고, 다음처럼 선언되어 있다.

```
char* gets(char* s);
char* fgets(char* s, int n, FILE* stream)
```

gets()는 배열을 인자로 전달받고 표준 입력 장치(standard input)로부터 문자열을 입력받아 배열에 저장하는 함수이다. 하지만 이 함수는 문제가 있어서 사용을 권하지 않는다. 간단한 코드를 이용해서 어떤 문제가 발생하는지 확인해 보자.

```
char s[20];
gets(s);
printf("s = %s\n", s);
```

배열 크기가 20인데, 만약 사용자가 20자 이상을 입력하면 어떻게 될까? gets() 함수는 사용자가 입력한 내용이 배열의 크기를 넘치는지 확인하지 않는다. 이런 취약점들을 악용하는 경우들이 발생해서 지금은 gets() 대신 fgets() 함수를 사용할 것을 권한다.

fgets() 함수는 마지막 매개변수인 FILE*에 어떤 값을 전달하느냐에 따라 파일 또는 키보드에서 문자열을 읽을 수 있다. 파일 입출력은 〈12장〉에서 다루고, 여기에서는 키보드에서 입력받는 것만 먼저 살펴본다.

fgets() 함수를 이용해 키보드에서 입력받으려면 stdin을 마지막 인자로 전달하면 된다. stdin은 표준 입력(standard input)을 나타내는 상수로 stdio.h에 정의되어 있다.

fgets() 함수는 입력 내용을 저장할 문자 배열을 첫째 인자로, 배열의 크기를 둘째 인자로 받는다. fgets() 함수는 다음 세 가지 경우에 대해 함수 실행을 종료하고 반환한다.

- 사용자가 줄바꿈 문자를 입력(엔터키)한다.
- 파일에서 문자열을 입력받는 중이었다면 파일에 더 이상 읽을 데이터가 없다(End Of File, EOF).
- 입력 버퍼에 n개 이상의 문자가 있을 때 배열에 n − 1개의 문자를 채운다. 입력 버퍼에 있는 나머지 문자들은 그대로 버퍼에 있다.

문자열을 읽는 중에 오류가 발생하면 fgets()는 NULL을 반환하고, 그렇지 않으면 s(배열의 주소)를 반환한다. fgets()를 이용해서 문자열을 입력받는 프로그램을 작성한다.

코드 9-13 **fgets1.c**

```
#define _CRT_SECURE_NO_WARNINGS
#include <stdio.h>

int main(void)
{
    char s[20];
```

```c
    if (fgets(s, 20, stdin) != NULL) {
        printf("s = %s\n", s);
    }
    return 0;
}
```

최대 19글자까지(널 문자를 위해 한 개의 요소를 남김) 표준 입력 장치에서 문자열 입력받기

〈실행 결과〉

```
hello world
s = hello world
```

다시 문자열을 20자 이상 입력하고 입력된 내용이 중간에 잘리는지 확인한다.

〈실행 결과〉

```
C is a general programming language
s = C is a general prog
```

문자열에서 입력받기

sscanf() 함수는 서식이 정해진 문자열에서 값을 추출할 때 주로 사용한다. scanf() 함수와 비슷한데 키보드 대신 문자열에서 입력받는다. sscanf() 함수의 첫 번째 인자는 입력으로 사용할 문자열이다. 두 번째 인자부터 scanf() 함수와 동일하고 반환 값도 같다. 간단한 예제 코드를 작성해 보자. 다음과 같이 과목 이름, 중간고사, 기말고사 성적들이 문자열 형태로 있다고 가정해 보자.

```
"CProgramming1 90 86"
```

정해진 포맷에 맞춰 만들어진 문자열이다. 과목 이름과 성적들은 모두 공백으로 분리된다. 이렇게 틀에 맞춰진 경우, sscanf() 함수를 이용하면 과목 이름과 중간/기말고사 성적을 적절하게 변수에 저장할 수 있다. 한 과목의 성적과 점수를 읽는 코드를 작성한다.

코드 9-14 Sscanf1.c

```
#define _CRT_SECURE_NO_WARNINGS
#include <stdio.h>

int main(void)
{
    char str[] = "CProgramming1 90 86";
    char subject[20];
    int midterm;
    int final;

    int converted = sscanf(str, "%s %d %d", subject, &midterm, &final);
    printf("subject = %s, midterm = %d, final = %d, converted = %d\n",
subject, midterm, final, converted);
    return 0;
}
```

str에서 과목명, 중간/기말고사 성적을 각각 subject, midterm, final에 저장
%s %d %d는 %s%d%d로 사용해도 됨

<실행 결과>

```
subject = CProgramming1, midterm = 90, final = 86, converted = 3
```


이번에는 **코드 9-15**와 같이 쉼표로 분리되어 있는 경우를 확인하는 프로그램을 작성한다. 서식 지정자도 기존 scanf() 함수에서 작성한 것과 동일하게 지정한다.

코드 9-15 Sscanf2.c

```
#define _CRT_SECURE_NO_WARNINGS
#include <stdio.h>

int main(void)
{
    char str[] = "C Programming 1, 90, 86";
    char subject[20];
    int midterm;
    int final;

```

```
    int converted = sscanf(str, "%[^,],%d,%d", subject, &midterm, &final);
    printf("subject = %s, midterm = %d, final = %d, converted = %d\n", subject, midterm, final, converted);
    return 0;
}
```

<실행 결과>

```
subject = C Programming 1, midterm = 90, final = 86, converted = 3
```

서식에 맞춰 문자열에 출력

sprintf() 함수는 printf() 함수가 화면에 출력하는 내용을 문자 배열에 저장한다. 첫 번째 인자가 출력 내용을 저장할 문자 배열이고, 두 번째 인자부터 printf() 함수와 동일하다.

sprintf() 함수는 서식에 맞춰 생성되는 문자열의 크기를 알지 못한다. 생성되는 문자열의 길이를 고려해서 충분한 크기의 배열을 제공하는 것은 프로그래머의 몫이다. sprintf() 함수를 이용하는 것으로 **코드 9-15**를 수정하고 생성한 문자열을 sscanf() 함수에 전달해 보자.

코드 9-16 **Sprintf1.c**

```
#define _CRT_SECURE_NO_WARNINGS
#include <stdio.h>

int main(void)
{
    char str[50];
    sprintf(str, "%s, %d, %d", "C programming 1", 90, 86);
    printf("str = %s\n", str);

    char subject[20];
    int midterm;
    int final;
```

str 배열에 주어진 값을 서식에 맞춰 저장
문자열을 종료하는 널 문자도 삽입함

str을 확인하기 위해 출력

```c

    int converted = sscanf(str, "%[^,],%d,%d", subject, &midterm, &final);
    printf("subject = %s, midterm = %d, final = %d, converted = %d\n", subject, midterm, final, converted);
    return 0;
}
```

<실행 결과>

```
str = C Programming 1, 90, 86
subject = C Programming 1, midterm = 90, final = 86, converted = 3
```

C99부터 배열의 범위를 넘치지 않게 저장하는 snprintf() 함수를 제공한다(비주얼 스튜디오 2022에서도 사용할 수 있다). 만약 컴파일러가 지원한다면, sprintf()보다 snprintf()를 사용하도록 한다. snprintf() 함수는 sprintf() 함수와 비슷하지만 출력 문자열의 길이가 출력 내용을 저장하는 배열보다 크면, 배열 크기 – 1까지만 저장하고 널 문자를 추가한다. 사용법은 첫 번째 인자에 문자 배열, 두 번째 인자로 배열의 크기를 전달하고, 세 번째 인자부터 printf() 함수와 사용법이 같다. **코드 9-17**은 snprintf()를 사용해서 **코드 9-16**을 수정한 것이다.

코드 9-17 **Snprintf1.c**

```c
#define _CRT_SECURE_NO_WARNINGS
#include <stdio.h>

int main(void)
{
    char str[50];
    snprintf(str, sizeof(str), "%s, %d, %d", "C Programming 1", 90, 86);
    printf("str = %s\n", str);

    char subject[20];
    int midterm;
    int final;
    int converted = sscanf(str, "%[^,],%d,%d", subject, &midterm, &final);
```

```c
    printf("subject = %s, midterm = %d, final = %d, converted = %d\n",
subject, midterm, final, converted);
    return 0;
}
```

<실행 결과>

```
str = C Programming 1, 90, 86
subject = C Programming 1, midterm = 90, final = 86, converted = 3
```

배열의 크기가 문자열 길이보다 작은 경우를 확인한다.

코드 9-18 Snprintf2.c

```c
#define _CRT_SECURE_NO_WARNINGS
#include <stdio.h>

int main(void)
{
    char str[20];
    snprintf(str, sizeof(str), "%s, %d, %d", "C Programming 1", 90, 86);
    printf("str = %s\n", str);
    return 0;
}
```

<실행 결과>

```
str = C Programming 1, 90
```

PROGRAMMING

9.4 문자열 배열

문자열을 요소로 갖는 배열을 만들고, 문자열 배열을 함수에 전달해 사용해 본다. 문자열 배열을 만드는 방법은 두 가지가 있다.

- 2차원 문자
- 포인터

2차원 문자 배열로 문자열 배열 구현

2차원 문자 배열을 이용해서 문자열의 배열을 구현할 수 있다. 즉, 정해진 크기의 char 배열을 만들고 이 배열을 요소로 갖는 2차원 배열을 구현할 수 있다.

먼저 10글자를 저장할 수 있는 문자 배열을 선언하고 문자열을 초기화해 본다.

```
char animal[10] = "Dog";
```

이제 “Dog”, “Cat”, “Racoon”, “Duck”, “Iguana”를 요소로 가지는 2차원 문자열 배열을 만들어 본다. 앞서 만든 것처럼 10글자까지 저장할 수 있는 배열을 요소로 가지는 배열을 선언한다.

코드 9-19

```
char animals[][10] = { "Dog", "Cat", "Racoon"  "Duck", "Iguana" };
```

animals는 그림 9-8과 같이 구조로 만들어지고 초기화된다. 즉, char[10] 배열이 n개 있는 형태의 2차원 배열이 만들어진다.

	[0]	[1]	[2]	[3]	[4]	[5]	[6]	[7]	[8]	[9]
animals	'D'	'o'	'g'	'\0'						
	'C'	'a'	't'	'\0'						
	'R'	'a'	'c'	'o'	'o'	'n'	'\0'			
	'D'	'u'	'c'	'k'	'\0'					
	'I'	'g'	'u'	'a'	'n'	'a'	'\0'			

그림 9-8 2차원 배열로 만들어지는 문자열 배열

animals를 출력하는 프로그램을 구현한다. char[10]에 해당되는 배열의 개수가 5개이므로 인덱스 0~4까지 출력해도 되고, 이전에 만들었던 매크로 함수를 사용할 수도 있다.

코드 9-20 Char2DArray.c

```c
#define _CRT_SECURE_NO_WARNINGS
#include <stdio.h>

#define ARRAY_SIZE(arr, element) (sizeof((arr)) / sizeof((element)))

int main()
{
    char animals[][10] = { "Dog", "Cat", "Racoon", "Duck", "Iguana" };

    for (int i = 0; i < ARRAY_SIZE(animals, animals[0]); i++) {
        printf("animals[%d] = %s\n", i, animals[i]);
    }
    return 0;
}
```

ARRAY_SIZE 매크로에 2차원 배열과 첫 번째 요소의 크기를 전달해서 요소 개수를 구함

animals는 2차원 배열
animals의 요소는 널 문자로 종료하는 문자열
문자열 출력 코드 사용

<실행 결과>

```
animals[0] = Dog
animals[1] = Cat
animals[2] = Racoon
animals[3] = Duck
animals[4] = Iguana
```

이번에는 animals 배열을 함수의 매개변수로 전달받아 출력하는 프로그램을 작성한다.

코드 9-21 Char2DArray2.c

```c
#define _CRT_SECURE_NO_WARNINGS
#include <stdio.h>

#define ARRAY_SIZE(arr, element) (sizeof((arr)) / sizeof((element)))

void printStrArray(char strs[][10], int size)
{
    for (int i = 0; i < size; i++) {
        printf("strs[%d] = %s\n", i, strs[i]);
    }
}

int main()
{
    char animals[][10] = { "Dog", "Cat", "Racoon", "Duck", "Iguana" };

    printStrArray(animals, ARRAY_SIZE(animals, animals[0]));
    return 0;
}
```

animals[][10]을 전달받는 매개변수를 animals와 동일한 형태로 선언

실행 결과는 **코드 9-20**과 동일하다. 배열의 내용을 수정할 수 없도록 const를 붙일 수 있다. 여기서는 전체 코드를 보이는 대신 함수만 다시 작성한다.

코드 9-22 Char2DArray3.c

```c
void printStrArray(const char strs[][10], int size)
{
    // strs[0][0] = 'a'; 컴파일 오류 발생
    for (int i = 0; i < size; i++) {
        printf("strs[%d] = %s\n", i, strs[i]);
    }
}
```

2차원 배열 전체를 const로 수식하기 때문에 strs[0][0] = 'a'; 코드는 컴파일 오류 발생

잠깐만요 2차원 또는 다차원 배열을 함수의 매개변수로 선언하는 방법

• **2차원 배열**

첫 번째 방법은 이미 설명한 것처럼 인자와 동일한 형태의 2차원 배열로 선언하는 것이다. **코드 9-21**처럼 char strs[][10]으로 선언한다.

두 번째 방법은 고정된 [10]은 두고 고정되지 않은 크기를 나타내는 []를 포인터로 표시하는 것이다.

1차원 배열인 인자 char arr[]은 포인터형 매개변수 char* parr로 받을 수 있다. 즉, []을 *로 바꾼 셈이다.

비슷하게 char strs[][10]을 변환해서 char *strs[10]로 변경해 보자. 변환된 방식의 문제는 char* strs[10]으로 인식된다. 즉, char*를 10개 저장하는 배열이 만들어진다.

char arr[][10]은 char[10]이 여러 개 있는 배열이라고 했으므로 char* arr[10]과는 다르다. 이때 포인터로 제대로 표현하는 방법은 이름과 *를 괄호로 묶는 것이다. 따라서 char arr[][10]을 포인터로 표현하는 방법은 char (*arr)[10]이다.

최종적으로 정리하면, 인자 TYPE arr[][n]을 매개변수로 전달할 때 선언하는 방법은 TYPE arr[][n] 또는 TYPE (*arr)[n]이다. 전자(TYPE arr[][n])를 사용하는 것이 편하고 읽기 쉽다.

코드 9-21의 printStrArray() 함수는 void printStrArray(char (*strs)[10], int size), **코드 9-22**의 printStrArray() 함수는 void printStrArray(const char (*strs)[10], int size)으로 작성해도 된다.

• **다차원 배열**

다차원 배열을 함수에 전달할 때 다음 형태로 매개변수를 선언한다.

```
TYPE 배열_이름[][SIZE_1][SIZE_2]...[SIZE_N]
```

다차원 배열을 매개변수로 받는 것은 2차원 배열과 마찬가지로 두 가지 방법이 있다. 첫 번째 방법은 배열을 선언한 것과 동일한 방법으로 매개변수를 선언하는 것이다.

두 번째 방법은 제일 앞의 []를 포인터 형태로 바꾸어서 매개변수를 선언하는 것이다.

인자 TYPE 배열_이름[][SIZE_1][SIZE_2]...[SIZE_N]를 매개변수로 전달할 때 선언하는 방법은 TYPE 배열_이름[][SIZE_1][SIZE_2]...[SIZE_N]과 TYPE (*배열_이름)[SIZE_1][SIZE_2]...[SIZE_N]이다.

포인터로 문자열 배열 구현

문자열을 가리키는 포인터의 배열을 생성해 보자.

먼저 char 형 포인터를 이용해서 문자열을 초기화한다.

```
char* animal = "Dog";
```

이번에는 char* 형 배열을 생성하고, 문자열로 초기화한다.

코드 9-23

```
char* animals[5] = { "Dog", "Cat", "Racoon", "Duck", "Iguana" };
```

그림 9-9는 **코드 9-23**이 어떻게 구성되는지를 보인다. “Dog”나 “Cat”은 문자열 상수들이 저장되는 메모리 공간에 있으며, animals 배열의 요소에는 각 문자열의 시작 주소들이 저장된다.

> **알아두세요** 메모리 공간은 그림 9-9와 같이 연속적 공간을 점유할 가능성이 높지만 아닐 수도 있다.

animals를 선언하면서 배열 요소들을 초기화하므로 다음과 같이 배열 개수는 생략이 가능하다.

```
char* animals[] = { "Dog", "Cat", "Racoon", "Duck", "Iguana" };  // 5는 생략 가능
```

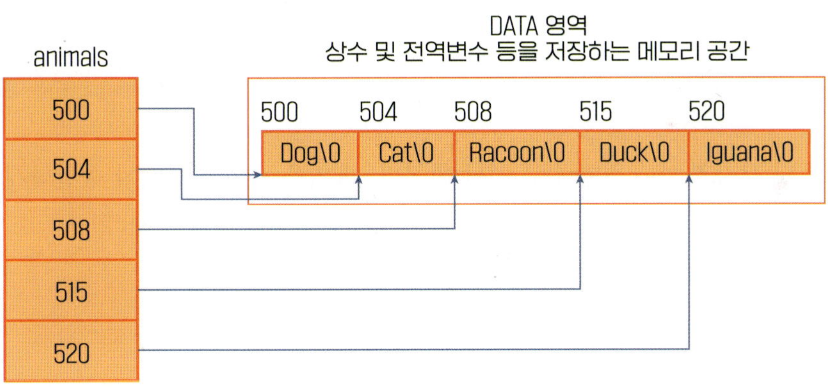

그림 9-9 문자열의 위치를 저장하는 animals 배열의 요소

문자열 배열의 내용을 수정하지 않는다면 **코드 9-19**보다는 **코드 9-23**처럼 char* 배열을 사용하는 것이 좋다. 2차원 배열은 열(column)의 개수가 정해져서 가변 문자열은 다 채우지 못하고 버려지는 공간이 많다. 포인터 배열을 사용하면 이러한 공간 낭비가 없어 효율적이다.

animals의 요소들을 출력하는 코드를 작성한다.

코드 9-24 **PtrArray.c**

```c
#define _CRT_SECURE_NO_WARNINGS
#include <stdio.h>

#define ARRAY_SIZE(arr, element) (sizeof((arr)) / sizeof((element)))

int main()
{
    char* animals[] = { "Dog", "Cat", "Racoon", "Duck", "Iguana" };

    for (int i = 0; i < ARRAY_SIZE(animals, animals[0]); i++) {
        printf("animals[%d] = %s\n", i, animals[i]);
    }
    return 0;
}
```

<실행 결과>

```
animals[0] = Dog
animals[1] = Cat
animals[2] = Racoon
animals[3] = Duck
animals[4] = Iguana
```

포인터로 된 문자열 배열을 함수로 전달해 본다. 배열을 선언하는 것과 동일하게 매개변수를 char* 이름[] 형태로 지정할 수 있다. 실행 결과는 **코드 9-24**와 같다.

코드 9-25 **PtrArray2.c**

```c
#define _CRT_SECURE_NO_WARNINGS
#include <stdio.h>

#define ARRAY_SIZE(arr, element) (sizeof((arr)) / sizeof((element)))

void printStrArray(char* strs[], int size)
{
    for (int i = 0; i < size; i++) {
        printf("strs[%d] = %s\n", i, strs[i]);
```

```
        }
    }

    int main()
    {
        char* animals[] = { "Dog", "Cat", "Racoon", "Duck", "Iguana" };

        printStrArray(animals, ARRAY_SIZE(animals, animals[0]));
        return 0;
    }
```

<실행 결과>

```
animals[0] = Dog
animals[1] = Cat
animals[2] = Racoon
animals[3] = Duck
animals[4] = Iguana
```


포인터로 구성된 배열을 읽기 전용으로 만들어서 보호하는 것은 배열보다는 복잡하다. **코드 9-25**에서 만든 문자열 배열은 char* 자료형이다. const를 char* strs[]에 바로 붙이면 const가 char*를 수식하는 형태가 된다. 하지만 이미 char*는 상수 영역에 있는 문자열을 가리키기 때문에 수정이 불가능하므로 이렇게 작성하면 오류가 발생한다.

여기서 읽기 전용으로 만들고 싶은 것은 strs[] 부분이다. 따라서 const를 **코드 9-26**처럼 자료형과 배열 사이에 붙여야 한다. 이 코드 역시 함수 부분만 다시 작성한다.

코드 9-26 **PtrArray3.c**

```
//void printStrArray(char* const * strs, int size)
void printStrArray(char* const strs[], int size)
{
//    strs[0] = "Rabbit"; ◀── 주석을 해제하면 컴파일 오류 발생
    for (int i = 0; i < size; i++) {
        printf("strs[%d] = %s\n", i, strs[i]);
    }
}
```

잠깐만요 typedef를 사용해서 포인터 순화하기

포인터를 요소로 사용하는 배열을 만들어서 포인터가 여러 개 중첩되는 경우에는 typedef를 이용해 포인터를 새로운 자료형으로 만들면 단순화시킬 수 있다. 예를 들어, char*를 String 자료형으로 이름을 붙이면 배열을 생성하는 것이나 함수를 선언하는 것들이 마치 1차원 배열을 만들고 사용하는 것처럼 단순해진다.

```
typedef char* String;

String animals[] = { "Dog, "Cat", "Racoon", "Duck", "Iguana" };

void printStrArray(String strs[], int size);
void printStrArray(String* strs, int size);
```

코드 9-27은 String 자료형을 만들고 **코드 9-25**를 다시 작성한 것이다.

코드 9-27 String1.c

```
#define _CRT_SECURE_NO_WARNINGS
#include <stdio.h>

typedef char* String;

#define ARRAY_SIZE(arr, element) (sizeof((arr)) / sizeof((element)))

void printStrArray(String strs[], int size)
{
    for (int i = 0; i < size; i++) {
        printf("strs[%d] = %s\n", i, strs[i]);
    }
}

int main()
{
    String animals[] = { "Dog", "Cat", "Racoon", "Duck", "Iguana" };

    printStrArray(animals, ARRAY_SIZE(animals, animals[0]));
    return 0;
}
```

typedef를 사용했다면 const를 붙이는 것도 기본 자료형 배열에 const를 붙이는 것처럼 단순해진다. **코드 9-26**을 const를 붙여 다시 작성한다.

코드 9-28 **String2.c**

```c
void printStrArray(const String* strs, int size)
//void printStrArray(const String strs[], int size)
{
    //strs[0] = "Rabbit";
    for (int i = 0; i < size; i++) {
        printf("strs[%d] = %s\n", i, strs[i]);
    }
}
```

9.5

PROGRAMMING

포인터 배열

포인터로 된 문자열 배열을 만든 것처럼 다른 자료형의 포인터를 요소로 취하는 배열을 선언할 수 있다. 다음 코드 9-29는 정수형 포인터 배열이다.

코드 9-29

```
int a = 1;
int b = 2;
int c = 3;
int* pInts[] = { &a, &b, &c };
```

문자열 상수와는 달리 정수나 다른 기본 자료형은 주소를 얻으려면 주소 연산자를 사용해야 한다. 따라서 포인터 배열을 코드 9-29와 같은 형태로 만드는 경우가 많지만, 그다지 도움이 되지 않아 보인다.

포인터 배열은 주로 다음 목적으로 사용한다. 함수 포인터를 배열에 저장했다가 사용하는 것도 자주 사용하지는 않지만, 간단하게 살펴본다.

- 문자열 여러 개를 배열로 관리
- 여러 개 함수 포인터 관리
- 동적 할당받은 여러 개 메모리 공간을 관리(11장)

함수 포인터 배열

운영체제에 관한 수업을 듣다 보면 인터럽트(interrupt), 인터럽트 핸들러(interrupt handler), 인터럽트 벡터(interrupt vector)와 같은 용어를 만날 수 있다.

이 세 가지 용어들을 간략하게 설명한다. 컴퓨터 프로세서는 실행 중에 인터럽트가 걸리면 현재 하던 일을 멈추고 해당 인터럽트를 처리하는 코드를 실행시킨 다음 다시 되돌아와서 멈추었던 작업을 계속 진행한다.

예를 들어, 열심히 책을 집필하고 있는 작가에게 전화가 와서 통화를 한 다음 다시 책을 집필한다고 하자. 이때 작가는 '프로세서'고 책을 집필하는 작업을 하던 중에 인터럽트가 걸린 것이다(전화가 왔다). 즉, 집필 작업을 잠시 멈춘 후에 통화하고(인터럽트를 처리하고) 다시 집필 작업으로 돌아오는 것을 생각하면 된다.

인터럽트는 보통 번호가 붙으며 다양한 종류가 있다. 예를 들면, 키보드 입력, 마우스 입력 같은 작업들이 인터럽트로 처리될 수 있다. 또한, 숫자를 0으로 나누었을 때 인터럽트가 발생할 수 있다.

인터럽트 핸들러 또는 인터럽트 서비스 루틴(interrupt service routine)은 특정 인터럽트가 걸렸을 때 실행되는 코드로, 함수라고 생각하면 쉽다.

인터럽트 벡터는 인터럽트 핸들러의 코드 위치를 저장한 1차원 배열이다. 특정 인터럽트가 발생했을 때 그 번호를 인덱스로 삼아서 인터럽트 핸들러 코드의 위치를 찾고, 그 메모리 공간으로 이동해서 인터럽트 핸들러를 실행시킨다.

여기서 인터럽트를 처리하는 아주 단순한 형태의 코드를 작성한다. 인터럽트가 발생하는 것은 사용자가 인터럽트 번호를 입력하는 것으로 하고, 함수는 특정 인터럽트 번호를 처리하는 핸들러가 실행되었다는 내용만 출력한다. 함수 포인터 배열을 어떻게 만들고 사용하는지만 살펴볼 것이므로 세 개의 함수 저장하는 것으로 하자.

인터럽트 서비스 루틴을 배열로 만들려면 같은 종류여야 한다. 인터럽트 핸들러 함수 포인터의 자료형을 만든다.

```
typedef void (*InterruptHandler)(void*);
```

InterruptHandler() 함수 포인터 자료형은 void* 자료형을 입력으로 만든 함수이다. void*는 어떤 포인터 자료형도 받을 수 있으므로, 사실 인자의 종류에 제한을 두지 않는 셈이다. InterruptHandler() 함수들을 만들어 보자. 여기서 함수 이름에 있는 숫자 0~2는 처리하는 인터럽트 번호라고 가정한다.

코드 9-30

```
void InterruptHandler0(void* p)
{
    int* intPtr = (int*) p;

    printf("Servicing Interrupt %d\n", *intPtr);
    printf("Servicing Interrupt %d\n", *((int*) p)); // 짧은 버전
}
```

InterruptHandler0() 함수를 호출할 때 정수 변수의 주소를 인자로 전달한다. 또한, InterruptHandler0() 함수에서 p를 정수형 포인터로 변환한 후 간접 참조를 통해 값을 출력한다. 어떤 번호의 인터럽트를 처리하는지 출력하는 함수를 구현했다. 나머지 함수들도 구현한다.

코드 9-31

```
void InterruptHandler1(void* p)
{
    double* dblPtr = (double*) p;

    printf("Handling Interrupt: value = %f\n", *dblPtr);
    printf("Handling Interrupt: value = %f\n", *((double*) p)); // 짧은 버전
}

void InterruptHandler2(void* p)
{
    char* pStr = (char*) p;

    printf("Servicing Interrupt with \"%s\"\n", pStr);
    printf("Servicing Interrupt with \"%s\"\n", ((char*) p)); // 짧은 버전
}
```

InterruptHandler1() 함수는 실숫값을 저장하면 변수의 주소를 인자로 받고, 간접 참조를 통해 값을 화면에 출력한다.

InterruptHandler2() 함수는 문자열을 p로 전달받고 화면에 출력한다. 이를 위해 p를 char* 형으로 변환해서 사용한다.

인터럽트 핸들러 함수들을 배열에 등록한다.

```
InterruptHandler handlers[] = { InterruptHandler0, InterruptHandler1,
InterruptHandler2 };
```

0~2 사이의 정수 한 개를 입력받고 해당 번호로 등록된 인터럽트 핸들러를 호출하는 함수를 구현한다.

코드 9-32

```
void callInterruptHandler(int interruptNo)
{
    if (interruptNo == 0) {
            handlers[interruptNo](&interruptNo);
    }
    else if (interruptNo == 1) {
        double pi = 3.1415;
            handlers[interruptNo](&pi);
    }
    else if (interruptNo == 2) {
        handlers[interruptNo]("Interrupt 2 Handler");
    }
}
```

- handlers[interruptNo](&interruptNo); ← 인터럽트 번호를 메모리 주소인 것처럼 변환해서 인터럽트 핸들러에 전달 / 인터럽트 핸들러가 실행되고 종료할 때까지 callInterruptHandler 변수는 사라지지 않음 / 따라서 callInterruptHandler()의 매개변수의 주소를 전달할 수 있음
- double pi = 3.1415; / handlers[interruptNo](&pi); ← 실숫값을 변수에 저장한 후 전달
- handlers[interruptNo]("Interrupt 2 Handler"); ← 인터럽트 핸들러를 호출하면서 문자열 전달 / void*는 어떤 종류의 메모리 주소도 모두 받을 수 있어 형 변환 필요 없음

사용자로부터 인터럽트 번호를 입력받고 함수를 실행시키는 전체 프로그램을 작성한다.

코드 9-33 FuncPtrArray.c

```
#define _CRT_SECURE_NO_WARNINGS
#include <stdio.h>

코드 9-30 삽입

```

```
코드 9-31 삽입

코드 9-32 삽입

typedef void (*InterruptHandler)(void*);

InterruptHandler handlers[] = { InterruptHandler0, InterruptHandler1, InterruptHandler2 };

int main(void)
{
    int interruptNo;
    printf("인터럽트 번호 0, 1, 2 중 한 개 입력하세요: ");
    scanf("%d", &interruptNo);
    callInterruptHandler(interruptNo);
    return 0;
}
```

InterruptHandler 배열을 선언하고 함수의 이름으로 함수 포인터 배열을 채움

다음은 **코드 9-33**을 컴파일해서 세 번 실행하고, 각각 번호 0, 1, 2를 입력한 결과를 보인다.

<실행 결과>

```
인터럽트 번호 0, 1, 2 중 한 개 입력하세요: 0
Servicing Interrupt 0
Servicing Interrupt 0
```

<실행 결과>

```
인터럽트 번호 0, 1, 2 중 한 개 입력하세요: 1
Handling Interrupt: value = 3.141500
Handling Interrupt: value = 3.141500
```

<실행 결과>

```
인터럽트 번호 0, 1, 2 중 한 개 입력하세요: 2
Servicing Interrupt with "Interrupt 2 Handler"
Servicing Interrupt with "Interrupt 2 Handler"
```

9.6

PROGRAMMING

포인터의 포인터

포인터의 포인터는 포인터 변수를 가리키는 포인터로, '이중 포인터(double pointer)'라고도 한다. 포인터의 포인터는 변수를 선언할 때 '*' 기호를 두 개 붙인다. '*' 기호가 두 개 붙는 것이 부담스럽다면 typedef를 사용해서 일반 포인터처럼 단순화시킬 수 있다.

```
int** pptr;

typedef int* IPTR;
IPTR* pptr2; // pptr과 동일한 자료형으로 선언
```

이중 포인터는 2차원 배열이나 포인터 배열을 함수에 전달받는 매개변수를 선언할 때 사용한다. 예를 들어, **코드 9-25**는 문자열의 포인터 배열을 전달받기 위해 printStrArray() 함수의 strs 매개변수를 char*의 배열 형태로 선언했지만, 이중 포인터로 선언해도 된다. 다음 두 함수의 strs는 동일한 매개변수를 나타낸다.

```
void printStrArray(char* strs[], int size);
void printStrArray(char** strs, int size);
```

이중 포인터는 함수 외부에 선언된 포인터 변수를 함수 내부에서 변경할 때 사용하기도 한다. findNewLineChar() 함수는 pstr로 주어진 문자열에서 첫 번째 줄바꿈 문자의 주소를 찾아 newLinePos를 통해서 반환한다. 만약 주어진 문자열에 줄바꿈 문자가 있다면 함수의 결괏값으로 1을 반환한다. 줄바꿈 문자가 없다면 newLinePos는 NULL을 반환하고, 함수는 0을 반환한다.

다음은 findNewLineChar()의 함수 원형이다. 두 번째 변수인 newLinePos가 이중 포인터로 선언되었다. 줄바꿈 문자의 주소 또는 NULL 값을 저장할 수 있는 포인터 변수의 주소를 전달해서 함수 내부에서 값을 변경해야 하므로 이중 포인터로 선언되었다.

```
int findNewLineChar(char* pstr, char** newLinePos);
```

다음은 findNewLineChar() 함수에 전달할 문자열이다.

```
char str[] = "C Programming 1, 90, 86\nMath, 85, 80\nSW English, 90, 90";
```

코드 9-34는 함수를 사용하는 코드이다. 줄바꿈 문자 또는 NULL 값을 돌려받을 수 있는 newLinePos 변수를 선언하고, findNewLineChar() 함수에 이 변수의 주솟값을 전달한다. findNewLineChar() 함수의 반환 값이 1이면, 줄바꿈 문자가 있다는 것이므로, 줄바꿈 문자 다음에 있는 문자열을 두 번째 줄로 화면에 출력한다. 그림 9-10처럼 newLinePos + 1은 줄바꿈 문자 다음에 있는 문자열의 시작 주소를 나타낸다.

코드 9-34

```
char* newLinePos;
if (findNewLineChar(str, &newLinePos)) {
    printf("Second line = %s\n", newLinePos + 1);
}
```

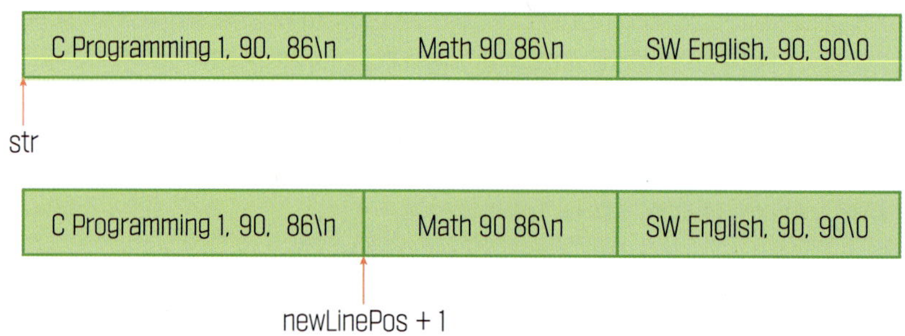

그림 9-10 findNewLineChar() 함수를 처음 호출 한 이후 newLinePos 위치

findNewLineChar() 함수를 구현한다. 알고리즘은 다음과 같다.

```
*pstr이 줄바꿈 문자가 아니고 널 문자도 아니면 계속 반복
      pstr을 1 증가
*pstr이 줄바꿈 문자면 *newLinePos를 pstr로 저장 후 1 반환
*pstr이 널 문자면 *newLinePos를 NULL로 저장 후 0 반환
```

알고리즘을 활용하여 **코드 9-35**를 작성하고, 함수를 사용하는 코드도 작성해 본다.

코드 9-35

```
int findNewLineChar(char* pstr, char** newLinePos)
{
    while (*pstr != '\n' && *pstr != '\0') { pstr++; }
    if (*pstr == '\n') {
        *newLinePos = pstr;
        return 1;
    }
    else if (*pstr == '\0') {
        *newLinePos = NULL;
        return 0;
    }
    return 0;
}
```

- pstr을 1씩 증가시키며, 문자열에서 줄바꿈 문자 또는 널 문자를 찾을 때까지 반복
- 줄바꿈 문자를 찾았으면, *newLinePos의 값을 변경하고 1 반환
- 줄바꿈 문자 없이 문자열이 종료된다면, newLinePos를 NULL로 지정하고 0 반환

코드 9-36 FindNextLine.c

```
#define _CRT_SECURE_NO_WARNINGS
#include <stdio.h>

코드 9-35 삽입

int main(void)
{
    char str[] = "C Programming 1, 90, 86\nMath, 85, 80\nSW English, 90, 90";

    char* newLinePos;
    if (findNewLineChar(str, &newLinePos)) {
        printf("Second line = %s\n", newLinePos + 1);
    }
    return 0;
}
```

- findNewLineChar() 함수 내부에서 newLinePos 변수의 값을 수정하므로 newLinePos의 주소를 전달
  scanf() 함수를 사용해 사용자가 입력한 값을 받아오기 위해 주소를 전달하는 것과 유사

<실행 결과>

```
Second line = Math, 85, 80
SW English, 90, 90
```

9.7 문자열과 숫자의 변환

숫자를 문자열로 변환하는 것은 보통 sprintf() 또는 snprintf() 함수를 사용한다. 컴파일러에 따라 정수를 문자열로 변환하는 itoa() 같은 함수를 제공하기도 하고, C18부터 long 자료형의 값을 문자열로 변환하는 ltoa() 같은 함수를 정의하기도 했다. 하지만 ANSI C의 표준 라이브러리에 포함된 것은 아니므로 아직은 권하지 않는다. 가능하면 숫자를 문자열로 변환하는 것은 sprintf() 또는 snprintf()를 사용한다.

반대로 숫자로 구성된 문자열을 숫자값으로 변환하는 것은 sscanf() 함수를 사용할 수 있지만, 표준 C 라이브러리는 이것 외에 여러 가지 함수들을 제공한다.

sscanf() 함수가 있는데 왜 다른 함수들이 더 제공될까? 이전에도 설명했지만 scanf()나 printf() 함수 종류는 기능이 너무 많아 단순 작업 용도로는 비효율적이다. 숫자를 문자열로 변환하는 것에 비해 문자열을 숫자로 변환하는 것은 자주 사용하는 기능이므로 효율적인 함수들을 제공한다.

ANSI C의 표준 변환 함수들은 다음과 같다. 이 함수들은 stdlib.h를 포함해야 사용할 수 있다.

```
double strtod(const char* str, char** ptr);
long strtol(const char* str, char** ptr, int base);
unsigned long strtoul(constr char str, char** ptr, int base);
```

이름이나 반환 자료형을 보면 문자열을 어떤 종류의 숫자로 변환하는지 쉽게 알 수 있다. 예를 들어, strtod() 함수는 string to double의 약자로 문자열을 double 형으로 변환하는 함수이다.

사용법은 대부분 비슷하다. 매개변수들에 대해서 알아보자.

❶ str

변환할 숫자를 저장한 문자열이다.

❷ ptr

변환 과정에서 오류가 없는지 확인하는 데 필요하다. ptr에 포인터 변수의 메모리 주소가 전달되면 str에서 변환 대상이 아닌 첫 번째 글자의 메모리 주소가 저장되어 반환된다(**코드 9-35**의 newLinePos 사용법과 비슷하다). 숫자로 변환되었다면, 널 문자나 접미 문자(suffix chareter, float의 'f', long의 'l' 등) 위치로 지정된다. 변환이 안 된다면 오류가 발생하는 첫 번째 글자의 위치를 가리킨다. ptr에 NULL이 전달되면 아무것도 하지 않는다. ptr은 str에 숫자로 변환하는 과정에서 문제되는 문자들이 있는지 확인할 때 유용하다.

변환 과정에서 오류가 발생한 것은 아니지만, 변환된 값이 자료형의 범위가 넘어 오버플로(overflow) 또는 언더플로(underflow)가 발생하면 정해진 값들이 반환된다. 예를 들어, strtod() 함수에서 변환하며 오버플로가 발생하면 HUGE_VAL 또는 -HUGE_VAL이 반환된다. 범위를 넘치면 errno 변수에 ERANGE 매크로 상수가 저장된다. 따라서 함수 호출 후 ptr에 전달된 인자와 errno 변수를 확인하면 제대로 변환되었는지, 오류가 발생했는지를 알 수 있다.

❸ base

strtol()과 strtoul()의 base는 10진수, 16진수, 8진수, 2진수 등을 표시한다. 이론상 2~36진수까지 지정할 수 있다.

> **잠깐만요** **errno**
>
> C 표준 라이브러리의 함수들이 오류를 표현할 때 사용하는 전역 변수이다. errno나 ERANGE는 errno.h에 있다.

변환 함수들을 사용하는 프로그램을 작성한다.

코드 9-37 NumConvert1.c

```c
#define _CRT_SECURE_NO_WARNINGS
#include <stdio.h>
#include <stdlib.h>
#include <errno.h>

int main(void)
{
    char* p;

    double d = strtod("3.1415", &p);
    printf("d = %f, *p = %c, errno = %d, ERANGE = %d\n", d, *p, errno, ERANGE);
    d = strtod("3.1415E400", &p);
    printf("d = %f, *p = %c, errno = %d, ERANGE = %d\n", d, *p, errno, ERANGE);
    long l = strtol("283929302L", &p, 10);
    printf("l = %ld, *p = %c, errno = %d, ERANGE = %d\n", l, *p, errno, ERANGE);
    l = strtol("283323232929302L", &p, 10);
    printf("l = %ld, *p = %c, errno = %d, ERANGE = %d\n", l, *p, errno, ERANGE);
    l = strtol("283323232", &p, 10);
    printf("l = %ld, *p = %c, errno = %d, ERANGE = %d\n", l, *p, errno, ERANGE);
    unsigned long ul = strtoul("383929302UL", &p, 10);
    printf("ul = %lu, *p = %c, errno = %d, ERANGE = %d\n", ul, *p, errno, ERANGE);
    ul = strtoul("323234383929302UL", &p, 10);
    printf("ul = %lu, *p = %c, errno = %d, ERANGE = %d\n", ul, *p, errno, ERANGE);
    return 0;
}
```

3.1415를 변환하고, p는 마지막 널 문자를 가리킴

숫자로 변환할 수 있는 문자열이지만, 범위 초과. errno는 ERANGE로 변경

제대로 변환됨. ptr은 'L'을 가리킴

변환되지만 범위 초과. ptr은 'L'을 가리킴. errno는 ERANGE로 변경

변환됨. ptr은 널 문자를 가리킴

변환됨. ptr은 'U' 문자를 가리킴

변환되지만 범위 초과. ptr은 'U'를 가리킴

<실행 결과>

```
d = 3.141500, *p = , errno = 0, ERANGE = 34
d = inf, *p = , errno = 34, ERANGE = 34
l = 283929302, *p = L, errno = 0, ERANGE = 34
l = 2147483647, *p = L, errno = 34, ERANGE = 34
l = 283323232, *p = , errno = 0, ERANGE = 34
ul = 383929302, *p = U, errno = 0, ERANGE = 34
ul = 4294967295, *p = U, errno = 34, ERANGE = 34
```

잠깐만요 문자열에서 숫자로 변환하는 다른 함수들

다음 함수들도 문자열을 숫자값으로 변환하는데 사용한다. strtod()나 strtol()처럼 stdlib.h에 포함되어 있는데, 사용하는 것을 권하지는 않는다.

```
double atof(const char* str);
int atoi(const char* str);
long atol(const char* str);
```

이 함수들은 인자로 변환할 수 없는 문자열이 전달되면 0을 반환한다. 이때 문자열이 "0"으로 전달되어서 0으로 변환되는지 알 수 없어 0이 반환되는지 확인할 수 없는 문제가 생긴다. 예를 들어, 다음 코드는 모두 0을 반환한다.

```
int n1 = atoi("0");
int n2 = atoi("a");
```

이 밖에 atoi()나 atol() 함수는 int나 long 자료형이 표현할 수 없는 범위의 값이 문자열로 전달되면, 반환되는 값이 어떻게 될지 정해진 것이 없다. 즉, 오버플로(overflow)가 발생하면 값이 어떻게 반환될 지 알 수 없다.

인터넷 등에서 다른 사람들이 작성한 코드를 볼 때, 이러한 함수들을 사용하는 경우를 볼 수 있다. 하지만 스스로 작성하는 코드에서는 절대 사용하지 말고, strtod(), strtol(), strtoul() 함수를 사용한다.

9.8 PROGRAMMING

문자열 함수

프로그래밍에서는 문자열을 다루는 경우가 많아서 C 표준 라이브러리도 다양한 문자열 관련 함수들을 제공한다. 특히 C 언어는 문자열이 기본 자료형이 아니므로 간단한 대입 또는 비교 연산조차 함수를 사용해야만 처리할 수 있다.

문자열 관련 함수들은 함수 이름이 "str"로 시작하고 대부분 string.h에 선언되어 있다. 예외가 stdlib.h에 선언되어 있던 문자열을 숫자로 변환하는 함수들이다.

자주 사용하거나 사용할 때 주의가 필요한 문자열 관련 함수들을 살펴보고, 나머지 함수들은 표 9-3에서 간단하게 설명한다. 자세한 사용법이나 예제 프로그램들은 인터넷 검색 등을 활용한다.

문자열 관련 함수들은 간단하게 함수 원형을 나타내고, 어떤 기능을 갖는지 설명한 후 예제를 통해 확인한다.

문자열 복사

문자열을 복사하는 함수로 strcpy() 외에 strncpy() 함수도 있다. 이 함수는 src에서 dest으로 n개의 문자를 복사하고 dest를 반환한다. 다음은 함수 원형을 보인다.

```
char* strncpy(char* dest, const char* src, size_t n);
```

표 9-1은 strncpy()가 동작하는 방법을 보인다. src_len은 src 문자열의 크기(널 문자 제외)라고 가정한다. 경우에 따라 널 문자가 dest에 복사되지 않는 경우도 있음에 주의한다.

표 9-1 strncpy() 함수 동작 방법

조건	동작 방법
src_len < n	src를 dest에 src_len개만큼 복사하고 dest[src_len]부터 n - src_len개만큼 널 문자로 dest을 채운다.
src_len >= n	src에서 dest에 n개의 문자를 복사한다. 널 문자는 dest에 복사되지 않는다. 문자열이 종료되지 않는다.
n <= 0	아무것도 하지 않는다.

코드 9-38은 예제 코드이다. src 문자열보다 짧은 길이를 복사해서 널 문자가 추가되지 않는 경우와 더 긴 길이를 복사해서 널 문자를 추가하는 것을 확인한다.

코드 9-38 **StrNCpy.c**

```c
#define _CRT_SECURE_NO_WARNINGS
#include <stdio.h>
#include <string.h>

int main(void)
{
    char dest[] = "abcdefghijklmn";
    const char* src = "Hello World";

    strncpy(dest, src, 5);
    printf("dest = %s\n", dest);
    strncpy(dest, src, 13);
    printf("dest = %s\n", dest);
    return 0;
}
```

src 문자열보다 짧은 개수의 문자들을 복사 널 문자를 채우지 않음

src 문자열보다 긴 개수의 문자들을 복사 널 문자로 나머지 개수만큼 채움

<실행 결과>

```
dest = Hellofghijklmn
dest = Hello World
```

문자열 길이 확인

```
size_t strlen(const char* str);
```

str 문자열에서 널 문자 이전에 있는 문자 개수를 반환한다. 빈 문자열(널 문자가 가장 첫 번째 문자인 문자열)은 0을 반환한다.

코드 9-39 StrLen.c

```
#define _CRT_SECURE_NO_WARNINGS
#include <stdio.h>
#include <string.h>

int main(void)
{
    char str1[] = "hello world";
    printf("length of \"%s\" = %d\n", str1, strlen(str1));
    char str2[] = "\0"; // 또는 char str2[] = "";
    printf("length of str2[] = %d\n", strlen(str2)); ← 빈 문자열의 길이를 출력함 빈 문자열의 길이는 0
    return 0;
}
```

<실행 결과>

```
length of "hello world" = 11
length of str2[] = 0
```

문자열 연결

```
char* strcat(char* dest, const char* src);
char* strncat(char* dest, const char* src, size_t n);
```

strcat()은 dest 문자열 뒤에 src를 덧붙이고 dest를 반환한다. dest의 널 문자 위치부터 src의 문자들을 복사해서 붙이고 마지막에 널 문자를 추가해서 문자열을 종료시킨다.

strcat() 함수는 dest에 충분한 크기의 공간이 있는지 확인하지 않는다. 만약 dest가 빈 문자열이면 strcpy()와 동일하게 동작한다.

strncat()은 dest에 있는 문자열 뒤에 src에서 최대 n개의 문자를 덧붙이고 널 문자로 종료한 다음 dest를 반환한다. 표 9-2는 strncat() 함수가 동작하는 방법을 보인다. 이때 src_len은 src 문자열의 크기(널 문자 제외)라고 가정한다.

표 9-2 strncat() 함수 동작 방법

조건	동작 방법
src_len < n	src를 dest 뒤에 연결하고 널 문자를 붙여 종료시킨다.
src_len >= n	src에서 dest 뒤에 n개의 문자를 연결해서 붙인 다음 널 문자를 붙여 종료시킨다. n+1개 문자가 dest 뒤에 연결되는 것이다.
n <= 0	아무것도 하지 않는다.

strcat()이나 strncat() 함수는 문자열이 서로 중첩되는 경우 어떤 결과가 나타날지 예측할 수 없다.

코드 9-40 StrCat.c

```
1   #define _CRT_SECURE_NO_WARNINGS
2   #include <stdio.h>
3   #include <string.h>
4
5   int main(void)
6   {
7       char str1[20] = "hello ";
8       char str2[] = "world";
9       char str3[20] = "";
10      printf("%s + %s = %s\n", "hello ", "world", strcat(str1, str2));
11      printf("\"\" + %s = %s\n", str1, strcat(str3, str1));
12      printf("%s + "!" = %s\n", str1, strncat(str1, "!!!!!", 1));
13      return 0;
14  }
```

(11행) 빈 문자열인 str3에 10줄에서 변경된 str1을 붙임 strcpy()와 동일한 결과를 얻을 수 있음

(12행) src 문자열에서 1 글자만 연결

```
〈실행 결과〉

hello world + world = "hello world"
"" + hello world = hello world
hello world! + "!" = hello world!
```

문자열 비교

문자열을 다루다 보면 비교가 필요할 때가 있다. 예를 들어, 주소록 프로그램에서 이름으로 검색한다면 문자열의 내용이 동일한지 확인해야 한다. 주소록의 이름들을 오름차순 또는 내림차순으로 나열한다면 크기 비교도 필요하다. 그런데 C 언어의 문자열은 문자 배열 또는 포인터로 구현되는데, 비교(관계) 연산자를 이용해서 비교하면 문자열의 내용이 아니라 메모리 주소를 비교하는 형태가 되어 사실 의미가 없다. 문자열의 내용을 비교하려면 표준 C 라이브러리의 strcmp()와 strncmp() 함수를 사용한다. 다음은 함수 원형이다.

```
int strcmp(const char* s1, const char* s2);
int strncmp(const char* s1, const char* s2, int n);
```

두 함수 모두 s1과 s2가 동일하면 0을 반환하고, s1 < s2면 음수를, s1 > s2면 양수를 반환한다.

동일하다는 것은 문자열의 내용이 같음을 나타내고, s1이 s2보다 크다 또는 작다는 것은 문자 코드표에 배치된 순서를 이용해서 비교한다. 하지만 다음 내용들을 기억하면 비교적 쉽게 비교할 수 있다.

- s1과 s2 문자열의 문자들을 비교하면서 처음으로 달라지는 문자를 s1_ch와 s2_ch라고 가정했을 때, s1_ch가 s2_ch보다 사전에서 먼저 나타난다면 s1이 s2보다 작다. 단, 영문 소문자는 대문자보다 크다.
  - 예를 들어, "abcd"와 "abce"를 비교하면 "abcd"가 작음
  - "Abcd"는 "abcd"보다 작음
- s1의 길이가 s2보다 짧지만 s1의 내용이 s2의 앞부분과 동일하다면 s1이 s2보다 작다.
  - 예를 들어, “abcd”와 “abcde”를 비교하면 “abcd”가 작음

strncmp() 함수는 최대 n개 문자까지 비교한다. s1과 s2의 길이가 n보다 작다면 문자열의 길이까지만 비교하고 결과를 반환한다.

코드 9-41 **StrCmp.c**

```c
#define _CRT_SECURE_NO_WARNINGS
#include <stdio.h>
#include <string.h>

int main(void)
{
    const char* str1 = "Hello World!";
    const char* str2 = "Hello World";
    const char* str3 = "Hello ";

    printf("Comparing \"%s\" and \"%s\": %d\n", str1, str2, strcmp(str1, str2));
                                   str1과 str2를 비교. str1 > str2
    printf("Comparing \"%s\" and \"%s\": %d\n", str2, str1, strcmp(str2, str1));
                                   str2와 str1을 비교. str2 < str1
    printf("Comparing \"%s\" and \"%s\": %d\n", str3, str1, strcmp(str3, str1));
    int len3 = strlen(str3);
    printf("Comparing \"%s\" and \"%s\" up to %d characters: %d\n", str3, str1,
len3, strncmp(str3, str1, len3)); ← str3과 str1을 str3의 길이만큼 비교
    return 0;
}
```

만약 n에 0 이하의 값이 주어지면 주어진 문자열에 관계없이 0이 반환된다.

<실행 결과>

```
Comparing "Hello World!" and "Hello World": 1
Comparing "Hello World" and "Hello World!": -1
Comparing "Hello " and "Hello World!": -1
Comparing "Hello " and "Hello World!" up to 6 characters: 0
```

문자열 잘라내기

strtok() 함수는 특정 문자로 구분되는 문자열을 잘라낸다. 예를 들어, "C is a general programming language"와 같은 문자열을 공백 문자를 기준으로 분리해서 "C", "is", "a", "general", "programming", "language"와 같은 형태로 비교적 쉽게 만들 수 있다.

특정 글자들을 기준으로 분리된 문자열을 '토큰(token)'이라 하고, 토큰을 생성하는 과정을 '토큰화(tokenize)', 토큰으로 분리할 때 사용하는 문자들을 '구분자(delimiter)'라고 한다. 함수 원형을 살펴보자.

```
char* strtok(char* str, const char* set);
```

str은 분리하려는 문자열이고, set은 분리 기준이 되는 구분자들을 문자열로 만든 것이다. 공백, 탭, 줄바꿈 문자나 쉼표로 분리한다면 set에 해당되는 문자열은 " \t\n,"가 된다.

strtok() 함수는 분리된 토큰의 시작 주소를 포인터로 반환한다. 더 이상 분리할 토큰이 없다면 NULL을 반환한다. strtok() 함수는 str로 전달되는 문자열을 임의로 변경하므로, 원본 문자열을 보존해야 한다면, 복사한 문자열을 전달한다.

strtok() 함수에 str과 set에 해당되는 문자열을 전달하면 str을 set에 포함된 구분자들을 이용해서 분리한 후 첫 번째 토큰을 반환한다. 같은 문자열에서 다음 토큰을 분리하려면, strtok()의 str에 NULL을 전달한다. 그럼 이전에 찾은 토큰 다음 문자부터 시작하는 새로운 토큰이나 NULL을 반환한다.

strtok() 함수를 이용해 "C is a general programming langauge" 문자열을 공백 문자 기준으로 분리해 보자.

처음에 strtok() 함수를 호출할 때 분리할 문자열과 분리 기준이 되는 문자열을 전달한다. 구분자는 공백, 탭, 줄바꿈 문자로 정한다. 토큰화할 문자열은 변경될 수 있으므로 문자 배열에 저장된 문자열을 전달한다.

```
char str[] = "C is a general programming language";
char* token = strtok(str, " \t\n");
```

strtok() 함수가 처음 실행되면, 공백 문자를 이용해서 분리한 토큰, 즉 "C"의 메모리 주소를 반환한다. strtok() 함수의 반환 값이 NULL이 아니므로, 다음 토큰을 찾기 위해 문자열 대신 NULL을 전달한다.

```
token = strtok(NULL, " \t\n");
```

두 번째 토큰은 "is"가 반환된다. 이런 식으로 strtok() 함수가 NULL을 반환할 때까지 반복하면 첫 번째 문자열을 토큰화시키는 작업을 종료할 수 있다. 토큰을 한 개씩 화면에 출력하는 프로그램을 작성해 본다.

코드 9-42 StrTok.c

```
#define _CRT_SECURE_NO_WARNINGS
#include <stdio.h>
#include <string.h>

int main(void)
{
    char str[] = "C is a general programming language";
    char* token = strtok(str, " ");
    while (token != NULL) {
        printf("token = %s\n", token);
        token = strtok(NULL, " \t\n");
    }
    return 0;
}
```

- strtok() 함수는 인자로 주어진 문자열을 수정하므로 문자열 상수를 전달하면 안 됨 문자 배열에 저장된 문자열 사용
- strtok() 함수를 호출해서 첫 번째 토큰을 받음
- 토큰이 NULL이 아니면 제대로 분리되었다는 의미이므로 계속 반복
- 토큰 출력
- 동일한 문자열에서 다음 토큰 분리

<실행 결과>

```
token = C
token = is
token = a
token = general
token = programming
token = language
```

잠깐만요 **문자열 상수 수정**

ANSI C 이전에는 문자열 상수를 수정할 수 있어 다음과 같은 코드를 작성할 수 있었지만, ANSI C부터는 문자열 상수를 수정할 수 없다. 하지만 아직도 컴파일러에 따라 문자열 상수를 수정하는 것을 허용하는 경우가 있어 다음 형태로 사용하지 않도록 주의한다. 참고로 비주얼 스튜디오는 문자열 상수를 사용해도 괜찮고, GCC는 컴파일러 오류를 보인다.

```
char* token = strtok("C is a general programming language", " \t\n");
```

기타 문자열 함수

앞에서 설명한 것들 외에 다양한 문자열 관련 함수들이 있다. C 표준 라이브러리에서 제공하는 다른 문자열 관련 함수들은 표 9-3에 간단하게 정리하였다. 어떤 함수들이 제공되는지 살펴보고 자세한 사용법은 컴파일러의 도움말, 인터넷 등을 통해 확인한다.

표 9-3 C 표준 라이브러리에서 제공하는 문자열 관련 함수들

함수 원형	설명
`char* strchr(const char* s, int c);`	문자열 s에서 문자 c를 찾는다. 있으면 첫 번째로 'c'가 나타난 위치를 메모리 주소로 반환하고, 없으면 NULL을 반환한다.
`char* strrchr(const char* s, int c);`	문자열 s에서 문자 c를 찾는다. 있으면 가장 마지막으로 'c'가 나타난 위치를 메모리 주소로 반환하고, 없으면 NULL을 반환한다. 이 함수는 끝에서 처음으로 향하는 방향으로 검색한다.
`size_t strspn(const char *s, const char* set);`	문자열 s를 검색해서 문자열 set의 글자들이 없는 첫 번째 인덱스를 반환한다. 예를 들어, s가 "dabcd"고 set이 "ad"면, 'a' 또는 'd'가 아닌 문자의 첫 번째 인덱스인 2가 반환된다.
`size_t strcspn(const char *s, const char* set);`	strspan()과 비슷하게 set에 포함된 문자의 첫 번째 인덱스를 반환한다. 예를 들어, s가 "abcdc"고 set이 dc라면, 첫 번째 'c'의 인덱스에 해당하는 2를 반환한다.
`char* strpbrk(const char *s, const char* set);`	set에 포함된 문자의 첫 번째 포인터(메모리 주소)를 반환한다. 예를 들어, s가 "abcdc"고 set이 "dc"라면, 첫 번째 'c'의 주소인 &str[2]를 반환한다.
`char* strstr(const char* src, const char* sub);`	문자열 src에서 문자열 sub를 찾는다. 있으면 sub가 처음으로 나타나는 메모리 주소를 반환하고, 없으면 NULL을 반환한다.

간단한 scanf() 함수 구현

scanf() 함수와 비슷하게 정수, 실수, 또는 문자 한 개를 서식에 맞춰 입력받는 함수인 getSingleInput() 함수를 구현하고 사용해 보자. 이 함수는 서식 지정자를 scanf() 함수의 %d, %f, %c 중 한 개만 지정할 수 있어 한 개의 값만 입력받는다.

사용자가 입력하는 서식이나 값은 오류가 없다는 것으로 가정하여 fgets() 함수로 입력받고, 정수와 실수로 값을 변환하는 것은 strtol()(함수의 반환 값을 int로 형 변환)과 strtod()를 이용한다.

다음은 getSingleInput() 함수의 원형이다.

```
void getSingleInput(const char* format, void* p);
```

format은 서식 문자열, p는 값을 저장할 변수의 주솟값을 나타낸다.

코드 9-43 **GetSingleInput.c**

```
#define _CRT_SECURE_NO_WARNINGS
#include <stdio.h>
#include <stdlib.h>
#include <string.h>

#define MAX_SIZE 20

void getSingleInput(const char* format, void* p)
{
    char temp[MAX_SIZE];
    fgets(temp, MAX_SIZE, stdin);
    if (strcmp(format, "%d") == 0) {
        int* value = (int*) p;
        *value = (int) strtol(temp, NULL, 10);
    }
    else if (strcmp(format, "%f") == 0) {
        double* value = (double*) p;
        *value = strtod(temp, NULL);
    }
```

- char temp[MAX_SIZE]; ← 사용자 입력을 저장할 배열 선언
- fgets(temp, MAX_SIZE, stdin); ← 사용자로부터 정수, 실수, 문자 등을 입력받음
- if 블록 ← 서식이 정수면, p를 int 포인터로 변환해서 값을 간접적으로 저장
- else if 블록 ← 서식이 정수면, p를 double 포인터로 변환해서 값을 간접적으로 저장

```
    else if (strcmp(format, "%c") == 0) {
        *((char*) p) = temp[0];
    }
}

int main(void)
{
    int n;
    double d;
    char c;

    printf("실수 입력:");
    getSingleInput("%f", &d);
    printf("d = %f\n", d);
    printf("정수 입력:");
    getSingleInput("%d", &n);
    printf("n = %d\n", n);
    printf("문자 입력:");
    getSingleInput("%c", &c);
    printf("c = %c\n", c);
    return 0;
}
```

서식이 문자면, p를 char 포인터로 변환해서 값을 간접적으로 저장

사용자에게 실수, 정수, 문자 입력을 요청하고 처리

코드 9-43의 목적은 scanf() 함수가 동작하는 방법과 void* 자료형의 매개변수를 어떻게 활용하는지 이해하는 것이다. getSingleInput() 함수는 두 번째 인자로 void*를 선언해서 이 함수의 사용자가 int, double, char 자료형의 포인터를 전달할 수 있도록 했다. void*를 사용해서 getSingleInput() 함수는 어떤 자료형의 주소도 전달받을 수 있다. 서식 지정자의 종류에 따라 void*로 주어진 p에 저장된 메모리 주소를 적절한 자료형의 포인터로 변환한 후, 간접 참조를 통해 그 포인터 변수가 가리키는 변수의 공간에 정수, 실수 또는 문자를 저장한다.

PROGRAMMING

9.9 메모리 관련 함수

메모리 관련 함수들은 string.h에 선언되어 있지만, str로 시작하는 함수들과는 달리 문자열뿐만 아니라 일반적인 메모리 주소에 대해서 사용할 수 있는 함수들이다. 함수 원형을 봐도 매개변수들이 char*이 아니라 void*로 선언되어 있어 어떤 자료형에 대한 포인터도 받을 수 있다는 점이 특징이다.

일정한 값으로 메모리 공간 채우기

memset()은 정해진 크기의 메모리 공간을 주어진 값으로 채우는 함수로, 메모리 공간을 특정 값으로 초기화할 때 유용하다.

```
void* memset(void* ptr, int val, size_t len);
```

ptr이 가리키는 메모리 주소부터 len 바이트만큼의 공간에 val 값을 저장한다. ptr이 가리키는 공간의 시작 주소를 반환한다.

다음은 정수 배열을 반복문과 memset() 함수를 이용해서 0으로 초기화시키는 프로그램이다. 일반적으로 memset() 함수를 사용하는 것이 더 효율적이다.

코드 9-44 **MemSet.c**

```
#define _CRT_SECURE_NO_WARNINGS
#include <memory.h>

#define SIZE 100

```

```
int main(void)
{
    int arr[SIZE];
    // 초기화 방법 1 - 반복문 사용
    for (int i = 0; i < SIZE; i++) {
        arr[i] = 0;
    }
    // 초기화 방법 2 - memset() 사용
    memset(arr, 0, sizeof(int) * SIZE);
}
```

다른 메모리 공간과 메모리 공간의 비교

memcmp()는 메모리 공간의 내용을 비교하는 함수이다.

```
int memcmp(const void* ptr1, const void* ptr2, size_t len);
```

ptr1이 가리키는 메모리 공간(블록)과 ptr2가 가리키는 공간에 있는 값들을 len 바이트만큼 정수 형태로 비교한다. ptr1 블록 값이 ptr2의 같은 위치에 있는 값보다 작으면 음수, 크면 양수를 반환하고, 양 블록에서 len개의 데이터가 동일하면 0을 반환한다. memcmp() 함수를 이용해서 정수를(네 바이트 공간) 비교해 보자.

코드 9-45 **MemCmp.c**

```
#define _CRT_SECURE_NO_WARNINGS
#include <stdio.h>
#include <string.h>

int main(void)
{
    int n1 = 1;
    int n2 = 3;
    int n3 = 10;
    int n4 = -10;
```

값으로 보면 n1 > n4로 1이 반환될 것 같지만, 실제 메모리는 정수 저장 방식 때문에 음수가 양수보다 더 크게 보임. 따라서 -1 반환

n1 < n2이므로 -1 반환

n3 > n2이므로 1 반환

```
    printf("n1과 n2 비교: %d\n", memcmp(&n1, &n2, sizeof(int)));
    printf("n3과 n2 비교:  %d\n", memcmp(&n3, &n2, sizeof(int)));
    printf("n1과 n4 비교:  %d\n", memcmp(&n1, &n4, sizeof(int)));

    unsigned char* pn1 = (unsigned char*) &n1;
    printf("n1 = %d %d %d %d\n", pn1[3], pn1[2], pn1[1], pn1[0]);
    unsigned char* pn4 = (unsigned char*) &n4;
    printf("n4 = %d %d %d %d\n", pn4[3], pn4[2], pn4[1], pn4[0]);
}
```

n1을 바이트 단위로 출력. 리틀 엔디안 시스템이어서 역순으로 출력(빅 엔디안이라면 인덱스 0, 1, 2, 3 순서로 출력)

n4를 바이트 단위로 출력. 리틀 엔디안 시스템이어서 역순으로 출력. n1과 n4를 비교하면 n4가 더 큼

<실행 결과>

```
n1과 n2 비교: -1
n3과 n2 비교:  1
n1과 n4 비교: -1
n1 = 0 0 0 1
n4 = 255 255 255 246
```


다른 메모리 공간에 메모리 공간 복사

memcpy()와 memmove()는 메모리 공간에 있는 값을 다른 공간에 복사하는 함수이다. strcpy()가 문자열 복사에 특화되었다면, memcpy()나 memmove()는 어떤 공간에 있는 값도 복사할 수 있는 일반화된 함수이다.

memcpy()는 복사할 영역과 복사될 영역이 겹치는 경우, 제대로 동작하지 않을 수 있고, memmove()는 중첩된 영역도 제대로 복사한다. 많은 컴파일러가 memcpy()도 중첩된 영역에서 제대로 동작하도록 만들고 있지만, 언제나 그럴 것이라고 믿을 수는 없다. 중첩되는 경우에는 항상 memmove() 함수를 호출하는 것이 좋다.

```
void* memcpy(void* dest, const void* src, size_t len);
void* memmove(void* dest, const void* src, size_t len);
```

두 함수의 사용법은 동일하다. src가 가리키는 메모리 영역에서 dest가 가리키는 메모리 영역에 len 바이트를 복사한다. dest가 가리키는 영역에 충분한 메모리 공간이 있는지는 확인하지 않는다.

만약 memcpy() 함수를 이용해서 strcpy() 함수를 대체한다면 널 문자까지 복사해야 한다는 점을 주의해야 한다. 즉, 문자열 길이 + 1바이트만큼 복사하는 것이다.

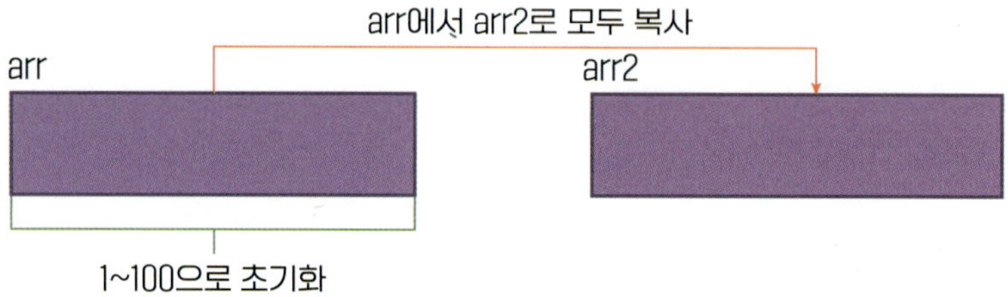

그림 9-11 memcpy() 함수로 정수 배열 복사

코드 9-46은 그림 9-11처럼 정수 배열 100개를 arr로 선언하고 초기화한 다음 다른 배열 arr2에 memcpy() 함수를 이용해서 복사한다. 두 개 배열의 합을 구해서 동일한 내용을 가지고 있는 것을 확인한다.

코드 9-46 MemCpy.c

```
#define _CRT_SECURE_NO_WARNINGS
#include <stdio.h>
#include <string.h>

#define SIZE 100

int main(void)
{
    int arr[SIZE];
    for (int i = 0; i < SIZE; i++) { arr[i] = i + 1; }
    int sum = 0;
    for (int i = 0; i < SIZE; i++) { sum += arr[i]; }
    printf("sum = %d\n", sum);

```

100개의 배열을 선언하고 1~100으로 초기화

arr의 모든 합을 구해서 화면에 출력

```c
    int arr2[SIZE] = { 0 };
    memcpy(arr2, arr, sizeof(int) * SIZE);
    sum = 0;
    for (int i = 0; i < SIZE; i++) { sum += arr2[i]; }
    printf("sum = %d\n", sum);
    return 0;
}
```

arr2를 선언하고 모든 요소를 0으로 초기화

arr 배열의 내용을 arr2에 모두 복사

arr2의 모든 요소의 합을 구해서 화면에 출력

<실행 결과>

```
sum = 5050
sum = 5050
```

이번에는 중첩되는 영역을 복사해 본다.

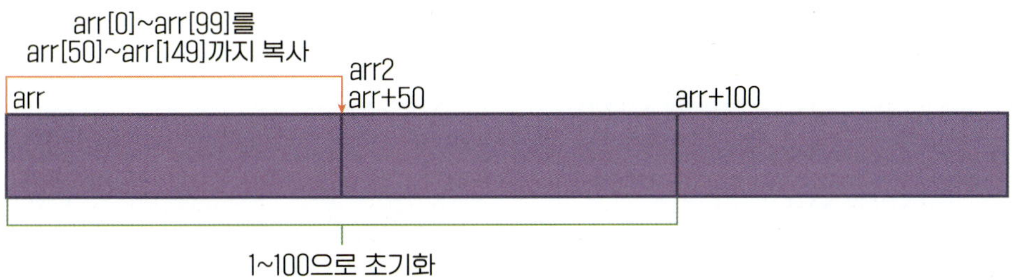

그림 9-12 배열을 선언하고 포인터를 이용해서 중첩되는 또 다른 배열 구성

코드 9-47은 정수 배열 150개를 선언하고, arr[0]~arr[99]까지 1~100으로 초기화한다. 다음에 memcpy()와 memmove() 함수를 이용해서 arr[0]~arr[99]를 arr[50]~arr[149]까지 복사한다. 이때 arr[50]~arr[99]는 원본과 복사 대상 배열 사이에 중복되는 영역이다.

코드 9-47

```c
for (int i = 0; i < 100; i++) {
    arr[i + 50] = a[i];
}
```

코드 9-47은 arr[0]~arr[49]를 arr[50]~arr[99]까지 복사하면서 값을 덮어쓰기 때문에 반복문에서 arr[50]~arr[99]를 arr[100]~arr[149]로 복사하기 전에 값이 1~50으로 변경되는 문제가 발생한다. 이를 해결하려면 **코드 9-48**처럼 arr[99]~arr[0]부터 arr[149]~arr[50]까지 반대 방향으로 복사해야 한다.

코드 9-48

```c
for (int i = 99; i >= 0; i--) {
    arr[i + 50] = a[i];
}
```

이렇게 복사하는 영역이 중첩되면, memcpy()는 제대로 동작하지 않을 수 있고, memmove()는 제대로 동작하는 것을 보장한다. 실제로 결과가 어떻게 출력되는지 살펴보기 위해 프로그램을 작성한다.

코드 9-49 **MemMove.c**

```c
#define _CRT_SECURE_NO_WARNINGS
#include <stdio.h>
#include <string.h>

#define SIZE 100

void calcAndPrintSum(int a[], int size)
{
    int sum = 0;
    for (int i = 0; i < size; i++) { sum += a[i]; }
    printf("sum = %d\n", sum);
}

void initArray(int a[], int size)
{
    for (int i = 0; i < size; i++) { a[i] = i + 1; }
}

```

주어진 배열 a[0]~a[size - 1] 합을 계산하고 화면에 출력

주어진 배열 a[0]~a[size - 1] 요소들을 1, 2, ..., size로 초기화

```c
int main(void)
{
    int arr[SIZE + 50];

    initArray(arr, SIZE);
    calcAndPrintSum(arr, SIZE);

    printf("Test memcpy()\n");
    memcpy(arr + 50, arr, sizeof(int) * SIZE);
    calcAndPrintSum(arr + 50, SIZE);

    initArray(arr, SIZE);

    printf("Test memmove()\n");
    memmove(arr + 50, arr, sizeof(int) * SIZE);
    calcAndPrintSum(arr + 50, SIZE);
    return 0;
}
```

150개의 정수를 포함하는 배열 선언

arr을 1~100으로 초기화하고 합을 구해서 출력

memcpy()로 arr[0]~arr[99]를 arr[50]~arr[149]까지 복사

arr[50]~arr[149]까지 합을 계산해서 화면에 출력

arr을 1~100으로 다시 초기화

memmove()로 arr[0]~arr[99]를 arr[50]~arr[149]까지 복사

arr[50]~arr[149]까지 합을 계산해서 화면에 출력

<실행 결과>

```
sum = 5050
Test memcpy()
sum = 5050
Test memmove()
sum = 5050
```

실행 결과를 보면 memcpy()나 memmove() 함수 모두 중첩된 영역에 대해서 제대로 복사했다. 확인해 보면 GCC나 비주얼 스튜디오의 컴파일러의 memcpy()는 중첩된 영역에서도 동작하는 것을 확인했다. 하지만 C 언어 명세서에는 memcpy() 함수가 중첩된 영역에 대해서 제대로 동작하지 않을 수 있다고 한 만큼 사용에 주의하도록 한다.

메모리 영역에서 특정 값 찾기

memchr()는 strchr()의 일반화된 함수로 메모리 공간에서 정해진 값을 찾으면 주소를 반환한다.

```
void* memchr(const void* ptr, int val, size_t len);
```

ptr이 가리키는 메모리 주소부터 len 바이트 공간에 val(unsigned char로 변환한 값)이 있는지 확인한다. val이 있으면 처음 나타나는 메모리 주소를 반환하고, 없으면 NULL을 반환한다.

코드 9-50은 메모리에서 문자 'a'가 처음 나타나는 위치의 주소를 출력한다. 코드를 실행하면 memchr() 함수를 이용해서 찾은 num 배열의 'a'와 num[2]의 주소가 같음을 볼 수 있다.

코드 9-50 **MemChr.c**

```
#define _CRT_SECURE_NO_WARNINGS
#include <stdio.h>
#include <string.h>

int main(void)
{
    int num[] = { 'c', 'd', 'a', 'e', 'n' };
    void* p = memchr(num, 'a', sizeof(num));
    if (p) {
        printf("p = %p\n", p);
        printf("&num[2] = %p\n", &num[2]);
    }
    return 0;
}
```

- 정수 배열에 문자들을 저장 / 정수 4바이트 공간에 1바이트 값만 저장되고 나머지 3바이트는 0으로 채워짐 (7행)
- num 공간에서 'a'의 위치를 찾아서 반환 (8행)
- 'a'의 주소 출력 (10행)
- num[2]의 주소 출력 (11행)

<실행 결과>

```
p = 00000064cc3ffc18
&num[2] = 00000064cc3ffc18
```

PROGRAMMING

9.10 문자 관련 함수

표 9-4는 ctype.h에 선언된 문자 관련 함수들 중에서 자주 사용하는 것들이다. 문자열을 다루다 보면 문자 단위로 함수들을 사용하는 경우가 있다. 이 밖에도 더 많은 함수들이 있으므로, 살펴보는 것이 좋다.

매개변수가 모두 int 형으로 되어 있지만, 문자(char)를 전달받는 함수들이다.

표 9-4 ctype.h에 선언된 문자 관련 함수들

함수	설명
int isalpha(int c)	c가 알파벳에 해당되면 true를 반환하고, 해당되지 않으면 false를 반환한다.
int isalnum(int c)	c가 알파벳이거나 숫자에 해당되면 true를 반환하고, 해당되지 않으면 false를 반환한다.
int isdigit(int c)	c가 숫자에 해당되면 true를 반환하고, 해당되지 않으면 false를 반환한다.
int islower(int c)	c가 소문자면 true를 반환하고, 해당되지 않으면 false를 반환한다.
int isupper(int c)	c가 대문자이면 true를 반환하고, 해당되지 않으면 false를 반환한다.
int isspace(int c)	c가 공백 문자, 탭 또는 줄바꿈 문장 중 한 개면 true를 반환하고, 해당되지 않으면 false를 반환한다.
int ispunct(int c)	c가 쉼표, 마침표, 따옴표 등 특수 기호에 해당되면 true를 반환하고, 해당되지 않으면 false를 반환한다.
int toupper(int c)	c가 소문자면 대문자로 변환해서 반환하고, 해당되지 않으면 c 값을 그대로 반환한다.
int tolower(int c)	c가 대문자면 소문자로 변환해서 반환하고, 해당되지 않으면 c 값을 그대로 반환한다.

9.11 PROGRAMMING

명령행 인자

명령행 인자(command line arguments)는 프로그램을 실행하면서 전달하는 문자열이다.

간단한 예를 들어보자. 다음은 각각 윈도우와 리눅스(혹은 맥) 운영체제의 터미널 환경에서 파일을 복사할 때 사용하는 명령이다.

```
copy filename1.txt filename2.txt
cp filename1.txt filename2.txt
```

copy와 cp는 실행 파일 이름이고, filename1.txt의 내용을 filename2.txt 파일로 복사하라는 것이다. 이때 프로그램의 이름을 제외한 나머지 내용을 명령행 인자라고 한다. 명령행 인자는 공백으로 분리된 것들을 각각 다른 인자로 본다. 예를 들어, copy의 인자는 "filename1.txt"와 "filename2.txt"이다. 명령행 인자는 이외에도 많다. 터미널에서 컴파일할 때 소스 코드 파일 이름을 컴파일러에 전달하는 것도 명령행 인자이다.

그렇다면 C 프로그램은 명령행 인자 정보를 어떻게 전달받을까? main() 함수의 매개변수를 통해서 입력받는다. 그런데 명령행 인자를 받을 때의 main() 함수는 다음에 보인 것처럼 기존의 main() 함수와는 좀 다르다.

```
int main(int argc, char* argv[])   // (1)
int main(int argc, char** argv)    // (2)
```

매개변수 이름은 다른 것을 사용해도 되지만, 관례적으로 argc와 argv를 사용한다. argc는 명령행 인자의 개수를 나타내고, argv는 명령행 인자에 해당되는 문자열 배열이다. char*의 배열이므로 문자열 상수가 포함된 것으로 생각할 수 있다. argv를 선언할 때 두 가지 방법이 모두 가능하지만 (1) 방법이 문자열(char*)의 배열이라고 읽히며 직관적이다.

C 언어는 main() 함수에 실행 파일의 이름을 첫 번째 명령행 인자로 전달한다. 따라서 argv[0]은 실행 파일 이름이고, argc는 항상 1 이상이다. 명령행 인자는 문자열로 구성된다. 인자로 숫자를 전달해도 문자열 형태로 입력되므로, 정수나 실숫값으로 변환해서 사용해야 한다.

명령행 인자를 출력하는 예제 프로그램을 작성해 본다.

코드 9-51 **CmdArgs1.c**

```c
#define _CRT_SECURE_NO_WARNINGS
#include <stdio.h>

int main(int argc, char* argv[])
{
    printf("argc = %d\n", argc);
    for (int i = 0; i < argc; i++) {
        printf("argv[%d] = %s\n", i, argv[i]);
    }
    return 0;
}
```

<실행 결과>

```
D:\CmdArgs1 filename1.txt filename2.txt
argc = 3
argv[0] = CmdArgs1
argv[1] = filename1.txt
argv[2] = filename2.txt
```

사용자가 입력한 정수의 약수를 구하는 프로그램을 작성한다.

코드 9-52 **Divisor.c**

```c
#define _CRT_SECURE_NO_WARNINGS
#include <stdio.h>
#include <stdlib.h>

```

```c
int main(int argc, char* argv[])
{
    if (argc < 2) {
        printf("Usage: %s number\n", argv[0]);
        return 0;
    }
    int n = (int) strtol(argv[1], NULL, 10);
    if (n < 1) {
        printf("n은 1 이상이어야 합니다\n");
        return 0;
    }
    for (int i = 1; i <= n; i++) {
        if (n % i == 0) { printf("%d ", i); }
    }
    return 0;
}
```

명령행 인자가 프로그램 이름만 있으면 사용법 출력 후 종료

명령행 인자에 입력된 숫자 문자열을 정수로 변환(long을 int로 자동 형 변환)

사용자가 입력한 숫자가 1 미만이면 프로그램 실행 취소

약수 출력

<실행 결과>

```
D:\>divisor
Usage: divisor number

D:\>divisor 12
1 2 3 4 6 12
```

9.12 연습 문제

01 C 언어의 문자열은 마지막 글자가 널 문자여야 한다(OX로 답하시오).

02 문자열 "Hello"가 저장된 문자 배열의 크기가 10이다. 이때 문자 배열의 마지막 문자는 무조건 널 문자여야 한다(OX로 답하시오).

03 아래 코드를 이해하고, sizeof(str)과 sizeof(pstr)의 결과를 작성하시오.

```
char str[] = "Hello World";
char* pstr = "Hello World";
```

04 strcpy(const char* dest, const char* src) 함수는 dest 포인터가 가리키는 문자 배열의 크기가 src의 문자열 길이보다 큰 지 확인한다. 만약 배열 크기가 문자열을 수용하기에 충분하지 않으면 문자열을 복사하지 않는다(OX로 답하시오).

05 strcat(const char* dest, const char* src) 함수의 dest 매개변수에 빈 문자 배열(첫 번째 요소가 널 문자)을 전달하면 strcpy() 함수와 동일하게 동작한다(OX로 답하시오).

06 프로그램을 실행시키면서 명령행 인자를 한 개도 지정하지 않으면 명령행 인자의 개수는 0이다(OX로 답하시오).

07 fgets() 함수를 이용해서 키보드 입력을 받을 때 fgets()에 전달하는 세 번째 인자는 stdkbd이다(OX로 답하시오).

08 memcmp() 함수를 이용해서 strcmp() 함수를 구현하시오.

09 memcpy() 함수와 memmove() 함수의 차이를 설명하시오.

10 gets() 함수는 fgets() 함수보다 인자를 덜 받고 사용하는 것이 쉽다. 그럼에도 fgets() 함수 사용을 권하는 이유를 설명하시오.

11 명령행 인자로 소수점이 있는 숫자를 입력받고, double 형으로 변환해서 화면에 출력하는 프로그램을 작성하시오.

12 코드 9-13에서 fgets() 함수를 두 번 호출하도록 수정하고, 사용자가 배열의 크기보다 더 긴 문자열을 입력해서 배열을 채우고 남는 문자들은 입력 버퍼에 남아 있는 것을 확인하시오.

13 명령행 인자로 "정수, 연산자, 정수"를 입력받고 계산해서 화면에 결과를 출력하는 프로그램을 작성하시오. 단, 연산자는 +, −, *, /, %만 처리한다.

14 strcpy() 함수와 동일한 일을 하는 함수 StrCpy() 함수를 구현하시오.

15 memcpy() 함수와 동일한 일을 하는 MemCpy() 함수를 구현하고, 코드 9-49의 memcpy() 함수를 대신해서 사용해서 제대로 동작하는지 확인하시오.

16 memmove() 함수와 동일한 일을 하는 MemMove() 함수를 구현하고 코드 9-49의 memmove() 함수를 대신해서 사용하시오.

17 strcmp() 함수와 동일한 일을 하는 함수인 StrCmp()를 구현하시오. 단, StrCmp()는 아스키 코드 기반 영문 알파벳 문자열에 대해 대문자/소문자를 구별하지 않는다. 예를 들어, 문자열 "hello"와 "HeLlo"는 동일하다. 필요하다면 ctype.h에 선언되어 있는 isalpha(), toupper() 또는 tolower() 함수 등을 사용한다.

18 main() 함수 내에서 서울에 있는 구 이름 5개를 문자열 배열 형태로 만들고, 함수에 전달해서 화면에 출력하는 프로그램을 작성하시오.

19 C 프로그래밍 교과목의 중간, 기말, 과제 성적을 strtok() 함수를 이용해서 분리하고 화면에 출력하는 프로그램을 작성하시오. 과목 이름과 성적은 다음 문자열 형태로 되어 있다.

```
"C 프로그래밍 1\t90,85,90"
```

20 파일 이름에서 확장자를 추출해서 화면에 출력하는 프로그램을 작성하시오. 파일의 확장자는 가장 마지막 마침표(.) 다음에 나오는 문자열을 나타낸다. 확장자는 공백 없이 한 단어로만 구성된다고 가정하고, 글자 수는 제한 없다.

- 예 : A.c(확장자는 c), A.txt(확장자는 txt), A.jpeg(확장자는 jpeg), A.found.png(확장자는 png)

21 main( ) 함수에 다음 문자열을 배열로 선언한다.

```
"C language is a general-purpose programming language that can be used
to develop anything from system programs to general applications. C
is a small, easy-to-learn, and highly portable language. C language
has been around for about 50 years. It has accumulated a lot of
information and code. It has influenced the development of many other
languages, such as C++, Objective-C, Java, and C#."
```

문자열을 전달받고 몇 개 문장으로 구성되었는지 반환하는 함수를 구현한 다음 이를 확인하는 프로그램을 작성하시오. 문장은 마침표로 분리된다.

22 문제 **20**번의 문자열을 사용하여 사용자로부터 1 이상의 정수 한 개를 입력받고 변수 n에 저장한다. 문자열에서 n번째 문장을 찾아 화면에 출력하시오. 문자열의 첫 번째 문장이 1번째 문장으로, 만약 사용자가 입력한 n번째 문장이 문자열에 없으면 "n 번째 문장이 없습니다"를 화면에 출력한다. 이때 n은 사용자가 입력한 값이다.

23 문자 20개를 저장할 수 있는 문자열을 70개 담을 수 있는 배열을 선언한다. 문제 **20**번의 문자열을 모두 단어로 분리해서(단어는 공백, 탭 또는 줄바꿈 문자, 쉼표, 마침표로 구분) 배열에 저장한다. 단, 기존 배열에 같은 단어가 있으면, 중복해서 저장하지 않는다. 배열을 화면에 순서대로 출력하는 프로그램을 작성하시오.

24 다음과 같이 과목 이름과 중간/기말고사 성적이 줄바꿈 문자로 분리되어 있는 문자열이 있다고 가정한다. 문자열에 몇 개 과목의 성적이 있는지 미리 알 수 없다.

```
char str[] = "C프로그래밍1, 90 86\n대학수학, 85, 80\nSW영어, 90, 90";
```

과목별로 분리해 과목 이름, 중간고사, 기말고사 성적을 차례대로 출력하는 프로그램을 작성하시오.

10장

구조체, 공용체

학 습 목 표

- 구조체 선언 및 사용 방법을 이해한다.
- 공용체 선언 및 사용 방법을 이해한다.
- 표준 C 라이브러리의 시간 관련 함수들을 살펴본다.
- 비트 필드 사용법을 이해한다.

PROGRAMMING

10.1 구조체의 필요성과 정의

휴대폰 주소록 프로그램을 만든다고 가정하자. 이름, 휴대폰 번호, 이메일 주소, 집 또는 사무실 주소 등을 저장한다.

휴대폰 주소록에 적게는 수십 명 많게는 수백 또는 수천 명의 정보들이 포함될 수 있다. 지금까지 학습한 내용 중에서 이렇게 많은 정보들을 담을 수 있는 것은 배열이었다. 그런데 이름이나 전화번호 같이 다른 자료들을 어떻게 한 개 배열에 저장할 수 있을까? 예전에 사용하던 방법 중 하나는 사용하지 않을 것 같은 글자를 자료들을 분리하는 구분자로 사용해서 자료를 한 줄의 문자열로 저장하는 것이다. 다음은 세미콜론을 이용해서 이름과 전화번호 등을 분리한 것이다.

```
홍길동;010-1111-1111;hong@mail.net,oo시 oo구 o길 o
```

한 사람의 주소 관련 정보를 담을 수 있는 문자열의 길이를 최대 180자로 정하고, 최대 1000명의 주소록을 저장할 수 있다고 가정하면, 다음과 같이 2차원 배열로 저장할 수 있다.

```
char addressBook[1000][180];
```

그런데 이렇게 한 개 문자열로 자료를 넣으면 여러 가지로 비효율적이다. 예를 들어, 전화를 걸 때 문자열에서 전화번호 부분만 떼어내야 하고, 이름이나 전화번호 등을 검색하는 것도 마찬가지로 특정 부분의 정보를 추출해야만 가능하다.

차라리 한 사람의 자료들을 **코드 10-1**처럼 각각 배열로 구성하는 것은 어떨까? 자료들은 대부분 문자열로 표현할 수 있다.

코드 10-1

```
char name[30];
char cellPhoneNumber[20]; // 010-xxxx-xxxx 형식보다 여유 있는 공간을 확보
char email[30];
char address[100];
```

각 배열을 1,000명 저장할 수 있도록 선언한다.

```
char names[1000][30];
char cellPhoneNumbers[1000][20];
char emails[1000][30];
char addresses[1000][100];
```

한 사람 정보를 여러 배열에 나누어 저장하면서 인덱스를 동일하게 사용하면 주소록을 구성할 수 있다. 예를 들어, names 배열과 휴대폰 cellPhoneNumbers 배열의 인덱스 0에 "홍길동"의 이름 및 전화번호를, 인덱스 1에 "허균"의 이름 및 전화번호를 저장할 수 있다.

이렇게 여러 배열에 저장하면, 주소록 사용 코드를 구현하는 것이 번거롭다. 주소록에서 A라는 사람의 정보를 검색한다고 가정하자. A의 이름을 names 배열에서 찾아서 인덱스를 얻고, 그 인덱스를 이용해서 cellPhoneNumbers나 emails 배열에 접근해서 나머지 정보를 취득해야 한다. 삭제하는 것도 비슷하다. 동일한 인덱스에 해당되는 항목들을 여러 배열에서 삭제해야 한다. 이런 작업을 함수로 처리한다면 더 복잡해진다. 함수에 여러 배열을 인자로 전달해야 할 수 있다.

이런 경우, 구조체가 해결책이 될 수 있다. C 언어의 구조체는 다양한 자료형의 변수들을 묶어 새로운 자료형을 생성하는 기능이다. 프로그래머들은 여러 가지 복합적인 자료들을 한 개의 구조체로 구성하고, 이를 일반 변수 또는 배열의 요소로 사용할 수 있어 관리하기 쉽고 가독성 높은 코드를 작성할 수 있다.

예를 들어, **코드 10-1**의 변수들을 포함하는 Address 구조체 자료형을 만들었다고 가정하자. 그럼 1000명의 주소록은 다음과 같이 Address 구조체의 1차원 배열로 만들 수 있다.

```
Address addressBook[1000];
```

구조체를 구성하는 다양한 자료형의 변수들을 멤버(member) 또는 필드(field)라고 부르는데, 구조체의 멤버들은 구조체 변수와 멤버의 이름들을 이용해서 개별적으로 접근할 수 있다.

구조체와 배열은 여러 자료들을 묶어서 한 개의 덩어리로 취급할 수 있다는 점에서 비슷하지만, 표 10-1에서 보인 것 같은 차이를 보인다.

표 10-1 배열과 구조체 비교

배열	구조체
같은 종류의 값만 저장 가능	다른 종류의 값 저장 가능
인덱스(또는 시작 주소로부터의 주소 차이)를 이용해서 요소에 접근	이름을 이용해서 요소에 접근
포인터와 연동 가능	포인터로 가리킬 수 있지만, 자연스러운 연동은 불가

배열은 같은 종류의 값을 여러 개 저장하고 사용하는 것을 목적으로 한다. 구조체는 자료형과 상관없이 여러 개의 값을 묶어서 한 개의 자료로 취급한다. 구조체를 배열로 만들 수도 있어, 두 가지가 대립되는 개념은 아니다. 배열은 구성 요소의 순서가 정해져 있고, 그 순서를 나타내는 인덱스를 이용해서 접근한다. 구조체는 구성 요소의 변수 이름과 멤버 선택(또는 필드 선택) 연산자인 '.'를 이용해서 접근한다.

PROGRAMMING

10.2 구조체 선언

구조체를 선언하고 구성 요소를 사용하는 방법을 알아본다.

구조체 선언과 정의

먼저 '선언(declaration)'과 '정의(definition)'에 대해서 알아보자.

선언이란 "이런 이름을 가진 변수, 함수나 자료형이 있다"라고 컴파일러에 알린다. 단순하게는 이름 정보만을 알리고, 복잡해지면 내부 구성 형태를 보일 수도 있다. 정의란 변수의 이름을 알리는 것뿐만 아니라 실제 사용할 수 있는 실물이 있는 것이다. 변수라면 메모리 공간을 할당받는 것이고 함수라면 구현 코드가 있는 것을 의미한다. 지금까지 변수를 선언한다고 했던 것은 변수의 선언과 정의를 함께 실행한 것이다.다음은 구조체를 선언 또는 정의하는 방법이다.

```
struct [태그_이름] {
    멤버_변수_선언1;
    멤버_변수_선언2;
    ...
} [변수_목록];
```

구조체 선언은 키워드 struct로 시작하고 코드 블록에 멤버 변수들을 표시한다. 구조체를 구성하는 멤버 변수들은 기본형, 포인터, 배열, 그리고 다른 구조체를 포함할 수 있다.

[] 표시는 생략할 수 있다는 의미지만, 태그_이름과 변수_목록 중 최소한 한 개는 있어야 한다. 태그_이름은 구조체 자료형의 이름이다. 구조체 선언 후에 변수를 생성할 때 태그_이름을 사용한다. 태그_이름이 생략되면 자료형의 이름이 없으므로, 구조체를 선언

할 때 변수를 정의해야 한다. **변수_목록**에 한 개 이상의 변수 이름을 적으면 변수를 생성하고 메모리 공간을 할당한다. 만약 **태그_이름**과 **변수_목록**이 모두 있다면, 자료형을 선언하면서 변수를 정의한다.

코드 10-1을 포함하는 Address 구조체를 선언해 보자.

코드 10-2

```
struct Address {
    char name[30];
    char cellPhoneNumber[20];
    char email[30];
    char address[100];
};
```

코드 10-2는 태그_이름만 있고 변수_목록이 생략되었으므로, 구조체 자료형만 선언한 것이고 변수가 정의되지 않았다. 구조체 Address는 name, cellPhoneNumber, email, addresss 멤버 변수로 구성된다. Address는 문자 배열만 포함하고 있지만, 앞에서 설명한 것처럼 구조체 내에 선언되는 멤버 변수의 자료형은 제한이 없다.

struct Address 구조체 자료형을 이용해서 변수를 정의해 본다. 일반 자료형 변수를 만드는 것과 비슷하게 자료형 **변수_이름** 형태로 사용한다.

```
struct Address addr1;
```

Address 구조체가 사용하는 크기의 공간이 확보되고, 공간 이름을 addr1이라고 붙였다. 변수 선언(정의)이 함수 밖에서 정의된다면 데이터 영역에, 함수 안에서 정의된다면 스택 영역에 공간이 만들어진다.

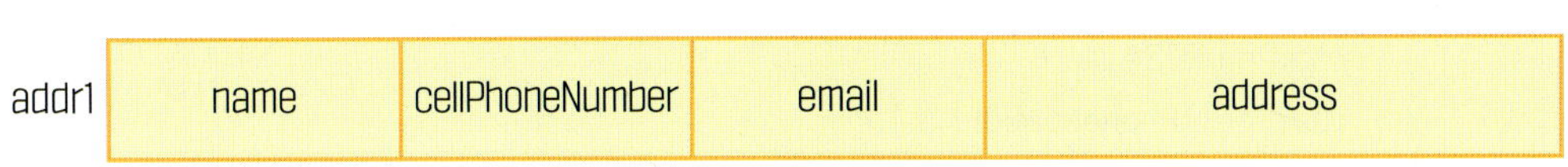

그림 10-1 구조체 변수의 메모리 공간 배치

구조체 변수를 사용하면 멤버 변수들에 접근(값을 저장하거나 사용)할 수 있다. 지금은 구조체 변수를 생성하는 것에 집중하고, 멤버 변수에 접근하는 방법은 잠시 후에 학습한다.

구조체 변수를 여러 개 선언하는 것도 가능하다. 다음은 addr1과 addr2를 정의한 코드이다.

```
struct Address addr1, addr2;
```

구조체를 선언하면서 **변수_목록**에 변수 이름을 지정하면 구조체 자료형 선언과 변수의 정의가 동시에 일어난다.

코드 10-3

```
struct Address {
    char name[30];
    char cellPhoneNumber[20];
    char email[30];
    char address[100];
} addr1, addr2;
```

코드 10-3처럼 선언과 정의를 동시에 해도 태그 이름을 이용해서 구조체 자료형 변수를 추가로 생성할 수 있다.

```
struct Address addr3; // 새로운 변수 선언
```

코드 10-4는 구조체를 선언하면서 태그 이름을 생략하고, 변수 addr1, addr2를 생성한다. 단, 태그_이름이 없기 때문에 더 이상의 변수를 만들 수는 없다.

코드 10-4

```
struct { // 태그_이름 생략
    char name[30];
    char cellPhoneNumber[20];
    char email[30];
    char address[100];
} addr1, addr2;
```

typedef를 이용하면 좀 더 쉽게 구조체 변수 정의를 할 수 있다.

```
typedef struct 태그_이름 새로운_자료형_이름;
```

typedef를 이용해 Address에 새로운 자료형의 이름을 붙인다.

```
typedef struct Address AddressStruct;
```

이제 변수를 선언한다. struct 키워드를 붙이지 않아도 된다.

```
AddressStruct addr5, addr6;
AddressStruct add7;
AddressStruct* pAddr;
```


구조체를 선언하면서 typedef를 사용하는 것도 가능하다.

```
typedef struct [태그_이름] {
    멤버_변수_선언1;
    멤버_변수_선언2;
    ...
} 구조체_자료형_이름;
```

typedef를 사용하면 일반적으로 태그_이름은 생략하고, 구조체_자료형_이름을 지정한다.

코드 10-5는 typedef를 이용해서 AddressStruct를 다시 선언한 것이다.

코드 10-5

```
typedef struct {
    char name[30];
    char cellPhoneNumber[20];
    char email[30];
    char address[100];
} Address;
```

재귀적 선언

구조체의 필드(멤버 변수)로 구조체 자신의 포인터가 포함되는 재귀적 선언(recursive declaration)을 하는 경우가 있다. **코드 10-6**은 재귀적 선언의 예를 보인다.

코드 10-6

```
struct Address {
    struct Address* next;  // 재귀적 선언
    char name[30];
    char cellPhoneNumber[20];
    char email[30];
    char address[100];
};
```

struct Address 내부에 struct Address* 형 변수가 선언되었다. 선언 중인 구조체를 이용해서 멤버 변수를 선언하기 때문에 재귀적 선언이라고 한다. 재귀적 선언은 필드로 선언되는 변수가 포인터이기 때문에 가능하다. 포인터는 메모리 주소를 저장하며, 포인터 변수의 자료형은 간접 참조할 때만 필요하다.

만약 다음에 보인 것처럼 구조체 자신을 포인터가 아닌 형태의 필드로 포함한다면 무한히 반복하는 형태가 되므로, 구조체 선언을 마무리할 수 없어 컴파일 오류가 발생한다.

```
struct Address {
    struct Address next;
    ...
}
```

typedef를 사용해서 재귀적 선언을 할 때 태그_이름이 무조건 있어야 한다. **코드 10-5**처럼 typedef로 선언된 자료형의 이름(Address)은 아직 선언되지 않았기 때문에 구조체 내부의 필드 선언에 사용할 수 없다. 따라서 'struct _Address*'을 사용해서 포인터 변수를 선언한다.

코드 10-7

```
typedef struct _Address {
    struct _Address* next;  // struct 태그_이름 형태로 사용함에 주의
    char name[30];
    char cellPhoneNumber[20];
    char email[30];
    char address[100];
} Address;
```

구조체 변수 초기화

구조체 변수는 중괄호 안에 멤버 변수의 순서대로 값을 지정해서 초기화한다. 만약 구조체 안에 다른 구조체를 포함하려면 중괄호 안에 중괄호를 넣으면 된다.

```
구조체_자료형 변수 = { 멤버_변수1의_초깃값, 멤버_변수2의_초깃값, ... };
구조체를_포함하는_구조체_자료형 변수 = { 값1, ..., { 값v1, 값v2, ..., }, ..., 값n }
```

코드 10-7의 Address 변수를 초기화해 보자. 포인터 변수인 next를 제외하면 모두 문자열로 초기화한다.

```
AddressRecursiveStruct addr1 = { NULL, "Hong gildong", "010-1111-1111",
"hong@mail.net", "Hongjimun-gil 10, Jongno-gu, Seoul" };
```

문자열로 된 이름(최대 문자 20개)과 정수 좌표 x, y를 필드로 포함하는 구조체를 선언해 본다.

코드 10-8

```
struct PointStruct {
    char name[20];
    int x;
    int y;
};
```

```c

typedef struct {
    char name[20];
    int x;
    int y;
} Point;
```

Point 변수 두 개를 만들고 초기화한다. 이름은 각각 "p1", "p2"로 설정하고, 좌표는 (20, 30), (40, 50)으로 지정한다.

코드 10-9

```c
Point p1 = { "x1", 20, 30 };
Point p2 = { "y1", 40, 50 };
```

구조체 선언/정의와 유효 범위

구조체는 변수의 경우와 다르지 않은 유효 범위를 갖는다. 함수 밖의 구조체는 프로그램 전체에서 사용할 수 있고, 반대로 함수 내부에서 선언된 구조체는 함수 안에서만 사용할 수 있다.

코드 10-10 StructScope.c

```c
#define _CRT_SECURE_NO_WARNINGS
typedef struct {
    int x;
    int y;
} GlobalPoint;

void f(void)
{
    typedef struct {
        int x;
        int y;
    } LocalPoint;
```

(2~5행) 프로그램 전체에서 사용할 수 있는 GlobalPoint 구조체 자료형 생성

(9~12행) f() 함수 안에서만 사용할 수 있는 LocalPoint 구조체 자료형 생성

```

    LocalPoint p = { 2, 3 };
}

int main(void)
{
    GlobalPoint p = { 3, 5 };
    // LocalPoint p2 = { 2, 3 };  // 컴파일러 오류 발생
    return 0;
}
```

f() 함수 안에서 LocalPoint 형 변수 생성
함수 안에서는 사용 가능

main() 함수 안에서 GlobalPoint 형 변수 선언
GlobalPoint의 유효 범위는 프로그램 전역이므로 괜찮음

f() 함수 안에 선언된 LocalPoint를 다른 함수인 main()에서 사용하려면 오류 발생

10.3

PROGRAMMING

구조체 사용

멤버 접근 및 사용

구조체 변수의 멤버에 접근하려면 다음처럼 변수와 멤버 사이에 '.'을 사용한다.

```
변수_이름.멤버_변수_이름
```

'.'는 〈3장〉에서 설명한 연산자 우선순위 1에 해당하며, 두 개의 피연산자를 취한다. 피연산자에 대한 설명은 다음과 같다. '.'는 왼쪽에 있는 구조체 변수에 포함된 오른쪽 이름의 멤버 변수에 접근한다는 의미이다.

코드 10-5가 선언되었다고 가정하고, 변수를 선언해서 사용하는 코드를 살펴본다.

```
Address addr1;

strcpy(addr1.name, "Hong gildong"); // 멤버 변수에 문자열 복사
printf("name = %s\n", addr1.name);  // 멤버 변수의 내용을 출력
```

구조체를 초기화하고 멤버 변수들을 출력하는 프로그램을 작성한다.

코드 10-11 **PrintStruct.c**

```
#define _CRT_SECURE_NO_WARNINGS
#include <stdio.h>

코드 10-7 삽입

코드 10-8 Point 구조체 선언 삽입
```

```
int main(void)
{
    Address addr1 = { NULL, "Hong gildong", "010-1111-1111", "hong@mail.net", "Hongjimun-gil 10, Jongno-gu, Seoul" }; ← Address 변수 정의 및 초기화
    Point p1 = { "x1", 20, 30 }; ← Point 변수 정의 및 초기화
    Point p2 = { "y1", 40, 50 }; ←

    printf("Name: %s, CellPhone: %s, E-mail: %s, Home: %s, Office: %s, memo: %s\n", addr1.name, addr1.cellPhoneNumber, addr1.email, addr1.address); ← Address 변수 내용 출력
    printf("p1: name: %s, x : %d, y: %d\n", p1.name, p1.x, p1.y); ← Point 변수 내용 출력
    printf("p2: name: %s, x : %d, y: %d\n", p2.name, p2.x, p2.y); ←
}
```

<실행 결과>

```
Name: Hong gildong, CellPhone: 010-1111-1111, E-mail: hong@mail.net, Address: Hongjimun-gil 10, Jongno-gu, Seoul
p1: name: x1, x : 20, y: 30
p2: name: y1, x : 40, y: 50
```


구조체 대입

대입 연산자를 이용하면 구조체 변수를 다른 변수에 저장할 수 있다. 구조체의 대입 연산은 대입 연산자의 오른쪽에 위치한 구조체의 모든 멤버 변수 값을 왼쪽에 있는 구조체의 변수에 각각 저장한다.

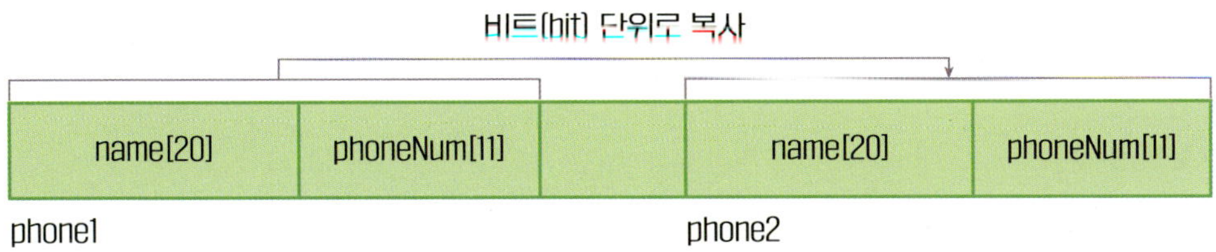

그림 10-2 구조체 변수에서 다른 구조체 변수로 저장할 때 구조체의 메모리 공간 전체를 복사

Address와 Point를 이용해서 살펴보자. 구조체 변수를 다른 변수에 저장할 때 그림 10-2처럼 구조체가 차지하는 메모리 공간의 내용을 다른 구조체 변수의 메모리 공간에 비트 단위로 전부 복사한다. 그래서 구조체 멤버 변수의 자료형과 관계없이 값이 복사되고, 심지어 초기화되지 않은 쓰레기 값도 그대로 복사될 수 있다.

코드 10-12 AssignStruct.c

```
#define _CRT_SECURE_NO_WARNINGS
#include <stdio.h>

코드 10-7 삽입

코드 10-8 Point 구조체 선언 삽입

int main(void)
{
    Point p1 = { "x1", 20, 30 };
    Point p2 = { "y1", 40, 50 };

    Address addr1;
    Address addr2 = { NULL, "Hong gildong", "010-1111-1111", "hong@mail.net", "Hongjimun-gil 10, Jongno-gu, Seoul" };

    p2 = p1;
    addr1 = addr2;

    printf("Name: %s, CellPhone: %s, E-mail: %s, Address: %s\n", addr1.name, addr1.cellPhoneNumber, addr1.email, addr1.address);
    printf("p2: name: %s, x : %d, y: %d\n", p2.name, p2.x, p2.y);
    return 0;
}
```

- Address addr1; → Address 변수 정의. 초기화되지 않음
- p2 = p1; → Point 구조체 변수를 다른 변수에 저장 내부 멤버인 문자열도 함수 strcpy()와 같은 함수를 호출하지 않고 복사됨
- addr1 = addr2; → Address 구조체의 내용을 다른 변수에 저장. 문자 배열도 다른 함수 도움 없이 저장

<실행 결과>

```
Name: Hong gildong, CellPhone: 010-1111-1111, E-mail: hong@mail.net, Address:
Hongjimun-gil 10, Jongno-gu, Seoul
p1: name: x1, x : 20, y: 30
p2: name: x1, x : 20, y: 30
```

코드 10-13에서 name 멤버 변수는 "Cho"로 초기화되어 배열의 4바이트만 사용한다. 이를 확인하기 위해 문자열 뒤에 다른 문자들을 넣고 다른 변수에 저장할 때 문자열이 아닌 부분도 복사되는지 확인해 보자.

코드 10-13 AssignStruct2.c

```
#define _CRT_SECURE_NO_WARNINGS
#include <stdio.h>

typedef struct {
    char name[20];
    char phoneNum[11]; // 00000000000 '-' 없이 전화번호 표현
} PhoneNumber;

int main(void)
{
    PhoneNumber phone1 = { "Cho", "00011112222" };
    phone1.name[10] = 'x';
    phone1.name[15] = 'y';
    PhoneNumber phone2 = phone1;

    printf("Name: %s\n", phone1.name);
    printf("PhoneNumber: %s\n", phone1.phoneNum);
    printf("%c %c\n", phone1.name[10], phone1.name[15]);
    printf("Name: %s\n", phone2.name);
    printf("PhoneNumber: %s\n", phone2.phoneNum);
    printf("%c %c\n", phone2.name[10], phone2.name[15]);
    return 0;
}
```

phone1.name의 빈 공간(문자열의 범위를 넘치는 위치)에 값을 저장

phone1.name의 빈 공간에 있는 값을 확인

phone1.name의 빈 공간에 저장했던 문자가 phone2.name의 같은 위치에 있는지 확인

<실행 결과>

```
Name: Cho
PhoneNumber: 00011112222
x y
Name: Cho
PhoneNumber: 00011112222
x y
```

구조체를 선언하는 것은 새로운 자료형을 생성한다. 멤버 변수의 내용이 동일해도 다른 구조체 사이에 대입할 수 없고 컴파일 오류가 발생한다. **코드 10-14**에서 Point와 Point2는 멤버 변수들을 동일한 자료형으로 선언했다. 심지어 변수를 선언하는 순서도 동일하다.

코드 10-14 **AssignStruct3.c**

```c
#define _CRT_SECURE_NO_WARNINGS
typedef struct {
    char name[20];
    int x;
    int y;
} Point;

typedef struct {
    char name[20];
    int x;
    int y;
} Point2;

int main(void)
{
    Point p1 = { "x1", 20, 30 };
    Point2 p2;

    p2 = p1;
    return 0;
}
```

하지만 Point 자료형의 변수를 Point2 자료형 변수에 저장하면 컴파일 오류가 발생한다.

<컴파일 결과>

```
Microsoft (R) C/C++ Optimizing Compiler Version 19.36.32535 for x64
Copyright (C) Microsoft Corporation.  All rights reserved.

AssignStruct.c
AssignStruct.c(36): error C2440: '=': cannot convert from 'Point' to 'Point2'
```

구조체 비교

C 언어에 구조체를 비교하는 연산자는 없다. 구조체 변수 두 개의 값이 동일한지 비교하려면 멤버 변수의 값들을 각각 비교해야 한다. memcmp() 함수는 메모리 공간 전체를 비교하는데, 구조체 내에는 사용되지 않는 값들이 있을 수 있어(특히 문자열) 동일한 구조체도 같지 않다고 할 수 있다.

코드 10-15는 구조체 두 개를 비교한다. p1과 p2는 다른 값을 가지고 있고, p3은 p1과 같은 값을 가지고 있다. 하지만 이전에 문자열 내용을 다른 것으로 저장했다가 "x1"을 저장해서 배열의 일부 내용을 다르게 만들었다.

코드 10-15 CompareStruct.c

```
#define _CRT_SECURE_NO_WARNINGS
#include <stdio.h>
#include <string.h>

코드 10-8 Point 구조체 선언 삽입

int main(void)
{
    Point p1 = { "x1", 2, 3 };
    Point p2 = { "y1", 2, 3 };
    Point p3 = p1;

    if (strcmp(p1.name, p2.name) == 0 && p1.x == p2.x && p1.y == p2.y) {
        printf("p1과 p2는 동일함\n");
    }
    else {
        printf("p1과 p2는 다름\n");
    }
    if (strcmp(p1.name, p3.name) == 0 && p1.x == p3.x && p1.y == p3.y) {
        printf("p1과 p3은 동일함\n");
    }
    else {
        printf("p1과 p3은 다름\n");
    }
```

```c
    if (memcmp(&p1, &p3, sizeof(Point)) == 0) {
        printf("memcmp() 함수 결과: p1과 p3은 동일함\n");
    }
    else {
        printf("memcmp() 함수 결과: p1과 p3은 다름\n");
    }
    return 0;
}
```

따라서 필드의 내용을 각각 비교하면 동일하다고 나오지만, memcmp() 함수는 필드에서 사용하지 않는 영역들까지 비교하므로, 다르다고 출력한다.

<실행 결과>

```
p1과 p2는 다름
p1과 p3은 동일함
memcmp() 함수 결과: p1과 p3은 다름
```

PROGRAMMING

10.4 구조체와 포인터

일반 기본형 변수처럼 구조체도 포인터 변수에 저장하고 사용할 수 있다. 다음은 구조체 포인터 변수를 선언하는 방법이다.

```
struct 구조체_이름* 변수_이름;
```

typedef를 이용해서 구조체_이름을 지정했다면, 다음 형태로 포인터 변수를 만들 수 있다.

```
구조체_이름* 변수_이름;
```

Point에 대한 포인터 변수를 선언하고 구조체의 메모리 주소를 변수에 저장한다.

코드 10-16

```
Point p = { "x1", 20, 30 };
Point* pp = &p;
```

포인터 변수에 저장된 구조체의 필드에 접근하는 방법은 두 가지가 있다.

```
(*포인터_변수).멤버_이름_1
포인터_변수->멤버_이름_1
```

첫 번째 방법은 메모리 주소를 이용해서 간접 참조를 통해 구조체를 확보하고 직접 선택 연산자인 .를 붙인 것이다.

10 구조체, 공용체

'.' 연산자의 우선순위가 '*' 연산자보다 높으므로 *포인터_변수에 괄호를 붙여야 구조체를 가리키고, 멤버 변수에 접근할 수 있다.

괄호 없이 사용하면 *(포인터_변수.멤버_이름_1)로 인식한다. 포인터 변수는 '.' 연산자를 붙일 수 없으므로 오류가 발생한다.

두 번째 방법은 포인터_변수에 멤버 간접 선택 연산자인 ->를 붙이고 멤버 변수에 접근한다. 일반적으로 첫 번째 방법보다는 두 번째 방법을 많이 사용한다.

코드 10-16에서 선언한 pp를 이용해서 멤버에 접근해서 화면에 값을 출력한다.

코드 10-17 PtrStruct.c

```
#define _CRT_SECURE_NO_WARNINGS
#include <stdio.h>

코드 10-8 Point 구조체 선언 삽입

int main(void)
{
    Point p = { "x1", 20, 30 };
    Point* pp = &p;
    printf("name = %s, x = %d, y = %d\n", pp->name, (*pp).x, pp->y);
    return 0;
}
```

- Point 변수 p 선언 후 초기화
- p의 주소를 포인터 변수 pp에 저장
- -> 두 가지 방법을 이용해서 pp의 멤버에 접근해서 화면에 값을 출력

<실행 결과>

```
name = x1, x = 20, y = 30
```

PROGRAMMING

10.5 구조체 배열

구조체 배열을 선언하고 초기화하는 것과 포인터를 이용해서 배열에 접근하는 것을 살펴본다.

구조체 배열 선언

구조체 배열을 선언하는 것은 int나 double 같은 자료형의 배열을 만드는 것과 동일하다. 구조체 자료형을 이용해서 배열을 선언한다.

```
struct 태그_이름[크기];
구조체_자료형 배열_이름[크기];            // typedef로 선언한 경우

struct PointStruct structArr1[10]; // 코드 10-8의 PointStruct를 이용
Point pointArr2[10];                // 코드 10-8의 Point를 이용
```

Point를 이용해서 배열을 선언하고 값을 저장한 후 화면에 출력한다.

코드 10-18 StructArray.c

```
#define _CRT_SECURE_NO_WARNINGS
#include <stdio.h>
#include <string.h>

#define SIZE 2

코드 10-8 Point 구조체 선언 삽입

```

```c
int main(void)
{
    Point points[SIZE];

    strcpy(points[0].name, "x1");
    points[0].x = 20;
    points[0].y = 30;
    strcpy(points[1].name, "y1");
    points[1].x = 40;
    points[1].y = 50;

    for (int i = 0; i < SIZE; i++) {
        printf("points[%d]: name: %s, x = %d, y = %d\n", i, points[i].name, points[i].x, points[i].y);
    }
    return 0;
}
```

구조체 배열 선언

구조체 배열의 요소 값을 저장
문자열은 strcpy() 함수를 사용해서 복사

구조체 배열의 요소를 출력
배열 요소에 . 연산자를 이용해서 멤버에 접근

<실행 결과>

```
points[0]: name: x1, x = 20, y = 30
points[1]: name: y1, x = 40, y = 50
```

구조체 배열 초기화

구조체 배열의 초기화는 기존 배열의 초기화와 비슷하다. 중괄호 안에 각 요소를 초기화하는 값을 넣는다. 구조체의 초기화도 중괄호 안에 멤버 변수의 값을 넣으므로, 다음에 보인 것처럼 초기화한다.

```
구조체 자료형 구조체_배열[크기] = { { 멤버_변수1의_초깃값, 멤버_변수2의_초깃값, ... },
                                   { 멤버_변수1의_초깃값, 멤버_변수2의_초깃값, ... },
                                    ...
                                   { 멤버_변수1의_초깃값, 멤버_변수2의_초깃값, ... }
                                 };
```

Point 구조체를 이용해서 배열을 초기화하고 출력하는 코드를 작성한다.

코드 10-19 **StructArrayInit.c**

```
#define _CRT_SECURE_NO_WARNINGS
#include <stdio.h>

#define ARRAY_SIZE(arr, element) (sizeof((arr)) / sizeof((element)))

코드 10-8 Point 구조체 선언 삽입

int main(void)
{
    Point points[] = { { "x1", 20, 30 }, { "y1", 40, 50 } };

    for (int i = 0; i < ARRAY_SIZE(points, points[0]); i++) {
        printf("points[%d]: name: %s, x = %d, y = %d\n", i, points[i].name, points[i].x, points[i].y);
    }
    return 0;
}
```

Point 배열을 선언하면서 초기화

배열 요소를 출력. ARRAY_SIZE 매크로는 구조체 배열에서도 사용 가능

실행 결과는 **코드 10-18**과 동일하다.

<실행 결과>

```
points[0]: name: x1, x = 20, y = 30
points[1]: name: y1, x = 40, y = 50
```

구조체 배열에 포인터로 접근

코드 10-20은 구조체 배열을 포인터 연산을 통해 접근한다. 배열의 요소가 구조체라는 것을 제외하면 기존 배열을 포인터로 접근하는 것과 동일하다.

코드 10-20 **PtrPointsArray.c**

```
#define _CRT_SECURE_NO_WARNINGS
#include <stdio.h>

코드 10-8 Point 구조체 선언 삽입

int main(void)
{
    Point points[] = { { "x1", 20, 30 }, { "y1", 40, 50 } };
    Point* ptrPoints = points; ← ptrPoints가 points 배열의 첫 번째 요소를 가리키도록 함

    printf("points[0]: name: %s, x = %d, y = %d\n", ptrPoints->name, (*ptrPoints).x, ptrPoints->y); ← ptrPoints를 이용해서 points[0]의 내용을 출력
    ptrPoints++; ← ptrPoints를 1 증가시켜 두 번째 요소를 가리키도록 함
    printf("points[1]: name: %s, x = %d, y = %d\n", ptrPoints->name, (*ptrPoints).x, ptrPoints->y); ← ptrPoints를 이용해서 points[1]의 내용을 출력

    return 0;
}
```

실행 결과는 **코드 10-18**과 동일하다.

<실행 결과>

```
points[0]: name: x1, x = 20, y = 30
points[1]: name: y1, x = 40, y = 50
```

PROGRAMMING

10.6 함수와 구조체

함수에 구조체의 값을 인자로 전달하는 방법은 두 가지가 있다. 구조체 전체를 값 복사 형태로 전달하거나 구조체가 저장되어 있는 메모리 공간의 시작 주소를 전달할 수 있다.

다음은 구조체를 복사할 때 매개변수 선언 방법으로, typedef를 사용할 때와 사용하지 않을 때, 두 가지 경우를 보인다.

```
반환_자료형 함수_이름(struct 태그_이름 변수_이름) {}    // typedef 사용 안 할 때
반환_자료형 함수_이름(구조체_자료형 변수_이름) {}       // typedef 사용할 때
```


Point 구조체를 전달받아 화면에 출력하는 함수를 만들고 사용하는 코드를 작성한다.

출력 함수부터 만들기 위해 **코드 10-8**의 struct PointStruct와 Point 자료형을 사용하는 함수를 각각 구현한다. **코드 10-21**은 구조체를 값 전달 형태로 복사하는 함수를 구현하였다. 구조체 자료형을 이용해서 매개변수를 선언한다.

코드 10-21

```
void printPointStruct(struct PointStruct p)
{
    printf("PointStruct: name: %s, x = %d, y = %d\n", p.name, p.x, p.y);
}

void printPoint(Point p)
{
    printf("Point: name: %s, x = %d, y = %d\n", p.name, p.x, p.y);
}
```

- typedef를 사용 안 하면, struct PointStruct 형태로 변수 선언하듯이 매개변수 선언
- typedef를 사용했다면, 구조체 이름만으로 변수 선언

코드 10-21의 함수들을 사용하는 프로그램을 작성한다.

코드 10-22 PrintPointStruct.c

```
#define _CRT_SECURE_NO_WARNINGS
#include <stdio.h>

 코드 10-8  삽입

 코드 10-21  삽입

int main(void)
{
    struct PointStruct p1 = { "x1", 20, 30 };
    Point p2 = { "y1", 40, 50 };

    printPointStruct(p1);
    printPoint(p2);
    return 0;
}
```

<실행 결과>

```
PointStruct: name: x1, x = 20, y = 30
Point: name: y1, x = 40, y = 50
```

그림 10-3은 **코드 10-22**에서 printPointStruct()나 printPoint() 함수를 호출하면서 구조체 값을 복사하는 것을 보인다.

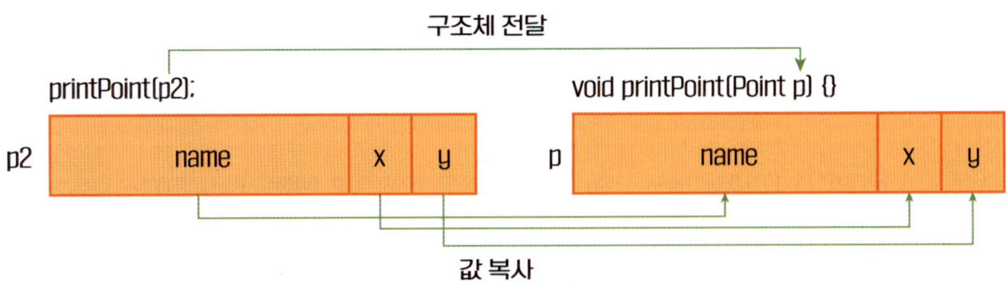

그림 10-3 구조체를 함수에 값을 복사하는 형태로 전달

값을 복사해서 전달하면, **코드 10-22**의 함수 내부에 선언된 매개변수 p는 main() 함수의 p1 또는 p2와 별개의 메모리 공간에 저장된다. 따라서 p의 멤버 변수를 변경해도 함수 밖에 있는 p1이나 p2는 바뀌지 않는다.

하지만 구조체가 사용하는 메모리 공간의 크기가 크다면, 함수에 전달할 때 구조체의 내용을 모두 복사하는 것이 비효율적이다.

포인터로 전달하면 구조체 크기와 관계없이 메모리 주소만 복사하므로 효율적이다. 다음은 구조체의 메모리 주소를 전달받는 함수를 선언하는 방법이다.

```
반환_자료형 함수_이름(struct 태그_이름* 변수_이름) {}        // typedef 사용 안 할 때
반환_자료형 함수_이름(구조체_이름* 변수_이름) {}             // typedef 사용할 때
```

코드 10-23은 **코드 10-21**의 함수를 수정해서 매개변수를 포인터 변수로 선언하고, 구조체의 내용을 화면에 출력하는 함수들을 구현한 것이다.

코드 10-23

```c
void printPointStruct(struct PointStruct* p)
{
    printf("PointStruct: name: %s, x = %d, y = %d\n", p->name, p->x, p->y);
}

void printPoint(Point* p)
{
    printf("Point: name: %s, x = %d, y = %d\n", p->name, p->x, p->y);
}
```

이 함수들을 사용하는 프로그램을 구현한다.

코드 10-24 **PrintPtrPointStruct.c**

```c
#define _CRT_SECURE_NO_WARNINGS
#include <stdio.h>

```

```
코드 10-8 삽입

코드 10-23 삽입

int main(void)
{
    struct PointStruct p1 = { "x1", 20, 30 };
    Point p2 = { "y1", 40, 50 };

    printPointStruct(&p1);
    printPoint(&p2);
    return 0;
}
```

함수에 전달할 때 구조체 변수의 메모리 주소를 전달

실행 결과는 **코드 10-22**와 동일하다.

<실행 결과>

```
PointStruct: name: x1, x = 20, y = 30
Point: name: y1, x = 40, y = 50
```

그림 10-4는 함수들을 호출하면서 구조체의 주소를 함수의 포인터 매개변수로 전달한다. 이렇게 주소를 복사해서 전달하면 메모리 복사 과정이 단축되므로 함수 호출이 빨라진다.

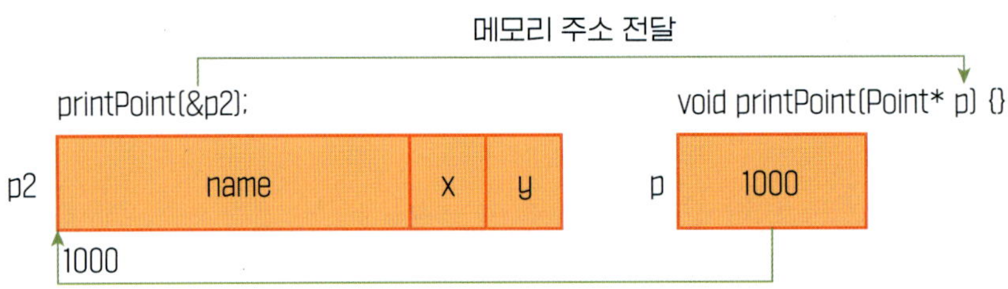

그림 10-4 구조체를 함수에 포인터 형태로 전달

하지만 함수 내부에서 함수 밖에 있는 구조체 멤버를 변경할 수 있다. 만약 효율성을 지키면서 함수 내부에서 구조체의 값을 변경하지 못하게 하려면 **코드 10-25**와 같이 const를 붙인다.

코드 10-25

```
void printPointStruct(const struct PointStruct* p)
{
    printf("PointStruct: name: %s, x = %d, y = %d\n", p->name, p->x, p->y);
}
void printPoint(const Point* p)
{
    printf("Point: name: %s, x = %d, y = %d\n", p->name, p->x, p->y);
}
```

코드 10-26은 함수의 구조체 포인터를 const 포인터 형태로 바꾼 것이다.

코드 10-26 **PrintConstPtrPointStruct.c**

```
#define _CRT_SECURE_NO_WARNINGS
#include <stdio.h>

코드 10-8 삽입

코드 10-25 삽입

int main(void)
{
    struct PointStruct p1 = { "x1", 20, 30 };
    Point p2 = { "y1", 40, 50 };

    printPointStruct(&p1);
    printPoint(&p2);
    return 0;
}
```

const 포인터 함수에 전달할 때도 구조체 변수의 메모리 주소를 전달

실행 결과는 **코드 10-22**와 동일하다.

<실행 결과>

```
PointStruct: name: x1, x = 20, y = 30
Point: name: y1, x = 40, y = 50
```

구조체 배열을 함수에 전달하는 것도 일반 자료형 배열을 전달하는 것과 동일하다. 1차원 배열이면 매개변수를 빈 배열이나 포인터 형태로 선언할 수 있다. 구조체 배열을 함수에 전달해서 화면에 출력하는 코드를 보인다.

코드 10-27 PrintPointStructArray.c

```c
#define _CRT_SECURE_NO_WARNINGS
#include <stdio.h>

코드 10-8 삽입

void printPointStruct(const struct PointStruct p[], int size)
{
    for (int i = 0; i < size; i++) {
        printf("PointStruct: name: %s, x = %d, y = %d\n", p[i].name, p[i].x, p[i].y);
    }
}

void printPoint(const Point* p, int size)
{
    for (int i = 0; i < size; i++) {
        printf("Point: name: %s, x = %d, y = %d\n", p[i].name, p[i].x, p[i].y);
    }
}

int main(void)
{
    struct PointStruct p[] = { { "x1", 50, 60 }, { "y1", 80, 90 } };
    Point p2[] = { { "x1", 20, 30 }, { "y1", 40, 50 } };

    printPointStruct(p, 2);
    printPoint(p2, 2);
    return 0;
}
```

1차원 배열을 전달받는 함수의 매개변수는 p[ ] 또는 * p 형태로 작성 가능 (6행)

배열의 요소는 구조체이므로 . 연산자 사용 (9행)

1차원 배열을 전달받는 함수의 매개변수는 p[ ] 또는 * p 형태로 작성 가능 (13행)

배열의 요소는 구조체이므로 . 연산자 사용 (16행)

배열을 전달하는 것이므로 배열의 이름만 쓰면 됨 (25~26행)

<실행 결과>

```
PointStruct: name: x1, x = 50, y = 60
PointStruct: name: y1, x = 80, y = 90
Point: name: x1, x = 20, y = 30
Point: name: y1, x = 40, y = 50
```

함수는 구조체를 반환할 수 있다. Point를 받아서 x, y만큼 이동시킨 후 반환하는 함수를 구현한다.

코드 10-28 **TranslatePoint.c**

```
#define _CRT_SECURE_NO_WARNINGS
#include <stdio.h>

코드 10-8 Point 구조체 선언 삽입

Point translatePoint(const Point* point, int x, int y)
{
    Point p = *point;
    p.x += x;
    p.y += y;
    return p;
}

int main(void)
{
    Point p = { "point", 20, 30 };
    p = translatePoint(&p, 10, 10);
    printf("name: %s, x = %d, y = %d\n", p.name, p.x, p.y);
    return 0;
}
```

Point를 전달받고, x와 y만큼 이동시키는 함수. point를 반환함

point 변수의 내용은 수정할 수 없으므로 p에 복사해서 수정함 p가 반환될 때 구조체의 내용만 복사되므로, 함수가 종료되어 p가 사라져도 괜찮음

Point 구조체 변수 선언 및 초기화

translatePoint()를 호출하고 결괏값을 p에 복사

<실행 결과>

```
name: point, x = 30, y = 40
```

함수의 반환 값은 무조건 복사되므로 구조체의 크기가 크다면 비효율적이다. 차라리 **코드 10-29**처럼 매개변수를 const Point* 대신 Point*로 선언하고, 함수 내부에서 구조체 멤버 변수의 값을 변경하는 것이 더 효율적이다.

코드 10-29 TranslatePoint2.c

```
#define _CRT_SECURE_NO_WARNINGS
#include <stdio.h>

코드 10-8 Point 구조체 선언 삽입

void translatePoint(Point* point, int x, int y)
{
    point->x += x;
    point->y += y;
}

int main(void)
{
    Point p = { "point", 20, 30 };
    translatePoint(&p, 10, 10);
    printf("name: %s, x = %d, y = %d\n", p.name, p.x, p.y);
    return 0;
}
```

실행 결과는 **코드 10-28**과 동일하다.

<실행 결과>

```
name: point, x = 30, y = 40
```

10.7 중첩된 구조체

중첩된 구조체 선언

구조체의 필드로 다른 구조체를 넣을 수 있다. 이미 선언된 구조체를 변수 형태로 넣을 수도 있고, 선언을 구조체 내부에서 해도 된다. 두 가지 방법을 살펴보자.

그림 10-5 사각형 구조체

그림 10-5와 같이 사각형(Rectangle)을 나타내는 구조체를 선언하려고 한다. 이름을 저장하는 문자(char) 20개 배열과 두 개의 대칭되는 꼭짓점을 나타내는 Pt 구조체 변수로 선언한다. Pt는 정수 x, y를 포함하는 구조체다.

● 이미 선언된 구조체를 변수 형태로 사용

첫 번째 방법은 멤버 변수로 포함될 구조체를 먼저 선언하고, 다른 구조체에서는 변수만 선언하는 것이다.

```
struct [태그_이름] {
    멤버_변수_선언_1;
    struct [태그_이름] {
        멤버_변수_선언_2;
        ...
```

```
    } 구조체_변수;
} [구조체_변수_목록];
```

먼저 정수 변수 두 개를 포함하는 Pt 구조체를 선언한 다음 Rectangle 구조체를 선언한다.

코드 10-30

```
typedef struct { int x, y; } Pt;

typedef struct {
    char name[20];
    Pt pt1;
    Pt pt2;
} Rectangle;
```

Pt 구조체 선언

Pt 구조체를 이용해서 변수 pt1과 pt2 선언

구조체 내부에서 구조체 선언

두 번째 방법은 구조체 안에 구조체를 선언하는 방법이다.

```
struct [태그_이름] {
    멤버_변수_선언_1;
    struct [태그_이름] {
        멤버_변수_선언_2;
        ...
    } 구조체_변수;
} [구조체_변수_목록];
```

멤버 변수 선언 부분에 구조체를 정의하는 내용이 포함되므로 내부에 위치한 구조체 선언에는 **구조체_변수**가 반드시 포함되어야 한다.

코드 10-31

```
typedef struct {
    char name[20];
    struct Pt { int x, y; } pt1, pt2;
 } Rectangle;
```

Rectangle 구조체를 선언

name 멤버 변수 선언

구조체를 선언하고 pt1, pt2 변수를 정의

중첩된 구조체 초기화

중첩된 구조체를 초기화하는 것은 일반 멤버 변수 초기화하듯이 구조체 필드를 초기화하면 된다.

Rectangle 구조체의 변수를 선언하고 초기화하는 코드를 작성한다.

코드 10-32

```
Rectangle rect = {
                    "Rectangle1", // 이름
                    { 20, 30 },    // Pt 구조체 변수 pt1
                    { 40, 50 }     // Pt 구조체 변수 pt2
                  };
```

중첩된 구조체의 멤버에 접근

중첩된 구조체가 멤버 변수로 있으면 다음 형태로 접근한다.

```
구조체_변수.구조체_멤버_변수.멤버_변수이름
```

코드 10-32에서 만든 rect 변수를 이용해서 멤버에 접근하는 코드를 살펴보자.

```
printf("%s", rect.name); // rect 변수의 멤버 name을 출력
printf("pt1: x = %d, y = %d\n", rect.pt1.x, rect.pt1.y); // rect의 pt1의 x, y 출력
```

이제 Rectangle 변수를 초기화하고 값을 출력하는 전체 코드를 작성한다.

코드 10-33 Rectangle.c

```
#define _CRT_SECURE_NO_WARNINGS
#include <stdio.h>

코드 10-30 삽입
```

```
int main(void)
{
    Rectangle rect = { "Rectangle1",  // 이름
                       { 20, 30 },    // Pt 구조체 변수 pt1
                       { 40, 50 }     // Pt 구조체 변수 pt2
                     };
    printf("name = %s\n", rect.name); // rect 변수의 멤버 name을 출력
    printf("pt1: x = %d, y = %d\n", rect.pt1.x, rect.pt1.y); // rect의 pt1의 x, y 출력
    printf("pt2: x = %d, y = %d\n", rect.pt2.x, rect.pt2.y); // rect의 pt2의 x, y 출력
    return 0;
}
```

Rectangle 변수 선언 및 초기화

<실행 결과>

```
name = Rectangle1
pt1: x = 20, y = 30
pt2: x = 40, y = 50
```

10.8 구조체 크기

구조체 변수가 만들어지면 연속적인 메모리 공간에 멤버 변수들이 배치된다. 하지만 구조체의 크기는 멤버 변수의 순서에 따라 달라질 수 있다. 이유를 설명하기 전에 **코드 10-34**를 컴파일하고 실행해 보자.

코드 10-34 **StructSize.c**

```c
#define _CRT_SECURE_NO_WARNINGS
#include <stdio.h>

typedef struct {
    int x;
    double d;
    char ch;
    char ch2;
} StructA;

typedef struct {
    char ch;
    char ch2;
    int x;
    double d;
} StructB;

int main(void)
{
    printf("sizeof StructA = %zu\n", sizeof(StructA));
    printf("sizeof StructB = %zu\n", sizeof(StructB));
    return 0;
}
```

<실행 결과>

```
sizeof StructA = 24
sizeof StructB = 16
```

StructA와 StructB는 동일한 멤버 변수들을 순서만 다르게 배치했는데, 구조체의 크기가 다르게 나타났다.

C 컴파일러가 구조체의 멤버 변수들을 메모리에 배치할 때 자료형에 맞춰 정렬(alignment)하고 빈 공간을 두는 경우가 있어서 구조체 크기 차이가 나타날 수 있다.

요즘 프로세서는 메모리에서 데이터를 읽을 때 주소의 위치에 따라 데이터를 읽는 속도가 다르다. 예를 들어, 어떤 프로세서는 4바이트 간격으로 메모리에 저장되어 있는 데이터를 읽을 때 가장 빠르게 처리할 수 있다. 바이트 단위로 메모리에 접근하는 것이 가능하지만, 4바이트 단위로 접근하는 것보다 더 느릴 수 있다. 프로세서에 따라서 2바이트 또는 8바이트 간격으로 저장될 때 빠른 경우도 있다.

이러한 하드웨어적 특성 때문에 C 컴파일러는 구조체에 멤버 변수들을 배치할 때 메모리 주소를 일정한 배수에 맞춰서 저장한다. 주로 4 또는 8로 맞추는데, 실제 어떻게 정렬하는지 알 수 없다. 컴파일러마다 다를 수 있고, 프로그래머가 선택적으로 지정할 수 있어 예상하기 어렵다.

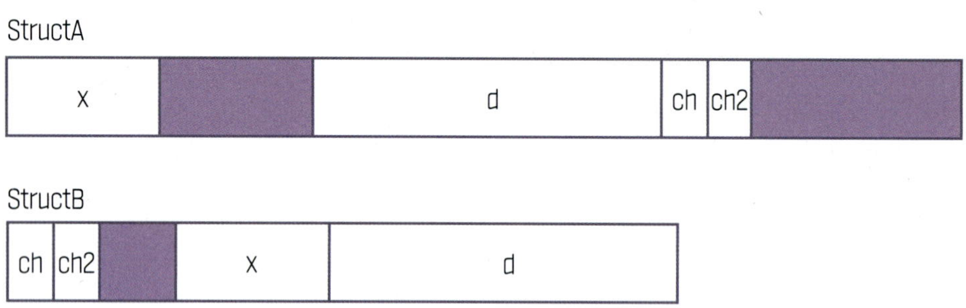

그림 10-6 StructA와 StructB의 메모리 공간

그림 10-6은 **코드 10-34**의 StructA와 StructB의 메모리 공간에 멤버 변수들이 배치된 내용을 나타내며, **코드 10-34**의 구조체들은 8의 배수로 정렬된 것을 나타낸다.

StructA에서 x는 4바이트를 사용한다. 그런데 그다음 멤버 변수는 double 형으로 8바이트이다. 두 개를 8바이트 이내에 넣을 수 없으므로 8바이트의 배수에 맞추려고 x 다음에 4바이트의 빈 공간을 두었다. d를 추가하고, ch는 8바이트의 배수에 해당되는 주소에서 시작한다. ch2는 8바이트 이내에 함께 넣을 수 있으므로 ch와 붙여서 배치한다. 8바이트 배수에 맞추기 위해 마지막으로 6바이트의 빈 공간을 추가한다. 이렇게 빈 공간을 뒤에 붙이는 것을 '패딩(padding)'한다고 한다.

StructB는 ch와 ch2로 시작한다. 다음에 x가 있는데 x는 4바이트를 사용하므로 8바이트 범위 내에 넣을 수 있다. 따라서 ch, ch2와 함께 묶어놓지만, 4바이트의 배수에 시작하는 위치에 넣는다. ch2와 x 사이의 공간은 빈 공간으로 비워두고, d는 8의 배수 위치에 놓이므로 그냥 놓아둔다.

멤버 변수의 순서를 변경하면 또 다른 크기가 나타날 수 있다. 중요한 것은 멤버 변수가 어떻게 정렬될지 이해하는 것이 아니다. 정렬되는 과정에서 빈 공간이 채워질 수 있고, 이 때문에 구조체의 크기가 프로그래머가 생각하는 것과 다를 수 있으므로 크기를 예측하고 코드를 작성하지 말라는 것이다.

구조체가 사용하는 메모리를 절약하려면 작은 크기의 자료형부터 배치하는 것이 좋다.

10.9 연습 문제

<10장> 연습 문제는 자료실에서 제공하는 온라인 PDF의 시간 관련 함수, 공용체, 비트필드를 학습하고 진행한다.

01 구조체를 구성하는 멤버 변수들은 기본형, 포인터, 그리고 다른 구조체를 포함할 수 있다. 단, 자기 자신의 구조체는 포함할 수 없다(OX로 답하시오).

02 구조체를 선언하면서 태그 이름을 생략할 수 없다(OX로 답하시오).

03 time( ) 함수는 현재 시스템 시간을 초 단위로 얻는 데 사용된다. 이 함수가 반환하는 time_t라는 자료형으로 된 값은 언제를 기점으로 하는지 적어보시오.

04 strftime( ) 함수에서 사용하는 서식 "%Y-%m-%d:%I-%M-%S %p"에 맞추어 현재 시간을 적어보시오.

05 공용체는 멤버 변수 중에서 가장 큰 변수의 메모리 공간을 할당하고, 나머지 변수들은 그 공간을 사용한다(OX로 답하시오).

06 공용체는 C 언어가 만들어지던 시기에 메모리가 워낙 부족하다 보니 들어간 기능이고, 상대적으로 메모리가 충분한 요즘 프로그래밍 환경에서는 필요하지 않다(OX로 답하시오).

07 구조체나 공용체를 선언하는 것은 변수 선언과 동일하고, 메모리 공간을 확보하는 것이다(OX로 답하시오).

08 재귀적 선언이란 구조체 안에 다른 구조체를 넣는 것을 말한다(OX로 답하시오).

09 구조체는 함수 밖에서 선언할 수 있고, 프로그램 전체에서만 사용할 수 있다(OX로 답하시오).

10 같은 구조체 자료형으로 선언된 변수는 대입 연산자 =를 이용해서 서로 저장할 수 있고, 비교 연산자 ==를 이용해서 동일한지 아닌지 확인할 수 있다(OX로 답하시오).

11 운전면허 정보를 나타낼 수 있는 구조체 DriverLicense를 선언하시오. 필요한 정보들은 이름(문자열), 면허 번호(문자열), 나이(정수), 주소(문자열), 주민등록번호(문자열)이다. 변수를 만들고 적절한 값으로 초기화한다.

12 다음 코드에는 문법 오류가 있다. 제대로 컴파일되도록 수정하시오.

```
struct {
        double x, y, altitude;
        };
        sturct GeoLocation p1 = { 30.123242, 23.323234, 195.4 };
```

13 제한된 컬러 정보를 표현할 수 있는 디스플레이 시스템을 사용하는 프로그램을 작성하고 있다. Red, Green, Blue 컬러 정보 각각을 최대 32단계로 표현할 수 있다고 한다. 또한, 투명도 지원 여부를 0 또는 1로 표현(1비트 사용)한다. 상황에 따라 RGB 컬러 정보와 투명도 지원 여부를 16비트 양수 형태로 확인해야 할 수도 있다(투명도 지원 여부는 최상위 비트(MSB) 사용). 이를 만족시킬 수 있는 구조체를 선언하고, RGB 컬러를 최댓값으로 설정한 후, 16비트 양수로 출력할 때 제대로 값이 나오는지 확인하시오.

14 코드 10-30의 Pt 구조체 4개의 배열을 선언해서 사각형의 네 개 꼭짓점 좌표를 구성하는 구조체 Rectangle2를 선언하고, 변수를 생성한 후, (10, 10), (30, 10), (10, 40), (30, 40)으로 초기화하시오.

15 인터넷 웹 페이지를 만들 때 색상을 지정하는 방법은 '#' 기호에 빨간색, 초록색, 파란색의 컬러 코드(0~255)를 16진수로 표현한다. 표 10-2는 웹 브라우저가 인식하는 140가지 색상 중 일부이다.

색상 정보를 저장할 수 있는 구조체를 선언하고(색상 이름, 빨간색, 초록색, 파란색) 표 10-2의 값들을 저장한다. 색상 이름은 최대 20글자, 빨간색, 초록색, 파란색 코드는 unsigned char 형으로 지정한다.

사용자로부터 색상 이름을 입력받고 해당 색상이 있으면 색상 코드를 화면에 출력하는 프로그램을 작성하시오. 색상이 없으면 "입력한 색상을 찾을 수 없습니다"를 출력하고, 화면에 출력되는 색상 코드는 "#XXYYZZ" 형태로 출력한다.

- XX : 빨간색 코드, YY : 초록색 코드, ZZ : 파란색 코드

표 10-2 HTML 색상 정보 일부

색상 이름	색상 코드	색상 이름	색상 코드	색상 이름	색상 코드
Pink	#FFC0CB	Yellow	#FFFF00	Red	#FF0000
Cyan	#00FFFF	Green	#00FF00	Blue	#0000FF
White	#FFFFFF	Orange	#FFA500	Black	#000000

16 표 10-3은 서울의 일부 구에 살고 있는 주민등록인구를 보인다. 이를 저장하는 구조체를 선언하고 배열을 만들어서 표에 있는 내용을 저장한다. 구 이름을 입력하면 검색해서 구와 인구를 출력하는 함수와 정수를 한 개 입력받고, 주어진 정수보다 인구가 많은 구와 인구를 모두 출력하는 함수를 구현한다. 이 함수들을 사용하는 프로그램을 작성하시오.

표 10-3 2023년 7월 19일에 등록된 서울시 구별 주민등록인구 중 일부

구	한국인	외국인	구	한국인	외국인
종로구	151349	10952	중구	121441	10613
용산구	217288	14781	성동구	279374	7190
광진구	336169	14651	동대문구	338115	17552

17 자동차 등록증을 표현하는 구조체를 구현하고 변수를 초기화한 후 출력하는 프로그램을 작성하시오. 자동자 등록증 구조체에는 다음 정보들이 포함된다.

- **소유자** : 이름과 주소로 구성되는 구조체
- **자동차 회사 이름** : 문자열
- **자동차 종류** : 문자열
- **연도** : 정수
- **색상** : 문자열
- **자동차 번호** : 문자열

18 문자열과 문자열의 길이를 포함하는 String 구조체를 선언한다. String 구조체에 저장할 수 있는 문자열의 최대 길이는 200글자다. 다음 함수들을 구현하고 사용하는 프로그램을 작성하시오.

- String 구조체에 문자열을 저장하는 StringCopy() 함수
- String에 저장된 문자열을 연결해서 저장하는 StringConcat() 함수
- String에 저장된 문자열과 길이를 화면에 출력하는 StringPrint() 함수

19 화학 원소(element)를 표현하는 구조체 Element를 선언한다. 원소는 다음 멤버 변수들을 포함한다. 구조체 변수를 한 개 선언하면서 헬륨(helium), 2, He, 4.002602로 초기화한 후 화면에 구조체의 내용을 출력하는 프로그램을 작성하시오.

- **이름** : 문자열(널 문자를 포함해서 최대 30글자)
- **번호** : 정수(1-118)
- **기호** : 문자 배열(한 글자 또는 두 글자로 구성)
- **원자 질량** : 실수

20 문제 **19** 번에서 만든 구조체로 5개씩의 배열을 만들고, 인터넷에서 화학원소 정보를 찾아서 초기화한다. 5개의 내용을 화면에 출력하는 프로그램을 작성하시오.

21 일정 관리 프로그램을 작성하면서 일정을 저장하는데 필요한 내용을 구조체로 선언하시오. 다음은 구조체로 저장할 내용들이다.

- **일정 내용 :** 문자열 최대 50자까지
- **시간 :** 시, 분을 각각 정수로 저장
- **반복 여부 :** 한 번, 주, 격주, 월, 년(enum 자료형으로 구현)

22 외국어 졸업 인증을 요구하는 학교에서 학생들은 공인 영어 시험 일정 점수 이상 또는 교양 영어 교과목 일정 점수 이상을 취득해야 한다. 표 10-4는 일반 계열 학생들을 대상으로 취득해야 하는 영어 시험별 점수를 보인다.

표 10-4 졸업 인증에 필요한 영어 시험 성적

TOEIC	TOEIC Speaking	OPIC	G-TELP	NEW TEPS	TOEFL(IBT)
600	110	Intermediate Mid 1	48	256	61

교과목을 듣는 경우 표 10-5에 있는 과목 중 한 개에서 B 이상의 성적을 받아야 한다.

표 10-5 졸업 인증에 필요한 영어 교과목

교과목명	학수 번호
English for Academic Purposes	HALR1050
English Foundations (Speaking and Listening)	HALR1034
English Foundations (Reading and Writing)	HALR1036
English Enrichment (Speaking)	HALF0321
English Enrichment (Current Issues)	HALF5017
English Enrichment (Listening)	HALF9255
English Enrichment (Writing)	HALF9256

외국어 졸업 인증을 어떤 것으로 만족시켰는지 (영어 시험: "Test", 교과목: "Course")와 어떤 시험과 어떤 점수를 받았는지를 공용체를 이용해서 표현한다.

교과목은 교과목명과 학수 번호를 저장한다. 영어 시험은 시험 이름과 정수로 된 점수(OPIC을 제외한 나머지 시험) 또는 시험 이름과 문자열로 된 단계(OPIC)를 저장하시오.

- 힌트 : 2단계의 공용체로 표현할 것(교과목/시험. 시험은 다시 정수와 문자열로 성적이 나뉘는 것을 공용체로 구현)

23 사용자로부터 비밀번호에 해당되는 문자열을 입력받고 다음 조건이 충족되는지 확인하고 결과를 반환하는 함수를 작성한다. 이 함수를 이용해서 비밀번호가 적합한지 출력하는 프로그램을 구현한다.

- 최소 8글자 이상
- 숫자 1개 이상
- 대문자 1개 이상
- 특수 문자 1개 이상

함수는 문자열을 입력받고 각 조건들을 확인한 다음 구조체에 저장한 후 결과를 반환하시오.

24 문제 **23**번의 함수를 다시 구현하면서 결괏값을 비트 필드로 저장한 후 반환한다.

25 한 자리 정수 두 개를 전달받고 합을 반환하는 덧셈 함수를 구현한다. 함수 원형은 다음과 같다.

```
char add(int a, int b);
```

이 함수는 조금 특이하게 동작한다. a와 b는 0~8 또는 −1~8까지의 한 자리 정수로, 덧셈의 결과는 그림 10−7과 같이 8비트 정수로 반환한다. 그림 10−7에서 살펴본 char 값을 전달받고 온전히 합을 출력하는 printValue() 함수를 구현하시오.

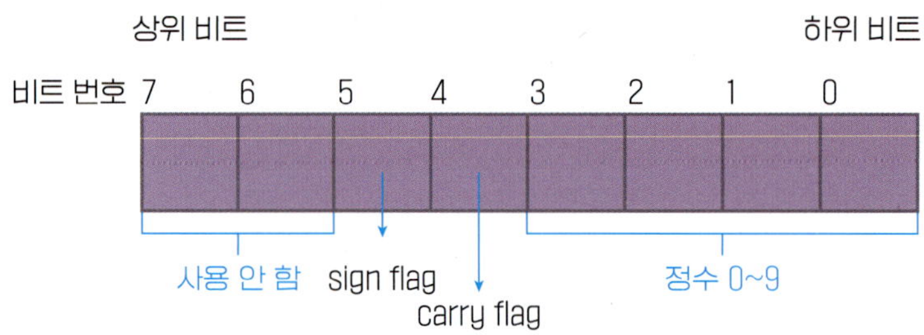

그림 10−7 add() 함수가 반환하는 값의 비트 필드 내용

반환되는 값은 그림 10−7과 같다. 8비트로 반환되는 값에서 하위 4개 비트는 덧셈의 결과에서 한 자리 정수에 해당된다. 합이 10 이상이면 10을 뺀 값을 반환하고 carry flag를 1로 지정한다. 10 미만이면 carry flag는 0으로 지정되고 합을 반환한다. 결과가 음수면 sign flag를 1로 지정하고 양수이면 0으로 지정한다.

- 8비트로 반환되는 값에서 하위 4개 비트는 덧셈의 결과에서 0~8 사이의 한 자리 정수에 해당된다. 하위 4비트에 저장되는 값은 무조건 절댓값으로 저장한다.
- 결괏값이 음수이면 `sign flag`를 1로 지정하고, 양수라면 0으로 지정한다.

- 합의 절댓값이 10 이상이면 10을 뺀 값을 하위 4비트에 저장하고, carry flag를 1로 지정한다. 합의 절댓값이 10 미만이라면 carry flag은 0으로 지정한다.
- 합이 16이라면 sign/carry flag은 0/1이 된다. 합이 −16이면 sign/carry는 모두 1/1이 된다. 두 가지 경우 모두 저장된 값은 8이다.
- 반대로 sign/carry flag가 1/1이고 저장된 값이 6인 char 값을 전달받는 printValue() 함수는 −16을 출력한다.

- 힌트 : 공용체와 비트 필드를 이용한다.

26 **표준 C 라이브러리 difftime() 함수의 사용법을 학습하고, 〈6장〉의 실습 문제 1을 difftime() 함수를 이용해서 구현하시오. 사용자가 입력한 년/월/일 정보를 difftime()이 이해하는 인자로 바꾸려면 mktime() 함수를 사용한다. mktime()을 사용하려면 time.h의 struct tm을 이해해야 한다.**

11장

C 프로그램의 메모리 구조와 동적 메모리 할당

학 습 목 표

- 동적 할당의 필요성과 사용 방법을 이해한다.
- 동적 할당에 사용하는 함수들의 사용법과 차이를 이해한다.
- 리스트 구현 방법을 살펴본다.

11.1 C 프로그램의 메모리 구조 복습 및 힙 영역

동적 메모리 할당(dynamic memory allocation) 또는 줄여서 동적 할당은 프로그램 실행 중에 필요한 크기의 메모리 공간을 할당받아서 사용하고 필요 없을 때 반환하는 기능이다. 동적 할당을 자세히 알아보기 전에 〈6장〉에서 보았던 그림 11-1의 C 프로그램 메모리 구조를 다시 한번 살펴보자. 메모리 구조에서 코드 영역과 데이터 영역은 컴파일할 때 고정되는 영역이고, 스택은 함수가 실행될 때 사용되는 공간이다. 동적 메모리 할당 기법은 힙 영역을 사용한다.

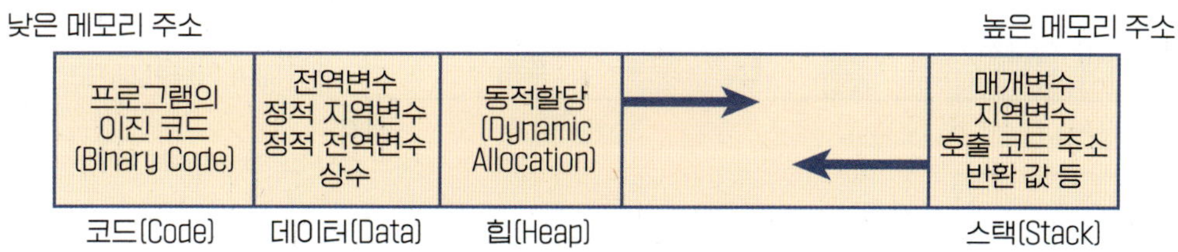

그림 11-1 C 프로그램의 메모리 구조

- **코드 영역** : 컴퓨터가 이해할 수 있는 형태의 C 코드(기계어라고 불리는 이진수 코드)가 저장된 메모리 공간이다.
- **데이터 영역** : 전역변수, 정적 지역변수, 상수 등이 저장되는 메모리 공간이다. 코드 영역과 함께 컴파일할 때 크기가 정해진다.
- **스택 영역** : 함수가 호출될 때 임시로 할당되고, 함수가 종료되면 반환되는 메모리 영역이다.
- **힙 영역** : 프로그램 실행 중에 언제라도 빌려서 사용하고 필요 없을 때 반환하는 메모리 영역이다.

주말 농장을 예로 힙을 이해해 보자. 주말 농장은 주로 도시에 사는 사람들이나 직장인들이 농지를 일부 빌려서 채소나 고구마 등을 재배하는 것이다. 농지를 빌리는 사람들은 어느 정도 크기의 땅을 빌릴지 요청하고, 농장 관리자는 남은 땅을 확인해서 빌려준다. 만약 빌린 사람이 더 이상 농사를 짓지 않겠다면, 빌린 땅을 다시 반환한다.

농지를 빌리는 사람은 당연히 연속적인 공간의 땅을 사용하기 원할 것이다. 예를 들어, $10m^2$의 땅을 빌리는데 $2m^2$는 한 쪽 끝에, 나머지 $8m^2$는 반대편 끝에 있다면 이동도 불편한데 다른 곳에서 빌리려 하지 않을까? 빌려서 사용할 수 있는 농지의 크기는 제한되므로, 사용자가 원하는 크기의 연속적인 공간을 찾을 수 없다면 대여할 수 없다. 최악의 경우는 그림 11-2처럼 반납된 땅이 여러 군데 나뉘어져 있어, 대여 가능한 땅을 전부 합하면 사용자의 요청분을 충족하지만, 연속 공간이 없어 할당하지 못할 때이다. 따라서 사용하지 않는 땅을 계속 가지고 있다면, 다른 사람들이 빌릴 수 없으므로 사용하지 않는 공간은 빨리 반납해야 한다.

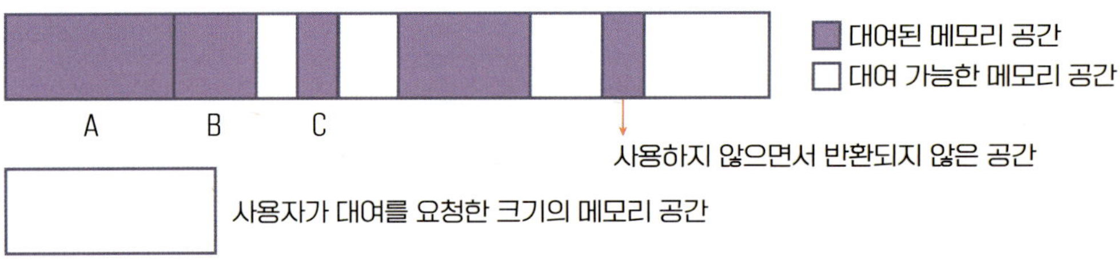

그림 11-2 대여할 수 있는 연속적인 공간이 없어 대여가 불가능한 상황

C 프로그램에서 힙은 대여 가능한 농지다. 힙 메모리 관리자(heap memory manager)는 프로그램이 메모리 공간 할당을 요청하면, 힙에 남아 있는 빈 공간을 확인하여 연속적인 공간이 있으면 할당해 주고, 없으면 NULL을 반환한다. 힙의 공간은 제한된 크기를 가지고 있어, 대여 가능한 연속적인 공간이 없다면 빌려줄 수 없다. 동적 할당받은 메모리 공간도 사용하지 않으면 빨리 반납해야 한다.

메모리 공간을 동적 할당받으면 메모리 공간의 시작 주소를 얻을 수 있다. 이를 포인터 변수에 저장하면 메모리 공간에 접근할 수 있다. 포인터를 배열처럼 사용할 수 있으므로, 동적 할당된 메모리 공간을 배열의 요소를 사용하듯이 접근할 수 있다.

포인터를 배열과 함께 사용하는 것을 다시 한번 숙지해야 다음 내용을 이해하기 쉽다.

동적 할당의 필요성

변수나 배열을 선언하면 컴파일할 때 메모리 공간의 크기가 정해지는데, 이를 '정적 메모리 할당(static memory allocation)' 방법이라고 한다. **코드 11-1**은 정적 할당되는 변수들이다.

코드 11-1

```
int a;        // 정수 크기 공간을 할당
typedef struct A { ... };
A b;          // 구조체 A 크기만큼의 공간을 할당
int c[100]; // 정수 100개의 공간을 할당
```

코드 11-1의 변수들은 선언하는 위치에 따라 데이터 영역 또는 스택에 생성되지만, 변수의 크기도 정해졌고 생성과 소멸을 담당하는 관리 코드도 컴파일할 때 만들어진다. 그런데 프로그램을 작성하다 보면, 이렇게 컴파일할 때 크기를 미리 정하기 어려울 수 있다.

휴대폰의 전화번호부 프로그램을 생각해 보자. 전화전호부 프로그램에 저장할 수 있는 최대 인원의 수를 컴파일할 때 미리 정할 수 있을까? 누구는 100명이면 충분할 수 있고, 또 어떤 사람은 1,000명도 모자를 수 있다.

```
typedef struct {
   // 이름, 전화번호, 주소, 메일 주소 등 주소록에 포함될 수 있는 자료 변수 선언
} PhoneNumber;

PhoneNumber phoneNumbers[1000];
```

우선 1,000명의 정보를 저장할 수 있는 배열을 구현해 본다. 한도가 1,000명이므로, 1001번째 정보를 추가할 때 오류가 발생한다. 반대로 200명이면 충분한 사람은 800개 가까운 메모리 공간이 낭비된다.

그렇다면 처음에 200명 규모로 배정하고 부족하면 50명씩 늘려가면 어떨까? 예를 들어, 공간이 더 필요하면 메모리에서 250개 공간을 확보해서 200개 공간의 자료를 복사한 후 처음 공간을 반환한다. 더 필요하면 동일한 작업을 300개 공간으로 늘린 후 처리한다.

이렇게 실행 중에 필요에 따라 메모리를 늘리려면, 정적 할당 방법은 사용할 수 없다. 이럴 때는 동적 할당이 유용하다. 이 밖에도 동적 할당이 필요한 경우는 더 있는데 다음 세 가지로 정리할 수 있다.

- 컴파일할 때 필요한 메모리 공간의 크기를 정확하게 파악할 수 없는 경우, 실행 중에 메모리를 확보한다.
- 배열에 몇 개 요소를 저장할지 예측할 수 없어 최대 개수를 할당하고 모두 사용하지 않아 낭비하는 경우가 있다. 동적 할당을 받으면 필요한 정도만 할당받고, 필요하면 나중에 추가로 할당하는 것이 가능해서 이런 낭비를 줄일 수 있다.
- 많은 양의 자료를 다루는 데 필요한 자료 구조 중에서 동적 할당 기법을 이용해서 구현하는 것이 효율적이고 생선성이 높은 종류가 있다. 자료 구조 중 간단한 리스트나 스택 등은 잠시 후에 다룬다.

PROGRAMMING

11.2 동적 메모리 할당과 반환(해제)

동적 메모리의 할당과 반환은 표 11-1에서 설명하는 함수들을 사용한다. 이 함수들은 stdlib.h에 선언되어 있다.

표 11-1 C 언어 표준 라이브러리의 메모리 동적 할당 및 반납 함수

함수 원형	설명
void* malloc(size_t size);	성공하면 size 바이트의 메모리를 할당하고, 메모리 공간의 시작 주소를 결과로 반환한다. 실패하면 NULL을 반환한다. 할당된 메모리 공간은 반드시 초기화한 후 사용해야 한다.
void* calloc (size_t elt_count, size_t elt_size);	elt_size 바이트 크기를 elt_count 개수만큼 메모리를 할당받는다. 즉, elt_count * elt_size 바이트만큼 할당한다. 성공하면 할당한 메모리 공간의 시작 주소를, 실패하면 NULL을 반환한다. 이 함수는 할당한 메모리 공간을 모두 0으로 채운다.
void* realloc(void* ptr, size_t size);	기존에 malloc()이나 calloc() 함수를 이용해서 받은 메모리 주소를 ptr로 전달받고, ptr이 가리키는 메모리 공간의 크기를 size 바이트 크기로 재할당한 후 기존 메모리 공간의 값을 새로운 공간으로 복사한다. size가 기존 공간 크기보다 크면 추가된 공간은 초기화되지 않는다. size가 기존 공간 크기보다 작으면 기존 자료 일부가 사라진다. 함수 실행에 성공하면 새로 할당한 메모리 공간의 시작 주소를, 실패하면 NULL을 반환한다.
void free(void* ptr)	ptr은 동적 할당받은 메모리 주소를 전달받고, 할당된 메모리를 다시 반납(반환)한다. 반환된 메모리 공간은 더 이상 사용할 수 없다.

표 11-1에서 보인 메모리 공간을 동적 할당 받는 함수들은 어떤 자료형의 메모리 공간을 할당하는지 알 수 없다. 따라서 이들 함수들은 모두 void*를 반환한다. 동적 할당 함수들이 반환하는 메모리 주소는 그냥 사용할 수 없고, 사용자가 원하는 자료형의 포인터로 형 변환한 후에 사용해야 한다.

반대로 반납하는 함수들은 어떤 자료형으로 사용된 메모리 공간을 반납하는지 알 수 없으므로, void*를 인자로 전달받는다. 따라서 어떤 자료형의 메모리 공간에 대한 포인터도 전달할 수 있다.

할당된 메모리 사용법을 보기 위해 간단하게 메모리를 할당해서 사용하는 코드를 작성한다. **코드 11-2**는 정수 한 개의 메모리 공간을 할당받고, 값을 저장했다가 화면에 출력한다. 정수 한 개의 공간을 사용하므로, 일반 정수형 포인터처럼 사용한다.

코드 11-2 **MemAlloc.c**

```c
#define _CRT_SECURE_NO_WARNINGS
#include <stdio.h>
#include <stdlib.h>

int main(void)
{
    int* pInt = (int*) malloc(sizeof(int)); // 정수 한 개 공간 할당
    *pInt = 4;
    printf("%d\n", *pInt);
    free(pInt);
    return 0;
}
```

정수 한 개 공간을 할당받고 정수 포인터 사용해서 접근

할당받은 메모리 반환

<실행 결과>

```
4
```

동적 할당 함수 사용

다양한 자료형의 메모리 공간을 동적으로 할당하고 값을 저장, 출력하는 프로그램을 작성한다. 다음에 보이는 여러 코드에서 공통으로 사용하는 헤더 파일 포함 코드, 구조체 선언과 다양한 자료형의 값을 화면에 출력하는 함수는 별도 파일로 저장하고 전처리기의 #include를 이용해서 포함하도록 한다. **코드 11-3**을 파일 'Common.c'에 저장한 후 다른 코드에서 포함한다.

'Common.c'는 다음 몇 개 예제 코드에서 사용하는 이름과 전화번호를 저장하는 PhoneNumber 구조체를 선언한다. printData() 함수는 전달되는 정수를 numInt개, 실수를 numDbl개, PhoneNumber 구조체의 값을 numPhones개만큼 화면에 출력한다.

코드 11-3 **Common.c**

```c
#define _CRT_SECURE_NO_WARNINGS
#include <stdio.h>
#include <stdlib.h>
#include <string.h>

typedef struct {
    char name[20];
    char phoneNum[12]; // 00000000000 '-' 없이 전화번호 표현
} PhoneNumber;

void printData(int* pInt, int numInt, double* pArr, int numDbl, PhoneNumber* pPhones, int numPhones)
{
    for (int i = 0; i < numInt; i++) {
        printf("*pInt = %d ", pInt[i]);
    }
    printf("\n");
    for (int i = 0; i < numDbl; i++) {
        printf("pArr[%d] = %g ", i, pArr[i]);
    }
    printf("\n");
    for (int i = 0; i < numPhones; i++) {
        printf("Name: %s\n", pPhones[i].name);
        printf("PhoneNumber: %s\n", pPhones[i].phoneNum);
    }
}
```

주소록을 단순화시킨 코드

할당받은 메모리 공간의 값을 출력. 할당받은 메모리를 포인터 변수를 이용해서 배열처럼 접근함(예 : pInt[i], pArr[i], pPhones[i])

malloc() 함수는 할당된 메모리 공간을 초기화하지 않으므로, 할당받은 사람이 직접해야 한다.

malloc() 함수를 이용해서 여러 개 값에 해당하는 메모리 공간을 할당받으면, 포인터 변수를 배열처럼 사용할 수 있다. **코드 11-4**에서 double 형 다섯 개의 공간을 할당한 경우 다섯 개의 요소를 가진 배열처럼 사용한다.

코드 11-4의 첫 번째 줄은 'Common.c' 코드의 내용을 첫 번째 줄 위치에 삽입하라는 것으로, 표준 C 라이브러리의 헤더 파일을 삽입하라는 것과 비슷하다. C 언어의 전처리기는 텍스트 파일이면 어떤 종류라도 #include 명령을 이용해서 코드에 삽입할 수 있다.

코드 11-4 **UseMalloc.c**

```
1   #include "Common.c"
2
3   #define SIZE 5
4
5   int main(void)
6   {
7       int* pInt = (int*) malloc(sizeof(int));
8       double* pArr = (double*) malloc(sizeof(double) * SIZE);
9       PhoneNumber* pPhone = (PhoneNumber*) malloc(sizeof(PhoneNumber));
10      if (pInt == NULL || pArr == NULL || pPhone == NULL) {
11          printf("Memory allocation failed.\n");
12          return 0;
13      }
14      printData(pInt, 1, pArr, SIZE, pPhone, 1);
15      *pInt = 3;
16      for (int i = 0; i < SIZE; i++) {
17          pArr[i] = i * .5;
18      }
19      strcpy(pPhone->name, "Cho");
20      strcpy(pPhone->phoneNum, "01011112222");
21      printData(pInt, 1, pArr, SIZE, pPhone, 1);
22      free(pInt);
23      free(pArr);
24      free(pPhone);
25      return 0;
26  }
```

Common.c의 내용을 여기에 삽입하라는 전처리기 명령
컴파일 전에 Common.c 코드 내용이 복사됨

메모리 할당받기

malloc() 함수가 할당한 메모리 공간의 값을 초기화하지 않음을 보임. 이상한 값을 출력

할당받은 메모리 공간을 초기화

초기화된 값으로 출력

할당받은 메모리 반납(해제)

초기화 전에 출력되는 값들은 어떤 값이 출력될지 모르기 때문에 여기서 출력되는 값과는 다른 값이 출력될 것이다. 초기화 이후에는 제대로 된 값들을 확인할 수 있다.

〈실행 결과〉

```
*pInt = -1728813616
pArr[0] = 1.36147e-311 pArr[1] = 1.36147e-311 pArr[2] = 1.97032e+69 pArr[3] =
7.38302e+54 pArr[4] = 8.57383e+73
Name: ??
PhoneNumber: m32\cmd.exe
*pInt = 3
pArr[0] = 0 pArr[1] = 0.5 pArr[2] = 1 pArr[3] = 1.5 pArr[4] = 2
Name: Cho
PhoneNumber: 01011112222
```

● calloc( ) 함수

calloc() 함수는 할당한 메모리 공간의 시작 주소를 반환하기 전에 메모리를 0으로 초기화한다. 즉, 숫자들은 0, 포인터는 NULL, 문자나 문자열은 널 문자로 채운다. **코드 11-6**에서 14줄의 출력은 0으로 채운 값을 출력하므로, Name이나 PhoneNumber는 아무런 문자열도 출력되지 않는다.

calloc() 함수는 **코드 11-5**처럼 구현한 것으로 생각할 수 있다.

코드 11-5

```c
#include <stdlib.h>

void* calloc(size_t count, size_t size)
{
    void* p = malloc(count * size);
    if (p != NULL) { memset(p, 0, count * size); }
    return p;
}
```

calloc() 함수를 이용하는 코드를 작성한다.

코드 11-6 UseCalloc.c

```c
#include "Common.c"

#define SIZE 5

int main(void)
{
    int* pInt = (int*) calloc(1, sizeof(int));
    double* pArr = (double*) calloc(SIZE, sizeof(double));
    PhoneNumber* pPhone = (PhoneNumber*) calloc(1, sizeof(PhoneNumber));
    if (pInt == NULL || pArr == NULL || pPhone == NULL) {
        printf("Memory allocation failed.\n");
        return 0;
    }
    printData(pInt, 1, pArr, SIZE, pPhone, 1);
    *pInt = 3;
    for (int i = 0; i < SIZE; i++) {
        pArr[i] = i * .5;
    }
    strcpy(pPhone->name, "Cho");
    strcpy(pPhone->phoneNum, "01011112222");
    printData(pInt, 1, pArr, SIZE, pPhone, 1);
    free(pInt);
    free(pArr);
    free(pPhone);
    return 0;
}
```

calloc() 함수를 이용해서 메모리 할당

0으로 변경한 값 출력

초기화된 값 출력

<실행 결과>

```
*pInt = 0
pArr[0] = 0 pArr[1] = 0 pArr[2] = 0 pArr[3] = 0 pArr[4] = 0
Name:
PhoneNumber:
*pInt = 3
pArr[0] = 0 pArr[1] = 0.5 pArr[2] = 1 pArr[3] = 1.5 pArr[4] = 2
Name: Cho
PhoneNumber: 01011112222
```

● realloc() 함수

realloc() 함수는 기존에 할당된 메모리 공간을 늘리거나 줄이거나 재할당한다. 새로운 공간을 할당받는다면 기존 메모리 공간은 스스로 해제한다. realloc() 함수가 반환하는 메모리 주소는 기존 메모리 공간의 시작 주소와 달라질 수도 있으므로 반드시 반환 값을 받아서 사용한다.

realloc() 함수를 사용해서 자료형의 크기를 한 개씩 더 늘려서 할당해 본다. 새로 늘어난 메모리 공간은 초기화되지 않고, 값을 출력할 수 있는 것으로 메모리가 할당되었다는 확인을 할 수 있다.

코드 11-7 **UseRealloc.c**

```
#include "Common.c"

#define SIZE 5

int main(void)
{
    int* pInt = (int*) calloc(1, sizeof(int));
    double* pArr = (double*) calloc(SIZE, sizeof(double));
    PhoneNumber* pPhone = (PhoneNumber*) calloc(1, sizeof(PhoneNumber));
    if (pInt == NULL || pArr == NULL || pPhone == NULL) {
        printf("Memory allocation failed.\n");
        return 0;
    }
    printData(pInt, 1, pArr, SIZE, pPhone, 1);
    *pInt = 3;
    for (int i = 0; i < SIZE; i++) {
        pArr[i] = i * .5;
    }
    strcpy(pPhone->name, "Cho");
    strcpy(pPhone->phoneNum, "01011112222");
    pInt = (int*) realloc(pInt, sizeof(int) * 2);
    pArr = (double*) realloc(pArr, (SIZE + 1) * sizeof(double));
    pPhone = (PhoneNumber*) realloc(pPhone, sizeof(PhoneNumber) * 2);
    if (pInt == NULL || pArr == NULL || pPhone == NULL) {
```

할당받은 메모리 공간 재할당

```
            printf("Memory reallocation failed.\n");
            return 0;
        }
        printData(pInt, 2, pArr, SIZE + 1, pPhone, 2);   // ◀ 새로 조정된 메모리 공간의 값 출력
        free(pInt);     // ◀ ┐
        free(pArr);     //   ├ realloc()으로 할당된 공간도 동일하게 free()로 해제
        free(pPhone);   // ◀ ┘
        return 0;
}
```

<실행 결과>

```
*pInt = 0
pArr[0] = 0 pArr[1] = 0 pArr[2] = 0 pArr[3] = 0 pArr[4] = 0
Name:
PhoneNumber:
*pInt = 3 *pInt = 0
pArr[0] = 0 pArr[1] = 0.5 pArr[2] = 1 pArr[3] = 1.5 pArr[4] = 2 pArr[5] = 1.33566e+98
Name: Cho
PhoneNumber: 01011112222
Name: s\System32\Drivers\DriverData
PhoneNumber: riverData
```

실행 결과에서 realloc() 함수 이후 새로 추가된 내용들은 쓰레기 값들이 들어있는 것을 볼 수 있다. 예를 들어, 실행 결과에서 5~10줄을 보자. 5줄의 두 번째 *pInt는 0이 출력되는데, 이것은 괜찮아 보이지만, 6줄의 pArr[5]나, 9줄과 10줄의 Name과 PhoneNumber는 이상한 값이 출력된 것을 볼 수 있다.

정수 n개를 입력받고 합과 평균을 구하는 프로그램

실행 전에 정수 몇 개를 저장해야 할지 알 수 없어 동적 할당을 사용해야 하는 프로그램을 구현해 보자.

먼저 사용자에게 정수 몇 개의 합과 평균을 계산할지 입력받고, 그 개수만큼 동적으로 메모리를 할당한다. 사용자가 정수를 몇 개 입력할지 모르므로, 배열을 사용할 수 없다. 만약 메모리 할당이 실패하면 코드 실행을 중단한다.

```
int n;
printf("How many integers are you going to enter? ");
scanf("%d", &n);
int* pArr = (int*) malloc(sizeof(int) * n);
if (pArr == NULL) {
    // stop executing this program
}
```

할당받은 메모리 공간에 사용자가 입력한 정수를 저장한다.

```
printf("%d개 정수를 입력하세요: ");
for (int i = 0; i < n; i++) {
    scanf("%d", &pArr[i]); // scanf("%d", pArr + i);
}
```

입력받은 정수의 합과 평균을 계산해서 출력하는 코드는 일반 배열에 있는 값을 사용하는 것과 동일하다. 이 부분은 최종 코드에서 확인한다.

사용이 끝난 메모리 공간을 해제한다.

```
free(pArr);
```

최종 코드와 실행 결과는 다음과 같다.

코드 11-8 **CalcSumAvgInts.c**

```
#define _CRT_SECURE_NO_WARNINGS
#include <stdio.h>
#include <stdlib.h>

```

```c
int main(void)
{
    int n;
    printf("How many integers are you going to enter? ");
    scanf("%d", &n);
    int* pArr = (int*) malloc(sizeof(int) * n);
    if (pArr == NULL) {
        printf("Memory allocation failed.\n");
        return 0;
    }
    printf("Enter %d integer values: ", n);
    for (int i = 0; i < n; i++) {
        scanf("%d", &pArr[i]); // scanf("%d", pArr + i);
    }

    int sum = 0;
    double avg = 0;
    for (int i = 0; i < n; i++) {
        sum += pArr[i];
    }
    printf("sum = %d\n", sum);
    printf("average = %f\n", (double) sum / n);

    free(pArr);
    return 0;
}
```

합을 구하고, 평균을 계산해서 출력

<실행 결과>

```
How many integers are you going to enter? 5
Enter 5 integer values: 10
8
9
10
8
sum = 45
average = 9.000000
```

합과 평균 구하는 프로그램을 함수로 나눈 프로그램

함수에서 배열이나 구조체 등을 반환할 수 있다.

코드 11-8을 사용자로부터 입력받은 정수들의 배열을 구성해서 반환하는 함수를 사용하도록 수정한다. 추가로 배열을 전달받고 합과 평균을 구해서 반환하는 함수와 이들을 사용하는 main() 함수로 나누어 구현해 보자.

사용자로부터 인자로 전달된 개수만큼 정수를 입력받고 배열에 저장한 후 반환하는 함수를 구현한다. 배열을 지역변수로 선언하면 함수 실행 종료 후에 사라진다. 따라서 동적 할당받은 공간에 저장한 후 시작 주소를 반환한다.

코드 11-9

```
int* constructNumArray(int n) {
    int* pArr = (int*) malloc(sizeof(int) * n);
    if (pArr == NULL) {
        printf("Memory allocation failed.\n");
        return NULL;
    }
    printf("Enter %d integer values: ", n);
    for (int i = 0; i < n; i++) {
        scanf("%d", &pArr[i]);
    }
    return pArr;
}
```

배열을 입력받고 합과 평균을 구해서 반환하는 함수를 구현한다. 함수에서 값을 두 개 반환할 수 없으므로, 반환할 값을 구조체에 넣고, 구조체를 반환한다. 구조체에 정수와 실수가 한 개씩 포함되므로 크기가 작다. 이런 경우에는 구조체를 통째로 반환하는 것이 효율적이다. 만약 구조체 크기가 크다면, 동적 할당을 받고 주솟값을 반환하는 것이 좋다.

코드 11-10

```
typedef struct {
    int sum;
```

```c
    double avg;
} SumAndAverage;

SumAndAverage calcSumAndAverage(int* pArr, int size)
{
    SumAndAverage sumAvg = { 0, 0.0 };
    for (int i = 0; i < size; i++) {
        sumAvg.sum += pArr[i];
    }
    sumAvg.avg = sumAvg.sum / size;
    return sumAvg;
}
```

전체 코드를 작성한다. 실행 결과는 **코드 11-8**과 같다.

코드 11-11 **CalcSumAvgInts2.c**

```c
#define _CRT_SECURE_NO_WARNINGS
#include <stdio.h>
#include <stdlib.h>

코드 11-10 삽입

코드 11-9 삽입

int main(void)
{
    int n;
    printf("How many integers are you going to enter? ");
    scanf("%d", &n);

    int* pArr = constructNumArray(n);
    SumAndAverage sumAvg = calcSumAndAverage(pArr, n);
    printf("sum = %d\n", sumAvg.sum);
    printf("average = %f\n", sumAvg.avg);
    free(pArr);
    return 0;
}
```

숫자를 몇 개 입력할 것인지 질문

사용자가 입력한 개수만큼 숫자를 입력받고 배열을 구성하기 위해 함수 호출

constructNumArray()에서 할당받은 메모리를 해제해야 함

합과 평균을 계산해서 출력

11.3 간단한 주소록 프로그램

코드 11-3의 PhoneNumber 구조체를 이용해서 최대 10명까지 이름과 전화번호를 저장할 수 있는 간단한 주소록 프로그램을 구현한다. 프로그램에서 사용할 함수들은 다음과 같다.

- 전화번호 목록을 초기화, 즉 모든 전화번호를 지우는 함수
- 전화번호(이름 포함)를 추가, 삭제, 출력하는 함수

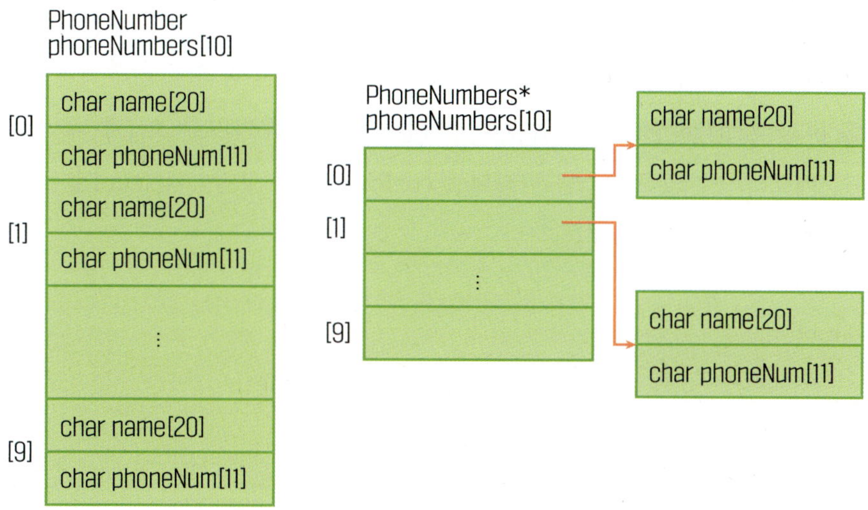

그림 11-3 배열을 이용한 주소록 구현 방법

전화번호 10개는 배열에 저장하기로 한다. 그림 11-3처럼 구조체 배열 또는 구조체의 포인터 배열을 사용할 수 있다.

첫 번째 방법은 PhoneNumber 구조체 N개를 넣을 수 있는 배열을 만드는 것이다. 상대적으로 구현이 쉽지만, 구조체 전체를 배열 요소로 저장하므로 두 번째 방법에 비해 메모리

낭비가 커질 수 있다. 특히 저장해야 하는 전화번호의 개수를 모르면, 미리 많은 공간을 확보한 후 사용하지 않고 낭비되는 공간이 클 수 있다.

두 번째 방법은 PhoneNumber*를 요소로 포함하는 배열을 만드는 것이다. 새로운 전화번호가 추가될 때 동적 할당을 통해 PhoneNumber 구조체에 해당하는 메모리 공간을 확보하고 구조체의 시작 주소를 배열에 저장한다. 구현이 어렵지만, 메모리 주소만 배열에 저장하므로 상대적으로 메모리 낭비가 적다. 특히 구조체의 크기가 커져도 주소만 저장하는 배열의 크기는 변하지 않는다.

이 두 가지 방법을 모두 구현해 보자.

PhoneNumber 구조체를 요소로 포함하는 배열

전화번호부를 구현하기 위해서는 PhoneNumber, PhoneNumberDirectory 구조체가 필요하다.

- PhoneNumber : 이름과 전화번호를 저장한다.
- PhoneNumberDirectory : 전화번호를 저장하는 배열과 새로운 요소를 추가할 때 사용할 메모리 공간의 인덱스를 나타내는 curIdx 변수를 포함한다. curIdx는 현재 저장된 배열 요소의 개수이기도 하다.

코드 11-12

```
#define SIZE 10

typedef struct {
    char name[20];
    char phoneNum[12]; // 00000000000 '-' 없이 전화번호 표현
} PhoneNumber;

typedef struct {
    PhoneNumber phoneNumbers[SIZE];
    int curIdx;
} PhoneNumberDirectory;
```

초기화, 추가, 삭제, 출력하는 함수 원형과 기능 설명은 다음과 같다.

- void initPhoneDirectory(PhoneNumberDirectory* directory);
  - PhoneNumberDirectory 구조체를 초기화
- void addPhoneInformation(PhoneNumberDirectory* direcotry, const char* name, const char* phoneNum);
  - 전화번호 목록에 새로운 이름과 전화번호를 추가하는 함수
- void removePhoneInformation(PhoneNumberDirectory* directory, const char* name);
  - direcotry가 가리키는 전화번호 목록에서 name에 해당되는 이름과 전화번호 제거
- void printPhoneDirectory(const PhoneNumberDirectory* directory);
  - direcotry의 전화번호 목록을 화면에 출력

함수들을 차례대로 구현해 본다.

initPhoneDirectory() 함수는 PhoneNumberDirectory 구조체의 curIdx 변수를 0으로 초기화한다. phoneNumbers 배열 요소의 name과 phoneNum은 이름과 전화번호를 추가할 때 기존 내용을 덮어쓰기 때문에 초기화할 필요 없다. 굳이 초기화하겠다면 **코드 11-13**에서 주석 처리한 부분처럼 문자 배열의 첫 번째 글자를 널 문자로 초기화하면 된다.

코드 11-13

```
void initPhoneDirectory(PhoneNumberDirectory* directory, int size)
{
    directory->curIdx = 0;
/*   for (int i = 0; i < size; i++) {
        directory->phoneNumbers[i].name[0] = '\0';
        directory->phoneNumbers[i].phoneNum[0] = '\0';
    }*/
}
```

addPhoneInformation() 함수는 directory 구조체의 phoneNumbers 배열의 curIdx 인덱스 요소에 이름과 전화번호를 복사해서 저장한 후, curIdx를 1 증가시킨다.

코드 11-14

```
void addPhoneInformation(PhoneNumberDirectory* directory, const char* name,
const char* phoneNum)
{
    strcpy(directory->phoneNumbers[directory->curIdx].name, name);
    strcpy(directory->phoneNumbers[directory->curIdx].phoneNum, phoneNum);
    directory->curIdx++;
}
```

removePhoneInformation() 함수는 주어진 이름을 배열에서 찾아 삭제한다. 배열에서 주어진 이름이 있는 인덱스가 idx라고 가정했을 때, 삭제 방법은 그림 11-4와 같이 배열의 idx + 1 ~ curIdx − 1까지의 내용을 idx ~ curIdx − 2까지 순차적으로 복사하는 것이다.

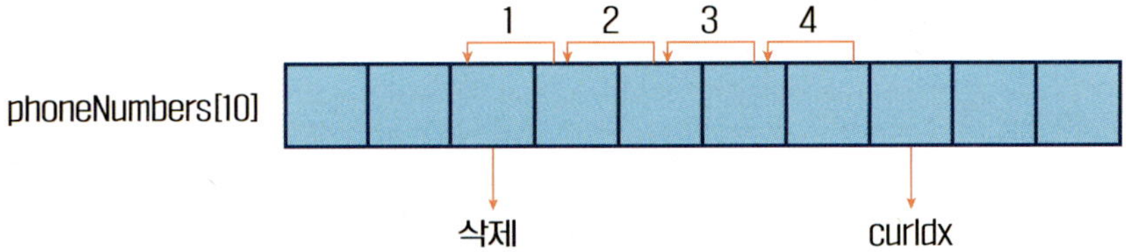

그림 11-4 전화번호 목록 삭제 방법

코드 11-15

```
void removePhoneInformation(PhoneNumberDirectory* directory, const char*
name)
{
    int idx = -1;
    for (int i = 0; i < directory->curIdx; i++) {
        if (strcmp(directory->phoneNumbers[i].name, name) == 0) {
            idx = i;
            break;
        }
    }
    if (idx >= 0) {
```

전화번호 목록에서 이름을 검색해 찾으면 idx에 인덱스를 저장

이름이 목록에 있는지 확인

```
        for (int i = idx + 1; i < directory->curIdx; i++) {
            directory->phoneNumbers[i - 1] = directory->phoneNumbers[i];
        }
        directory->curIdx--;
    }
}
```

목록에 있다면 phoneNumbers[idx + 1]~phoneNumbers[curIdx - 1]를 한 개씩 앞으로 이동

요소 한 개가 삭제되었으므로 curIdx에서 1을 뺌

코드 11-15에서 삭제할 때 배열 요소를 앞으로 한 칸씩 이동시키는 것을 for 반복문을 사용했다. 다음과 같이 memmove() 함수 코드로 변경해도 동일한 결과를 얻을 수 있다.

```
memmove(directory->phoneNumbers + idx, directory->phoneNumbers + idx + 1,
(directory->curIdx - idx - 1) * sizeof(PhoneNumber));
```

printPhoneDirectory() 함수는 반복문을 이용해서 배열의 curIdx - 1까지 화면에 이름과 전화번호를 출력한다. main() 함수는 PhoneNumberDirectory 구조체 변수를 선언하고 전화번호와 이름을 추가한 다음 전체 목록 출력과 이름 한 개를 찾아서 삭제한 후 나머지를 출력한다. **코드 11-16**은 전체 코드로 앞에서 반복되는 코드는 생략하였다.

코드 11-16 PhoneNumberDirectory1.c

```
#define _CRT_SECURE_NO_WARNINGS
#include <stdio.h>
#include <stdlib.h>
#include <string.h>

코드 11-13 삽입

코드 11-13 삽입

코드 11-14 삽입

코드 11-15 삽입

void printPhoneDirectory(const PhoneNumberDirectory* directory)
{
```

```c
    for (int i = 0; i < directory->curIdx; i++) {
        printf("name: %s\n", directory->phoneNumbers[i].name);
        printf("phone number: %s\n", directory->phoneNumbers[i].phoneNum);
    }
}

int main(void)
{
    PhoneNumberDirectory directory;
    initPhoneDirectory(&directory, SIZE);
    addPhoneInformation(&directory, "Gildong Hong", "01011111111");
    addPhoneInformation(&directory, "Robert Moon", "01011111112");
    addPhoneInformation(&directory, "Dolittle Kim", "01011111113");
    addPhoneInformation(&directory, "Dono Ko", "01011111114");
    addPhoneInformation(&directory, "Michael Han", "01011111115");
    addPhoneInformation(&directory, "Emma Park", "01011111116");
    printPhoneDirectory(&directory);
    removePhoneInformation(&directory, "Dolittle Kim");
    printf("********* after removing Dolittle Kim *********\n");
    printPhoneDirectory(&directory);
    return 0;
}
```

<실행 결과>

```
name: Gildong Hong
phone number: 01011111111
name: Robert Moon
phone number: 01011111112
name: Dolittle Kim
phone number: 01011111113
name: Dono Ko
phone number: 01011111114
name: Michael Han
phone number: 01011111115
name: Emma Park
phone number: 01011111116
```

```
******** after removing Dolittle Kim *********
name: Gildong Hong
phone number: 01011111111
name: Robert Moon
phone number: 01011111112
name: Dono Ko
phone number: 01011111114
name: Michael Han
phone number: 01011111115
name: Emma Park
phone number: 01011111116
```

PhoneNumber*를 요소로 포함하는 배열

앞에서 살펴본 구조체를 배열 요소로 포함하는 프로그램과 거의 비슷하지만, 요소가 구조체의 포인터인 배열을 선언한다.

코드 11-17

```
#define SIZE 10

typedef struct {
    char name[20];
    char phoneNum[12]; // 00000000000 '-' 없이 전화번호 표현
} PhoneNumber;

typedef struct {
    PhoneNumber* phoneNumbers[SIZE];
    int curIdx;
} PhoneNumberDirectory;
```

함수 코드는 **코드 11-16**과 거의 비슷하다. 단, 배열 요소가 포인터이므로 phoneNumbers[i].name, phoneNumbers[i].phoneNum 대신 phoneNumbers[i]->name, phoneNumbers[i]->phoneNumber 형태로 사용한다.

여기서는 코드 11-16에서 달라지는 부분만 설명한다. addPhoneInformation() 함수에서 문자열을 배열 요소에 복사하기 전에 배열 요소가 PhoneNumber 구조체 공간을 가리키도록 동적 할당을 받아야 한다.

코드 11-18

```
void addPhoneInformation(PhoneNumberDirectory* directory, const char* name, const char* phoneNum)
{
    directory->phoneNumbers[directory->curIdx] = (PhoneNumber*)malloc(sizeof(PhoneNumber));
    strcpy(directory->phoneNumbers[directory->curIdx]->name, name);
    strcpy(directory->phoneNumbers[directory->curIdx]->phoneNum, phoneNum);
    directory->curIdx++;
}
```

배열의 curIdx 요소에 PhoneNumber 메모리 공간 할당

removePhoneInformation() 함수에서 이름이 검색되면 배열 요소들을 앞으로 이동시켜 삭제하기 전에 동적 할당받은 메모리 공간을 반환한다.

코드 11-19

```
void removePhoneInformation(PhoneNumberDirectory* directory, const char* name)
{
    int idx = -1;
    for (int i = 0; i < directory->curIdx; i++) {
        if (strcmp(directory->phoneNumbers[i]->name, name) == 0) {
            idx = i;
            break;
        }
    }
    if (idx >= 0) {
        free(directory->phoneNumbers[idx]);
        for (int i = idx + 1; i < directory->curIdx; i++) {
            directory->phoneNumbers[i - 1] = directory->phoneNumbers[i];
        }
        directory->curIdx--;
    }
}
```

삭제되는 배열 요소의 메모리 반환

destroyPhoneDirectory() 함수를 구현하여 마지막으로 프로그램이 종료될 때 배열에 할당받는 메모리를 모두 반환한다.

코드 11-20

```
void destroyPhoneDirectory(PhoneNumberDirectory* directory)
{
    for (int i = 0; i < directory->curIdx; i++) {
        free(directory->phoneNumbers[i]);
    }
}
```

다음 **코드 11-21**은 전체 코드이다.

코드 11-21 **PhoneNumberDirectory2.c**

```
#define _CRT_SECURE_NO_WARNINGS
#include <stdio.h>
#include <stdlib.h>
#include <string.h>

코드 11-17 삽입

코드 11-18 삽입

코드 11-19 삽입

코드 11-20 삽입

void initPhoneDirectory(PhoneNumberDirectory* directory, int size)
{
    directory->curIdx = 0;


void printPhoneDirectory(const PhoneNumberDirectory* directory)
{
    for (int i = 0; i < directory->curIdx; i++) {
```

```c
        printf("name: %s\n", directory->phoneNumbers[i]->name);
        printf("phone number: %s\n", directory->phoneNumbers[i]->phoneNum);
    }
}

int main(void)
{
    PhoneNumberDirectory directory;
    initPhoneDirectory(&directory, SIZE);
    addPhoneInformation(&directory, "Gildong Hong", "01011111111");
    addPhoneInformation(&directory, "Robert Moon", "01011111112");
    addPhoneInformation(&directory, "Dolittle Kim", "01011111113");
    addPhoneInformation(&directory, "Dono Ko", "01011111114");
    addPhoneInformation(&directory, "Michael Han", "01011111115");
    addPhoneInformation(&directory, "Emma Park", "01011111116");
    printPhoneDirectory(&directory);
    removePhoneInformation(&directory, "Dolittle Kim");
    printf("******** after removing Dolittle Kim *********\n");
    printPhoneDirectory(&directory);
    destroyPhoneDirectory(&directory);
    return 0;
}
```

실행 결과는 **코드 11-16**과 동일하다.

11.4 연습 문제

<11장> 연습 문제는 자료실에서 제공하는 온라인 PDF의 리스트로 구현하는 전화번호 목록을 학습하고 진행한다.

01 변수나 배열을 선언하면서 크기를 정해놓으면 컴파일 시점에 메모리 공간을 할당하는 코드가 생성되는데, 이를 정적 메모리 할당이라고 한다(OX로 답하시오).

02 사용자가 입력할 데이터의 개수를 미리 예측할 수 없다면, C 프로그램에서는 어떤 방법이 좋을지 고르시오.

① 사용자로 하여 정해진 개수를 입력하도록 강제한다.

② 넉넉한 크기의 메모리를 사전에 할당한다.

③ 실행 중에 입력 개수를 입력하면 그 시점에 메모리를 할당한다.

03 동적 메모리 할당과 반환에 필요한 함수를 선언하는 헤더 파일을 고르시오.

① stdio.h ② stdlib.h ③ stddef.h ④ stdint.h

04 메모리 공간을 할당해 주는 malloc, calloc, realloc 함수들이 반납하는 자료형을 고르시오.

① 함수들의 반납 자료형은 정해져 있지 않아서 프로그래머가 정할 수 있다.

② void

③ void*

④ 포인터

05 선형 연결 리스트(linear linked list)는 연속된 메모리 공간을 확보해야 적용 가능하다(OX로 답하시오).

06 realloc() 함수와 동일한 일을 하는 void* Realloc(void* ptr, size_t oldSize, size_t newSize) 함수를 구현한다. oldSize는 ptr에 할당되어 있던 메모리 공간의 크기고, newSize는 새로 할당할 공간의 크기다. newSize가 oldSize보다 작을 수 있다는 것에 주의하여 memcpy() 함수를 사용해서 이전 데이터를 새로운 메모리 공간에 복사하시오.

07 코드 11-16과 코드 11-21을 수정해서 initPhoneDirectory()에 배열 개수를 인자로 전달하고 배열을 동적으로 할당해서 사용하도록 구현하시오.

```
void initPhoneDirectory(PhoneDirectory* directory, int size);
```

08 문제 **07**번의 답을 수정해서 5개 단위씩 계속 공간을 늘릴 수 있도록 프로그램을 구현한다. 예를 들어, 처음 프로그램이 시작하면 5개의 전화번호를 저장할 수 있다. 5개를 채우면 6번째 이름과 전화번호가 추가될 때 배열의 공간을 10개로 변경한다. 10개가 다 채워지면 15개로 늘린다.

09 코드 11-16과 코드 11-21을 수정해서 전화번호와 이름을 정해진 인덱스에 삽입하는 void insertPhoneInformation(PhoneNumberDirectory* directory, int idx, const char* name, const char* phoneNum); 함수와 이를 확인하는 코드를 작성하시오.

- 삽입되는 인덱스는 0~curIdx-1이고, 삽입되는 인덱스부터 그 이후에 있던 전화번호들은 배열에서 한 개씩 뒤로 이동한다.
- 배열에는 이동에 필요한 충분한 공간이 남아 있다고 가정한다.

10 코드 11-28을 수정해서 새로운 노드를 리스트의 가장 앞에 추가하는 PhoneNumberNode* insertNodeToFirst(PhoneNumberNode* head, const char* name, const char* phoneNum); 함수를 구현하고 이를 이용하도록 main() 함수를 구현하시오.

11 리스트 코드를 수정해서 정수를 저장하는 스택을 구현하는 프로그램을 작성하시오.

12 리스트 코드를 수정해서 정수를 저장하는 큐를 구현하는 프로그램을 작성하시오.

13 인터넷에서 strdup() 함수 사용법을 찾아본다. strdup() 함수는 ANSI C 표준 라이브러리에서 제공하는 함수는 아니다. 동일하게 동작하는 StrDup() 함수를 직접 구현하고 이를 활용하도록 코드를 수정하시오.

14 두 개 배열에 저장된 정수들을 오름차순으로 정렬해서 새로운 배열에 저장하는 함수를 구현하고 이를 사용하는 main() 함수 코드를 작성하시오. 함수 원형은 다음과 같다.

```
typedef struct {
    int* pArr;
    int size;
} DynamicIntArray;

DynamicIntArray* sortArray(int* arr1, int size1, int* arr2, int
size2);
```

- sortArray() 함수에 전달되는 arr1과 arr2에는 오름차순으로 정렬된 정수가 저장되어 있다.

- size1과 size2는 각각 arr1과 arr2의 크기를 나타낸다.
- sortArray() 함수가 반환하는 구조체와 DynamicIntArray의 pArr은 sortArray()에서 동적 할당받은 메모리를 사용한다.
- sortArray() 함수를 호출한 코드는 sortArray()가 반환하는 DynamicIntArray의 구조체 공간과 pArr 공간을 더 이상 사용하지 않으면 힙 관리자에 반환해야 한다.

15 **〈11장〉 실습 문제 1 또는 실습 문제 2의 Element 자료형을 노드에 저장하는 리스트 자료구조로 구현하고 이를 사용하는 프로그램을 작성하시오. 앞에서 만들었던 전화번호부 프로그램을 Element 자료형을 사용하는 리스트로 다시 구현하려면 가장 간단한 방법은 어떤 것이 있는지 설명한다.**

16 **Element 자료형을 노드에 저장하는 리스트 자료구조를 복사해서 새로운 리스트 자료구조를 생성, 반환하는 함수를 구현하시오. 반환되는 리스트의 노드는 원본 리스트와는 별개로 새로 생성되어 원본 리스트의 모든 노드를 삭제하더라도 복사본은 영향을 받지 않도록 구현한다.**